国家社会科学基金项目阶段性成果（18BGJ020）

# 丝路学研究
## 形成、发展及其转型

马丽蓉 ◎ 著

时事出版社
北京

图书在版编目（CIP）数据

丝路学研究：形成、发展及其转型/马丽蓉著.—北京：时事出版社，2022.10
ISBN 978-7-5195-0515-8

Ⅰ.①丝… Ⅱ.①马… Ⅲ.①丝绸之路—研究 Ⅳ.①K928.6

中国版本图书馆 CIP 数据核字（2022）第 163023 号

出 版 发 行：时事出版社
地　　　　址：北京市海淀区彰化路 138 号西荣阁 B 座 G2 层
邮　　　　编：100097
发 行 热 线：（010）88869831　88869832
传　　　　真：（010）88869875
电 子 邮 箱：shishichubanshe@sina.com
网　　　　址：www.shishishe.com
印　　　　刷：北京良义印刷科技有限公司

开本：787×1092　1/16　印张：23　字数：350 千字
2022 年 10 月第 1 版　2022 年 10 月第 1 次印刷
定价：135.00 元

（如有印装质量问题，请与本社发行部联系调换）

国家社科基金项目资助（18BGJ020）

教育部精品视频公开课项目资助（201403）

教育部区域国别研究中心项目资助（17GQYH01）

上海市高校智库内涵建设项目资助（2018SL02）

上海市高校智库内涵建设项目资助（2019SL01）

上海外国语大学校级重大课题资助（201911）

上海外国语大学导师引领项目资料（202010）

# 序　言

自德国学者李希霍芬于1877年首次命名"丝绸之路"以来，这一概念就一直吸引了世界各地学者对这一贯通中外的文化线路的持续关注，形成"涵盖了文化、历史、宗教、民族、考古等人文科学，以及地理、气象、地质、生物等自然科学的，汇聚了众多学科、综合研究多元文化的学问"——丝路学，并因"来自丝绸之路这一历史性的文化概念的提出"而"最终得到了国际社会与学术界人士的共同认可"[①]，且在中外共研丝绸之路的百年学术变迁中成为聚焦"中国与世界古今丝路关系"研究的国际显学。2013年以来的共建"一带一路"新实践，又引发全球丝路研究热度大增，中国学界正通过著书立说、建言献策，以及构建丝路学术共同体等切实举措，谋求中国丝路学振兴，以增强"一带一路"首倡国的学术话语权。

本人领衔的上外研究团队，因国家精品视频课"中阿文明交往史"建设而意外闯入了丝路学这一国际显学领域，并将初学者的研究成果整理成册，于2014年9月推出《丝路学研究：基于中国人文外交的阐释框架》一书，确系2013年中国提出"一带一路"倡议后中国学界从丝路学视阈研究"一带一路"的首部学术著作，且受此鼓舞而组建了"上外丝路学团队"，陆续打造了近20个"上外丝路学"学科建设品牌项目，包括创办《新丝路学刊》、主编"丝路学研究丛书""丝路学系列智库报告"及"丝路学系列教材"，以及致力于构建中外丝路学术共同体的举措等，旨在发挥本团队多语种与跨学科的丝路学研究的先在优势，在固本与创新中砥砺奋进，努力探索形成中外共研"一带一路"的良好学术生态的"中国路径"。

---

[①] 沈福伟：《丝绸之路与丝路学研究》，光明网，2009年12月30日。

**丝路学研究：形成、发展及其转型**

本人也因此次"意外闯入"这一国际显学领域而被深深吸引，并在三次突破性学术实践中逐渐走入了丝路学研究内里。在领略这门百年显学的博大精深中不断丰富自我、增强能力，在每一次突破性研究所彰显出的盎然智趣中继续欣然求索，并坚信前方可期。

首先，发现中外共研丝路中聚焦"中国与世界古今丝路关系"这一核心议题，成为我的第一次突破性研究成果，这有助于辨析丝路学与东方学、汉学、中国学等相关学科的区别与联系，也有助于廓清美、欧、日、印等丝路学术大国联手绞杀"一带一路"现象的本质与影响，更有助于在丝路学认知区间内开展"一带一路"国际学术交流与合作。因此，在百年大变局下必须重估"中国与世界关系"之际，也迎来了中国丝路学振兴的新机遇。

其次，发现在丝路学视阈构建"一带一路"学术话语的多重现实意义，成为我的第二次突破性研究成果，这有助于探明"一带一路"国际学术前沿"美欧领跑与中国失语"窘境的学术缘由，也有助于在解构丝路学话语体系中注入"中国思想"，更有助于形成中外共研"一带一路"的良好学术生态。因此，在重塑"中国与世界古今丝路关系"的新时代，也迎来了全球丝路学转型的新机遇。

最后，发现西方丝路学家操弄西域议题研究惯例中存在学术与政治间张力，成为我的第三次突破性研究成果，这有助于揭示起步于西域探险与研究的丝路学所烙有的西方霸权胎记，也有助于认清西方大国抹黑新疆早有"学术准备"的历史真相，更有助于确立应对大国围绕"一带一路"话语博弈的因应之策。因此，面对西方大国以操弄西域议题来"以疆制华"的战略伎俩，我们也迎来了丝路学话语体系由西方化向全球性蜕变的新机遇。

在以上三次突破性研究的鼓舞下，"上外丝路学团队"先后完成了三部丝路学研究著作：与时事出版社合作出版了《丝路学研究：基于中国人文外交的阐释框架》一书，从中国人文外交的历史经验与现实实践出发，探究"中国与世界古今丝路关系"中所形成的丝路人文共同体的"中国路径"与"中国贡献"；与中西书局合作出版的《丝路学研究：基于全球"一带一路"学术动态的分析》一书，力求发掘丝路学核心议题研究所具有的涉华认知功能，以廓清高质量共建"一带一路"中实现"心联通"的

# 序 言

挑战、机遇及对策；本课题是我们团队再度与时事出版社合作，出版《丝路学研究：形成、发展及其转型》一书，汇总了本人自2015年9月受命创建上外丝路战略研究所这一实体性学术平台中的实践获益与理论所得，力求从丝路学百年学术变迁史中探寻构建"一带一路"学科体系、学术体系、话语体系的切实路径。至此，经过近10年的不懈努力，"上外丝路学团队"最终完成了"丝路学研究三部曲"，力求为共建"一带一路"新实践提供学理性支撑。

本课题章节目录安排的逻辑机理如下：从丝路学的形成、发展及其转型的逻辑主线出发，安排了题为"中外共研丝绸之路与丝路学的形成"的"上篇"，包括"丝绸之路与中外关系研究"、"丝路精神与'一带一路'软环境研究"，以及"丝路共有认知区间与全球丝路学的形成"的第1-3章；安排了题为"中外学派构建与丝路学的发展"的"中篇"，包括"西方大国学术霸权与中国丝路学再出发"、"多维度推进中国丝路学的学科体系建设"，以及"三大学派历史演进与全球丝路学的发展"的第4-6章；安排了题为"中外研究'一带一路'与丝路学的转型"的"下篇"，包括"'一带一路'与重释丝路学核心议题归因研究""西方操弄西域议题抹黑'一带一路'学术溯源"以及"共建'一带一路'新实践与全球丝路学的转型"的第7-9章，旨在从丝绸之路、丝路精神及丝路共有认知区间等维度廓清丝路学的形成，从西方学术霸权、丝路学三大学派及中国丝路学困境等维度剖析丝路学的发展，以及从重释核心议题、探明西域议题所含霸权胎记及"一带一路"引发全球丝路研究热等维度探究丝路学的转型，折射出西方大国从文化霸权－学术霸权－政治霸权等不同进路，阐明其对丝路学学科体系、理论体系、话语体系的塑造与把控，美欧日印等丝路学术人国联手绞杀"一带一路"现象，实为西方大国欲把控"一带一路"学术话语权，凸显丝路学由西方化向全球性蜕变的学科发展瓶颈问题，且在某种意义上有赖于中国学术的快速成长亦即中国丝路学振兴，表明"一带一路"为全球丝路学转型与中国丝路学振兴带来双重学术机遇，为中外讲好"一带一路"故事提供了现实依据与学术佐证。此外，"附录"由"全球丝路学主要经典著作多语种文献目录辑成（1877－）"与"'上外丝路学'学科建设影响力反馈信息辑要（2016－）"两部分组成，力求从多语种文献积累与跨学科项目建设的不同维度勾勒出中外丝路

### 丝路学研究：形成、发展及其转型

学研究的"基础"与助力中国丝路学振兴的"成效"，激励中外丝路学同仁在共建包容性话语体系中助力全球丝路学由西方化向全球性蜕变，力争早日实现中外共研"一带一路"的新态势，为"一带一路"行稳致远夯实社会民意基础。综上，本课题依循逻辑主线安排了"正文"的章节目录与"附录"要目，形成了自成体系、逻辑自洽的阐释框架。

2021年11月19日，习总书记在第三次"一带一路"建设座谈会上强调，要深入阐释共建"一带一路"的理念、原则、方式等，共同讲好共建"一带一路"故事，将加快"一带一路"国际传播能力建设提上了议事日程，凸显中外共研"一带一路"的紧迫性，中国学者如何使丝路学这门百年显学更好服务于中外共建"一带一路"新实践，则是不可推卸的责任与使命。"结伴丝路、融通中外"，这是上外丝路战略研究所的所训，也是我们团队闯入丝路学领域阐释"一带一路"以构建丝路学术共同体的目标，更是我本人从事比较文学研究10年、中东研究10年后，于2012年至今近10年从事丝路学研究的动力所在。

目前，中国提出的"一带一路"倡议已进入高质量共建的历史新阶段，亟待中国学界进一步做强"天下文章"，吾辈幸遇丝路学在阐释"一带一路"伟大新实践中的转型之机，故身怀感恩而不敢倦怠！

此为序。

作于虎年春节前夕的2022年1月16日

# 目 录

## 上篇　中外共研丝绸之路与丝路学的形成

**第一章　丝绸之路与中外关系研究** …………………………………（3）
 第一节　中国丝路外交的历史贡献及其影响评估 ……………（3）
 第二节　中外丝路交往中软治理的经略之策 …………………（24）
 第三节　建构丝路人文共同体价值共识的案例分析 …………（37）

**第二章　丝路精神与"一带一路"软环境研究** ………………………（49）
 第一节　丝路多元文明交往与丝路精神的形成 ………………（49）
 第二节　"一带一路"软环境建设面临的挑战及应对 …………（58）
 第三节　"一带一路"人文共同体构建案例分析 ………………（68）

**第三章　丝路共有认知区间与全球丝路学的形成** …………………（80）
 第一节　丝绸之路与中华文明互构性研究 ……………………（80）
 第二节　中外共研丝路所致统一"认知区间"剖析 ……………（87）
 第三节　丝路学百年聚焦核心议题的研究范式分析 …………（95）

## 中篇　中外学派构建与丝路学的发展

**第四章　西方大国学术霸权与中国丝路学再出发** …………………（109）
 第一节　文明对话中西方霸权话语挑战及应对研究 …………（109）
 第二节　美国霸权政治中的"学术因素"案例分析 ……………（123）

· 1 ·

第三节 大国话语博弈与中国丝路学话语窘境剖析 …………… (135)

# 第五章 多维度推进中国丝路学的学科体系建设 ………… (149)
第一节 周边关系视角的中国丝路学学科体系探究 …………… (149)
第二节 "一带一路"视角的中国丝路学学科体系探究 ………… (158)
第三节 中外关系史视角下的中国丝路学学科体系探究 ……… (167)

# 第六章 三大学派历史演进与全球丝路学的发展 ………… (175)
第一节 丝路学三大学派的形成及其影响 ……………………… (175)
第二节 丝路学"三化现象"的产生及其影响 ………………… (189)
第三节 中国丝路学派发展困境及其破解意义 ………………… (208)

# 下篇　中外研究"一带一路"与丝路学的转型

# 第七章 "一带一路"与重释丝路学核心议题归因研究 …… (215)
第一节 "一带一路"重塑中拉人文伙伴关系案例分析 ………… (215)
第二节 "一带一路"重塑中俄人文伙伴关系案例分析 ………… (230)
第三节 "一带一路"与重释丝路学核心议题关联性探究 ……… (240)

# 第八章 西方操弄西域议题抹黑"一带一路"学术溯源 …… (251)
第一节 全球安全治理视阈中的西域议题研究 ………………… (251)
第二节 中美战略博弈视阈中的西域议题研究 ………………… (262)
第三节 西方丝路学术大国操弄西域议题学术惯例演进 ……… (274)

# 第九章 共建"一带一路"新实践与全球丝路学的转型 …… (283)
第一节 "一带一路"与"中国叙事"的时代之遇 ……………… (283)
第二节 "一带一路"与中国丝路学话语体系的构建 …………… (298)
第三节 "一带一路"与全球丝路学转型的路径探索 …………… (309)

# 目 录

**附 录** ………………………………………………………… (323)

    **附录1：全球丝路学主要经典著作多语种文献目录辑成**

        **（1877年—）** ……………………………………… (323)

    **附录2："上外丝路学"学科建设影响力反馈信息辑要**

        **（2016年—）** ……………………………………… (338)

**后 记** ………………………………………………………… (354)

# 上 篇

## 中外共研丝绸之路与丝路学的形成

# 第一章

# 丝绸之路与中外关系研究

本章尝试从丝路学的"丝绸之路"这一元概念研究范式出发，在立足中外丝路交往历史文献与现实案例基础上，通过研究中国丝路外交、中外丝路治理，以及丝路人文共同体等相关问题，旨在探讨丝绸之路影响文明交往、全球治理、国际关系等的原因、规律、路径及其意义，力求进一步探究丝绸之路与中外关系这一重要课题。

## 第一节 中国丝路外交的历史贡献及其影响评估

### 一、中国丝路外交的重大贡献

在英国历史学家汤因比看来，大一统国家多具有"传导作用"与"和平心理"，中华文明之所以成为世界上唯一没有断层的古老文明，还体现为自汉唐宋元明清至今不同时代相继涌现的大一统国家，以朝贡为主的结伴制度的"传导作用"与汉唐、元明的交友政策的"和平效应"上，并形成结伴机制与交友政策相结合的"丝路外交"。

张骞出使西域之所以具有"凿空"意义，是由于他首次"开外国道"，揭开了中国古代外交的新时代，使汉帝国"使者相望于道"，"这一划时代重大事件开启了中国古代外交的崭新阶段，使中国古代外交突破了本土和东亚的范围而走向世界。"[1] 此外，张骞"凿空之举"还标志着国际性朝贡制度的正式诞生，尤其是张骞第二次出使西域后，西汉政府对朝贡进行优厚回赐，使得经济利益占主导的朝贡活动异常频繁，朝贡者往来不绝，且出现了贡赐贸易，拉动了中国与东南亚、欧洲的海外贸易，从经济、人文、安全三方面形成了真正意义上的结伴外交机制。郑和的"七下西洋"壮举又使得朝贡制度达到鼎盛：在他"七下西洋"的 28 年外交实践中，

---

[1] 黎虎：《汉唐外交制度史》，兰州大学出版社，1998 年版，第 9 页。

与亚非近 30 个国家开展了丝路外交，并形成了丝路伙伴关系。

与结伴制度相应的是对外友好政策，这在汉、唐、明时期体现的尤为明显：汉武帝的外施仁义、推行德治的外交政策大大提升了汉朝大一统国家的软实力，并将汉武帝德治观所构建的大一统国家形象、张骞等所代表的中华民族形象，以及"罢黜百家，独尊儒术"的文化政策所弘扬的儒家文明形象等通过丝路远播世界。作为强盛的大一统帝国的唐朝实施的对外政策主要包括：友善的纳贡政策、优惠的外贸政策、包容的社会政策等，这些政策都产生了积极的效应，极大地推动了中外人际交往和物质交换。郑和在其外交实践中，忠实地执行了明政府用"宣德化、柔远人"的和平方式与长治久安的方针处理国际争端的基本外交政策，彰显出中国"和平外交"（和平方式、平等关系、不干涉他国内政）思想与缔结"伙伴关系"（谋求经济互惠、文明共享与丝路安全等共同利益）的努力。

从张骞两次出使西域寻求军事伙伴的"结伴"外交到开辟中外经济、人文交流的大通道，从郑和七下西洋"宣德化、柔远人"的"交友"外交直至"朝贡之使相望于道"的成效，以及形成于汉、发展于唐、鼎盛于明的谋求结伴的朝贡制度等，标志着由"结伴的机制（朝贡制度）+交友的政策（和平友好）+丝路意识（命运共同体）"所组成的中国特色的丝路外交的正式诞生，并具有四个基本特征：

一是起步于中国但永无终点的中国丝路外交，在处理人与人、人与自然、人与神等关系的探索实践中，结成了沿线国家和地区的丝路天然伙伴关系。

二是朝贡体系常与条约体系、殖民体系并称，是世界主要国际关系模式之一，但基于朝贡体系基础上的丝路体系的构建，为国际体系转型提供了一种新方向，且蕴含了互惠型的经济观、包容型的人文观、合作型的安全观，并在丝路文明交往中形成了"丝路精神"，成为丝路多元文明的共处法则。

三是郑和七下西洋壮举表明，中国不仅能向世界提供丝绸等商品，还能向世界提供"协和万邦"的和平外交理念、"强而不霸"的国际关系行为准则、和平与发展并重的"郑和文化"，以及互惠包容合作的"丝路精神"等。因此，从某种意义上讲，是郑和将"丝绸之路"最终成就为中国贡献给世界的一个公共产品。

四是在中外上千年的丝路交往中，中国丝路外交不仅传播了商品、技术、大一统的国家形象以及中华文明等，还形成了"贡而不朝"的朝贡制度、"厚往薄来"的贡赐贸易、官民并举的双轨交往，以及宗教、贸易为抓手的交往模式等，更将"伙伴关系"落实到经济、安全、人文等领域，衍生出互惠型的经济关系、合作型的安全关系、包容型的人文关系。其中，人文关系是中国丝路外交的内核、经济关系与安全关系是其两个抓手，旨在构建大一统国家形象，进而传播中华文明形象。

中国丝路外交的历史贡献是巨大而深远的，不仅对新中国外交的形成与发展产生了影响，还与新时代中国特色大国外交有着难以割断的丝路情缘，集中体现在中国丝路外交与周恩来的人民外交、习近平的大国外交具有同构关系。

周恩来对"人民外交"的贡献，在理论层面上主要包括：他的"外交为民"、文化与经济是"外交的双翼"、求同存异精神、和平共处原则，以及"外交就如交朋友"等重要论述，标明新中国外交话语的初步确立。在实践层面上的贡献主要包括：他以私交促外交、创建了人文型的首脑外交；亲手开启了新中国夫人外交，批准成立"夫人工作小组"；指导并参与了新中国医疗外交；支持并参与了以包容促沟通的宗教外交等。周恩来所缔造的人民外交不仅取得了显著成就，而且对新中国的文化外交、公共外交、民间外交、人文外交等产生了深远影响。

从内涵、外延、主体、特点、作用、途径和目的等诸要素分析后发现，习近平新时代中国特色的"大国外交"，与"丝路外交""人民外交"具有同构性，且主要体现在如下几个方面：

一是三类外交的目标都是结伴交友，所缔结的双边关系的性质均属伙伴关系，所涉及交往领域主要包括经济、人文与安全等，且三者均为丝绸之路上中外文明上千年和平交往实践中所积累的"中国经验"的影响产物。

二是"协和万邦"的外交政策、结伴交友的外交制度，尤其是"贡而不朝"与"厚往薄来"为特质的朝贡体系向结伴体系的成功演变，使得中国上千年"和平发展的结伴实践已开始对美国的结盟体系产生微妙的塑造作用，美国的盟友在中国的结伴体系和美国主导的结盟体系之间开始出现尴尬的两难选择。亚太地区已经出现了中国的结伴体系与美国的结盟体系在竞争中比较的问题"[①]。

三是"丝路外交"属于双轨外交,即由使节往来、贡赐贸易等组成的官方外交与商旅、教旅和学旅"三轨并存"的民间外交组成。周恩来界定"中国的外交是官方的、半官方的和民间的三者结合起来的外交",人民外交即为典型的三轨外交;大国外交则是一种内涵丰富、形式多样的多轨外交。

四是起步于丝路上的"丝路外交"影响深远,不仅传播了由丝绸、瓷器等商品形象,四大发明等科技形象,路畅国盛的安全形象等组成的"大一统"国家形象,还传播了"协和万邦"的中华文明形象,且影响持久。

五是三类外交均为世界提供了公共产品,包括丝绸之路、丝路精神、和平共处五项原则、"一带一路"、人类命运共同体等一系列广播世界的国际公共产品。目前,中国的发展已到了由"给世界提供商品"向"为国际社会提供更多公共产品"的新阶段,应在"贡献中国智慧,提出中国方案,体现中国作用"[②]的具体实践中构建多元、民主的国际话语体系,并以贡献公共产品的方式深化文明交往中的价值沟通。

尤须强调的是,弘扬"丝路精神"的"一带一路"新实践,力求在借鉴中国丝路外交成功经验基础上来盘活历史外交资源,使得同构性的"丝路外交""人民外交""大国外交"得以良性互促。这既弘扬了中国的和文化精神、彰显了中国的和平外交传统,还将有助于深化"一带一路"框架下的中外"伙伴关系"而非"结盟关系",凸显中国在国际体系转型中特殊而重要的建设性作用。

## 二、中国丝路外交的主要影响

郑和的外交实践实为中国丝路外交最具样本研究价值的典范案例,其出色的丝路外交实践影响深远,且集中体现为由"郑和崇拜""郑和文化"

---

[①] 苏长和:《世界的结局不像好莱坞电影,中国应推行结伴外交》,引自《复旦全球治理报告2014》(2014年5月28日发布),https://www.thepaper.cn/newsDetail_forward_1248302。(访问时间:2022年2月18日)

[②] 《王毅在联大阐述中国新一届政府发展理念和国际作用等》,中国新闻网,2013年9月28日,https://www.chinanews.com.cn/gj/2013/09 - 28/5332996.shtml。(访问时间:2022年2月18日)

及"郑和精神"构成的"郑和符号"上,使得"历史郑和"成为"携带着意义而接收的感知"①的"符号郑和"。而"符号是被认为携带意义的感知:意义必须用符号才能表达,符号的用途是表达意义。反过来说,没有意义可以不用符号表达,也没有不表达意义的符号。"②郑和被符号化后所能感知的基本"携带意义"又产生了"文化信码"的功效,使得丝路沿线国家和地区的人们"能以大致相似的方法去思考、感受世界,从而解释世界"③,并借助"郑和符号""共享"了和合、仁爱、协和万邦的儒家文化观,劝善、戒恶、普慈的多元宗教"文化信息",以及互惠、包容、合作的丝路精神等,并逐渐形成了郑和"符号现实",不同程度地塑造了中外丝路文明交往的社会民意基础,助力形成丝路伙伴国家和地区间交流与合作的软环境。研究发现,"郑和符号"对海丝与陆丝均产生了程度不同的影响,主要体现为:

首先,"郑和符号"对东南亚国家和地区的影响集中体现在"郑和崇拜"(即以伊斯兰、佛学、道学为主的混合型信仰崇拜)上,主要包括:

1. 有关郑和的寺庙

印尼三宝垄三保庙、印尼雅加达的三保水厨庙、印尼井里汶的威勒斯·阿茜庙、印尼泗水的三保庙、印尼巴厘岛的郑和厨师庙、印尼泗水的郑和清真寺、印尼邦加岛的三保庙等;马来西亚马六甲的宝山亭、马来西亚登嘉楼的三保公庙、马来西亚槟城的三保庙、马来西亚砂捞越的三保庙、马来西亚吉隆坡的三保庙等;泰国大城府的三宝公庙、泰国吞府的三宝公寺(弥陀寺)、泰国北柳的三宝公佛寺等,以及菲律宾苏禄的白本头(郑和随从)庙及其茔墓、柬埔寨的三保公庙等。

2. 有关郑和的遗迹与传说

在印尼有三保太监与爪哇公主的爱情故事、郑和向苏门答腊北部须文达那·巴赛王国赠青铜钟、郑和在邦加岛的"足印"、郑和把斋故事、郑和与榴莲、三保公鱼、爪哇三保井及三宝墩的传送、郑和的石碇、手杖和大炮的故事、郑和斩妖蛇、取地名等。在马来西亚有马六甲的三宝山、三

---

① 赵毅衡:《符号学》,南京大学出版社,2012年版,第27页。
② 赵毅衡:《符号学》,南京大学出版社,2012年版,第1页。
③ [英]斯图尔特·霍尔:《表征:文化表象与意指实践》,徐亮等译,商务印书馆,2003年版,第4页。

宝井、"官厂"、护送汉丽宝公主远嫁马六甲、郑和与猴枣、郑和打老虎、郑和请教建房、求医、登嘉楼三保江、马六甲郑和鱼等,以及在文莱、泰国、新加坡、菲律宾、柬埔寨、印度、斯里兰卡等的遗迹与传说。

3. 郑和布施的寺碑

现存于斯里兰卡国立博物馆的《布施锡兰山佛寺碑》,用中文、泰米尔语、波斯语三种文字记载了1409年2月郑和再访锡兰时的宗教外交:中文记载郑和船队出使这个尚佛之国时巡礼圣迹、布施香礼以颂佛世尊功德的祭拜之事;泰米尔语碑文表达郑和一行对南印度泰米尔人信奉的婆罗门教保护神毗瑟奴的恭敬之意;波斯语碑文流露郑和等穆斯林成员对"至高无上的胡大"的虔诚信仰之情。同一块石碑上以三种宗教为对象的碑文,"一方面反映了郑和对各主权国人民的尊重和他本人的宗教宽容性;另一方则反映出,郑和一行希望他们所从事的经济、文化交流活动不致于受到宗教对立的影响",故此碑是"郑和和平宽容精神的体现和象征","表明中国当时已经有世界性的眼光",彰显出"一代航海家郑和博大的胸怀、宽容的精神和非凡的世界性目光"①。

4. 郑和传教的事实

因海外传教不属明朝朝廷赋予郑和下西洋的使命,故造成正统史家的"不屑记载"与郑和团队的"不便记载",再加上荷兰等西方殖民者借阻挠东南亚华裔皈依伊斯兰教之机否认郑和传播伊斯兰教的事实,以及在东南亚反华意识的误导下所出现的"去中国化"的社会倾向更将"去郑和化"推向极致等,使得郑和传教遭多重屏蔽,但历史事实不容否认,就连印尼著名伊斯兰组织领袖哈姆加都认为:"印尼和马来亚伊斯兰教的发展,是与中国的一名穆斯林有着密切的关系。这位穆斯林就是郑和将军",故"可以得出这样的结论,促进我国(印尼)伊斯兰教发展的,不仅仅是阿拉伯人、波斯人、印度人、马拉巴人、古吉拉特人和高罗曼特人,还有来自中国的穆斯林。"② 由于郑和下西洋正值东南亚从佛教占统治地位渐向伊

---

① 陈占杰:《斯里兰卡:郑和遗迹今尚在 石碑犹自颂海魂》,新浪网,2005年6月1日,https://news.sina.com.cn/w/2005-06-01/11246049361s.shtml。(访问时间:2022年2月18日)

② Hamka, Buya, Cheng-HO Laksamana Muslim Yang PernahMengunjungi Indonesia, Jakarta: Majalah Star Weekyl, 18 Maret, 1961.

斯兰教占统治地位过渡的社会转型期，因此郑和将中国化的伊斯兰文明从东向传入东南亚，在一定程度上柔化了从西亚、南亚等西向传入的伊斯兰教，为温和的东南亚伊斯兰信仰板块注入了中国的和合价值观、贡献了"中国智慧"，故"研究郑和在东南亚传播伊斯兰教的课题，有助于全面了解郑和下西洋的情况，尤其是他在15世纪东南亚伊斯兰教发展过程中的作用，这也是中国与东南亚文化交流的组成部分。"①

其次，"郑和符号"对中东国家和地区的影响集中体现在"郑和文化"（即由互惠型经济观、包容型人文观、合作型安全观构成）上，主要包括：

1. 以经促文的丝路相处模式

中国与丝路沿线的中东国家，不仅建立了"丝路天然伙伴"关系，还形成了以经促文的相处模式，"频繁的商务往来和贸易活动"促进了"各方面文化的交往"而推动了"友好关系向前发展"②，中阿关系自古即如此，中阿间以互惠型经贸合作带动包容型人文交流的独特相处模式，赢得了丝路中东国家民众的普遍欢迎：据马欢等回忆，郑和曾三次到访的佐法尔，当地居民欣闻郑和船队的到来便齐聚码头、敲着传统阿拉伯大鼓欢迎。又据阿拉伯学者的研究发现，"这一年10月22日，从光荣的麦加传来消息说：有几艘从中国前往印度海岸的祖努克，其中两艘在亚丁靠岸，由于也门社会状况混乱，未来得及将船上瓷器、丝绸和麝香等货物全部售出。统管这两艘赞基耶尼船的总船长遂分别致函麦加埃米尔、谢利夫－拜莱卡特·本·哈桑·本·阿吉兰和吉达市长萨拉丁·易卜拉欣·本·麦莱，请求允许他们前往吉达。于是两人写信向苏丹禀报，苏丹指示要好好款待他们"③。这一研究揭示了郑和船队在阿拉伯国家深受欢迎的历史真相，也门至今"流传着当年郑和把中国的古老而神奇的'拔火罐'医术，就是在那时由郑和船队的医官教会阿丹（也门亚丁）国民的传说"，"也门

---

① 孔远志：《论郑和与东南亚的伊斯兰教》，《东南亚研究》，2006年第1期。
② 张阳：《沙特驻华参赞：中沙友谊从丝绸之路时代开始》，环球网2013年5月23日，https://world.huanqiu.com/article/9CaKrnJACJ9。（访问时间：2022年2月18日）
③ 伊本·泰格齐·拜尔迪：《埃及和开罗国王中的耀眼星辰》，黎巴嫩学术书籍出版社，1992年版。

当地的医务人员也对此深信不疑。"① 在阿联酋"六国城"购物中心的中国城内，摆放于主厅内的郑和塑像的标题为"西方海洋之霸主"，表达了中阿共同持守至今的"郑和情结"与千载累积的丝路情谊……郑和下西洋采取的是经贸互惠与人文包容的和平交往方式，故"受到国内外人民的欢迎。所以，郑和宝船到处，立即欢声雷动，额手称快"②，产生了"既满足民生需求又赢得民心"的双重效应，尤其是郑和采取的包容性宗教外交举措，又加深了"民心相通"的互信基础。因此，此种丝路相处模式，在一定程度上成了中国中东外交的传统与特色。

2. 以朝觐为主的宗教外交

"宗教外交系指一个国家的中央政府以特定宗教价值观念为指导，通过职业外交官直接实施、授权或者委托各种宗教组织实施的外交行为以及默许宗教组织开展的针对另一个国家政府的游说行为。宗教外交包括两个相辅相成的方面：一方面，宗教外交是利用宗教手段服务于外交使命的行为，比如借助宗教组织对其他国家民众进行传教，并动员教众对其他国家政府施加压力的行为；另一方面，宗教外交是利用外交手段为宗教扩展服务的行为。两种行为都属于宗教外交行为。"③ 郑和受命遣使出访天方国即为一次典型而成功的宗教外交：在"宣德五年，蒙圣廷命差内官太监郑和等往各番国开读赏赐，分䑸到古里国时，内官太监洪保等见本国差人往天方国，就选差通事等七人，赍带麝香、瓷器等物，附本国船只到彼。往回一年，买到各色奇货异宝、麒麟、狮子、驼鸡等物，并画天堂图真本回京。其天方国王亦差使人将方物跟同原去通事七人，贡献于朝廷。"④ 郑和指派年富力强、懂阿拉伯语、信仰虔诚、颇具才干的副使洪保与马欢、费信等7人率队携带丝绸、瓷器等物乘船赴麦加，不仅开展经贸交流，还完成了朝觐功课，带回"中国人最早绘出的一幅克尔白圣寺写真图《天房图》"，"首开了有史以来，中国以国家名义向天方国派遣外交使团的新纪

---

① 孔远志等：《东南亚考察论郑和》，北京大学出版社，2008年版，第239页。
② 许在全：《郑和外交的伟大成就》，http://bbs.tiexue.net/post2_5658805_1.htm。
③ 涂怡超等：《宗教外交及其运行机制》，《世界经济与政治》，2009年第2期。
④ 马欢：《瀛涯胜览·天方国》，转引自万明校注：《明抄本〈瀛涯胜览〉校注》，海洋出版社，2005年版，第103—104页。

元",并促成对方也派遣使者随其船队来中国访问[1],此次由郑和受命于明政府而派遣"职业外交官直接实施"的外交活动,实属"利用宗教手段服务于外交使命"的一次宗教外交,在经贸合作之际开展宗教交流,有助于践行明朝"协和万邦"的对外政策,且使朝觐成为中国对阿拉伯—伊斯兰国家人文外交的重要组成部分。

3. 双向宗教交流所催发的非传统安全观

郑和肩负"宣德化、柔远人"的出使使命,不仅为丝路传统安全贡献了"强而不霸"的和平外交理念,还为丝路非传统安全做出了积极贡献,且主要体现为尊重伊斯兰教、营造内外良好社会环境进而传达宗教包容性的非传统安全理念,郑和在泉州灵山圣墓行香之举即为明证:永乐十五年五月,郑和第五次下西洋途经泉州到灵山圣墓上香祈佑后,属下为之立碑纪念,此举具有"一种政治象征,传播朝廷对国内宗教的宽松政策,对穆斯林国家的宣德柔远"。亦即,对内,"灵山圣墓长期是泉州穆斯林心目中的圣地,作为钦命高官,在伊斯兰教遭受欺凌的境遇中,亲临这一圣地行香,蕴涵着朝廷对伊斯兰教的尊重"。而"郑和亲临灵山圣墓行香,传达着朝廷对伊斯兰教的尊重。这种尊重给予曾受欺凌的泉州穆斯林以极大的鼓舞和慰藉,营造了尊重伊斯兰教的社会氛围";对外,"为了与西亚国家将要开展的交往相配合,明王朝必然要调整相应的文化政策,至少要考虑到朝贡使团在华的文化环境。朝贡贸易是有来有往的,朝贡使团成员在华一般要逗留半年,宜有供其过宗教生活的环境。""在永乐朝重新调整宗教政策的情况下,郑和到泉州灵山圣墓行香正是这种政策调整的权威示范",表明"永乐初年以后开始重兴中国与南洋、西洋诸国开展朝贡贸易所须要'宣德柔远'的宗教政策。作为钦命高官的郑和亲临圣墓行香,具有社会的公共性和权威性,从而在当地发挥了尊重伊斯兰教的示范效应和推动作用。"[2] 此外,马欢的《瀛涯胜览》、费信的《星槎胜览》及巩珍的《西洋番国志》等为国人正确认识阿拉伯—伊斯兰社会提供了珍贵的第一手材料,从不同视角描述了信奉伊斯兰教的阿拉伯国家的世风民俗,如认为阿

---

[1] 盖双:《关于郑和船队的一段重要史料——披览阿拉伯古籍札记之二》,《回族研究》,2007年第2期。

[2] 郭志超:《郑和圣墓行香与泉州伊斯兰教的重兴》,载《南方文物》,2005年第3期。

丹国因"国势强盛,邻邦畏之"[①]。祖法儿国在礼拜日"上半日市绝交易,男女长幼皆沐浴"[②]。天方国"妇人俱戴盖头""国法禁酒,民风和美","无贫难之家,悉遵教规。犯法者少,诚为极乐之界"[③] 等,成为中国与中东伊斯兰国家形成双向宗教交流模式的重要动因:四大圣门弟子等本着"学问虽远在中国,亦当求之"的宗教使命"走进来"、马欢等穆斯林外交使节肩负"宣德柔远"的外交使命"走出去",借助双向宗教交流来消除疑虑、增进理解、释放善意,并催发了以互信、互利、平等、协作为核心的非传统安全理念,郑和更被中东穆斯林视为"和平使者",这对中国与中东伊斯兰国家开展传统与非传统安全合作产生了深远影响。

最后,"郑和符号"对非洲国家和地区的影响集中体现在"郑和精神"(即和平与发展精神)上,"直接影响"主要包括:

1. 文献记载

据《明实录》载,位于非洲东海岸的木骨都束(摩加迪沙)、布剌瓦(布腊瓦)、麻林(马林迪)诸国"各遣使贡马及犀、象、方物"。据南山寺碑记载:在郑和第五次远航时,"木骨都束进花福鹿(即斑马)并狮子,卜剌哇国进千里骆驼并驼鸡(即鸵鸟)。"据费信《星槎胜览》记载,郑和船队用中国特产在当地交换物品,如在竹步国,"货用土殊、段绢、金银、磁器、胡椒、米谷之属。"在木骨都束,"货用金银、色段、檀香、米谷、磁器、色绢之属。"在卜剌哇,"货用金银、段绢、米豆、磁器之属"。中国从非洲也进口当地特产,如象牙、犀牛角、乳香、红檀、紫蔗、龙诞、生金、鸭嘴胆黔、没药等……随郑和出使非洲的马欢、费信和巩珍等所撰写的《瀛涯胜览》《星槎胜览》和《西洋番国志》等著作,既"提供了关于非洲地理、社会、文化、政治等方面较为准确的资料",又因非洲的落后而大大增强了中国人的"自我中心观"[④]。在相关文献中,《郑和航

---

① 马欢:《瀛涯胜览·阿丹国》,转引自万明校注:《明抄本〈瀛涯胜览〉校注》,海洋出版社,2005年版,第80页。
② 马欢:《瀛涯胜览·祖法儿国》,转引自万明校注:《明抄本〈瀛涯胜览〉校注》,海洋出版社,2005年版,第77页。
③ 马欢:《瀛涯胜览·天方国》,转引自万明校注:《明抄本〈瀛涯胜览〉校注》,海洋出版社,2005年版,第99—100页。
④ 李安山:《论郑和远航在中非关系史上的意义》,《东南亚研究》,2005年第6期。

海图》的重要性在于，其所反映的航海知识和地理知识，促进了中国人对丝路沿线地区地理与人文的了解，为深化中外友好关系提供了便捷、安全与良好的社会基础。

2. 传说与遗迹

据肯尼亚帕泰岛上的桑加人的口头传说，他们的祖先来自海上，这也是桑加人（shnaag）名称的来历。① 同样，在非洲东部肯尼亚的拉穆群岛（Lamu）的帕泰岛（Pate）上存在着"郑和村"。有人认为，这是郑和第七次下西洋时抵达非洲后，其中的一艘因迷失方向驶近帕泰岛后不幸触礁下沉。由于后来朝廷实施海禁，船上的数百名船员只好在当地定居下来。至今该地的几个村仍有人称自己是中国人的后代。② 在李露晔的《当中国称霸海上》出版后，由于书中提到拉穆群岛的帕泰岛上有郑和后代，新华社曾派记者去岛上考察后发现，有渔民曾在距桑加海岸70公里处发现过一艘中国沉船，并打捞了一个刻有双龙戏珠的中国陶瓷；不仅帕泰当地的妇人不像非洲人，在岛上还发现过刻有中国字的墓碑，岛上至今还有丝织业，并曾养过蚕。③ "东非沿岸的帕泰岛至今仍保留着一些具有中国传统色彩的物质文化因素，这很可能与郑和非洲之行有直接的关系"④，如在东非各地发现的一些瓷器碎片和在距帕泰岛70公里处发现的中国陶瓷，以及清真寺等。

3. 后裔归祖

据肯尼亚《民族报》2007年7月21日报道，600多年前，郑和船队的一艘船在桑加附近的外海倾覆，有几名水手逃生后与当地妇女通婚，且渐被斯瓦希里人同化，如今拉穆群岛附近几个村庄的村民不仅持守着祖先为中国人的家族血亲认同，还将中国瓷杯、中国建屋风格、中国渔船等融

---

① *Report on Shanga excavation*, 1980, by Mark Horton of Cambridge University, Philip Snow, *The Star Raft: China's Encounter with Africa*, London, 1988, p. 33.

② 参见叶北洋：《非洲"郑和村"》，《郑和下西洋与华侨华人论坛论文汇编之一》，中国·福州，2005年，第380—381页。

③ 赵明宇：《郑和下西洋的历史封尘：非洲肯尼亚疑有船队后裔》，新浪网，2005年1月16日，http://mil.news.sina.com.cn/2005-01-16/0829258773.html。（访问时间：2022年2月18日）

④ 李安山：《论郑和远航在中非关系史上的意义》，《东南亚研究》，2005年第6期。

入日常生活，更有拉穆姑娘来中国认祖归宗。① 又据索马里驻华大使默哈迈德·阿威尔于 2010 年 1 月在接受《广州日报》专访时披露，索马里有一个名叫"郑和村"的地方，"当地人自称是郑和下西洋时中国船员的后裔。以前索马里还有郑和纪念馆，郑和做礼拜的清真寺还在摩加迪沙。索马里语也受到汉语的影响……很多当地人都对中国非常关注，知道中国的很多事情，谈起中国来就好像谈论自己的亲人一样。"②

相比较而言，"郑和符号"在非洲以"文献记载""传说与遗迹"及"后裔归祖"等方式"残存"至今。但"间接影响"更揭示出"郑和符号"之于中非关系的外交意义。"就对中国与非洲关系的影响而言，郑和之行则有新的含义。这种影响可分为直接影响与间接影响。就直接影响而言，中国遣使对非洲各国的访问使非洲人对远在亚洲的中国有了感性的了解。有感于中国的慷慨大方，这些国家或派遣使节随船回访以表感谢，或送上特产贡物以表尊敬。非洲的物产使中国人大开眼界，也使双方的交流更进一步。对中国人而言，间接影响是多重的。这种交往打开了中国人的眼界，使他们对世界之大的了解有进一步提高。虽然他们仍认为自己位于世界的中心，但非洲大陆带给他们的新奇和震撼是不言而喻的。"③ 换言之，"郑和符号"对非洲国家和地区更多投射的是一种间接影响，亦即主张和平与发展的"郑和精神"的潜在影响：一是郑和非洲行"使带偶然性的中非民间交往上升为定期的官方关系；在交往中，中国的强势和主导地位是显而易见的"；二是"使中国与北非和东非的一些国家的关系发展到相对亲密的地步，双方互派使节，互赠礼物，这为双方关系的发展奠定了基础"；三是"使中国对非洲的认识有了一个质的飞跃。在各种论及郑和船队航线的文献中，提及的非洲国家和地名有 61 个之多。费信等人的游记中不仅提到各地的地理、物产、人文，还论及当地的风俗、制度和文化。由于这些记录都是作者亲身经历所了解的，所以对当时中国人了解非洲具有重要的参考价值"；四是"进一步推动了中国与非洲的商贸关系，这从

---

① 孔远志等：《东南亚考察论郑和》，北京大学出版社，2008 年版，第 237 页。
② 彭玉磊等：《索马里驻华大使：索马里有个"郑和村"》，《广州日报》，2010 年 1 月 7 日。
③ 李安山：《论郑和远航在中非关系史上的意义》，《东南亚研究》，2005 年第 6 期。

各种游记中列出的货物单、非洲各地的考古发掘物和中国的进口货物中即可看出。这种商贸活动促进了整个印度洋地区的海洋贸易;对这一地区的商业网络和地区经济的形成起到了重要的推动作用。"[1] 也正是由于"郑和精神"的影响,使得中非在古丝路贸易合作与人文交流中结成了丝路合作伙伴,凝成了丝路情谊,且因"坦赞铁路精神"与"中国非洲医疗队精神"等提升了中国的软实力。

## 三、中国丝路外交影响深远的主要原因

第一,在郑和多轨丝路外交中,其人文外交成功实现了"软着陆"。

在下西洋中,郑和忠实地贯彻了明朝睦邻友好政策,"每到一国,往往先宣谕明成祖的诏书,宣传对外友好政策,表达同各国通好往来的愿望。然后为诸国国王和王公大臣册封,并给赐冠服、印诰、金银、锦罗等物,再与其进行各种官方或民间的贸易,让海外番国得到种种实惠,深切感受到与明朝修好的好处。不仅如此,郑和使团还'宣敷文教',以中国先进的制度直接或间接地帮助各国建立健全国家制度、礼仪制度、法律制度等。考虑到西洋许多国家都信奉宗教,郑和所到之处,便布施传教,联络当地人民的感情。"[2] 此外,郑和的"清倭除寇",既是其船队遭沿线国武力威胁后的自卫之举,也是受托出面解决当事国热点问题的调停之举,对清除东南沿海的倭寇、营造良好周边安全环境及维护世界和平均产生了深远影响,折射其军事外交的积极意义。可见,郑和丝路外交实为包括政治、经济、安全及人文等在内的多轨外交,且郑和借助人文外交中的宗教资源在丝路沿线国成功实现了"软着陆",且达到"柔远人"之目的。

郑和是在伊斯兰教中国化的现实背景下远播中国伊斯兰文化的。尽管传播中国伊斯兰文化不是郑和下西洋的外交目的,但宗教交流却成为郑和船队成功"软着陆"的重要途径,使得"郑和在海外的伊斯兰教活动并不是一种单纯的传教活动,而更多的是一种政治和外交活动,是为他七下西洋的主要目的服务的"[3],此种以宗教交流为抓手的人文外交,也成为密切

---

[1] 李安山:《论郑和远航在中非关系史上的意义》,《东南亚研究》,2005年第6期。
[2] 刘占峰:《郑和"以海屏陆"的国防思想》,《郑和研究》,1993年第3期。
[3] 肖宪:《郑和下西洋与伊斯兰教在东南亚的传播》,《回族研究》,2003年第1期。

中国与丝路沿线伊斯兰国家关系的助力,尤其是郑和组织开展的官民双轨人文交流,扩大了中国的人文影响、夯实了社会民意基础,并推进了中国与沿线国家和地区的丝路伙伴关系发展。

第二,在郑和人文外交中,其包容性的外交举措取得了显著成效。

郑和宗教信仰的复杂性历来成为学界的争议话题:一是认为"郑和主要的或根本的宗教信仰是伊斯兰教"[1];二是认为"郑和是修持'菩萨戒'的佛门弟子"[2];三是认为郑和信奉道教;四是认为郑和对佛教、道教、伊斯兰教"都有很深的信仰"[3]等。事实上,郑和的"奉佛"之举并非"自己的主观行为",多为完成"皇帝的意志",且在郑和随行人员中信佛者亦不少,作为首领与外交使节的郑和,"参加信佛部众和所访国家的佛事活动这也是很自然的事"。至于邻国出现的郑和寺庙等更不能将此作为郑和奉佛的证据。作为船队首领,郑和"决不可能忽视滨海渔民、舟师的宗教信仰,也不可忽视成千上万舰队成员长期在海上跟惊涛骇浪搏斗时祷告神灵化险为夷的呼救方式和习惯"[4],故郑和"崇道"实为团结随行的信仰道教的船员能与其他不同信仰的船员共同完成远航任务,妈祖文化成为凝聚民心、战胜风浪的精神动力,但这也不能将此作为郑和崇道的证据。"郑和作为中国穆斯林,在他的思想意识中肯定会在保持自己内心信仰的同时,也要适应中国文化的实际,与中国当时的包括佛教与道教在内的宗教及现实融洽相处",故其"从事和参加佛教和道教的活动,只是他为了完成航海事业而进行的行为"[5]

郑和宗教信仰的复杂表象又与其所采取的包容性人文外交举措有直接关联。郑和在持守伊斯兰教信仰的前提下,参与佛事、拥有法名、兴建天妃庙宇、参加道教活动等,旨在顺利完成下西洋使命:对内,郑和船队在

---

[1] 林松:《论郑和的伊斯兰教信仰》,《郑和下西洋论文集(第二集)》,南京大学出版社,1985年版,第127页。

[2] 朱育友:《郑和是修持"菩萨戒"的佛门弟子》,《东南亚研究》,1990年第4期。

[3] 郑一钧:《郑和下西洋》,海洋出版社,1985年版,第44页。

[4] 林松:《从回回民族特殊心理意识综观郑和宗教信仰的复杂性》,《郑和研究论文集》,大连海运学院出版社,1993年版,第225页。

[5] 赵国军等:《从穆斯林的角度看郑和及其航海事业》,《回族研究》,2005年第2期。

远航期间常遇风险与不测，故在每次远航前举行佛教、道教甚至伊斯兰教名下的祈福祷告仪式，均发挥着稳军心、壮国威、造声势等重要作用；对外，在出访各国时，据对象国信仰不同而采取"因俗治之"的包容性的外交举措（或捐款建寺修庙或立碑建亭），强化了与丝路沿线国的价值沟通与民间联系，如"郑和崇拜"在东南亚不仅影响了伊斯兰国家，还对"以佛教为国教的泰国"等产生了深远影响，"从侧面说明了当时的泰国人民从宗教文化上来讲，在郑和那里找到了认同感，说明郑和对当时当地的佛教信仰与活动的尊重"[①]。又如，现存于斯里兰卡的《布施锡兰山佛寺碑》的"引人瞩目之处，在于碑文分别用中文、泰米尔文、波斯文三种文字写成"。"身为穆斯林的郑和，却能在一块碑上以三种宗教为对象，表示同样的礼敬与尊重，是绝无仅有的一件事"[②]……郑和包容性的外交举措，便在某些情况下发挥了"提供广泛的非官方的解决冲突和促进和解的服务"[③]"在冲突地区拥有最广泛的基础，而且保持着幕后调停成功的最好纪录""拥有真知灼见和组织群众的高超技巧，以及对政策问题中的人性因素的深邃认识"[④]等作用，最终达到了"以不治治之"的外交境界。

第三，在郑和丝路外交中，其经济外交和人文外交的互促产生了联动效应。

郑和的丝路外交，主要以经济外交与人文外交为双翼。前者"尽管其交往的媒介表面上是商品和服务"，但却"创造了诸多途径，使善意、信息、友谊和互相尊重得以自由流动"[⑤]。后者通过坚信"团结或同一性""爱与同情心""和平使命"等笃信行动来"觅得解决冲突的工具"[⑥]以缔

---

[①] 向广宇：《郑和崇拜与南海区域文化认同》，《沧桑》，2014年第1期。

[②] 刘咏秋等：《解开郑和在斯里兰卡的历史谜团》，《参考消息》特刊，2005年7月7日。

[③] [美]路易丝·戴蒙德等：《多轨外交：通向和平的多体系途径》，李永辉等译，北京大学出版社，2006年版，第105页。

[④] [美]路易丝·戴蒙德等：《多轨外交：通向和平的多体系途径》，李永辉等译，北京大学出版社，2006年版，第150页。

[⑤] [美]路易丝·戴蒙德等：《多轨外交：通向和平的多体系途径》，李永辉等译，北京大学出版社，2006年版，第54、58页。

[⑥] [美]路易丝·戴蒙德等：《多轨外交：通向和平的多体系途径》，李永辉等译，北京大学出版社，2006年版，第102页。

造和平。郑和团队通过贡赐贸易、互市贸易开展经济外交，又通过进香祈福、教界交流、建寺立碑、公派朝觐等展开人文外交，体现出互利共赢的丝路经济观与平等包容的丝路人文观。因为，"在十五世纪初期，亚非国家的民情风俗，是比较淳朴的，其宗教信仰，也是很诚笃的。因此，明朝政府对他们古朴淳厚的民情风俗，加以表扬；对他们的宗教信仰，也给予应有的尊敬，以示珍视他们固有的礼俗。这也是中国历史上对外的传统政策之一。正是这种传统政策的体现。实行这种政策，不仅是为了增进中国与亚非各国的交流，也表现出中国在国际交往中'求同存异'的大国风度"。① 这既为郑和开展人文外交提供了政策保障，还促成由"信教、经商"的阿拉伯、波斯商人入华落脚所形成的聚居区—蕃坊的出现，且具有文明交往与贸易往来的双重功能，折射出郑和丝路外交触角由民生直抵民心，海外贸易与宗教交流成为郑和外交的重要选项。

郑和团队除因满足了丝路沿线伊斯兰国家穆斯林的"两世诉求"而获"民心相通"之成效外，还因其"远航是为了通过和平方式扩大明帝国的影响"，故使丝路伊斯兰国家、佛教国家在"看到了与中国建立关系带来巨大的商业利益"②的同时，也使丝路贸易在客观上带动了多元宗教的进一步交流，贸易与人文的互动关系由此建立：一方面"郑和所到之处，便布施传教，联络当地人民的感情"③。另一方面，基于宗教交流的密切联系又深化了郑和团队与对象国间贸易互信的社会基础，进而带动了贸易往来，双方易产生好感、消除误解、建立互信等，故能达成互利共识、实现互惠目标，经济外交与人文外交的互促便产生了联动效应，出现了"郑和所到国家和地区几乎都遣使随郑和船队来华朝贡"的盛况，"郑和下西洋打破了朝贡贸易只来不往的消极局面"④，表明"民心相通"才是"郑和符号"依然影响"一带一路"软环境建设的根源所在。

---

① 郑鹤声等：《郑和下西洋资料汇编（中）》，海洋出版社，2005年版，第1015页。
② [美]牟复礼等：《剑桥明代中国史》，张书生等译，中国社会科学出版社，1992年版，第299页。
③ 刘占峰：《郑和"以海屏陆"的国防思想》，《郑和研究》，1993年第3期。
④ 江淳等：《中阿关系史》，经济日报出版社，2001年版，第110、114页。

## 四、研究郑和丝路外交的多重意义

第一，华人华侨与穆斯林已成为郑和"符号现实"的主要建构主体。

符号聚合理论强调，"符号现实在人类意识中聚合成分层式符号化的'意识图景'"①，郑和"符号现实"则由三层式"意识图景"构成：

1. 外层的"郑和崇拜"

在丝路沿线国家与地区出现了"华人华侨与穆斯林越多、郑和崇拜则愈甚"的一种信仰现象，实为将历史英雄人物神化的"一种个人崇拜的极端形式"。"它一般由某个社会群体（或者全社会）共同参与，崇拜者通过利用一些手段，如修建庙宇、举行仪式活动、尊奉遗迹遗址、编撰神话传说等来巩固和强化自己对崇拜对象的虔诚与信仰，并逐渐演变成为一种宗教力量来维护崇拜对象的权威。"②"郑和崇拜"已从"个人崇拜"演化为伊、佛、道等多元宗教甚至准宗教成分渗入的"混合型信仰崇拜"，"这在人类历史上都极为罕见，这是郑和宗教文化包容性的收获"③，使得华人华侨与穆斯林成为"郑和崇拜"的建构主体。

2. 中层的"郑和文化"

"郑和作为一种信仰符号"，"具有整合移民族群、团体与社区以及延续与巩固华人文化认同的功能"④，也具有传播友好邦交、商贸互惠、清剿倭寇及包容多元宗教等和平文化的功能，且已形成"宣德化、柔远人""颁中华正朔，宣扬文教""耀兵异域，示中国富强"等凸显国家意义的郑和话语，并演化为由互惠型的经济观、包容型的人文观、合作型的安全观组成的"郑和文化"，彰显出中华民族的和合文化基因、中国的和平外交传统，以及中国丝路外交的持久影响力。

---

① 吴玫等：《美国衰落符号的背后》，《公共外交季刊》，2014年秋季号第6期，第58页。

② 施雪琴：《郑和形象建构与中国—东南亚国家关系发展》，《海南师范大学学报（社会科学版）》，2011年第5期。

③ 向广宇：《郑和崇拜与南海区域文化认同》，《沧桑》，2014年第1期。

④ 施雪琴：《郑和形象建构与中国—东南亚国家关系发展》，《海南师范大学学报（社会科学版）》，2011年第5期。

3. 内层的"郑和精神"

郑和下西洋壮举,反映出中华民族走出国门、融入全球的"世界意识",和合共生、谋求合作的"战略文化",播撒和平、缔结友好的"外交传统",以及开放进取、经略海洋的"民族精神",彰显了中国人勇于进取的开拓冒险精神、不侵略与不称霸的和平精神、尊重与理解不同信仰群体的包容精神,以及"贡而不朝"与"厚往薄来"的合作精神等。郑和下西洋便成为肩负国家与民族发展使命的成功之举,其所表现出的和平与发展精神即为"郑和精神",使得明朝与丝路沿线国家和地区在友好合作中缔结了丝路情谊,出现"万国朝贡,盛世追迹汉唐"的外交成效。据统计,永乐帝在位22年,与郑和下西洋有关的亚非国家使节来华共318次,平均每年15次,盛况空前。①

总之,华人华侨与穆斯林成为郑和"符号现实"的建构主体,也是儒伊文明上千年和平交往于丝路这一历史事实的真实写照,使得丝路沿线国家的华人社区、穆斯林社区成为"郑和符号"产生、发展与传播的核心场域,华人华侨与穆斯林也因此成为丝路沿线国家亲华、友华的核心力量,并在深化我国与丝路沿线伊斯兰国家战略合作互信中扮演着不可或缺的重要角色。

第二,"郑和符号"在中国合作型战略文化的形成中发挥了构建与维持的作用。

如果说,战略文化是对一个国家的战略思维、战略取向、战略意图等产生影响的"深层次文化因素"的话,那么,"郑和符号"所包含的郑和崇拜、郑和文化与郑和精神实为中国"文化传统、哲学思维和社会观念"等"深层次文化因素"在国家与民间层面的不同表达,尤其是"郑和精神"已成为最具中国特色的合作型战略文化的内核,"郑和符号"已在中国战略文化形成中发挥了构建与维持的作用:郑和下西洋壮举成功地证明了中国即使具有称霸世界的实力,也无动武称霸的"霸道",而是谋求通过和平与合作来树立"王道",进而彰显出中国"强而不霸"的合作型战略文化。亦即,郑和团队用中国的丝绸、瓷器等美化了中华文明形象、用"厚往薄来"的贡赐贸易强化了明朝"大一统"的国家魅力、用包容性的

---

① 肖宪:《郑和——中国和平外交的先行者》,《思想战线》,2005年第4期。

第一章　丝绸之路与中外关系研究

宗教外交举措柔化了中国国家形象、用"宣德柔远"的和平外交践行了中国合作型战略文化。因此，是"郑和将'丝绸之路'最终成就为中国贡献给世界的一个公共产品，郑和用'七下西洋'壮举、近30年的和平外交实践、亚非30多个国家和地区的到访足迹向世界表明，中国不仅能向世界提供丝绸等商品，还能向世界提供'协和万邦'的和平外交理念、'强而不霸'的国际关系行为准则、和平与发展并重的'郑和文化'，以及互惠与包容的'丝路精神'等，由此形成丝绸之路这一公共产品的内涵主要包括：经济互惠、人文包容、安全合作"。[①] 丝绸之路这一公共产品的的诞生，又折射出中国战略文化的国际影响力。

自2013年中国提出"一带一路"倡议至今，在边倡导边实践中已赢得丝路沿线国家和地区的积极响应，中国丝路外交的魅力再度显现，尤其是海合会成员国积极推出对接项目：科威特计划投资1300亿美元在其北部沿海地区建造一个"丝绸城"，2035年建成后将成为连接中国与欧洲新丝路的重要战略枢纽；除筹建"杜库姆经济特区"外，阿曼还规划在萨拉拉港打造"郑和纪念园区"，主要包括郑和纪念碑、文化休闲区及中餐馆等，纪念郑和船队三访阿曼的友好之举并吸引中国及世界各地游客；卡塔尔计划建设一个大型园区项目"多哈新港区"……"从科威特的'丝绸城'到阿曼的'杜库姆经济特区'，再到卡塔尔的'多哈新港区'都显示了中东国家想借助'一带一路'战略规划发展经济的雄心。'一带一路'确实不是中方的独奏曲，而是中国与阿拉伯国家乃至世界的合奏曲。"[②] 因为，"丝绸之路的基本价值在于各国、各民族间的平等交往，互通有无，增进相互理解，因而是文明文化和平互动之路，各族人民平等交往的友谊之路。对国际社会而言，丝绸之路的概念具有共享性，没有排他性。它由各个国家携手共建，要以点带面，从线到片，逐步形成区域大合作，逐步实现'政策沟通，道路联通，贸易畅通，货币流通，民心相通'。这是一种

---

① 马丽蓉：《丝路学研究：基于中国人文外交的阐释框架》，时事出版社，2014年版，第23页。
② 薛小乐：《中东为"一带一路"做规划：科威特1300亿建"丝绸城"阿曼建郑和纪念园区》，环球网，2015年4月1日，https：//finance.huanqiu.com/article/9CaKrnJJsaC。（访问时间：2022年2月21日）

顺应时代潮流、深富创新涵义的国际合作模式。"①

总之，随着"一带一路"的不断推进，丝绸之路、郑和崇拜、郑和文化、郑和精神等一系列丝路公共产品的现实影响力将得以凸显，"郑和符号"对我国与丝路沿线伊斯兰国家战略合作的现实影响尤甚。因为，"在当代中国迅速变迁的政治经济环境下，郑和话语被国家所强化与升华，成为中华民族精神与中国外交理论的价值观念与认同的重要构成"。②

第三，"郑和符号"成为深化中国与丝路沿线国家和地区伙伴关系的互信酵母。

习总书记强调，中国应"丰富和发展对外工作理念，使我国对外工作有鲜明的中国特色、中国风格、中国气派"，"要在坚持不结盟原则的前提下广交朋友，形成遍布全球的伙伴关系网络"，以"推动建立以合作共赢为核心的新型国际关系"③。其中，丝路外交是构建中国特色大国外交的重要基石、"郑和符号"已成为深化我国与丝路沿线国家和地区伙伴关系的互信酵母，其重大现实影响日益凸显，且在共建"一带一路"的重点国家和地区得以彰显：一是巴基斯坦，除其"安全与稳定对中国西北边境省份有直接影响"外，还因"巴基斯坦拥有 1.7 亿人口，是世界排名前三的伊斯兰大国，也是穆斯林世界唯一拥有核武器的国家，拥有巨大影响力，因此成为中国与中东伊斯兰国家交往的重要桥梁与渠道。通过中巴友好，中国近年来与穆斯林国家在政治、经贸等领域的关系都取得长足进展"④，为构建我国与伊斯兰国家伙伴关系网提供了示范效应。2015 年中巴"关于建立全天候战略合作伙伴关系的联合声明"中强调，"以中巴经济走廊为引领""将中巴关系塑造成为不同文明国家之间交流互鉴、友好合作的典

---

① 杨公振：《中东前特使吴思科：中海共建"一带一路"升级版》，中国网 2014 年 12 月 4 日，http：//www.china.com.cn/opinion/think/2014 - 12/04/content _ 34230640.htm。（访问时间：2022 年 2 月 21 日）

② 施雪琴：《郑和形象建构与中国 - 东南亚国家关系发展》，《海南师范大学学报（社会科学版）》，2011 年第 5 期。

③ 《习近平出席中央外事工作会议并发表重要讲话》，新华网，2014 年 11 月 29 日，http：//www.xinhuanet.com/politics/2014 - 11/29/c_1113457723.htm。（访问时间：2022 年 2 月 21 日）

④ 许利平：《当代周边国家的中国观》，社会科学文献出版社，2013 年版，第 223—224 页。

范",并从经济、安全与人文三个领域明确了中巴战略合作的方向,使得中巴伙伴关系建设更具战略意义;二是中国在哈萨克斯坦首倡共建"丝绸之路经济带",2015年5月又落实了"丝绸之路经济带"与哈萨克斯坦"光明之路"经济发展战略的"对接",表明"哈萨克斯坦是中国的友好邻邦和全面战略伙伴,是中方建设丝绸之路经济带的重要合作对象"①,中哈战略合作不仅有助于中国"丝绸之路经济带"与俄罗斯"欧亚经济联盟建设"的"战略对接",也将带动中国西部周边国家和地区的战略合作;三是中国在印尼首倡构建"21世纪海上丝绸之路"并致力于与印尼"全球海洋支点"发展规划的"对接"。2015年中印尼"关于加强两国全面战略伙伴关系的联合声明"中强调,双方同意推进文化遗产旅游合作,邀请中国游客赴印尼体验"重走郑和路"旅游新项目。作为东盟第一大国和世界上穆斯林人口最多的国家,激活"郑和符号"已成为深化彼此伙伴关系的重要抓手,这将对东南亚地区和国家产生重要引领作用,借此显现"郑和符号"对"一带一路"软环境的"建构与优化"的双重功效。

比较而言,"郑和符号"对这三个伊斯兰国家的现实影响程度不同、表现各异:对巴基斯坦的影响主要体现在"郑和文化"上,包括中巴一贯秉持"包容型的人文观"而夯实了社会民意基础且产生了"巴铁"成效、以"合作型的安全观"做指导联手反恐且形成"三管齐下"的安全合作模式、在"互惠型的经济观"引领下深化了两国经贸合作且以"中巴经济走廊"为抓手打造"一带一路"战略合作的示范项目等;对哈萨克斯坦的影响主要体现在"郑和精神"上,包括"和平与发展"是古丝路上中哈两国成长的共同诉求,也是新丝路上中哈两国壮大的共同愿景,还是中哈两国实现战略对接的共同目标,以及"郑和精神"已成中哈两国打造"命运共同体""利益共同体"与"责任共同体"的重要影响因子等;对印尼的影响主要体现在"郑和崇拜"上,包括华人华侨与穆斯林有关郑和的祭拜活动及其集体潜念的形成、郑和传播的中国和合文化对东南亚伊斯兰的柔化作用、郑和团队开展的贡赐贸易与互市贸易对中国睦邻友好关系的影

---

① 《背景资料:中国与哈萨克斯坦关系大事记》,新华网,2015年5月7日,http://www.xinhuanet.com/world/2015-05/07/c_1115214110.htm。(访问时间:2022年2月21日)

响等。

综上，中国丝路外交历史贡献巨大、现实影响深远，尤其是郑和丝路外交更具样本分析的学术价值，其所关涉的丝路伙伴关系、丝路命运共同体，以及"一带一路"软环境建设等议题研究，有待进一步的探讨。

## 第二节　中外丝路交往中软治理的经略之策

### 一、丝路文明蕴含全球治理经验

国学大师季羡林曾将世界上主要的文化体系归为四类：中国文化体系、印度文化体系、阿拉伯穆斯林文化体系、西方文化体系。四者又可合为两个更大的体系：前三者为东方文化体系，后一者为西方文化体系。他说，"这些文化体系汇流的地方，世界上只有一个，这就是中国的新疆。"这番总结揭示了东西两大文明、四大文化体系都曾在中国西部周边的中亚、西亚、南亚等遇合成丝路文明的历史现实，并得益于历史上三次中外交往高潮，形成了以西域文明为核心的多元化的丝路文明：第一次是在丝绸之路初辟时的汉代，以中原与狭义西域（今新疆）之间的交往为主；第二次是晋至唐朝时期，以中国与印度、中西亚、东罗马帝国之间的交往为主；第三次是明代以来，以西方传教士东来，天主教传播和近代科学技术的传入为主要内容，亦即丝绸之路东起中国长安，西到地中海沿岸，将亚、非、欧三大洲亦即整个世界紧密联系起来。因此，以丝绸贸易为主要媒介的丝绸之路所反映的不仅仅是东西方经济交流，更重要的是东西方文明间的联系与交流，这使丝路文明的诞生成为历史的必然。

其中，丝绸之路之于中国西部周边国家和地区，不仅关乎文明联系和交流，还关乎"世界心脏地带"欧亚大陆的"全球治理"问题。

自古以来，中国历朝统治者深谙"西域安则中原安"的固本铁律。因为在丝路腹地的西域这一广大区域内，两千年来，十多个强大帝国和数十个中小国家既通过商贸往来、文化传播、文明交汇等方式，也通过人口流动、部族迁徙、民族融合等社会演化进程，还通过战争征伐、抢劫侵占等极端方式相互交往，这使世界文明"汇流的地方"也面临一系列传统与非传统安全问题挑战，甚至演化为治理难题。值得强调的是，丝路文明恰恰是在应对丝路腹地诸多外部挑战的过程中得以快速成长。在英国历史学家汤因比看来，文明生长需要适宜的外部环境。其动力来源于"挑战激起成功的应战，应战又反过来引发新的挑战"。中华文明的生长是在连续不断的"挑战—应战"中获得发展动力，外部环境的征服与内部韧劲的强化相随相伴于其初期的生长阶段，并在丝绸之路的中外文明交往中得以成长。因此，身处丝路腹地的中国西部周边国家和地区，不仅因世界文明"汇流的地方"而成为丝路文明的诞生地，也因丝路难题的集结地带而成为全球治理的"示范区"，更因高频次的"挑战—应对"过程而成为人类文明成长的加油站。

在中国倡建"一带一路"的新实践中，丝路沿线国家和地区也面临传统与非传统安全治理的严峻挑战。因此，如何借鉴丝路文明交往中所蕴含的全球治理尤其是全球软治理的成功经验，成为探讨中外丝路交往中软治理经略之策的关键。

在古丝路上，中国不仅输出了丝绸、瓷器、四大发明等商品和技术，还传播了"大一统"的国家形象与中华文明，以及丝绸之路、丝路精神等影响巨大的国际公共产品，表明"社会距离程度不同的人之间发生言谈、信息交流、沟通、理解、对话等传播行为，为的是满足结伴、克服孤独、自我认识、环境认知、社会选择等需要，某类传播在一段时间后变得相对稳定，由此表现了某种文化与社会结构，形成文化意义的分享和文化创造形式；在应对环境、群体间竞争、内在发展需要等问题的过程中，人们又不断进行共享文化的创造、修改和转变，使文化具有流变的特点"，"如'丝绸之路'使东西方的贸易更加频繁，基督教、佛教和伊斯兰教沿着'丝绸之路'传播开来"[1] 即为明证。在中外丝路交往中，我们既要接受文化差异性的现实，也要建立对话意识，在对话中建立互惠性理解。这是创造、修改和转变一个"共享文化"的过程，传播中的主体双方共同分享着经验，进而形成意义分享，由此搭建了主体之间相互理解的信息平台，在对话与合作中达到"互惠性理解"，凸显"在文化差异中形成互补性知识，强调文化观念的互相印证，把在刻板印象、民族中心主义、意识形态等基

---

[1] 单波：《跨文化传播的基本理论命题》，《华中师范大学学报（人文社会科学版）》，2011年第1期。

丝路学研究：形成、发展及其转型

础上达成的理解当作对他者的敌意，努力基于生活事实与文化的动态发展进行对话式理解"[1]的特点，使孤立的个人与他人分享"共同价值"，丝路精神所蕴含的经济互惠、人文包容、安全合作的核心思想赢得了丝路沿线国家和地区的认可与分享。其中，宗教交流成为"丝路天然伙伴"在助力形成"丝路精神"中达成"互惠性理解"的重要途径之一。

事实上，宗教外交"轨道中积极的一面在于，它对战争与和平问题有更高层次的理解和感知"[2]，但因"宗教界潜在的消极面是其排他性的历史倾向"[3]而使宗教外交的消极性也难以避免，也使宗教资源本身兼具正面与负面双重社会功效。但是，由于郑和宗教外交根植于其多元宗教的包容性与多轨外交的统筹性，故在某种程度上发掘了宗教资源的积极性、规避了宗教资源的消极性，使其宗教外交在"扬长避短"中产生了"宣德柔远"的外交效应，如郑和在下西洋中成功开启了中国与天方国以朝觐为主的宗教外交，促成宗教资源向外交资源的成功转化，使得朝觐外交演化为中国对阿拉伯—伊斯兰国家人文交流的特色与传统，且产生了深远影响。

新中国成立之初，中国对外文化交流政策就强调要"进一步开创多层次、多渠道、多形式的对外文化交流新局面"[4]。自20世纪50年代中后期至今，中国与丝路沿线国家间官方、半官方及非官方等多渠道的人文交流已夯实了双方的互信基础，宗教交流在双边关系发展中发挥了基础和引领作用。其中，朝觐活动成为中国与沙特丝路伙伴关系发展中的重要纽带，随着朝觐人数的平稳增长，中国有组织、有规模、各大部委联手参与的中沙朝觐外交已初见成效，在深化中国与沙特、中国与阿拉伯—伊斯兰国家伙伴关系发展中扮演了重要角色。随着2000年10月"中非合作论坛"与2004年1月"中阿合作论坛"的相继成立，使得中国与丝路沿线国家开展多边人文交流与合作进入制度支撑的历史新阶段，宗教交流在丝路多元文

---

[1] 单波：《跨文化传播的基本理论命题》，《华中师范大学学报（人文社会科学版）》，2011年第1期。

[2] [美] 路易丝·戴蒙德等：《多轨外交》，李永辉等译，北京大学出版社，2006年版，第107页。

[3] [美] 路易丝·戴蒙德等：《多轨外交》，李永辉等译，北京大学出版社，2006年版，第150页。

[4] 中华人民共和国对外文化联络局编：《中国对外文化交流概览》（1949~1991年），光明日报出版社，1993年版，第46—47页。

## 第一章　丝绸之路与中外关系研究

明交往呈现积极活跃的总体态势中扮演了重要角色。2013 年中国倡导建设"一带一路",旨在弘扬"丝路精神"、落实"五通"举措,以打造人类命运共同体,在"民心相通"举措的实施过程中宗教交流的重要性得以凸显。2013 年 10 月,在周边外交工作座谈会上,习主席强调,坚持与邻为善、以邻为伴,坚持睦邻、安邻、富邻,突出体现"亲诚惠容"的共同理念和行为准则,要全方位推进人文交流,深入开展旅游、科教、地方合作等友好交往,广交朋友,广结善缘。要对外介绍好我国的内外方针政策,讲好"中国故事",传播好"中国声音",把"中国梦"同周边各国人民过上美好生活的愿望、同地区发展前景对接起来,让命运共同体意识在周边国家落地生根。[①] 为此,中国新一届领导人不仅"奋发有为地开展周边外交",还主张开展具有中国特色的"大国外交",其中就包括重视宗教交流在中国外交中的重要作用:2015 年 3 月 28 日,习总书记在第十四届博鳌论坛致辞中再次强调:"迈向命运共同体,必须坚持不同文明兼容并蓄、交流互鉴。"[②] 2015 年 3 月 29 日,博鳌论坛举办了以"中道圆融——凝聚善愿的力量"为主题的宗教分论坛,这是博鳌论坛自 2001 年成立以来,首次举办宗教分论坛,三大宗教领袖与文化学者与会,提倡中道,反对极端,用宗教来对话、沟通,以及正视宗教对现代生活的影响等,表明中国政府已洞悉了宗教事务的外交战略价值,早在 2014 年 3 月 27 日,习总书记在巴黎联合国教科文组织总部发表重要演讲,这是中国国家领导人前所未有地全面论述了佛教中国化的历程与意义。5 个月后,习总书记出访印度等中亚南亚四国,以佛教、丝绸之路等宗教历史文化为切入点,深入展开国与国交流,全力推动"一带一路"区域合作,此行标志性的国家赠礼《玄奘之路》、为印度总理莫迪定制的纯素生日蛋糕,以及习总书记数次讲话中提及的诸位古代高僧等,标志着"宗教外交"成为集中体现中国文化软实力的重要名片,表明以习近平为总书记的党和国家领导人,以高瞻远

---

① 钱彤:《习近平:让命运共同体意识在周边国家落地生根》,新华网,2013 年 10 月 25 日,http://www.xinhuanet.com/politics/2013-10/25/c_117878944.htm。(访问时间:2022 年 2 月 21 日)

② 习近平:《迈向命运共同体 开创亚洲新未来——在博鳌亚洲论坛 2015 年年会上的主旨演讲(2015 年 3 月 28 日,海南博鳌)》,《人民日报》,2015 年 3 月 29 日,第 2 版要闻。

瞩的战略眼光看到了宗教事务的重要性与现状的差距，①表明中国政府在实施"一带一路"的"民心相通"举措中正视宗教沟通、意识到丝路沿线国家战略合作中"宗教因素"的现实存在。

毋庸置疑，从郑和的丝路外交→周恩来的人民外交→习近平的大国外交，宗教已然实现了社会资源向外交资源的成功转化，并成为夯实共建"一带一路"社会民意基础的助力之一，如中巴经济走廊建设中宗教极端主义与部落文化的风险性影响、中蒙俄经济走廊建设中宗教交流的纽带作用、中印战略合作互信建构中的佛教交流的作用，以及宗教在中国与哈萨克斯坦、巴基斯坦、印度尼西亚等伙伴关系深化中的桥梁作用等。从某种意义上看，"一带一路"使中国外交最终找到了历史与现实的契合点，且集中体现在两个方面：一是可以盘活"丝绸之路"这一公共产品所蕴含的外交历史资源优势，使"传统友谊"发挥务实性作用。在两条丝绸之路上绵延千年的中外文明交往，不仅积淀了一份深厚的丝路情感，还升华为一种经济互惠、人文包容、安全合作的"丝路精神"。其中，郑和"七下西洋"的壮举，因其近 30 年在近 30 个国家留下的访问足迹而彰显了中国的和平外交理念，以和平与发展为核心的"郑和文化"已成为"丝路精神"的重要组成部分，"丝绸之路"也跃升为成功的国际公共产品，并成为中国外交的宝贵历史资源，如何发掘并利用丝路外交实践中的"中国经验"，已成为如何盘活"一带一路"历史资源优势的关键，也是"传统友谊"之于当代丝路伙伴关系的作用所在。二是可以发挥中国作为世界第二大经济体所具有的竞争力来"奋发有为"地开展周边外交。两条丝路沿线人口 30 多亿，中国既有为沿线合作国家的注资能力，还倡导义利兼顾甚至舍利取义，通过丝路基金、亚投行及中国企业"走出去"等方式积极推动全球经济一体化进程，在打造丝路沿线国家"利益共同体"与"责任共同体"的实践中提升中国参与全球经济治理的能力，在经济合作与宗教交流的互促互进中构建"一带一路"战略合作伙伴关系，切实推动宗教资源向外交资源的成功转化，力争在中国与丝路沿线国家由"丝路天然伙伴关系"向

---

① 萧潜：《剑指何方：独家解读 2015 博鳌宗教分论坛》，凤凰网，2015 年 3 月 30 日，http://fo.ifeng.com/a/20150330/41028889_0.shtml。（访问时间：2022 年 2 月 21 日）

"丝路战略合作伙伴关系"转化中发挥应有的作用。

总之,"宗教因素"既是我国与丝路沿线国家和地区缔结"丝路天然伙伴关系"的历史助力,也是我国与丝路沿线国家和地区发展"一带一路"战略合作伙伴关系的现实动力,这是丝路文明交往所蕴含的全球软治理的历史经验与现实影响。

## 二、丝路治理中宗教变量影响评估

由于宗教资源本身兼具正面与负面的双重社会功效,使得"宗教因素"既可以成为丝路沿线国家和地区人文交流与合作的纽带,也易被宗教极端主义势力利用而异化为传统与非传统安全风险的诱因,管控宗教极端主义风险因素已成为关乎"一带一路"软环境建设的重大现实问题。其中,丝路沿线国家和地区宗教发展态势,始终都是古今丝路治理的关键变量。

在全球信仰群体人口结构发生变化的现实背景下,丝路沿线国家和地区宗教发展呈现出的新态势,不仅是中国外交面临的新课题,也是高质量建设"一带一路"面临的新问题,更是中国参与全球治理面临的新挑战。

在对丝路沿线国家和地区主要宗教人口做定量分析后,发现了以下几个事实:一是古代丝路宗教信仰的基本分布走势与"一带一路"沿线国家与地区宗教发展基本格局之间互为因果关系;二是古代丝路多元宗教并存的历史传统与"一带一路"沿线国家与地区多元宗教并存的发展态势之间互为因果关系;三是古代丝路宗教信仰历史人口相对比值与"一带一路"沿线国家与地区宗教信仰现实人口相对比值之间互为因果关系。具体而言,有如下现象引人注目:在71个沿线国家中,信仰伊斯兰教的穆斯林人口占比超过半数以上的有37个国家,且主要分布在"一带一路"沿线的绝大多数地区;天主教、东正教与基督教三大信仰群体人口占比超过半数以上的分别是9个国家、7个国家与2个国家,共计18个国家,表明基督教在中东欧地区的影响仍不容忽视;佛教信徒占比超过半数的国家有7个,除蒙古国外,其他6国均属东南亚地区,佛教在东南亚的影响力依然强大,甚至包括华人华侨社区;华人华侨中信仰孔教、道教及佛教的居多,但也有信仰伊斯兰教乃至基督教的,表明宗教既是他们融入对象国的重要社会纽带,又是他们持守中华传统文化血脉的重要生存策略;"一带一路"沿线绝大多数国家民众信奉伊斯兰教或以伊斯兰教作为国教，但即使如此，沿线国家绝无单一信仰现象，多元信仰结构已成"一带一路"沿线国家和地区的普遍现象，即使是在穆斯林人口高达99%的伊斯兰国家亦不例外；多元信仰结构的形成得益于古丝路多元宗教文化的包容性交流与合作，但中国道教文化沿丝路外传后多囿限于汉文化圈甚至仅在新加坡等国的华人社区而难以远播；印度佛教远播影响力较大但却在本国消失，取而代之的印度教在印度与尼泊尔有了众多信徒……这些值得深究的现象，既是我国与丝路沿线国家和地区开展"民心相通"所面临的教情现状，也是我国与"一带一路"沿线国家和地区深化宗教交流的社会现实。

据皮尤研究中心报告预测，全世界印度教徒的人口数量预计在2014—2050年间将增长34%，从目前略超过10亿增长到2050年的近14亿。届时，印度教徒将占世界总人口的14.9%，成为世界第三大宗教。穆斯林人口从2010年16亿人增长至2050年约28亿人，2070年后，伊斯兰教将成为世界信徒最多的宗教，印度将取代印尼成为拥有穆斯林人口最多的国家。[①]该报告表明，信仰人口结构变化已对中国周边国家的宗教发展产生了深远影响，且主要体现为：

1. "宗教因素"对我国周边外交的影响将进一步增强。丝路沿线国家和地区的宗教人口比由伊斯兰教、佛教、印度教→伊斯兰教、印度教、佛教，表明影响我国周边外交的"宗教因素"已由伊斯兰教、佛教变为伊斯兰教、印度教与佛教，折射出"宗教因素"在我国周边外交中的重要性将进一步增强的发展趋势。

2. 宗教极端主义已成为重要的战略风险因素。伊斯兰教仍是"一带一路"沿线国家和地区中信仰人数最多、分布区域最广、现实影响最大的宗教，且因宗教极端主义与种族、教派、部落、能源、领土等形成错综复杂的关系而使其成为重要战略风险因素之一，"一带一路"所面临的宗教极端主义所致的人文风险正向政治、经济、安全等领域蔓延。

3. 中印关系中"宗教因素"的影响力日益趋强。随着全球宗教信仰人口结构出现的新变化，印度教徒与印度国内穆斯林人数的激增，都使得印度在印度教与伊斯兰教发展中的教缘影响力空前增强，且对我国周边外交

---

① 《2050年印度教将成为第三大宗教》，《参考消息》，2014年4月4日。

中的人文影响力也随之增强,更使印巴克什米尔问题在全球治理中的重要性进一步凸显。

4. 南亚伊斯兰信仰板块的政治影响力将不断扩大。2070年后的伊斯兰教将成为世界第一大宗教且印度将取代印尼成为穆斯林人口最多的国家,这将影响印度与阿拉伯—伊斯兰国家的关系,客观上造成南亚将取代东南亚而成为中东之外最重要的伊斯兰信仰板块,南亚与西亚、北非这三大伊斯兰信仰板块间的密切联动,又会对大中东地缘政治产生深远影响,使得我国西部周边外交面临严峻的传统与非传统安全挑战更加严峻。

5. 宗教极端主义将对"一带一路"战略安全环境产生重大冲击。2010—2050年全球穆斯林人口最多的10个国家是:印度尼西亚、印度、巴基斯坦、孟加拉国、尼日利亚、埃及、伊朗、土耳其、阿尔及利亚、摩洛哥[1],主要分布在"一带一路"沿线的东南亚、南亚、西亚、北非等地区。其中,穆斯林人口列前三位的国家均在南亚与东南亚,且人口比值由印尼、印度、巴基斯坦→印度、巴基斯坦、印尼,意味着极端伊斯兰主义影响的人口几率将大于温和伊斯兰主义影响的人口几率,印巴克什米尔问题凸显将成不争的事实。西亚与北非人口居多的伊斯兰国家,占全球穆斯林人口比总体呈下降趋势,但以埃及、伊朗、土耳其为主的伊斯兰国家,仍因人口众多、教派矛盾、种族恩怨、部落纷争、地区冲突等诸多因素而在中东地缘政治与教缘政治中继续扮演重要角色,并在不断平衡政教关系中实现社会转型,并逐步融入全球化进程。

值得警惕的是,自"9·11"事件以来,宗教极端主义全球泛起,并主要渗入民间、精英、组织等三个层面,表明"宗教极端主义者在布道宣教名义的掩盖、庇护下,利用宗教从事暴力恐怖、分裂国家等极端主义活动,就不是什么宗教问题而是政治问题了"[2],已对"一带一路"的战略安全环境造成了极大冲击。据联合国报告称,"全球有来自上百个国家的超

---

[1] 皮尤研究中心:《世界宗教的未来:人口增长预测(2010-2050)》,Resource: Pew Research Center, *The Future of World Religions: Population Growth Projections* (2010-2050), https://bsullivan.org/wp-content/uploads/due-to-the-high-birth-rate.pdf。(访问时间:2022年2月22日)

[2] 金宜久:《伊斯兰与国际政治》,中国社会科学出版社,2013年版,第223、197页。

过 2.5 万外国人加入了像'伊斯兰国'和'基地'这样的'圣战'组织"。其中,"2014 年中旬到 2015 年 3 月期间,全球的外来战斗人员数量增长 71%,欧洲和亚洲国家出现大幅增长。"①

量化分析表明,"宗教因素"在我国大周边外交中既是一个历史变量,也是一个现实变量,"一带一路"沿线国家与地区宗教人口分布对中国周边国家宗教基本格局的影响是切实存在的,尤其是伊斯兰教发展出现的"去中东化"趋势,使得"一带一路"面临宗教极端主义冲击的可能性增大。因此,周边国家宗教发展新态势已然成为共建"一带一路"新实践中不容忽视的重要变量,如何有效管控宗教极端主义所致的战略风险,将是关乎中国参与丝路安全合作、提升全球传统与非传统安全治理能力的重大现实问题。

### 三、基于宗教发展新态势的经略周边新对策

倡建"一带一路"就"意味着中国社会将更多地与世界发生联系,尤其是与那些比较复杂甚至相对落后的地区发生联系,这实际上对中国社会也提出了新的要求,那就是以更为灵活、务实和开放的心态,超越传统的民族交往模式,去寻求一种具有中国特色的模式"②。随着中国的和平崛起,西方主流媒体肆意渲染"中国威胁论"与"中国必霸论"来肆意歪曲中国形象。因此,"对我们而言,重要的不是对西方的反对作民族主义式的强烈反应,而是要理性地寻求改变西方认知中国的途径和方法。"③ 我们既要在"一带一路"建设中捍卫中国的丝路话语权,还要积极"开展人文交流和公共外交,密切机构联系、拓展对话渠道、努力增进共识"④。从某种意义上讲,"外域宗教的入华以及中国儒教等信仰传统的西渐,基本上都是通过丝绸之路而得以实现。这样,宗教的流传与交往,促进了中外民

---

① 《逾 2.5 万外国人加入极端组织》,载《参考消息》,2014 年 4 月 4 日。
② 储殷:《应重视"一带一路"机遇中的风险》,《法治周末》,2014 年 12 月 23 日。
③ 郑永年:《中国:大国思维与大国责任》,《中国外交》,2008 年第 11 期,第 14—15 页。
④ 《俞正声作政协全国委员会常务委员会工作报告》,中国新闻网,2015 年 3 月 3 日,http://www.chinanews.com/gn/2015/03-03/7097207.shtml。(访问时间:2022 年 2 月 22 日)

众信仰生活的相遇和融通,成为具有动感及活力的丝绸之路经久不衰的精神之魂"①,凸显丝路宗教资源的比较优势。其中,对宗教团体的思想资源、组织资源、人力资源的充分发掘与和平利用,是对原有的世俗化场景下的外交模式的一种修正和更新,也是深化战略合作的新途径,如2015年的中印、中日外交,为宗教资源转化为外交资源乃至战略资源的可能性提供了示范效应:2015年5月14日,中印首脑外交中因大慈恩寺、玄奘取经、菩提树苗等宗教元素的融入而唤起了中印友好交往的"丝路记忆"与"丝路情怀",旨在用佛教文化认同来提升首脑外交的成效。此外,中印"双方认识到,通过边境贸易、香客朝圣以及其他交流加强两国在边境地区的合作是增进互信的有效办法",故"中方于2015年开通的经乃堆拉山口的朝圣路线,进一步促进了两国宗教交往,为印方朝圣香客提供了便利"。② 此次中印宗教外交的战略性起步,对于增进中印战略合作的互信度,激发丝路命运共同体意识无疑具有积极意义。2015年5月23日,习总书记在中日友好交流大会的讲话中,不仅强调以佛教为纽带的"中印古代文化交流的历史",还指出"隋唐时期,西安也是中日友好往来的重要门户,当年很多来自日本的使节、留学生、僧人在那里学习和生活","17世纪中国名僧隐元大师东渡日本"期间,"不仅传播了佛教经义,还带去了先进文化和科学技术,对日本江户时期经济社会发展产生了重要影响"。③ 事实上,发掘、利用丝路宗教资源的比较优势来重续丝路民间交往传统,已成为中国政府正在积极探索的实际行动,2015年2月27日,外交部长王毅在会见斯里兰卡外长萨马拉维拉时表示,中方对中、斯、印三方合作持开放态度,愿积极探讨三方可能合作的领域和可行途径,尤其强

---

① 卓新平:《丝绸之路的宗教之魂》,《世界宗教文化》,2015年第1期,第21页。

② 《中华人民共和国和印度共和国联合声明》,《人民日报》,2015年5月16日第2版要闻。

③ 《习近平出席中日友好交流大会并发表重要讲话》,外交部网站,2015年5月23日,https://www.mfa.gov.cn/ce/cemr/chn/zgyw/t1266332.htm。(访问时间:2022年2月22日)

调,"三国都有丰富的佛教旅游资源,可以考虑合作开辟旅游路线"[1]。

鉴于丝路沿线国家和地区宗教发展态势这一关键变量,对"一带一路"共建新实践产生了正面与负面的双向度影响的事实,特提出丝路软治理的经略之策,且从以下三方面着力推进:

第一,应激活"郑和符号"所包含的"丝绸之路资源""多元宗教资源"及"华人华侨资源"等人文资源优势,为"一带一路"软治理提供历史助力。

事实上,"郑和符号"不仅从虚实两个"意义空间"已对丝路沿线的东南亚、中东和非洲等地区和国家产生了程度不同的现实影响,还因其所包含的"丝绸之路资源""多元宗教资源"及"华人华侨资源"等人文资源优势,也对中国丝路外交乃至人民外交产生了深远影响。因此,如何激活"郑和符号"的人文资源优势也成为经略周边外交的题中应有之义:1. 郑和的外交实践,出色地践行了"丝路精神"的互惠型的经济观、包容型的人文观及合作型的安全观等核心价值理念,故"郑和文化"实为和合文化,也因此成为"丝绸之路资源"的有机组成部分;2. 郑和的多轨外交举措,不仅助其团队成功"软着陆"于丝路沿线国家和地区,还因其"教经互促"的交往模式而带动了我国与伊斯兰国家、佛教国家的关系发展,更将本土的道教文化远播海外,故郑和外交对伊斯兰中国化、佛教中国化后的东传及汉文化圈的形成等均具有一定的建构作用,郑和为丝路"多元宗教资源"格局的形成所做出的贡献不容忽视;3. 因"伊斯兰因素的影响"已成"郑和所执行的华侨政策的明显特征"[2],使得华人穆斯林成为联系中国与印、马关系的纽带,消解印、马社会反华情绪的润滑剂。在东南亚伊斯兰国家穆斯林看来,中国经济的腾飞印证了"学问虽远在中国,亦当求之"的圣训名言,并成为这些国家向中国学习的重要动力,这对拥有世界穆斯林人数最多的印尼和以伊斯兰教为国教的马来西亚、文莱等国意义深远,故应从外交、旅游、宗教、华人圈、丝路情等不同维度激活"郑和符号",为优化"一带一路"软环境发挥应有作用。

---

[1] 王慧慧:《王毅:愿积极探讨中、斯、印三方合作》,新华网,2015年2月27日,http://news.xinhuanet.com/world/2015-02/27/c_127526053.htm。(访问时间:2022年2月22日)

[2] 陈达生:《郑和与东南亚伊斯兰》,海洋出版社,2008年版,第99页。

第一章 丝绸之路与中外关系研究

第二，应在坚守独立自主自办原则前提下探索我国与宗教非政府组织（NGO）开展交流与合作新途径，为"一带一路"软治理发掘现实潜力。

经研究发现，世界主要伊斯兰非政府组织包括 Islamic Relief（伊斯兰国际救援组织）、Muslim Aid（穆斯林援助协会）、Al Haramain（哈拉曼伊斯兰基金会）、International Islamic Relief Organisation（国际伊斯兰救济组织）、（扎耶德·本·苏丹·阿勒纳哈扬慈善基金会）、Qatar Charitable Society（卡塔尔慈善协会）、International Islamic Charitable Organisation（国际伊斯兰慈善组织）、Direct Aid/Africa Muslims Agency（直接援助协会/非洲穆斯林协会）、Life for Relief and Development（生命救济发展会）、EMDAD（霍梅尼救助委员会）、Muslim Hands（穆斯林之手）、Comité de Bienfaisance et de Secours aux Palestiniens（巴勒斯坦慈善和团结委员会）、Helping Hand for Relief and Development（救济与发展援助之手）、Human Relief Foundation（人类救济基金会）及 Human Appeal International（国际人道呼吁组织）等[1]，主要分布在沙特等阿拉伯国家（8个）、英美法（10个）及土耳其（1个）、伊朗（1个）等国，开展救济、援助、救助、慈善、宣教及人道呼吁等活动，其影响力日益扩大。近年来，阿拉伯国家社会剧变又引发中东地缘政治大裂变，使得宗教、民族、部落、家族等一系列人文因素，既成为中东变局发生的重要诱因，也成为埃及等中东国家完成社会转型所面临的现实挑战，尤其是教派矛盾已对叙利亚危机、伊拉克重建、利比亚内战、也门空袭，以及中东和平进程等一系列中东热点问题产生了实质性影响，使得中国中东人文外交面临重大现实挑战。此外，"9·11"事件后宗教极端主义从民间、精英及组织等三个层面泛起全球，不断恶化了"一带一路"建设的安全环境，再加上周边国家宗教发展出现的新趋势，使得进一步拓展宗教交流与合作已成为周边外交的新课题：1. 在坚持独立自主自办原则的前提下，探索我国与伊斯兰 NGO 开展宗教交流与合作的新途径，以建立我国与丝路伊斯兰国家穆斯林社区、部落社会乃至家族政治等更深层的联系；2. 将宗教慈善资源转化为民间外交资源已成为发展中国与伊斯兰 NGO 关系的新课题之一，尤其是如何在清真寺这一文化场域

---

[1] 田艺琼：《伊斯兰宗教非政府组织在中国——以伊斯兰国际救援组织为例》，《世界宗教文化》，2014年第2期。

有限开展宗教慈善、积极落实"去极端化"举措等,已成为我与伊斯兰 NGO 共治穆斯林社区的新抓手;3. 开展宗教交流与合作,既应包括"两国政府宗教部门之间的互访交流",还应包括"伊斯兰教界在学术研究、朝觐、公益慈善等方面合作"①,与伊斯兰 NGO 开展宗教交流与合作,旨在进一步加强民间人文外交的机制化建设。

第三,应加快提升宗教领袖、学者及企业家等讲述"中国宗教故事"的能力,为"一带一路"软治理营造良好的国际舆论环境。

应鼓励具有外交意识的爱国宗教领袖、具有研究专长与国际沟通能力的学者、善长与社会各界打交道的"走出去"企业领导等积极参与"一带一路"的"民心相通"工程,这三支队伍的共同参与,既是由商旅、教旅、学旅构成的古丝路"三轨并存"的人文交流模式的现实延续,也是将教界、学界、商界的精英资源转化为外交资源,将人文交流的触角延至对象国社会的方方面面,竭力将人文交往与合作的范围覆盖宗教、民族、部落、社区、家族等基本社会细胞,夯实丝路沿线国的社会民意基础:1. 对丝路伊斯兰国家的人文外交更需细致与耐心,尤其是政教合一的伊斯兰国家,宗教上层与部落上层对国家社会政治的影响极大,其宗教上层大多具有高深的宗教修为,只有通过我国修德深厚的宗教领袖与其在共同的宗教语境内开展平等对话,才有可能使其尊重中国伊斯兰传统及其发展现状,进而客观认知中国的内政与外交;2. 只有通过我国"走出去"企业家与当地宗教长老、部落酋长及家族族长等建立良好关系,才有可能使其分享中国企业为当地民众带来的民生红利,进而真切感知中国"一带一路"建设对地区与世界的和平与发展所做的切实努力;3. 只有通过我国高校、智库的知名学者与当地高校、智库、媒体、青年等社会精英开展交流访谈、学术研讨、合作办会、联合攻关、合作采访、组团游学等,才有可能使其全面了解中国的历史、现实与未来,进而对本国涉华政策产生积极影响。因此,应积极推动在学者与企业家"保驾护航"下的爱国宗教领袖的外交参与,旨在使中国主要民间精英资源能够切实为周边外交服务,并在落实

---

① 《中华人民共和国和文莱达鲁萨兰国联合声明》,中国政府网,2018 年 11 月 19 日,http://www.gov.cn/xinwen/2018 - 11/19/content_5341700.htm。(访问时间:2022 年 2 月 21 日)

"亲诚惠容"的周边外交政策的具体实践中弘扬"丝路精神"。因为，从某种意义上讲，宗教资源转化为外交资源后，实际彰显优化了"一带一路"软环境的战略功效，进而为"一带一路"软治理营造了良好的国际舆论环境。

## 第三节 建构丝路人文共同体价值共识的案例分析

### 一、"共生观"：夯实了中阿价值沟通的认知基础

党的十八大报告提出了"人类命运共同体"意识，包含相互依存的国际权力观、共同利益观、可持续发展观、全球治理观、新安全观等，是一种旨在应对人类共同挑战的全球价值观和新共生观。[①] 其中，中阿"共生观"即为两大文明和合精神的具体显现。

中国传统的"共生观"实为中华文明"和合共生"的人文精神，主要体现为：

1. 天下观。中国传统文化中的崇"天志"，顺"天意""天下为公""世界大同""以天下观天下"中的"天下"概念，涵盖了"天、地、人"，一个完整意义上的世界，一个不可分割的全球公共空间和资源，人类及其家园以及世界发展变化的客观规律。

2. 和合观。中华文化所倡导的"天人合一""民胞物与""和为贵""和而不同""和而不流""和必中节""四海之内皆兄弟""协和万邦"等，旨在倡导普天下的友爱与和谐、营造"近者悦，远者来"的"人和"氛围，主张"不战而屈人之兵，善之善者也"（《孙子兵法·谋攻篇》）的和平、禁武的"非攻"思想。

3. 仁爱观。孔子的"仁者，爱人"的"仁爱"思想中包含了"己欲立而立人，己欲达而达人"（《论语·雍也》），倡导设身处地为他人着想，折射出中华文化的宽容与豁达的品格。

4. 义利观。墨子的"兼爱"思想直面义利问题，"兼相爱、交相利"，

---

① 蔡亮：《共生性国际体系与中国外交的道、术、势》，《国际观察》，2014年第1期。

不仅成为决定天下治乱的重要因素,也因孔子将"义"视为处世立身之本而派生出"义利兼顾""舍利取义"的行为法则。

5. 厚德观。由孔子的"为政以德""恃德者昌,恃力者亡"的"以德治天下"思想,以及中华民族"厚德载物"的有容乃大的精神所组成的厚德观,是一种整体主义的宇宙观,旨在倡导人类社会和自然界遵循同样的规律,天道和人道之间一以贯之。

6. 守信观。中华文明历来倡导"言必信,行必果"的精神与"一诺千金""君子一言,驷马难追"的美德,孔子更强调"主忠信",认为国无信不立、国之交当以信为本、信乃国家立世之根基。

同样,伊斯兰文明也由"和平与中正"的核心价值理念(《古兰经》2:143、2:190、17:110、25:6)派生出特有的"共生观",主要体现为:

1. "信经典"。《古兰经》论及"信经典"时,常以复数词"库吐布"(Kutub)出现,意味着除《古兰经》之外,还包括《讨拉特》(降示于先知穆萨,被视为《旧约全书》中的《创世纪》《出埃及记》《民数记》《利未记》和《申命记》等)、《引芝勒》(降示于先知尔萨,被视为《新约全书》中的《福音书》等)、《宰逋道尔》(降示于先知达乌德,被视为《旧约全书》中的《诗篇》等)。后三部经典在《古兰经》中被提到的次数分别是:《讨拉特》18 次、《引芝勒》12 次、《宰逋道尔》3 次等(35:25、57:25-26、87:18-19、35:31、46:12、6:92、5:44、5:46)。

2. "信先知"。《古兰经》将犹太教、基督教徒等泛称为"艾海来·克塔布"(Ahalal-Kitab),意为"信奉经典的人"或"有经典的人",倡导与"有经人"开展对话、和睦相处(29:46-47),并承认穆萨、尔萨等也是安拉派遣的先知(16:36、2:136、2:253、4:165、13:7、43:6-7)。

3. 慈善观。伊斯兰教的天课制度,渗透着"关爱弱势"的思想(2:177、2:219、2:261、9:103、8:41/17:26/2:177/2:215/76:8/9:60、57:7、9:60),且超越了血亲、种族、地域、国家和性别等阻隔,在平等、慈爱、尊严中折射出伊斯兰文化的"仁爱"品格。

4. "两世并重"观。伊斯兰教倡导"两世吉庆"(28:77、2:200-202),告诫人们"不要忘却你在今世的定分"以及"后世是更好的,是更

久长的"（28：77、3：14、57：20、6：32、87：16－17、30：7）

5. 兄弟观。伊斯兰教倡导"天下穆斯林皆兄弟"，反复告诫"不要自己分裂"，强化教缘共同体意识（3：103、3：105、6：159、8：45－46、49：9－10），将血缘关系的兄弟情渗入其中（49：10－12），并强调穆斯林远离教胞都是罪过并受惩罚。

中阿"共生观"的话语表述虽各有侧重，但其承认共存、包容异己、慈爱行善、劝善戒恶、中道行事、和合与共等朴素的"人类命运共同体"意识则是相通的，这是"一种愿景与期许，也是共生关系的落实和目标，目的是不断充实和平共处的共生内涵和完善共生观念，并使之向和平共生乃至和谐共生的高阶段发展"[①]。也正是由于拥有相通精神的"共生观"，为中阿文明交往提供了坚实的认知基础，还使中外文明价值沟通成为可能，如明末清初的"以儒诠经"运动即为明证。伊斯兰教所规定的念、礼、斋、课、朝等"五功"，"既是功修和制度，又是法定的宗教义务，被视为体现虔诚信仰的基石"[②]。同样，中国传统社会的"三纲"（君为臣纲、父为子纲、夫为妻纲）、"五常"（仁、义、礼、智、信）的思想，折射的是中华文明"家国同构"的本质。刘智、王岱舆用中国的"五常"观来阐述伊斯兰教的"五功"，为儒伊文明开展价值沟通找到了突破口，尤其是核心理念的解读与共有话语体系的构建，借"以儒诠经"实现了伊斯兰教义和中国传统儒家思想间的"融合"，伊斯兰文化也因此成为中华文明的重要组成部分，"为伊斯兰教在中国的存在和发展探讨到了一条适宜的道路"[③]。所以说，"'以儒诠伊'是我国文化史上一项独特的、合乎客观需求的创造，使古老的华夏传统文化与外来的阿拉伯文化交流和融合，它的作用和影响，不可低估"[④]尤其是对伊斯兰教中国化实践所产生的作用与影响更是不可低估，并在一定程度上带动了中阿文明的世界化与本土化、中阿文明与世界其他文明的交往等。

---

① 蔡亮：《共生性国际体系与中国外交的道、术、势》，《国际观察》，2014年第1期。
② 林松：《古兰经知识宝典》，四川人民出版社，1995年版，第241页。
③ 孙振玉：《王岱舆及其伊斯兰思想研究》，兰州大学出版社，2000年版，第133页。
④ 林松等：《回回历史与伊斯兰文化》，今日中国出版社，1992年版，第191页。

## 二、"传统友谊":在和平、互惠、包容中结下的"丝路情"

中阿文明交往始于汉武帝时期,迄今已有 2000 余年的历史,并在官方和民间两个层面进行交往,最终形成"官民并举"(以民促官、以官带民、官民互促等)的一种基本交往态势,主要体现在政治、经济、军事和人文等领域,并在不同时代凸显出迥异的内容与形式。

古代官方层面中阿文明交往的主要途径包括:

1. 使节往来。在朝贡制度支撑下,唐、宋、元之际阿拉伯使节的频繁朝贡,折射出中华文明以"华夷一体"的秩序原则对外进行文明交往的这一历史事实,并因"厚往薄来"的朝贡原则,中国历朝皇帝往往给贡使"回赐等值或价值更高的物品,并授官宴请",因而"具有加强政治友好关系的意义"[1]。

2. 贡赐与市舶贸易。来华阿拉伯使节拿当地特产进贡,中国政府一律以礼相待,馈赠优厚。[2] 中国政府还大力发展了市舶贸易,在广州、杭州和泉州等国际港口设立了市舶司,负责检查进出船只商货、收购专卖品、管理外商。鸦片战争后,中国设立了税务司、总税务司管理海关诸事,但大权落入洋人之手,中阿官方间的经贸往来基本中断。

3. 偶发战争所引发的文明互动的客观效应。怛逻斯之役表明,中阿文明交往中偶发的军事冲突,"其交往价值不是表现在彼此间军事上的胜与否,而是反映在超越军事胜负的潜层意义上,即战争后果所引发的文明互动的连锁反应上"[3]。

古代民间的中阿文明交往主要通过教旅、学旅和商旅等"三轨并存"的方式进行的:1. 教旅,主要是指来自阿拉伯—伊斯兰的传教士来华传播伊斯兰教、中国穆斯林远赴麦加朝觐的双向之旅。这种交往"推动了中国伊斯兰教的发展,促进了中国和阿拉伯,乃至西亚的文化交流,同时也增进了中国人民和阿拉伯人民的友谊"[4]。2. 学旅,主要是指中阿一些学者、

---

[1] 江淳、郭应德:《中阿关系史》,经济日报出版社,2001 年版,第 40 页。
[2] 江淳、郭应德:《中阿关系史》,经济日报出版社,2001 年版,第 33 页。
[3] 王铁铮:《历史上的中阿文明交往》,《西北大学学报》,2004 年第 3 期。
[4] 江淳、郭应德:《中阿关系史》,经济日报出版社,2001 年版,第 152 页。

## 第一章 丝绸之路与中外关系研究

旅人等编撰的见闻游记、地区考略。其中,"杜环是我国古代第一个到阿拉伯地区游历的人,他的《经行记》真实可信,很有价值,是研究西亚北非古代史和中国与西亚非洲关系史的珍贵文献。他最早把阿拉伯和伊斯兰教确切地介绍给中国人民,堪称中阿关系史上的瑰宝"[①]。"《中国印度见闻录》是迄今我们知道的第一部记录中国情况,称道中阿友谊的阿拉伯文著作,受到阿拉伯人民和中国人民的广泛喜爱。"[②]《伊本·白图泰游记》则是作者来华考察元代风土民情的珍贵文献。郑和下西洋之伟大壮举被其团队成员所撰写的《瀛涯胜览》《星槎胜览》《西洋番国志》等作了最直接的反映。3. 商旅,是指往来于陆、海两条丝绸之路上的中国、安息、阿拉伯等国家和地区的商人开展跨境贸易之旅,大体历经:普通慕华者随商队或商船来中国→藩坊的形成→藩客巨富的出现→移民的流动等。在明清之际,中阿官方经济交往日趋衰落,但民间商旅一直绵延不断。

新中国成立后,在中阿三次建交高潮的带动下,中阿文明交往呈现出"官强民弱但成就显著"的鲜明特征,尤其是2004年"中阿合作论坛"的成立,不仅为新时期中阿开展多边交流与合作提供了重要平台,还标志着中阿文明交往的制度化水平的不断提高。目前该论坛已在正规化、制度化建设方面取得了长足进展,并在论坛框架下确立了"中阿全面合作,共同发展"的战略合作关系,大力推进政治、经贸、文化等诸多领域的多边合作,并建立了部长级会议、高官委员会、企业家大会、专题经贸研讨会、能源合作大会、文明对话研讨会、文化交流、高教与科研合作、新闻合作论坛、环境保护合作、人力资源培训以及民间交流等12个合作机制[③]。其中,关涉人文交流的多达7个,且"文明对话"成为论坛框架下的重要对话机制之一,为中阿双方开展行之有效的文明交流与合作提供了制度保障与支撑,中阿文明交往呈现出积极活跃的总体态势。

纵观中阿文明交往的悠久历史后发现,中阿两大文明在上千年的和平交往实践中积累了宝贵的"中国经验",如和平性、互惠性、包容性为主的交往特征、官民并举的交往态势、丝绸之路为主的交往途径、郑和等伟

---

① 江淳、郭应德:《中阿关系史》,经济日报出版社,2001年版,第52页。
② 江淳、郭应德:《中阿关系史》,经济日报出版社,2001年版,第54页。
③ 中国外交部亚非司编:《"中国—阿拉伯国家合作论坛"文件汇编》,世界知识出版社,2010年版,第1页。

大先驱者所践行的和平外交思想等等，不仅对中国和平外交实践与理论建设具有切实的指导意义，还对全球化时代多元文明并存具有一定的借鉴价值。当然，中阿文明和平交往上千年的原因是多方面的，除既无历史恩怨，也无现实冲突，以及成功的儒、伊文明对话等理性因素外，中阿民众在两条"丝绸之路"上所凝结成的"丝路情"更成为重要的内驱力："通过丝路古道传入中国的胡桃、胡椒、胡萝卜等，早已成为中国人喜爱的食物。阿拉伯鼎盛时期的文学经典《一千零一夜》，在中国家喻户晓。伊斯兰风格的音乐、舞蹈和服饰、建筑，在中国深受欢迎。同样，中国古代文化和技术，也传到了阿拉伯国家。中国的瓷器、丝绸、茶叶、造纸术，就是通过阿拉伯国家传入欧洲的。600年前，中国穆斯林航海家郑和七下西洋，多次到达阿拉伯地区，成为传播友谊和知识的使者。"[1] 这份"丝路情"又使得"中阿友谊源远流长，历久弥坚，始终保持蓬勃发展的势头。历史上，中国和阿拉伯两大文明相互交流、借鉴，共同为人类发展与进步做出了重要贡献。在过去半个多世纪里，中国和阿拉伯国家在争取民族独立、捍卫国家主权、实现民族复兴的过程中，风雨同舟、休戚与共，结下了深厚的情谊。进入21世纪，中阿关系实现快速发展。特别是中阿宣布建设新型伙伴关系、成立中阿合作论坛以来，各项合作机制日臻完善，合作领域不断扩大，合作成果更加丰硕，极大地促进了中阿友好关系发展，中阿关系步入了崭新的发展阶段"[2]。这种传统友谊在当代又体现为"平等相待、相互支持、合作共赢的好朋友、好兄弟、好伙伴"，并形成互信的政治关系、互惠的经济关系、包容的人文关系等。

事实上，中阿文明交往实为农耕文化、游牧文化、沙漠文化、河流文化以及宗教或准宗教文化等多种亚文化的借鉴和互补，两大文明也在交往互动中丰富了彼此的内涵，并以内化、外化等方式促成不同文明体间的互斥与互动。也正是在中阿文明成功交往的漫长历史进程中，中阿两大民族之间所结成的"丝路情"才尤为深厚与珍贵，现已转化为中阿人文外交的

---

[1] 《尊重文明的多样性——温家宝总理在开罗阿拉伯国家联盟总部的演讲》，《人民日报》，2009年11月8日，第3版要闻。

[2] 杨洁篪：《深化战略合作 促进共同发展——写在中阿合作论坛第五届部长级会议即将召开之际》，外交部网站，https://www.fmprc.gov.cn/ce/cgsf/chn/zgxw/t935741.htm。（访问时间：2022年2月22日）

先天资源优势，并对中国人文外交产生了深远影响。

### 三、"人类命运共同体"："一带一路"赋予中阿文明交往新目标

中国与丝路沿线国家和地区在上千年的丝路和平共处中，逐渐形成了"地联、路通、人相交"的"丝路天然伙伴关系"。其中，宗教交流发挥了重要作用并积累了宝贵的"中国经验"，主要包括：

第一，在包容互鉴的多元宗教中国化进程中形成了具有中国特色的对话文明范式。自外来宗教从丝绸之路传入中国后，在普通民众与知识精英之间形成了外来宗教与儒家文化对话的两个平台，教界、学界与政界成为中外宗教文化对话的主导性力量，并在"以儒释经"的文化典籍研究与立足世情与国情的布道劝诫中，实现了从学理到实践两个层面上的中外宗教文化对话，完成了自下而上的外来宗教中国化的历史使命，凸显出中国特色的对话文明范式，为全球文明对话提供了可资借鉴的成功经验。

第二，在灵活多样的宗教交流实践中形成了中国特色的宗教交流模式，如中国宗教界和平委员会通过组织和平祈祷、弘扬和平教义、参与保卫世界和平活动，参加"世界宗教和平会议"和"亚洲宗教和平会议"及一切友好的国际宗教组织的和平活动等方式，开展灵活多样的中外宗教交流，形成教界与非教界"半官方+民间+官方"三轨并举的中国特色的宗教交流模式，并在秉持"官民并举、和合共生"的交往理念中开展"多层次、多轨道、多领域"的人文交流，夯实了丝路沿线国家和地区的社会民意基础。

第三，在审慎开展渐进式宗教外交中形成了具有中国特色的多轨外交范式。周恩来总理曾指出："中国同阿拉伯世界发展关系要善于等待、增进往来、多做工作、水到渠成、达成建交。"[①] 其中，有限度、渐进式、与经贸一体地开展宗教外交的中国与埃及"渐进式建交的新模式是周恩来总理的一个创举，是其坚持原则性与灵活性相结合的范例"，"在新中国外交

---

① 《当代中国外交》编辑部：《当代中国外交》，北京：中国社会科学出版社，1988年版，第135页。

### 丝路学研究：形成、发展及其转型

史上具有重要而深远的意义"[①]。

这些"丝路天然伙伴关系"形成与发展中所累积的宝贵"中国经验"，也为丝路命运共同体的形成注入了"中国智慧"。中外文明上千年和平交往的丝路历史，实为在丝路共存中不断筑牢了丝路共生观进而形成了丝路命运共同体的历史。2013年9月7日，习总书记在纳扎尔巴耶夫大学演讲时提出了共建"丝绸之路经济带"的倡议。2013年9月13日，习总书记在上合峰会上倡导上合组织成员国沟通实现有望惠及近30亿人的"丝绸之路经济带"构想，得到与会者的积极响应。习总书记强调"两千多年的交往历史证明，只要坚持团结互信、平等互利、包容互鉴、合作共赢，不同种族、不同信仰、不同文化背景的国家完全可以共享和平，共同发展。这是古丝绸之路留给我们的宝贵启示"。"上海合作组织6个成员国和5个观察员国都位于古丝绸之路沿线。我们有责任把丝绸之路精神传承下去，发扬光大"，释放了同上合组织其他成员国共谋稳定、共同发展的信号，提出了行动路线图——加强"五通"即政策沟通、道路联通、贸易畅通、货币流通、民心相通，强调"以点带面，从线到片，逐步形成区域大合作"，凸显"民心相通"的基础引领作用，带动上合组织由能源、安全合作向能源、安全及人文的全方位合作转变。2013年10月3日，习总书记在印尼国会发表演讲，提出中国—东盟共建21世纪"海上丝绸之路"的倡议，强调"坚持心心相印"与"坚持开放包容"的重要性，旨在表明"我们愿意和东南亚国家建立更加紧密的经济上互惠、互利的联系"，以及"把我们和东南亚国家从郑和下西洋建立的传统友好往来也加入到现代经贸往来当中去"[②]。因此，必须加强对古代"海上丝绸之路"、"郑和文化"、中国与东盟深化"传统友谊"的紧迫性等重大议题的研究，探索中国睦邻友好政策进一步深化的新思路、新途径、新方法，将中国与东盟成员国间的合作由量的积累引向质的飞跃。2013年10月24日，中国周边外交工作座谈会在北京召开，这是党中央为做好新形势下周边外交工作召开

---

① 安惠侯等编：《丝路新韵——新中国和阿拉伯国家50年外交历程》，北京：世界知识出版社，2006年版，第36页。

② 《习近平首次在东南亚国家演讲 三故事开启海上新丝绸之路》，中国广播网，2013年10月4日，http://china.cnr.cn/yaowen/201310/t20131004_513745553.shtml。（访问时间：2022年2月22日）

的一次重要会议,确定了今后 5 年至 10 年周边外交工作的战略目标、基本方针、总体布局,明确解决周边外交面临的重大问题的工作思路和实施方案。习总书记强调,坚持与邻为善、以邻为伴,坚持睦邻、安邻、富邻,突出体现"亲诚惠容"的共同理念和行为准则,要全方位推进人文交流,深入开展旅游、科教、地方合作等友好交往,广交朋友,广结善缘。要对外介绍好我国的内外方针政策,讲好中国故事,传播好中国声音,把中国梦同周边各国人民过上美好生活的愿望、同地区发展前景对接起来,让命运共同体意识在周边国家落地生根。① 此次会议的召开,标志着中国提出的"一带一路"倡议的正式诞生,并与 2011 年出台的美国"新丝绸之路"计划的地缘霸权政治逻辑所不同的是,旨在弘扬"丝路精神",共建"一带一路",以构建"人类命运共同体"。

其中,"丝路命运共同体"成为构建"人类命运共同体"的重要基础。就中阿文明交往而言,"一带一路"使中国对阿外交最终找到了历史与现实的契合点,只有盘活丝绸之路、丝路精神等公共产品所蕴含的外交历史资源优势,才有可能使"传统友谊"真正发挥务实性作用。在丝绸之路上绵延千年的中阿文明交往,不仅积淀了一份深厚的丝路情感,还升华为一种"丝路精神",尤其是郑和七下西洋的壮举,不仅使其成为中外文明交往史上的伟大先驱者,还因他 30 余年在近 30 个国家留下的访问足迹而彰显了中国和平外交理念,以和平与发展为核心的"郑和文化"成为丝路精神的重要组成部分,并成为中国外交的宝贵历史资源。因此,如何发掘并利用丝路外交实践中所积累的"中国经验",已成为如何盘活丝路历史资源优势的关键,也是"传统友谊"之于当代中外关系的意义与价值所在。为此,外交部长王毅在 2013 年 12 月访问巴勒斯坦、以色列、阿尔及利亚、摩洛哥、沙特五国后提出对阿关系的"四个支持",即支持阿拉伯国家走自己选择的道路,支持阿拉伯国家通过政治手段解决地区热点问题,支持阿拉伯国家与中国互利共赢共同发展,支持阿拉伯国家在国际和地区事务上发挥更大作用,维护好自身的正当权益。这是中国的最基本立场,也符

---

① 钱彤:《习近平:让命运共同体意识在周边国家落地生根》,新华网,2013 年 10 月 25 日,http://www.xinhuanet.com/politics/2013-10/25/c_117878944.htm。(访问时间:2022 年 2 月 22 日)

合阿拉伯国家人民的愿望和根本利益。①

事实上,"共识观"是中阿文明和平共处的价值沟通基础,"传统友谊"是中阿文明共存与共识的社会情感基础。中阿文明交往,不仅有"共生观"作价值沟通基础,还有上千年和平交往所结下的"传统友谊"。如何在共建"一带一路"新实践中构建人类命运共同体,将是今后推进中阿文明交往的新目标。为此,应从以下几方面予以努力:

第一,中国将在解决中东热点问题上进一步发挥更大建设性作用,进而塑造中国在中东国家和地区的道义形象。中国将在推动解决巴以冲突、叙利亚危机、伊朗核问题、伊拉克重建等地区热点问题上进一步发挥"建设性作用",尤其是习总书记在巴以问题上的"四点主张"与王毅部长关于四方机制的"一个表态",表明中国努力将"支持巴勒斯坦人民的正义事业"的这份外交道义资源转化为推动中东和平进程的积极举措,并因巴以双方均与中国保持着友好关系且对中国都有着经济合作的现实需求,以及劝和促谈的中国中东问题特使机制的有效运作等,使得"中国方案"有可能成为破解巴以和解困境的新途径。只要巴以双方能够"相互承认对方的存在权利是和谈的前提,相互照顾对方的关切是必不可少的要素,相互换位思考是推动和谈的积极途径"②,巴以和谈就有希望。王毅外长"三个相互"的提议,旨在最大程度兼顾双方利益中推进和谈,闪烁着中阿文明"共生观"的智慧光芒,使得具有历史经验与现实意义的"中国方案"更具可行性,并逐渐赢得中东国家和地区的良好社会民意。

第二,中国将与丝路沿线阿拉伯国家进一步加强经济合作内涵与途径建设,以"正确的义利观"来维护中阿共同的经济利益,并在中东国家和地区的社会转型发展中发挥中国应有的积极作用。在密切能源、经贸等传统领域合作基础上,进一步拓展在高铁、和平利用核能、航空航天等高科技领域合作,加快中国—海合会自贸区建设等。在历史上,两条丝绸之路的汇合点就是西亚北非地区,这是中阿共建"一带一路"的地缘战略优

---

① 《王毅接受卡塔尔半岛电视台专访》,外交部网站,https://www.fmprc.gov.cn/ce/cgmel/chn/zyxw/t1116490.htm。(访问时间:2022年2月22日)

② 《王毅在联大一般性辩论上发言:站在新起点上的中国》,中国政府网,http://www.gov.cn/govweb/gzdt/2013-09/28/content_2497061.htm。(访问时间:2022年2月22日)

第一章　丝绸之路与中外关系研究

势，沿线阿拉伯国家将会受惠于市场、投资、增长、合作等"中国机遇"所带来的实在红利，尤其是在全球治理改革举步维艰之际，中国新一轮改革将维护开放型世界经济和自由贸易体制，倡导"正确的义利观"，在与沿线各国的合作中仍要遵循互利共赢的原则，力争做到重义让利甚至舍利取义，为互惠型的丝路经济观注入道义动力，切实构建中阿利益共同体。

第三，中国愿为中东地区进一步提供更多公共产品以带动中阿人文交流与合作。中国在"贡献中国智慧，提出中国方案，体现中国作用"[①]的具体实践中，努力构建多元、民主的国际话语体系，并以贡献国际公共产品的方式深化文明交往中的价值沟通，如"和平共处五项原则""睦邻友好""韬光养晦""劝和促谈""和平发展""一带一路""中国梦""新型大国关系"及"人类命运共同体"等一系列广受国际社会欢迎的公共产品，使"中国方案"已成为全球治理中不容忽视的重要组成部分，"一带一路"倡议的提出，令外界更加看好中国提供更多公共产品的能力，"未来我们将得知更多有关中国对大国和地区关系和关键国际问题的定义"[②]。就中阿双方均面临恐怖主义的严峻挑战而言，培育反恐共识已成为深化中阿人文关系的当务之急。因为，国际恐怖主义日益呈现本土化、分散化、网络化趋势，宗教恐怖组织蓄意挑动教派矛盾、制造族群对立，并利用互联网等手段宣扬极端和暴力思想，使得丝路防恐、反恐压力陡增：在陆上丝路沿线地区，"若干国家的政治动荡和跨国界的民族、宗教、教派冲突，将对未来全球秩序和大国关系造成严重冲击，也必将对中国在该地区迅速拓展的经济利益和政治影响造成严重冲击"[③]，宗教极端组织所致暴恐事件由境外向境内蔓延；在海上丝路沿线地区，也存在由多民族、多宗教纷争派生出的武力冲突，"基地"组织分支机构在东南亚一带的活动日渐活跃。因此，中国人文外交应综合根治恐怖主义，积极倡导共同、互信、协作的

---

[①]《王毅在联大一般性辩论上发言：站在新起点上的中国》，中国政府网，http://www.gov.cn/govweb/gzdt/2013-09/28/content_2497061.htm。（访问时间：2022年2月22日）

[②] [俄]尤里·塔夫罗夫斯基：《北京集纳山川大洋——"中国梦"战略得到两个新外交构想的补充》，俄罗斯《独立报》，2013年11月15日。

[③] 王缉思：《"西进"——中国地缘战略的再平衡》，《环球时报》，2012年10月17日。

新安全理念，与丝路沿线阿拉伯国家的政界、学界与媒体开展交流，认清宗教极端主义本质与危害，早日达成反恐共识，同有关国家和地区国际组织共同塑造丝路安全与发展环境，在优化"一带一路"战略安全环境中增强中阿丝路认知的社会民意基础。

# 第二章

# 丝路精神与"一带一路"软环境研究

本章尝试从丝路学概念研究范式出发来多向度剖析"丝路精神"这一概念,在立足中外丝路文明交往历史文献与现实案例基础上,从丝路文明、伙伴关系,以及人文共同体等不同视角,探讨丝路精神在丝路多元文明交往、"一带一路"软环境建设及其人文共同体构建中的历史贡献与现实影响,凸显弘扬丝路精神共建"一带一路"的重大现实意义与学术价值。

## 第一节 丝路多元文明交往与丝路精神的形成

### 一、"丝路精神"成为"丝路天然伙伴关系"相处法则

"丝路天然伙伴"是习近平主席论及中阿关系时首先提出的,在其近年来出访丝路沿线国家讲述"丝路故事"中多次提及的一个概念,既烙有鲜明的地缘文明交往印记,还渗有中国"天人合一"思想,且主要体现在以下三方面:

1. 地通。自张骞"凿空西域"以来,一方面人们历经集市→驿站→都城→国家→区域→丝路地带等不断拓展陆丝空间场域的迁徙,另一方面人们历经互市→码头→港口→都城→国家→海域→丝路地带等不断拓展海丝空间场域的迁徙,相继完成了由个体融入集体、由区域融入世界、由点成线连成片的丝路文明的物质架构。其中,唐元两个丝路鼎盛时期分别打通了中国对外海陆通道并构建了亚欧驿站体系。即,"唐代的对外交往主要是通过7条海陆主干道来实现的。往西,可以穿越新疆的帕米尔高原和天山的各个山口,通往中亚、西亚和南亚;向东,通过在山东半岛的港口,到达朝鲜半岛和日本;向南,陆路通往吐蕃(今西藏地区),海陆由广州

**丝路学研究：形成、发展及其转型**

通往西方各国；向北，由大同、幽州等区域枢纽城市通往北方各少数民族政权地区。为了方便中国人到外国去，也为了外国人顺利地来到中国，唐帝国在国内各条交通干线上共设立军民两用驿站1600多个，其中包括260个水路驿站，甚至还有水路和陆路共用的综合驿站80多个，极大地推动了中外人员往来和物质交换"。[1] 此外，"蒙古帝国贯通欧亚的统治，客观上打破了历史上由于国家、民族而形成的东西之间的人为障碍，使相互贸易和交通得以在统一的版图之下发展"，"原有的丝绸之路各段在蒙元帝国驿道体系下再次畅通"，"欧亚交通网络迅速形成，中西交通一时空前便捷"，由"草原丝绸之路、海上丝绸之路和经中亚、西亚到地中海的绿洲丝绸之路"[2] 构成了蒙元欧亚驿站体系。因此，正是凭借四通八达的海陆通道与辐射亚欧的驿站体系，中外丝路伙伴才有了地理通达、往来便捷、安全有序的物质保障。研究丝路古道、驿站、古城的历史变迁，旨在发掘中国西部周边地区在丝路文明交往中所拥有的丝路地缘优势。

2. 路联。张骞"凿空西域"打通了丝路腹地西域地带的陆路、郑和"七下西洋"打通了亚非乃至世界"西洋"的海路，"西域"与"西洋"这两个概念的遇合，揭示了中华民族联通陆丝与海丝的伟大壮举。换言之，"从张骞凿空西域，到郑和下西洋，其间经历了1500多年，中国人向西的寻求始终没有中断过，史无前例的大规模走向海洋，促成了享誉世界的古代丝绸之路的陆海全面贯通，下西洋为沟通亚非文明的联系和进一步交融，做出了卓越贡献。"[3] 从此，中华文明这一区域文明借海丝与陆丝的联通走向了世界并最终成长为世界文明。而且，以农耕文化为主的中华文明还借丝路相继与草原文化、绿洲文化、沙漠文化、高原文化、海洋文化等不同的地缘文化开展贸易往来与人文交流，并派生出玉石之路、青铜之路、丝绸之路、毛皮之路、茶马之路、大黄之路、瓷器之路、香料之路、白银之路等等，凸显丝路地缘性交往的特质。而"地缘性交往在农耕畜牧的自然经济时期，由原始狭小地域的点线空间交往，发展为区域空间的文明中心之间的面上交往。农耕世界与游牧世界之间不同形式的交往特别频

---

[1] 梁盼：《唐朝的对外开放政策》，《新财经》，2013年第4期。
[2] 雍际春：《丝绸之路历史沿革》，三秦出版社，2015年版，第283—284页。
[3] 万明：《郑和下西洋：异文化、人群与文明交融》，《中外关系史论丛（第19辑）·多元宗教文化视野下的中外关系史》，中国会议2010年11月13日。

繁。交往主体随地缘的扩大而表现为种族、民族、国家乃至宗教共同体"①，并最终形成多元文明有机融合的丝路文明，中华文明参与构建了丝路文明并分享受惠于包容互鉴的丝路共存之道。其中，由不同丝路地带间的交通枢纽、中转站、必经孔道等构成的丝路节点甚至丝路支点性国家和地区为单一性区域文明衍化为多元性丝路文明有机组成部分提供了陆海联通、汉胡共存、拓路远行的物质保障，且在"依路生存、辟路发展、结伴远行"的实践中进一步深化了中外丝路伙伴关系。正是凭借丝路草原地带、丝路绿洲地带、丝路陆海交汇地带等的相继联通的地缘环境，使得中国西部周边地区的不同文明体逐渐成为丝路文明的主导性建构力量，尤其是中国、印度、伊朗、印尼、马来西亚、阿曼、肯尼亚等丝路古国在丝路文明形成与发展中发挥了重要作用，并结成了"丝路天然伙伴关系"。

3. 人相交。司马迁曾以"天下熙熙，皆为利来，天下攘攘，皆为利往"②来揭示普天之下芸芸众生为了各自利益而奔波的生存真相，实际也触及了文明交往的动机问题。事实上，"利益是文明交往的驱动因素"，而"经济利益是根本的利益"③，丝路文明交往的驱动因素首先在于满足丝路沿线不同文明体间的物质需求，其次才是满足其精神需求，使得"自从有了这条丝绸之路，古代世界才真正开始连结成为一个整体，人类文明进步的脚步进一步加快，人类物质和精神生活由此更加丰富充实和绚丽多彩，东方历史和欧亚各国文化的发展由此改观"④，中华文明也是借丝路交往而成长壮大，如张骞出使西域，"其因皆由军事目的始，其果皆为军事目的不得，而经济和文化的交往、交易、交流、交结朋友成为其出使西域的最大收获。"⑤又如郑和团队七下西洋，既给丝路沿途国家带去了商品、技术、制度与思想，还带回有关外界的奇珍异兽、奇闻异事甚至回访使节等。这两起中外文明交往的典型事件，还极具外交意义，张骞出使西域实

---

① 彭树智：《文明交往论》，陕西人民出版社，2002年版，第9页。
② 司马迁：《史记·货殖列传》。
③ 彭树智：《文明交往论》，陕西人民出版社，2002年版，第27页。
④ 刘庆柱等：《丝绸之路的宗教遗产》总序，《丝绸之路：中国段文化遗产研究》，三秦出版社，2015年版，第2页。
⑤ 徐习军：《丝路故人——张骞：凿空西域通丝路》，《大陆桥视野》，2009年第1期。

为"首开外国道",揭开了中国古代外交的新时代。郑和则通过七下西洋与沿途各国建立了"同舟共济"型的伙伴关系,包括以不等值的贡赐贸易为主的贸易伙伴关系、以"宣德化、柔远人"为宗旨的政治伙伴关系、以包容多元宗教为内核的人文伙伴关系等。

在这些丝路文明交往先驱的不懈努力下,"中华文明以海纳百川、开放包容的广阔胸襟,不断吸收借鉴域外优秀文明成果,造就了独具特色的敦煌文化和丝路精神"[1],后者又成为"丝路天然伙伴关系"相处法则,折射出以"农耕社会的实践活动"为其生命基础的中华文明"更强调群体,更强调群体成员之间的关系,更强调人与人、人与自然之间的和谐,关系便成为核心概念"[2]的鲜明特质,且通过在丝路上开展贸易往来与人文交流的双轨交往过程来深化丝路伙伴关系,丝路交往过程与丝路伙伴关系间形成内在关联,即"维持关系就是维持过程,发展关系就是推进过程,增强关系就是增强过程的动力",故使得"国际行为体间的关系互动产生了国际社会的过程动力,帮助行为体形成自己的身份,产生权力,孕育国际规范。"[3]因此,伙伴关系有别于同盟关系,根源在于中西文明差异,故前者强调群体性,主张平等交往、求同存异、合作共赢,后者强调个体性,主张盟主利益、剪除异己、维护强权。其中,"丝路精神"对"丝路天然伙伴关系"形成发挥了重要建构作用。我国一贯奉行"结伴不结盟"的外交原则,在国际交往中,国家间为寻求共同利益而建立的合作关系即为"伙伴关系",有别于对抗、霸权的结盟关系。亦即,"结盟关系通过多边或双边条约缔结同盟,制定共同的联盟战略和联合作战计划,必要时统一部署军事力量,统一行动。结盟是针对第三国等其他国家,插手其他国家和地区事务,推行霸权主义和强权政治",而"伙伴关系的本质特征是:伙伴国之间平等、不结盟,不针对、不损害第三国的利益,它们建立的基础是利益关系"[4],张骞的寻伴结盟旨在谋求丝路安全、郑和的出访交友意

---

[1] 习近平:《在敦煌研究院座谈时的讲话》,《求是》,2020年第3期。
[2] 秦亚青:《国际政治的关系理论》,《世界经济与政治》,2015年第2期,第7页。
[3] 秦亚青:《国际政治的关系理论》,《世界经济与政治》,2015年第2期,第7页。
[4] 季晓燕:《伙伴关系与结盟关系之比较》,《历史学习》,2004年第1期。

在实现经济互惠与文明共享,还在平等交往中维护了"伙伴关系"谋求经济互惠、文明共享与丝路安全等共同利益,渗透着互惠包容合作的"丝路精神"。其中,郑和在近30年的丝路外交实践中忠实地执行了明政府"宣德化、柔远人"的和平外交政策,与亚非国家和地区结成了"丝路天然伙伴关系",中国丝路外交也由张骞"凿空西域"开启、郑和"七下西洋"达至巅峰,折射出塑就中外文明交往结晶——"丝路精神"的重要实践的深刻意义,旨在回答"丝路多元行为主体间的相处态势及其相处之道"的这一重大历史问题,也是全球化时代的现实问题。

## 二、"丝路精神"成为中外人文交流的价值基础

新中国成立后,"丝路精神"又成为中外人文交流的价值基础,在新中国人民外交所开展的多渠道宗教交流中得以显现,周恩来亲自参与其中并使宗教交流成为人民外交的重要组成部分,并在弘扬"丝路精神"中确立了"和平共处五项原则"与"求同存异"的外交理念,使得宗教交流在新中国对外关系发展中发挥了重要作用,且集中体现在以下三个方面:

1. 万隆会议期间的宗教交流,为新中国的外交突围立下了汗马功劳。在参加万隆会议的29国中,阿拉伯—伊斯兰国家参会者总数超过与会国一半,且其大都对新中国意识形态、社会制度和宗教政策等缺乏了解或存在误解。当时西方报刊蓄意诬陷说,无神论的共产党"到处毁坏清真寺与教堂""焚烧《古兰经》与《圣经》",甚至造谣"教徒都被当作反革命关进监狱"等,这更使阿拉伯—伊斯兰世界对新中国心存芥蒂。为此,中国代表团安排两名穆斯林随访,特意带上《古兰经》《中华人民共和国宪法》(阿译本)和《中国穆斯林生活》《中国穆斯林》等参会资料宣传新中国民族宗教政策,同时开展了密集型宗教交流:"重点与埃及、沙特阿拉伯、叙利亚三国代表团部分人员及耶路撒冷大主教艾敏·侯赛尼进行了接触;一般性地接触了也门、黎巴嫩、印度各国代表团部分成员,还与刘麟瑞分别接触了几个非代表团人员;凡参加会议的伊斯兰国家(如埃及、苏丹、利比亚、叙利亚、黎巴嫩、约旦、伊拉克、沙特阿拉伯、也门、印度尼西亚、巴基斯坦、伊朗、阿富汗、土耳其)和一部分非伊斯兰教国家(如印度、锡兰、缅甸、泰国、菲律宾)我们都赠送了《中华人民共和国宪法》阿译本和《中国穆斯林生活》与《中国穆斯林》;《古兰经》八册分赠给

埃及、叙利亚、沙特（两册）、也门、印度尼西亚、耶路撒冷大主教等；4月22日，在万隆为迎接亚非会议而新建的清真寺里参加了'主麻'礼；4月27日，在雅加达对印度尼西亚广播电台做了录音答问，由刘麟瑞先生译为阿文并录音"[1]等，所有这些交流活动都对中国与周边伊斯兰国家关系产生了积极影响，新中国外交也因此实现了成功突围。

2. 宗教交流在中国重返联合国的重大问题上也产生了积极效应。1955年5月，以巴库里为首的埃及宗教代表团应邀访华后，中国"前后派出穆斯林代表团、文化艺术代表团和贸易访问团访问埃及，在阿拉伯和非洲国家引起轰动。许多国家纷纷表示，希望进行交流，以期更多地了解中国。"[2]……1956年5月30日，中埃正式建交，开启了中埃、中阿、中非乃至中国—伊斯兰世界的外交大门，中埃宗教交流功不可没。中埃"渐进式建交的新模式是周恩来总理的一个创举，是其坚持原则性与灵活性相结合的范例……实践证明，这个开拓中国外交新局面的重大举措是行之有效的成功经验，为打破以美国为首的西方国家在20世纪50年代对新中国实行的外交封锁，并为恢复中国在联合国的合法席位奠定了坚实的基础。因此，中国和埃及建交及其采用的模式，在新中国外交史上具有重要而深远的意义。"[3]自20世纪50年代末至1971年间，阿拉伯—伊斯兰国家坚持不懈地呼吁恢复中国在联合国的合法权利，并在提案、审议、表决等重要环节上倾力帮助，在投赞成票的76国中有26个是非洲国家，这些国家为推动1971年10月第26届联大通过2758号决议恢复新中国在联合国的合法席位，做出了重要贡献。为此毛主席感慨为"是非洲黑人兄弟把我们抬进联合国的"。中国与伊斯兰国家的"丝路天然伙伴关系"，其"传统的朋友→合作伙伴→共赢的兄弟"的内涵由此得以丰富。

3. 宗教交流助力推进新中国首脑外交。在周恩来人民外交中，常常通过与周边佛教国家、亚非伊斯兰国家间开展灵活多样的宗教交流，逐渐消除国际社会对新中国的意识形态、社会制度以及宗教政策等存在的疑虑与误解，为新中国重返联合国营造了良好的国际舆论环境。周恩来在万隆会

---

[1] 刘慧：《刘麟瑞传》，世界知识出版社，2008年版，第160页。
[2] 刘慧：《刘麟瑞传》，世界知识出版社，2008年版，第172—173页。
[3] 安惠侯等：《丝路新韵：新中国和阿拉伯国家50年外交历程》，世界知识出版社，2006年版，第36页。

议期间开展的宗教交流,不仅为开辟中国亚非外交新时代立下了汗马功劳,还因周恩来将宗教交流巧妙渗透在首脑外交中而产生了深远的人文效应。新中国外交是以中非首脑外交打开局面的,折射出当时新中国外交的特点、布局和状况:周总理高度重视同亚非国家领导人联络情感,增进友谊,他与埃及前总统纳赛尔的友谊就凝聚着亚非人民的团结之情,两人的密切合作为1955年万隆会议的圆满成功发挥了重要作用,还为中埃关系、中非关系、中阿关系乃至中国与伊斯兰国家关系均产生了示范效应。其中,宗教非但没有成为首脑外交的阻力,还因周恩来尊重与包容的非凡胸襟而使其赢得亚非拉世界更多朋友,如周恩来与贝·布托家族的情谊(伊斯兰教:中巴)、周恩来与西哈努克亲王(佛教:中泰)、周恩来与萨达特(伊斯兰教:中埃、中非)等,均成为我国与亚非国家灵活多样的宗教交流的成功典范,表明周恩来的人民外交不仅重视与伊斯兰国家的宗教交流,也重视与其他宗教信仰国家间的交流,尤其重视佛教在发展我国与印度、缅甸、日本等国睦邻友好关系中的特殊作用。

综上,周恩来总理积极推进多元化宗教交流,既是他践行"外交为民"与"求同存异"的人民外交的成功体现,也是他倡导"和平共处"与"求同存异"的"万隆精神"的具体写照,表明在新中国外交中,宗教交流既是缔结双边关系时"软着陆"的抓手,也是深化双边关系时的"润滑剂",更是发展丝路天然伙伴关系的"黄金纽带"。

### 三、中非弘扬"丝路精神"深化伙伴关系的典范意义

中非合作论坛成立近22年来,中国与非洲的合作在机制化进程中得到了有序发展并取得了长足进步。2015年12月,习近平主席在中非合作论坛约翰内斯堡峰会上宣布,将中非"新型战略伙伴关系"提升为"全面战略合作伙伴关系",并通过"五大支柱"与"十大合作计划",深化中非伙伴关系。中非在丝路精神形成中发挥了主导性的构建作用,并始终"坚持文明上交流互鉴",并将此提升至战略层面予以推进,使得"一带一路"中非伙伴关系发展更具典范意义,且集中体现在以下三方面:

首先,丝路天然伙伴关系,为中非人文交流与合作提供了历史逻辑与现实基础,表明中非丝路关系实为中非关系的核心组成部分。

自600多年前郑和四次踏上非洲大陆起,中非两大文明体便在古丝绸

之路上和平交往、患难与共，最终结成"丝路天然伙伴关系"，且因数百年丝路历史性联系拥有了"天然的亲近感"。近年来，"一带一路"框架下的中非"民心相通"举措，更进一步盘活了这两大文明体间的丝路外交资源，尤其是丝路精神，既是中非文明交往中所谱就的丝路故事、累积的丝路情谊、结成的丝路伙伴、拥有的丝路共识等的集大成者，也是"中国梦"与"非洲梦"实现对接的历史逻辑，更是中非构建全面战略合作伙伴关系的现实基础，进而以丝路共同体为内核构建中非命运共同体，表明由"丝路天然伙伴"向"丝路战略合作伙伴"提升的中非伙伴关系的典范意义。

其次，"坦赞铁路精神"等一系列公共产品，为中非人文交流合作提供了强大精神动力与持久后劲，表明人文精神才是中外人文交流合作的内驱力。

自20世纪五六十年代至今，中国通过援建坦赞铁路而形成了弘扬友好、团结、奉献的"坦赞铁路精神"，通过对非派遣"不走的中国医疗队"而形成了不畏艰苦、甘于奉献、救死扶伤、大爱无疆的"中国援外医疗队精神"，以及通过不断改写联合国维和历史的中国对非维和行动而形成了热爱和平、不辱使命、崇尚正义、尊重生命、纪律严明、作风过硬、业务精湛、不畏牺牲的"中国维和精神"等，不仅成为中国对非"真实亲诚"外交方针与"义利相兼、以义为先的正确义利观"的最生动写照，还使得中非人文交流与合作因"坦赞铁路精神""中国援外医疗队精神"及"中国维和精神"等的思想哺育而变得强大与持久，为"一带一路"倡议与非盟《2063年议程》的战略对接提供了强有力的思想保障，彰显出由人文精神支撑的中外人文交流合作的勃勃生机。

再次，"重心下沉"的人文交流与合作，已在中非创造互联互通溢出效应的实践中发挥了引领作用，表明"一带一路"软环境建设的战略紧迫性。

同2000年相比，中非2017年的贸易额增长了17倍，中国对非投资增长100多倍，中国对非经济发展的贡献率显著提升，"2019年中国与非洲国家进出口总额约为2068.32亿美元，较2018年的2039.81亿美元小幅增长了28.51亿美元。其中，中国对非出口1128.60亿美元，较之2018年的1047亿增长了81.6亿美元；自非进口约939.72亿美元，较之2018年的 992.81 亿美元减少了 53.09 亿美元。"①

中非合作所创造的互联互通的溢出效应,有助于提升"一带一路"的国际认可度。其中,"重心下沉"的中非人文交流与合作功不可没,主要包括由地区向国家、政府向民间、行动计划向品牌项目等三个层面的"重心下沉",从国民好感、民调报告、民生项目等全方位助力中非战略合作。具体而言,中国在中非合作论坛下采取了"因国施策"的人文交流合作举措,提升了非洲国家国民的对华好感度。例如毛里求斯,将中国春节定为法定假日。近年来,为落实"中非人文合作计划"而着力打造品牌项目,尤其以人民为中心的多项品牌项目,大大深化了中非人民间的相知相亲,还因这些关乎民生的项目落地而赢得了非洲社会的广泛民心。

2018 年 9 月,中非合作论坛北京峰会上提出构建更加紧密的中非命运共同体,得到非方领导人一致赞同,"3 年多来,中非双方并肩携手,全力推进落实'八大行动'等峰会成果,完成了一大批重点合作项目,中非贸易额和中国对非洲的投资额稳步攀升,几乎所有论坛非方成员都加入了共建'一带一路'合作大家庭,为中非全面战略合作伙伴关系注入了强劲动力"②。2021 年 11 月召开的中非合作论坛第八届部长级会议上,习总书记宣布中国与非洲国家共同实施"九项工程",以推进构建"高水平中非命运共同体",表明"一带一路"朋友圈中非伙伴关系的典范意义。

总之,从郑和下西洋四访非洲,把古代中非关系推向高峰,谱写了海上丝绸之路的壮丽篇章,到今天的中非友好往来,贯穿其中的一根红线就是互惠包容与合作的"丝路精神"的历史形成与现实影响,当前在实现中华民族伟大复兴的"中国梦"和非洲人民团结振兴的"非洲梦"征程上,"一带一路"中非伙伴关系发展面临挑战与机遇,其"丝路伙伴关系"的典范意义也将在构建人类命运共同体的实践中得以彰显并发挥实效,其前景值得期待。

---

① 中非贸易研究中心:《中非贸易数据:2019 年中国与非洲各国贸易数据及相关排名》,非洲索引网,2020 年 3 月 6 日,http://news.afrindex.com/zixun/article12181.html。(访问时间:2022 年 2 月 22 日)

② 《习近平在中非合作论坛第八届部长级会议开幕式上的主旨演讲(全文)》,国家行政学院网,2022 年 1 月 28 日,https://www.ccps.gov.cn/xxsxk/zyls/202111/t20211129_151897.shtml。(访问时间:2022 年 2 月 22 日)

## 第二节 "一带一路"软环境建设面临的挑战及应对

### 一、"一带一路"软环境建设的历史基础

随着高质量"一带一路"发展进程的不断推进,如何弘扬"丝路精神"以助力丝路沿线国家和地区伙伴关系发展、如何用"文明力量"来应对全球性挑战以构建人类命运共同体,也成为"一带一路"软环境建设的新目标。近年来,习总书记多次强调:在回答"世界怎么了,我们怎么办"这一时代之问的严峻挑战时,认为既需要经济科技力量,也需要文化文明力量共同应对。[①] 即通过文明交流互鉴"形成防止和反对战争、推动共同发展的强大力量"[②],以破解全球化面临的文明困境。为此,习总书记强调"文物的力量",建议积极主动地学习借鉴世界一切优秀文明成果[③],让收藏在博物馆里的文物、陈列在广阔大地上的遗产、书写在古籍里的文字都"活起来",让丝路沿线国家和地区人民所创造的丰富多彩的文明遗产,能够在弘扬"丝路精神"中转化为共建"一带一路"的软力量,展现出包括宗教交流在内的丝路文明遗产的赋能功效,并从正面与负面同时影响了"一带一路"软环境建设进程。

在上千年丝路沿线国家和地区伙伴关系形成与发展的实践中,宗教交流的积极作用集中体现在三个方面:第一,发挥了桥梁纽带的作用。郑和宗教外交,实现了"软着陆"于丝路沿线国家的外交初衷。从某种意义上讲,宗教只是郑和的一种外交手段,旨在加强中国与丝路亚非国家的关系,但客观上却推动了中国伊斯兰教与中国佛教的丝路回传与中国道教的外传。尽管传播宗教不是郑和下西洋的外交目的,但"宗教因素"却成其缔结中国与丝路亚非国家友好关系的重要动因。同样,万隆会议上的宗教

---

[①] 《习近平在亚洲文明对话大会开幕式上的主旨演讲》,新华网,2019年5月15日,http://www.xinhuanet.com/world/2019-05/15/c_1210134568.htm。(访问时间:2022年2月22日)

[②] 《习近平在中国国际友好大会暨中国人民对外友好协会成立60周年纪念活动上的讲话》,《人民日报》,2014年5月16日第2版要闻。

[③] 习近平:《在敦煌研究院座谈时的讲话》,《求是》,2020年第3期。

第二章　丝路精神与"一带一路"软环境研究

交流，也为开启我国亚非外交新时代发挥了消除误解、联络情感的重要作用，尤其是周恩来倡导"求同存异"地处理亚非国家关系、宣示新中国坚定支持巴勒斯坦人民解放事业的正义立场，以及促成中埃、中沙之间产生了务实性宗教交流成果等，均赢得阿拉伯—伊斯兰世界、非洲乃至广大的发展中国家的广泛赞誉，并对新中国重返联合国产生了积极作用。佛教在丝绸之路上的友好交流自古到今已形成一条"黄金纽带"[①]，基于赵朴初提出重建"黄金纽带"的设想而举办的中韩日佛教友好交流会议，自1995年北京召开首届大会后每年由中韩日三国轮流举办，连续至今，旨在构建三国佛教的友好关系，积极推动三国民间的友好交流，维护东亚稳定，维护世界和平。在历次会议上，三国佛教界人士除围绕特定主题进行交流外，还举办祈祷世界和平法会、共植友谊树、共办图片展，以及安排互派修行体验僧等实质性交流活动等，尤其在近年中日关系困难时期依然发挥着"黄金纽带"的应有作用……可见，宗教交流在中国与丝路沿线国家和地区伙伴关系缔结、发展与深化等不同历史阶段均发挥了桥梁与纽带作用，凸显"宗教因素"在"一带一路"软环境建设中特殊而重要的地位。

第二，发挥了增信释疑的作用。周总理借万隆会议发言向与会者全面、客观地介绍新中国宗教信仰自由政策，又以达浦生和刘麟瑞两位穆斯林代表为例向大家反复阐述新中国民族一律平等政策，还借巴库里与两位中国穆斯林代表的特殊关系，积极开辟首脑外交、宴会外交、走廊外交等多形式的沟通渠道，使万隆会议真正成为宣传"和平中国"的国际舞台。我国是一个多宗教、多民族的国家，逐步形成了以佛教、道教、伊斯兰教、天主教、基督教（新教）等五大宗教为主体，兼有少数其他宗教和多种民间信仰的基本格局。新中国成立后，中国佛教、道教、伊斯兰教、基督教和天主教与世界许多国家均建立了宗教管道的交流与合作，在周恩来总理的亲自推动下，通过开展多渠道、全方位的宗教交流，逐渐消除了国际社会对我国民族宗教政策的疑虑与误解，为新中国重返联合国营造了良好软环境。随着中国的和平崛起，西方主流媒体炒作"中国威胁论""中国是非

---

① 关于"黄金纽带"，请参阅中国佛教协会网的详细介绍，http://www.chinabuddhism.com.cn/sghy/hjnd/2013-11-21/4358.html。（访问时间：2022年2月22日）

洲的殖民掠夺者""中国是周边亚洲国家的军事威胁者"以及"中国必霸论"等。其中，美国打着"民主"与"人权"幌子，诋毁中国的民族宗教政策、歪曲中国的治藏方略，以及通过炒作涉疆议题来抹黑中国国际形象，对"一带一路"软环境建设造成了极大冲击，表明宗教交流在"民心相通"与国家形象传播中均具有重要作用，近年中外合办的"中国宗教文化展演"活动就发挥了增信释疑的作用，如2009年12月的"中国—新加坡2009宗教文化展"、2010年7月的"中国·印尼2010伊斯兰文化展演"、2012年8月的"2012年中国—耳其伊斯兰文化展演"等，使得宗教交流在我国人文外交中的重要性凸显，不仅成为回应西方大国"人权外交""价值观外交"的必要手段，也成为维护中国民族宗教政策形象的重要途径，且对进一步讲好中国宗教故事、消除"中国威胁论"，以及柔化周边外交关系等均产生了深远影响，已成为"一带一路"软环境建设的重要基础。第三，发挥了价值沟通的作用。在古代丝路上，中国不仅输出了丝绸、四大发明等商品和技术，还传播了大一统的国家形象与中华文明，以及丝绸之路这一公共产品，尤其是中国向世界提供公共产品的事实，表明"社会距离程度不同的人之间发生言谈、信息交流、沟通、理解、对话等传播行为"，实为"人们又不断进行共享文化的创造、修改和转变"[①]的过程。亦即，在丝路文明交往中，我们既要接受文化差异性的现实，也要建立对话意识，在对话中建立"互惠性理解"，使个人与他人分享"共同价值"，丝绸之路这一公共产品就在互惠、包容、合作上赢得了丝路沿线国家和地区的认可与分享。在倡建"一带一路"的现实背景下，中国提出"共商共建共享"原则、"命运共同体""利益共同体""责任共同体"目标，以及"正确的义利观""亲诚惠容"的外交方针等，已形成新的丝路话语体系，与丝绸之路、郑和文化、丝路精神、和平共处、求同存异等旧的丝路话语体系彼此呼应。作为文化认同重要组成部分的宗教认同，在一定程度上弥补了儒家文化互信度不高的问题，强化了我国与丝路沿线国家和地区的丝路认同、密切了彼此间的丝路伙伴关系。其中，因宗教易达成和平共识，"持各种信仰的宗教团体认为，他们天然地处于和平与正义、

---

[①] 单波：《跨文化传播的基本理论命题》，《华中师范大学学报（人文社会科学版）》，2011年第1期。

第二章 丝路精神与"一带一路"软环境研究

理解与和解事业的最前沿,因为在其信仰体系内,这些问题是人类精神演进的核心。"[①] 因此,中国宗教界和平委员会致力于加强我国各宗教团体及其信徒维护和参与世界和平事业,发展同世界各宗教和平组织及有关人士友好往来,共同促进和维护世界和平,已成为促进世界和平的一支积极力量。近年来,中国佛教界、中国伊斯兰教界等积极参加世界各地召开的宗教文化论坛,增进对"和平、发展与合作"等全球化时代主流价值观的理解与沟通,成效显著。2014年3月,博鳌论坛首次举办以"中道圆融——凝聚善愿的力量"为主题的宗教分论坛,表明中国政府在推进"民心相通"战略举措上对宗教问题所持的应有胆识与魄力,并将助力"一带一路"软环境建设。

## 二、"一带一路"软环境建设面临的主要挑战

中国与巴基斯坦、哈萨克斯坦及印度尼西亚等国开展的价值沟通、增信释疑以及培育反恐共识等举措,实为"一带一路""重点地区""重点国家""重点项目"推进中的软环境建设之举,这些国家所遭受的由宗教极端主义所致传统与非传统安全风险,也成为"一带一路"软环境建设所面临的主要挑战。

一般而言,作为"一带一路"支点国家应具备的基本条件应包括以下几个要素:一是其与中国有着丝路友好交往的悠久历史,目前仍保持了互利共赢的良好双边关系;二是其与中国一样都处于丝路交通枢纽地带,有着较为便利的陆海互联互通的良好地理条件;三是其与"一带一路"开展战略对接的愿望强烈、对接的契合度较高且易产生较明显的合作成效;四是其与中国在建"一带一路"重点国家地区的"重点项目",易产生辐射效应并发挥示范作用,带动"五通"的有序推进;五是其国内外安全局势较为稳定与可控,中国的海外利益能够得到最基本的保障与维护等。显然,巴基斯坦、哈萨克斯坦与印度尼西亚三国已然满足了这些基本条件而成为"一带一路"的支点国家:1. 巴基斯坦,既处于丝绸之路的陆、海交汇地带,又处于南亚、西亚和中亚的交界处,更处于"一带一路"的核心

---

[①] [美] 路易丝·戴蒙德等著:《多轨外交》,李永辉等译,北京大学出版社,2006年版,第102页。

区与交汇区；中国与"巴铁"的政治互信度高、双方友好关系的稳定性强、具有"全天候战略合作伙伴"这一最高级别的双边关系；巴基斯坦对"一带一路"的态度积极、社会认同度较高，尤其希望搭乘中国发展的快车实现社会转型；"中巴经济走廊"隶属"一带一路"的旗舰项目，已产生了先期建设成效，正在产生示范性效应。但是，因巴基斯坦还处于"一带一路"安全风险高发区，使得中巴共同提升安全风险防范的能力，已成为巴基斯坦这个"一带一路"重要支点国家建设的关键所在。2. 哈萨克斯坦，既处于丝绸之路草原地带与绿洲地带的交汇区，又处于南亚、西亚、中亚、东欧的十字路口，更处于"丝绸之路经济带"的核心区；哈萨克斯坦社会普遍欢迎"一带一路"，政府又积极推进其"光明之路"与"一带一路"早日实现战略对接；哈萨克斯坦是中亚地区最具影响力的大国，是亚信峰会、上合组织、欧安组织等多边平台的核心成员，也是中俄构建新型大国关系的重要因素；中哈经济互补性强、能源合作基础扎实，尤其在"一带一路"的互联互通合作中利益遇合度高且成效显著。但是，因跨境民族与宗教的历史纠葛有待澄清、中哈民间交往较为薄弱，以及西方反华势力蛊惑哈萨克斯坦境内独立媒体等造成在中亚的中国形象受损，使得中哈澄清历史、消除误解以增进安全风险防范的互信，已成为哈萨克斯坦这个"一带一路"重要支点国家建设的关键所在。3. 印度尼西亚，既处于海上丝绸之路的重要地带，又处于印度洋与太平洋的交汇处，更处于"21世纪海上丝绸之路"的关键区；印度尼西亚在东盟、G20成员国、17国集团、伊合组织等多边平台上具有重要而特殊的作用，尤其作为东盟创始成员国，印尼以东盟最大经济体、人口众多且发展潜力巨大而在东盟一体化建设中扮演了举足轻重的角色；中国与印度尼西亚有着历史悠久的和平相处于海上丝绸之路的友好关系，郑和"七下西洋"壮举对印尼的影响积极而深远；印度尼西亚普遍欢迎"一带一路"，希望早日实现与其"全球海洋支点"战略的成功对接。但是，印尼是世界上穆斯林人口最多的国家和排华问题最为严重的国度之一，使中国—印尼加强宗教交流、发挥华人华侨纽带作用以拓展安全风险防范的路径，已成印度尼西亚这个"一带一路"重要支点国家建设关键所在。

在"沿路沿线的合作伙伴中，许多是正处于社会和经济结构转型时期的发展中国家。它们在安全和发展方面普遍存在不确定性矛盾，其中地处

## 第二章 丝路精神与"一带一路"软环境研究

中东、中亚、以及南亚这一'战略不稳定弧'的国家尤其为此。由此带来的政治风险和经济风险值得我高度重视"[1]。南亚是世界上风险较高的地区之一,恐怖主义和分裂势力严重威胁着地区安全,国家之间也因为领土、宗教和种族等原因而矛盾重重。阿富汗是区域内风险较为突出的国家,2013 年国家风险参考评为 8 级,恐怖主义和地方军阀力量强大,民族和宗教矛盾突出,地缘政治问题突出。巴基斯坦为 7 级,印度为 6 级。西亚地区局势的不确定性有增无减,未来发展趋势仍显扑朔迷离。叙利亚为 9 级,仍是区域内焦点国家,埃及为 7 级,伊拉克为 7 级,三派政治势力分歧依旧,宗教分歧威胁着国家的统一和稳定,恐怖主义袭击仍时有发生,政治风险依然较高。[2] 换言之,中东、中亚及南亚这一"战略不稳定弧"的国家,存在政治、经济、安全及人文等诸多高风险。此外,"东突"势力随着"基地""伊斯兰国"等极端势力由陆上丝路向海上丝路游动,东南亚也成为"一带一路"战略风险日益趋高的地区之一。其中,巴基斯坦安全风险指数最高,且最大风险源是宗教极端主义;哈萨克斯坦的安全风险相对弱于巴基斯坦,但代际问题会成为威胁该国安全的最大隐患;印度尼西亚安全风险指数中等,作为世界上最大的伊斯兰国家,不仅面临宗教极端主义全球泛起所致的安全风险,还面临由种族主义冲突、分离主义猖獗所致的安全风险。[3]

中国在与哈、巴、印尼三国务实性合作中不断推进"一带一路"软环境建设,但也面临各自不同的人文风险的现实挑战,并集中体现为:

第一,"中亚不同国家社会层次对中国形象的认知差异,造成了中国国家形象以及中国投资的形象在该地区的争议。中亚国家内部的民族、地缘冲突,都是对中国'一带一路'建设造成挑战的因素。"[4] 亦即,中亚复杂的民族、宗教因素所致的社会人义风险对中哈战略合作构成潜在威胁,

---

[1] 周文重:《"一带一路"面临两大战略风险需重视防范》,中国新闻网,2015年3月11日。

[2] 《"一带一路"65 个国家风险状况分析——国别风险预警信息》,http://cs.sinosure.com.cn/changsha/fxxx/fxyjxx/165357.jsp。

[3] 李伟:《"一带一路"沿线国家安全风险评估》,中国发展出版社,2015 年版,第 10—19、44—51、94—99 页。

[4] 邓羽佳等:《中国"丝绸之路经济带"建设与哈萨克斯坦"光明之路"计划对接研究》,《改革与战略》,2017 年第 6 期。

## 丝路学研究：形成、发展及其转型

受制于中亚非政府媒体影响较大的哈萨克斯坦民众对中国民族宗教政策形象易产生误读与偏见，殃及中国企业形象、中国商品形象乃至中国国家形象。

第二，南亚为全球宗教极端主义势力的重要集结地区之一，"基地"组织、"东伊运""伊斯兰国"等残余势力、阿巴边境部落武装势力，以及印度所从事的破坏巴基斯坦稳定和中巴经济走廊建设的相关活动等均对中巴关系发展形成巨大安全挑战，中巴反恐与"去极端化"国际合作迫在眉睫。

第三，东南亚地区的安全环境相对稳定，但"印尼大众传媒普遍把中国称之为'Negeri Tirai Bambu'（竹幕国家，而冷战时期的苏联被称之为铁幕国家），暗示中国是封闭的国家，这是一种落伍而充满歧视的说法。再加上西方媒体如英国广播公司和"美国之音"长期同印尼当地媒体合作，他们对中国的偏见也长期影响到印尼社会大众对中国的观感。"[①] 此外，由于域外大国的干涉日益加剧、西方宗教非政府组织活动异常活跃，以及南海纷争对中国道义形象的肆意贬损等，使得中国与印尼这个全球最大穆斯林国家战略合作中宗教交流的重要性凸显。

正是由于这三个支点国家所面临的严峻人文风险，使得我们将长期面临丝路沿线国家与地区受宗教影响的政治、经济、文化与社会的现实，也使得"宗教因素"成为"一带一路"软环境建设的题中要义。事实上，宗教交流不仅助力于古代丝绸之路多元文明的包容互鉴，也助力于中国与伊斯兰国家的友好往来，更在中国周边外交中扮演了不可或缺的重要角色。但宗教仍是中国与丝路沿线国家与地区打交道的难题之一，彼此认知薄弱、互信度不够、分歧杂多，结果造成在民族宗教议题上误解歪曲不断的被动局面，且成为西方大国主流媒体肆意诋毁"中国形象"的口实。因此，如何发挥宗教交流的积极作用以助力人文外交更加出色地履行价值沟通、增信释疑、培育反恐共识的战略使命，已成为关乎"一带一路"软环境建设的重大现实问题。

---

① 梁孙逸：《中国在印尼建高铁，要防范哪些风险》，观察者网，2016年1月22日。

## 三、加快"一带一路"软环境建设的应对路径

习总书记强调,"中国必须有自己特色的大国外交。我们要在总结实践经验的基础上,丰富和发展对外工作理念,使我国对外工作有鲜明的中国特色、中国风格、中国气派",以"推动建立以合作共赢为核心的新型国际关系"①。其中,"伊斯兰因素"已成为关乎"一带一路"软环境建设的重要影响因子,"因国施策"才是优化"一带一路"软环境的关键,故应从以下三方面予以应对:

第一,应在人文交流机制的创新性建设中进一步完善宗教对话机制,为中巴"全天候战略合作伙伴关系"的发展提供制度保障。

事实上,"一带一路"沿线各国"政治制度、意识形态、发展水平差异很大,历史包袱较重,缺乏政治互信和共同价值观",甚至因存在"碎片化"和"逆一体化"而影响一体化进程,故应"立足于创新理念和创新规则"以"加快完善制度保障"②。在人文交流机制的创新性建设中,中巴也不例外。巴基斯坦成为"一带一路"战略支点国的原因,除其"安全与稳定对中国西北边境省份有直接影响"外,还因"巴基斯坦拥有1.7亿人口,是世界排名前三的伊斯兰大国,也是伊斯兰世界唯一拥有核武器的国家,拥有巨大影响力,因此成为中国与中东伊斯兰国家交往的重要桥梁与渠道。通过中巴友好,中国近年来与穆斯林国家在政治、经贸等领域的关系都取得长足进展"③,将为深化我国与伊斯兰国家伙伴关系提供了成功经验与示范效应。2015年,中巴发表"关于建立全天候战略合作伙伴关系的联合声明",强调"以中巴经济走廊为引领""将中巴关系塑造成为不同文明国家之间交流互鉴、友好合作的典范",并从经济、安全与人文三个领域明确了中巴战略合作的方向,使得中巴伙伴关系建设更具战略意义。尽管"中巴关系的亲密无间在国际舞台上堪称不同社会制度、不同文化国家

---

① 《习近平出席中央外事工作会议并发表重要讲话》,外交部,http://www.fmprc.gov.cn/mfa_chn/zyxw_602251/t1215440.shtml。
② 《以新的制度安排规避"一带一路"实施风险》,载《每日经济新闻》,2015年4月28日。
③ 许利平:《当代周边国家的中国观》,北京:社会科学文献出版社,2013年版,第223—224页。

之间友谊的典范","具有长时间的稳定性、高度的战略性和丰富的发展性"①的基本特征,且"两国关系的精髓在于人心相通"②,但要使中巴"全天候战略合作伙伴关系"的健康发展能够更加有序和持久,就必须在人文交流机制的创新性建设中进一步完善宗教对话机制,以应对中巴经济走廊建设中面临由宗教、部落等所致的"黑洞"的严峻挑战,助力中国与南亚地区和国家合作推进"一带一路"软环境建设。

第二,应在宗教交流与合作的实践中进一步增强"丝路共有认知",为中印尼"全面战略伙伴关系"的发展夯实社会民意基础。

"文化认同是指文化群体或文化成员承认群内新文化或群外异文化因素的价值效用符合传统文化价值标准的认可态度与方式。经过认同后的新文化或异文化因素将被接受、传播","文化认同来源于人们对文化的倾向性共识","在具体区域范围以及族群内产生文化认同,要以文化载体的存在为依托"③,宗教这一文化载体就在丝路文化的形成中发挥了建构与维系的作用。在汉斯·莫尔看来,宗教是认同的神圣化,宗教通过客体化、委身、仪式和神话4种机制将个人身份与认同神圣化,其核心功能是个人认同、群体认同和社会认同彼此的形成与维系。④ 因广泛、持久的影响力使宗教认同在文化认同中具有极强的价值沟通功能,最明显的莫过于准宗教的儒家文化千百年来"与道教、佛教以及伊斯兰教等不同文化和宗教,在中国大地上各得其所,和谐相处,这在世界上是相当少见的"⑤。其中,儒、伊文明拥有基本的"倾向性共识","在中华文明中,早就有'和为贵''和而不同''己所不欲,勿施于人'等伟大思想。伊斯兰文明也蕴

---

① 许利平:《当代周边国家的中国观》,第214、224页。
② 巴基斯坦总理穆罕默德·纳瓦兹·谢里夫:《超越外交关系的两国之交》,人民网,2015年5月13日。
③ 向广宇:《郑和崇拜与南海区域文化认同》,载《沧桑》,2014年1期,第79页。
④ Hans J. Mol, "Introduction," in Hans J. Mol, ed., *Identity and Religion*: *International, Cross-cultural Approaches*, Vol. 16, California, Sage Publications, 1978, p. 7.; Hans J. Mol. *Identity and the Sacred*: *A sketch for a new social scientific theory of religion*. Oxford: BasilBlackwell, 1976, pp. 202–246.
⑤ 《外交部长王毅在中国发展高层论坛午餐会发表演讲》,2015年3月23日,http://www.chinanews.com/gn/2015/03-23/7151497.shtml。

## 第二章 丝路精神与"一带一路"软环境研究

含着崇尚和平、倡导宽容的理念。《古兰经》里就有 100 多处讲到和平。在多样中求同一,在差异中求和谐,在交流中求发展,是人类社会应有的文明观。"① 也正是由于儒、伊文明和平交往上千年才拥有了如此深厚的价值沟通基础,宗教认同也成为双方"丝路共有认知"的重要组成部分,故应在宗教交流与合作的实践中,进一步发挥宗教价值沟通的认知作用以夯实东南亚国家和地区丝路认知的社会基础。

第三,应在管控宗教极端主义所致安全风险中增强"人类命运共同体"意识,为中哈"全面战略伙伴关系"的发展营造良好安全环境。

"按照建构主义的理解,国际形象是由国际文化价值结构的相互身份认同关系所建构和表达出来的,树立一国的国际形象更应该诉诸国家之间文化观念的相互吸引,以寻求对彼此身份的积极认同。"② 由此,在"一带一路"软环境建设中,中国不仅要强调"民心相通"的基础与引领作用,还应倡导构建"人类命运共同体"意识,表明"必须坚持各国相互尊重、平等相待,必须坚持合作共赢、共同发展,必须坚持实现共同、综合、合作、可持续的安全,必须坚持不同文明兼容并蓄、交流互鉴"的"超越民族国家和意识形态的'全球观'",包含了政治、经济、安全、人文等不同层面的"人类命运共同体"意识,以及平等、互惠、合作、包容的"中国方略"③。因中哈两国丝路历史的密切交织而拥有共同的"丝路记忆"与"丝路共识",使得中国-哈萨克斯坦自古就结成了丝路命运共同体,这也成为习总书记于 2013 年 9 月访哈时首倡共建"丝绸之路经济带"的重要动因。2015 年 5 月,习总书记再次访哈,推进落实了"丝绸之路经济带"与哈国"光明之路"经济发展战略的"对接",表明"哈萨克斯坦是中国的友好邻邦和全面战略伙伴,是中方建设丝绸之路经济带的重要合作对象"④ 的战略意涵。中哈战略对接合作,不仅有助于中哈"全面战略伙伴

---

① 《尊重文明的多样性——温家宝总理在开罗阿拉伯国家联盟总部的演讲》,2015 年 3 月 23 日, http://news.xinhuanet.com/world/2009-11/08/content_12407835.htm。

② 孙红霞等:《文化外交的独特价值》,载《山东师范大学学报(人文社科版)》,2007 年第 1 期。

③ 国纪平:《为世界许诺一个更好的未来:论迈向人类命运共同体》,《人民日报》,2015 年 5 月 18 日。

④ 《背景资料:中国与哈萨克斯坦关系大事记》,新华网,2015 年 5 月 7 日。

关系"发展,也有助于两国在管控宗教极端主义所致安全风险中增强"人类命运共同体"意识,更有助于中国与中亚地区和国家共同推动"一带一路"软环境建设。

## 第三节 "一带一路"人文共同体构建案例分析

### 一、"万里茶道"与中蒙俄茶文化共同体的形成

众所周知,茶起源于中国。有学者认为,自古以来,中国云南一带的少数民族就一直以种茶为生,而茶树则为当地的茶风和饮茶习俗的形成提供了有力保障,也成为中国与对外跨境贸易的主要商品之一,并逐渐形成了南方丝绸之路中的"茶马古道"与北方丝绸之路中的"万里茶道"。1577年,中国开始与蒙古国进行茶叶贸易,张家口成了"万里茶道"的重要枢纽之一。创建于1700年的"大盛魁商号"[①],是较早与蒙古国开展贸易活动的中国商号,并以灵活经营方式开展各种业务往来而著称。据史料记载,"大盛魁商号"拥有对蒙、俄跨境茶叶贸易的某些特殊权利与特别授权,使其在中蒙、中俄跨境贸易往来中扮演了非常重要的角色,仅在乌里雅苏台,"大盛魁商号"就设有两个仓库,其中乌里雅苏台与呼和浩特间的路线是"大盛魁商号"最繁忙的贸易线路。[②] 至19世纪中叶,"大盛魁商号"的跨境贸易进入兴盛阶段,拥有7000多名员工,并在多地建立分号,已在中蒙贸易往来与人文交流中扮演了重要角色。截至1919年,中国商号在乌里亚斯泰和科布多的营业额为200万金卢布,其中"天一德"商号70万卢布、"元申德"商号60万卢布,25家中国大商号控制了当时

---

[①] 大盛魁,清代对蒙贸易商号。大盛魁商号是清代山西人开办的对蒙贸易的最大商号,极盛时有员工六七千人,商队骆驼近二万头,活动地区包括喀尔喀四大部、科布多、乌里雅苏台、库伦(今乌兰巴托)、恰克图、内蒙古各盟旗、新疆乌鲁木齐、库车、伊犁和俄国西伯利亚、莫斯科等地。极盛时,几乎垄断了蒙古牧区市场,蒙古的王公贵族及牧民大多都是它的债务人。

[②] Ш. Этшиг, Д. Гэрэлтѳв, О. Сүхбаатар, Ё. Бадрал: "Цайны зам", Улаанбаатар, 2016.

## 第二章 丝路精神与"一带一路"软环境研究

所有的中蒙跨境贸易①,尤其是茶叶贸易增长活跃。但随着1929年末中国"大盛魁商号"完全撤离蒙古国后,中蒙"万里茶道"上繁盛的跨境贸易也日渐没落。

　　17世纪中叶后,欧洲开始从东方进口茶叶,饮茶习俗渐成欧洲宫廷贵族生活的一种时尚。据相关文献记载,1618年中国公使携带茶叶馈赠沙皇、1638年俄国使臣向沙皇敬奉中国茶叶,折射中俄开启茶叶交往的历史新篇章,尤其是中国砖茶备受俄国民众喜爱,茶文化在俄蔚然成风,社会需求为中俄茶叶贸易注入强大动力,并在官方与民间同时开展跨境茶叶贸易。1689年,清朝与沙俄签订的《尼布楚条约》规定:"格尔必齐河、额尔古纳河及外兴安岭为中俄东段边界,乌第河地区为待议地区;两国严禁越界入侵和收纳逃人;两国人民持有护照者可以过界往来,通商贸易。"②这些规定均对中俄茶叶贸易与人文交流产生了深远影响,此后俄国官方与民间的商队来华频次与日俱增、贸易规模日益扩大。1728年,清朝与沙俄签订的《恰克图条约》规定:"以恰克图和鄂尔怀图山之间的鄂博作为两国边界起点,东至额尔古纳河,西至沙毕纳依岭,以南归中国,以北归俄国;重申乌第河及该处其他河流既不能议,仍保留原状,双方均不得占据这一地区;俄商每3年可以来北京一次,人数不得超过200名,此外可以在尼布楚、恰克图通商。此条约同时规定中国协助在北京俄罗斯馆内建造东正教堂;接受俄国留学生来北京学习;以后双方不得收容对方逃犯,并严行查拿,送交对方守边人员。"③自该条约签订后,恰克图便被辟为贸易场所,促使双方商贸活动进入边境贸易新阶段,且对"万里茶道"的产生和发展具有决定性意义④,出现了恰克图等重要支点城市,逐渐形成"中俄茶叶之路",并成为"万里茶道"最终成型的关键一步。正因为这条"中俄茶叶之路",自1755—1848年间,中俄茶叶贸易量迅速增长,满足

---

① Bazardorj. D: "*Da Shenkue or Daashin firm in outer Mongolia*", Улаанбаатар, 2015, p. 15.
② 北京师范大学清史研究小组:《一六八九年的中俄尼布楚条约》,人民出版社,1977年版;褚德新、梁德:《中外约章汇要》,黑龙江人民出版社,1991年版,第50页。
③ 褚德新、梁德:《中外约章汇要》,黑龙江人民出版社,1991年版,第65页。
④ 康永平:《万里茶道内蒙古段研究》,内蒙古师范大学硕士论文,2018年,第3—4页。

了俄国社会对中国茶叶的现实需求,也促进了中国茶文化的沿途传播,恰克图茶市的重要性凸显,引发马克思在其《俄国的对华贸易》中的特别论述:"这种一年一度的集市贸易,由12名代理商管理,其中6名俄国人,6名中国人;他们在恰克图会商并规定双方商品交换的比率,因为贸易完全是用以货易货的方式进行的……近年来这种贸易似乎有很大的增长。"① 也正因为如此,"中俄茶叶之路"对中俄人文交流产生了深远影响,不仅使"普通俄国人饮茶习惯的养成,源自汉口开埠后,大量俄商在汉设茶厂,砖茶源源不断输入俄国"②,而且也催生了一大批中国贸易城市的相继出现,最典型的当属汉口。自1861年汉口开埠起,俄国商人开办的砖茶厂实为汉口最早的外国近代工厂。作为当时全球最大的茶叶集散地,汉口的社会发展程度仅次于上海,甚至汉口茶叶输出曾占中国茶叶出口总量的60%与对俄输出总量的95%,故被誉为名震世界的"东方茶港",在关涉"伟大的茶叶之路"或"万里茶道"源头的俄语文献中也多被标为"汉口"。在19世纪中叶至20世纪初中叶期间,汉口、福州、上海成为全球茶叶贸易的三个最大集散地。汉口不仅是近代中国茶叶贸易的主要集散中心,还是福建、安徽、湖南、江西、四川、贵州、云南、湖北及河南等省重要茶叶集散地。因此,汉口虽于1861年开埠,但在1876年的茶叶输出量就首超上海,并于1871—1880年间的年均出口茶叶约为54.48万担、1881—1890年间的年均约为70.37万担③。可以说,在19世纪90年代印度茶业兴起前夕,汉口确系名副其实的中国茶业的"晴雨表"城市。

事实上,中蒙、中俄跨境贸易也开辟了一条"南茶北上通道":先由"来自两湖、浙闽一带的茶叶通过不同的道路汇集到张家口、归化城(呼和浩特)等地,然后运送茶叶的驼队穿过浑善达克沙地,一部分向北过库伦来到恰克图,另一部分折向西北至新疆"。④ 随着《恰克图条约》的签

---

① 马克思:《俄国的对华贸易》,《马克思恩格斯全集》(第12卷),人民出版社,2014年版,第166—168页。
② 蒋太旭:《中俄万里茶道的前世今生》,《武汉文史资料》,2015年第1期,第58页。
③ 张嵩、赵楠:《"东方茶港"的百年兴衰》,《档案记忆》,2020年第5期,第9页。
④ 曹盟:《中蒙俄经济走廊的历史考察》,《西伯利亚研究》,2018年第45卷第1期,第21页。

订，中俄官方贸易开始形成，恰克图贸易节点的经济效应持续显现，特别是到了18世纪末期，中国经由恰克图出口俄国的茶叶数额年增幅度日益明显。从19世纪起，茶叶已成中俄恰克图贸易中名副其实的主角，甚至到了19世纪50年代后，恰克图贸易基本就变成了茶叶贸易，茶叶贸易量曾雄踞恰克图贸易总量的95%，但到了1850年却渐趋衰落。其原因在于，"俄国开辟了经由新疆与中国进行茶叶贸易的新通道。比如1842年经由新疆销售到俄国的茶叶：白毫茶449普特，茶砖3151普特，而到了1851年就迅速增长到了白毫茶12362普特，茶砖7494普特"[1]，折射出恰克图过境贸易面临新挑战的事实。实际上，19世纪中期后的中俄恰克图茶叶贸易，不仅受到新开辟的新疆通道的影响，还受到海上丝绸之路航运兴起等因素的影响，但"在清政府与俄国政府降低关税的努力下，并由于1880年西伯利亚大铁路的贯通，中俄恰克图茶叶贸易规模不仅没有缩小，反而有了较大增长，直到19世纪末中俄茶叶贸易都稳定在一个较高水平"[2]上，表明恰克图贸易节点的经济效应依然存在。自20世纪初起，中蒙俄茶叶贸易开始节节败退，恰克图贸易节点的经济效应日渐消失，原因在于其所遭受的欧美现代茶叶生产工艺、销售方式、衍生商品及服务意识等的全方位冲击，使得中国茶在国际市场上难敌英国殖民地生产的红茶，仅"1915年上海输往俄属太平洋各口岸的314667担红砖茶中，有印度、锡兰茶56265担，占全部出口红砖茶的1/3以上，1916年则增加到2/5以上"[3]，中蒙俄上百年的茶叶贸易不断遭受挤压与排挤，"万里茶道"也逐渐趋于荒芜。

"在'万里茶道'存续的200余年中，遗留下了大量的文物古迹，如茶园、茶炉、商铺、茶叶加工厂、宗教建筑，还有一些商人的住宅。这些文化遗产资源具有其他资源不具有的天然接纳感和认同感，是联系三国民

---

[1] 马丽蓉等：《中国西部周边地区"丝路天然伙伴关系"研究》，社会科学文献出版社，2020年版，第100页。

[2] 马丽蓉等：《中国西部周边地区"丝路天然伙伴关系"研究》，社会科学文献出版社，2020年版，第101页。

[3] 郭蕴深：《中俄茶叶贸易史》，黑龙江教育出版社，1995年版，第198—199页。

众的纽带。"[①] 在长达200余年的跨境茶叶贸易，主要由中国商人尤其是中国晋商所主导，最鼎盛时期有多达120家商行[②]参与其中。这些商行多采取由水路转陆路的方式开展茶叶贸易：先集中收购福建、江西、两湖等地茶叶，借境内水系将茶叶运至河南赊店（今社旗县），再用骡马大车由陆路经蒙古国将茶叶转抵中俄边境重镇恰克图，后由他国商贩继续将茶叶运往亚欧其他国家和地区。在由水路转陆路的跨国茶叶贸易实践中，中国的和合文化也随着南茶北上远播亚欧、影响蒙俄，并在官方与民间两个层面维系了"万里茶道"两个世纪的人文交流与合作，逐渐形成了中蒙俄茶文化共同体，成为中蒙俄三国人民沿着茶道继续开展经贸往来与人文交流的历史依托与情感纽带。1787年，俄罗斯成立了首家茶叶公司"珀洛夫德米"，茶商珀洛夫于1890年在莫斯科米亚斯尼茨卡娅（Myasnitskaya）大街上建造了一家中国风格的茶馆，如今已成为世界上最古老建筑之一。[③] 当时的俄罗斯就有一个特殊的群体从事茶叶买卖，被当地人称为"恰尼基"（Chayniki）或茶农，"汉口伙计"刘峻周等中国茶农于1893年远赴高加索种茶，采用中国制茶方式在当地建茶厂生产红茶，最终培育出能适应当地气候环境的"刘茶"而获得苏联政府授予的"劳动红旗勋章"……这些事例说明，"万里茶道"已深植中蒙俄三国人民的内心深处，并成为"民心相通"的宝贵历史资源。

## 二、"万里茶道"蒙古国段独特的人文资源优势

"万里茶道"是17—20世纪中蒙俄三国之间开展跨境贸易的一条主要商路，也被视为蒙古历史及其国际关系史上的重要议题。蒙古国不仅在俄国与中国之间从事过境贸易，还在亚洲与欧洲之间从事过境贸易，而且已有近300年的历史。就蒙古国而言，"万里茶道"既是蒙古国极为重要的一个大型贸易的基础设施，也是蒙古国极其珍贵的非物质文化遗产之一。

---

① 《王风竹专访：万里茶道今何在 联合申遗谱新篇》，湖北日报网，http：//news. cnhubei. com/content/2020 – 11/20/content_13458216. html。（访问时间：2022年2月24日）

② 韩小雄：《晋商万里茶路探寻》，山西人民出版社，2012年版，第9页。

③ Дашдулам. Ц: "Цайны зам" амилах цаг дор…, Эдийн засгийн мэдээ, 2016, http：//inder. mn/3933.

近年来，中蒙俄三国都出现了关于复兴"万里茶道"来连接亚欧的大讨论。自2013年至今，蒙古国努力探寻"草原之路"与"一带一路"的对接之路，积极参与共建中蒙俄经济走廊，力求"通过项目合作与实施，增加中蒙俄三方贸易量，提升产品竞争力，加强过境运输便利化，发展基础设施等路径，进一步加强中蒙俄三边合作"，为"基础设施互联互通、贸易投资稳步发展、经济政策协作和人文交流奠定坚实基础"[1]。因此，如何盘活"万里茶道"历史资源，已成为中蒙俄经济走廊建设的题中应有之义。

纵观中蒙俄"万里茶道"文旅资源总体分布后发现，"万里茶道"蒙古段的文旅资源具有一定的比较优势。目前，蒙古国确立了"万里茶道"文旅发展计划的三个主要领域：即恐龙遗址、自然景点和宗教寺院。这些大多是"万里茶道"驿站所在地或历史文化遗址，当然也是各国游客流连忘返的景点。如"万里茶道"上的恐龙道是蒙古国境内最重要的文旅资源。安德鲁斯（Andrews）[2]于1922—1925年间领导了第二次中亚远征，在蒙古国南戈壁省发现了世界首个恐龙蛋，蒙古国也因此成为继俄罗斯、美国、加拿大和韩国之后的又一大世界恐龙考古场地。恐龙道之旅可从两个地方开始：其一是从南戈壁省首府达兰扎达嘎德到中西部地区的旅行；其二是从扎门乌德出发，到东戈壁省和南戈壁省东部的恐龙发现处旅行。"万里茶道"的蒙古段还存在许多非物质文化遗产，2011年至今蒙古国的一些旅行社团开始探索开发"万里茶道"旅游产品，邀请专家学者参与"万里茶道"旅游项目可行性研究，包括识别与保护"万里茶道"蒙古段驿站和书写墨宝、确定"万里茶道"遗产和自然景点，以及区分文化遗产和非物质文化遗产等。就游牧文化而言，更像是蒙古国的国家名片与社会生活方式。广阔的草原和戈壁沙漠，从扎门乌德一直延伸至阿尔坦布拉格，游牧文化在草原和山谷沿线的牧民生活中随处显现，这是蒙古旅游业

---

[1] 《建设中蒙俄经济走廊规划纲要（全文）》，人民网，http://world.people.com.cn/n1/2017/0309/c411452-29134333.html。（访问时间：2020年12月8日）

[2] 罗伊·查普曼·安德鲁斯（Roy Chapman Andrews，1884年1月26日—1960年3月11日），美国探险家、博物学家，曾任美国自然历史博物馆馆长。他以20世纪初对中国、蒙古国等地的科考探险而知名，他通过科教得到了许多重要发现，包括首次发现了恐龙蛋化石。

的命脉，也是吸引国内外游客的魅力所在。蒙古国的戈壁文化遗产特别著名，汗博格多县拥有蒙古国最大的骆驼群，每年举办的骆驼节庆祝活动，是国内外游客最喜爱的节庆文旅项目之一。"万里茶道"蒙古国段还有不少闻名遐迩的宗教寺院，其建筑艺术堪称"精品中的精品"，最具代表性的包括德姆乔格寺、哈姆林基德寺、翁金寺等。

从某种意义上讲，"万里茶道"文旅资源的确立和建设，均与旅游线路的发展前景息息相关。随着旅游新品牌新产品新路线的相继推出，蒙古国将本国旅游业有效对接中俄两国旅游业，进而与"万里茶道"的延伸地区和国家联系起来，助力跨境文旅资源的联合开发。从文旅资源方面看，在中蒙俄三国接壤的广阔区域里，既有定居文化，也有游牧文化。就定居文化而言，优秀的传统文化传承至今，并伴有许多有形的文化遗产、古迹和文物等。因此，为扩大文旅项目的吸引力，中蒙俄三国都从历史资源、传统文化和贸易潜力等方面综合考虑打好"万里茶道"牌，以求形成新的互动机制，产生显著协同效应，增加共赢机率。其中，"万里茶道"蒙古国段的文旅资源特色鲜明，尤其是蒙古国西部极具游牧文化特色，在"万里茶道"主要运行线路上的科布多省，畜牧业发达并由此形成的游牧文化特别是骆驼文化别具一格，对游客极具异域文化的吸引力，还能使其充分享受蒙古国西部的自然风光。此外，"万里茶道"线路上各民族的庆典活动对国际游客也很有吸引力，科布多省每年9月中旬都要举行"万里茶道文化日"活动，其主要内容包括展示科布多极具地方特色的传统生活方式和习俗、展示"万里茶道"200年的茶文化发展历程，以及展示蒙古国各民族传统文化习俗等。经研究发现，科布多省的蒙古族人数最多，其生活习俗与文化特色最具游牧文化的代表性，这也是中蒙俄三国在规划"万里茶道"旅游项目时需要重点考量的地方。

自2000年起，中俄两国提出打造"万里茶道"文旅项目的设想，后被蒙古国所接受。在过去的20年间，中蒙俄三国政府合作开展"万里茶道"文旅资源的发掘、保护及利用，蒙古国也采取了一系列积极有效的措施：以区域和国际旅游合作为基础，积极主动开发旅游新产品；以原生态自然环境和独特的游牧文化吸引外国游客，创建和扩大旅游路线；推广直飞旅游点方式，简化签证手续；利用一部分旅游收入，完善各景区的公共事业系统建设，如饮用水工程和垃圾管理等；为游客发放"万里茶道"纪念护照，由游客收藏，留作珍贵的纪念；在新冠肺炎疫情特殊时期提供线上旅游产品，且不少国家的博物馆或展览馆在线上成功开放，并以此种方式吸引了大量线上旅客，增强了潜在游客将来亲身参加旅游的欲望，也让病残弱者可借线上旅游服务来分享"万里茶道"这一宝贵精神财富。此外，蒙古国还出台了多个国家旅游发展计划来助力"万里茶道"文旅资源开发，使"万里茶道"旅游项目的实施落到了实处，也收获了一定的回报，如拓展了中、蒙、俄三国的旅游市场、传播了优秀历史文化知识，以及促进了蒙古传统艺术的传承和发展，进而带动了中、蒙、俄三国的人文交流与合作。

### 三、中蒙俄以"万里茶道"为抓手共建人文共同体

"万里茶道"虽仅有200多年历史，却在亚欧之间架起了一座民心相通的桥梁，穿过张家口、乌尔古和恰克图的贸易路线，将中蒙俄三个国家永久地联系在一起。现在沿着中蒙俄经济走廊已建成了亚洲公路网的AH-3号线，成为三国货物运输的可持续的新线路，也使"万里茶道"在新世纪得以复活。在全球经济一体化不断深入的背景下，中蒙俄三国借助地理优势，联合开发"万里茶道"正逢其时。在中国提出"一带一路"倡议之际，"万里茶道"文旅资源的开发合作也成为沟通三国的新途径，这是中蒙俄共同盘活"万里茶道"历史资源的共同出发点，也是千载难逢的合作新机遇。

其中，以"万里茶道"为抓手，共建中蒙俄人文共同体的动因主要表现在三个方面：在国际政治方面，"万里茶道"项目合作有可能扩至欧亚沿线国家乃至与世界各地的合作，蒙古国的第三邻国政策为扩大合作、吸引外资而创造了良好条件，也为中俄两个邻国扩大合作增强国际地位提供了推力。所以，中蒙俄三国的"万里茶道"项目合作，有助于加强三国间的睦邻友好关系，也有助于扩大国际合作，助力发展新型国际关系。在国际经济方面，"万里茶道"项目合作为中蒙俄三国的自贸区合作提供了互信基础。建立自由贸易区，不仅能为蒙古国带来可观的经济效益，增添新的经济来源，还能吸引国际旅游资本的参与和投资。蒙古国原本是一个矿业国家，其经济基础薄弱，多以采矿业为主，因此需要转变经济结构，建立知识型经济，以实现进出口平衡。蒙同俄罗斯建立阿尔坦布拉格-恰

## 丝路学研究：形成、发展及其转型

克图自由贸易区、同中国建立扎门乌德—二连浩特自由贸易区后，明显加快了蒙古国南北地区的发展，且就蒙古国目前经济发展形势而言，实现其平衡发展值得期待。在人文交流方面，作为"万里茶道"发展计划的一部分，中蒙俄旅游资源的分阶段开发重点是借助旅游业发展来推动人文交流。作为一种全新旅游品牌，"万里茶道"已将中蒙俄三国的文化特点、民间习俗等融入整个旅游过程中，这不仅能吸引三国境内游客，也能吸引世界各地游客。

在过去的200多年里，"万里茶道"一直慷慨而又源源不断地向亚欧沿线国家和地区带去醇香可口的茶叶与和合与共的茶文化。它在经济、政治、文化、民族与宗教等诸多方面，都留下了宝贵的物质财富与精神财富。现在，"万里茶道"又把中蒙俄三国不同的风情民俗与文化遗产展现于世界各国游客的面前。尽管中蒙俄关系发展势头喜人，但民间关系有待进一步加强，所以中蒙俄亟待沿着连接亚欧的贸易线路盘活历史资源、创建"万里茶道"文旅品牌。为此，三国确立了"万里茶道"文旅路线合作开发路线图，自2014年起中蒙俄合力打造"万里茶道"旅游品牌进入了快车道，它既是积极融入中国"一带一路"共建倡议、蒙古国"发展之路"战略、俄罗斯"欧亚大通道"建设的重要举措，也是弘扬传统文化、打响旅游特色品牌的有效途径。[①]

"万里茶道"旅游项目最先由中俄两国决定开发，2014年蒙古国加入进来。在中方倡议下，中蒙俄三国于2015年举办了"万里茶道"文化和旅游会议，此后每年由三国轮流举办。根据需要，中蒙俄三国联合组建了"万里茶道"旅游协会，并于2016年7月签署了谅解备忘录，创建了"万里茶道"旅游品牌。其中，就"万里茶道"旅游和开辟新线路等细节问题，中俄两国旅游部门官员已展开多次讨论，蒙古国虽未参与，但"万里茶道"文旅活动实际上已包括其很大一部分旅游资源，将"万里茶道"转化为文旅资源并打造成品牌项目，蒙古国无疑是此项合作的重要受益者。几经努力后，中蒙俄三国已积累了极为丰富的合作经验，并不断丰富内涵、拓展形式：如按景点建立新的旅游路线；重建历史名胜；建立旅游营

---

① 段志风：《中蒙俄三国紧密合作共同推进万里茶道旅游发展》，《当代旅游》，2017年第13期，第91—92页。

地,介绍蒙古国特色生活方式;在蒙古包旅馆中展示蒙古国特色的"万里茶道"文化传统;组织短途骆驼之旅等。因此,保护历史遗迹已成为中蒙俄"万里茶道"文旅开发合作的重要组成部分。

中蒙俄三国在"万里茶道"文旅资源开发合作中,也逐渐增强了保护与传承茶文化遗产的共识,进而成为联合申遗的新动力并付诸实施:中俄两国于2012年开启了"万里茶道"学术研究与申遗工作,并在中国赤壁召开"万里茶路文化遗产保护研讨会",标志着"万里茶道"文化遗产保护省际合作的正式启动[①];蒙古国于2013年加入"重走茶叶之路联盟",就此拉开了中蒙俄三国联合开发"万里茶道"序幕;2013年9月,在中国河南召开的"中国万里茶路文化遗产保护研讨会"上发布了《赊店共识》,并在文化线路的新理念中首次提出"将万里茶路这一文化线路列入申报世界文化遗产预备名录"[②]的倡议;中蒙俄于2013年正式发布《"万里茶道"共同申遗倡议书》,并全面启动了申遗工作。此后,"万里茶道"论坛和市长峰会等机制先后建成并每年举办,均由中国主导、俄蒙协助,已成为三国研讨申遗、经贸、旅游等议题的重要对话平台。借助"万里茶道"的凝聚之力,中蒙俄不仅实现了一些地区合作项目的成功对接,还建立了许多长效沟通机制,如"中蒙俄三国五地旅游联席会议机制"与"中蒙俄三国旅游部长会议"等。2019年3月,"万里茶道"申遗工作取得突破性进展,中国国家文物局将"万里茶道"列入中国世界文化遗产预备名单,表明"万里茶道"项目的国内申遗工作已准备就绪,国际联合申遗工作成为"万里茶道"成功申遗的关键。目前,中蒙俄联合申遗协调机制已开启并在有序运作当中。[③]

在"万里茶道"申遗工作的带动下,共建中蒙俄人文共同体也在丰富内涵与创新形式中不断走深走实,如在2014年第三届中蒙俄"万里茶道"

---

① 《万里茶路文化遗产保护研讨会在赤壁召开》,中国社会科学网,http://www.cssn.cn/st/st_whdgy/201310/t20131026_583198.shtml。(访问时间:2021年8月2日)

② 唐红丽、曲连文:《"中国万里茶路文化遗产保护研讨会"召开》,中国社会科学网,http://www.cssn.cn/gd/gd_rwhz/xslt/201311/t20131103_824062.shtml?collcc=1768142377&。(访问时间:2021年8月2日)

③ 马丽蓉、蒋蓝辉:《"一带一路"背景下中国与俄罗斯人文交流合作案例研究》,《新丝路学刊》,总第9期,第47页。

市长会议上，开通了"万里茶道"产业联盟商务平台，并成立"万里茶道"文化研究院。又如，在2017年第五届中蒙俄"万里茶道"市长会议上，形成了"文化旅游业"是复兴"万里茶道"主要突破口的这一新共识，并在"万里茶道"旅游联盟内达成协议，培养三国旅游领域专业人才。再如，在2019年"万里茶道"国际旅游联盟工作会议上，将"万里茶道"精品旅游线路开发、青少年交流互访、自驾旅游和旅游专列产品开发、共同编制《"万里茶道"旅游经典案例》及推动建设"万里茶道"旅游网站等列入重点工作[1]，旨在通过青少年交流、自驾旅游及旅游专列开发等项目切实助力"民心相通"。此外，2014年中俄"万里茶道"市长高端论坛发布的《中俄万里茶道申请世界文化遗产武汉共识》，由来自中俄"万里茶道"沿线的17位市长和城市代表共同签署，标志着"万里茶道"沿线城市从此成为中蒙俄共建人文共同体的重要行为体，反映了地方政府对"万里茶道"项目的参与热情。[2]

但是，中蒙俄以"万里茶道"为抓手共建人文共同体，也面临诸多挑战，就蒙古国而言，还需从以下三方面予以努力：

第一，应加强对"万里茶道"的基础研究。蒙古国的专家学者已经在做这方面的工作，但最好能在创新中不断深化研究，同时与中俄学者开展常态化学术交流。对此，中蒙俄三方应尽快共建一个"万里茶道"在线平台。通过这一平台，企业家可及时捕捉"万里茶道"经贸合作商机、研究人员可快速分享"万里茶道"基础研究最新成果，以及游客可准确了解"万里茶道"的适时旅游信息等。最为重要的是，要利用好"万里茶道"在线平台，加强三国沟通，及时消除可能出现的误解，助力三国顺畅交流与合作。

第二，应立足三国关系发展现状开展务实性合作。除采矿业外，蒙古国首先应重点加快发展旅游基础设施，特别是要加快连接中蒙俄三国关口的基础设施建设，同时更要解决好三国间的合作问题，在此基础上，加快

---

[1] 张玮：《中俄蒙加强文旅合作打造"万里茶道"旅游项目》，中新网，http://www.chinanews.com/cj/2019/04 - 08/8802823. shtml。（访问时间：2022年2月24日）

[2] 王菲菲：《中蒙俄致力复兴"万里茶道"推进"一带一路"建设》，人民网，http://world.people.com.cn/n1/2017/0518/c1002 - 29284601. html。（访问时间：2022年2月24日）

推进重点项目建设，进一步提高蒙古国的旅行质量，尤其要加强"万里茶道"文旅资源开发中的硬件建设，着力打造铁路和航空运输的软硬件环境，以吸引国内外游客，同时降低"万里茶道"文旅品牌建设中的交通成本等，在务实性合作中密切三国关系。

第三，应建立一个开放的蒙古国旅游数据库与相关旅行提示信息平台，以扩大其国际旅游资源的对外宣传，包括增加参加国际旅游展的蒙古旅行社数量、普及线上签证签发业务以增加免签证旅行国家数量、为55岁以上的亚洲游客定制长期旅行计划，以及根据不同季节实施不同税收政策或优惠政策等，助力"万里茶道"文旅建设。

对中蒙俄三国而言，"'万里茶道'项目是一个以古代商业路线为基础，以'文化路线'为理念，以成功申遗为目标，通过开发旅游、历史、商业等资源，实现地区合作的人文交流项目。"[①]尽管"万里茶道"上的驼铃声已经消失，但是伴随着新时代的脉动，这条历史沉积、内涵丰富、魅力十足的文化线路再度焕发出勃勃生机。沿线众多的文化遗产，是中蒙俄人民上百年交流共同遗留的宝贵财富，为三国的文化自信提供了坚实的支撑。[②]随着中蒙俄"万里茶道"申遗工作的有序推进，"万里茶道"这份宝贵的文化遗产在新时代不断弘扬光大。对蒙古国而言，它曾受惠于"万里茶道"的过境贸易，并在茶文化共同体的形成中发挥了中介作用。在中蒙俄以"万里茶道"为抓手的人文共同体共建中，蒙古国也必将扮演不可或缺的重要角色。

总之，以"万里茶道"为抓手，共建中蒙俄人文共同体，不仅能为"万里茶道"的文旅资源开发提供良好的软环境，也能为中蒙俄经济走廊建设注入新动力，真正使中蒙俄"万里茶道"建设与中蒙俄经济走廊建设形成联动效应、迸发软硬共济实效，为"一带一路"与欧亚经济联盟、"草原之路"倡议的对接营造良好的社会民意基础，也为中国与丝路沿线国家和地区"一带一路"人文共同体构建提供有益借鉴。

---

① 马丽蓉、蒋蓝辉：《"一带一路"背景下中国与俄罗斯人文交流合作案例研究》，《新丝路学刊》，总第9期，第47页。
② 《王风竹专访：万里茶道今何在 联合申遗谱新篇》，湖北日报网，http://news.cnhubei.com/content/2020-11/20/content_13458216.html。（访问时间：2022年2月24日）

# 第三章

# 丝路共有认知区间与全球丝路学的形成

本章主要通过研究丝绸之路与中华文明间互构关系、中外共研丝路所致统一"认知区间",以及丝路学百年聚焦核心议题的研究范式等,从"丝绸之路"切入来探究丝路文明相处之道、丝路认知区间塑就、丝路问题本质意涵等,旨在探明丝路学形成的立学背景、认知区间及核心议题,力求揭示丝路学是聚焦"中国与世界古今丝路关系"的百年显学这一基本学科征貌。

## 第一节 丝绸之路与中华文明互构性研究

就某种意义而言,丝绸之路才是我们解开中华文明为何成为世界唯一未断层的最古老文明奥秘的关键所在。按照汤因比"在诸文明的起源问题上,挑战与应战间的互动是超出其他因素的决定性因素"[1]的文明起源说,作为世界上最古老的持续时间最长的文明,中华文明的直接源头为黄河文明、长江文明和北方草原文明等。产生中华文明的重要因素非黄河和长江莫属。在黄河流域产生的农业文明,受到不同历史时期自然地理因素的影响,不断向长江流域农业文明过渡、发展。长江流域农业文明是黄河流域农业文明的继承和发展。在数千年的古代历史上,中华民族以不屈不挠的顽强意志和勇于探索的聪明才智,创造了同期世界历史上极其灿烂的物质文明与精神文明。万里长城、大运河、明清故宫以及多姿多彩的各种出土文物,无不反映出工匠大胆、高超的生产技术;同时在思想文化、科学技术领域产生了无数杰出的人物,创造出无比博大、深厚的业绩;包括指南针、造纸术、火药和印刷术这"四大发明"在内的无数科技成就,更使全人类获益,并印证了人类文明生长的某些规律:1. 挑战与应战互动频次与

---

[1] [英]阿诺德·汤因比:《历史研究》,郭小凌等译,上海世纪出版集团,2005年版,第82—83页。

第三章 丝路共有认知区间与全球丝路学的形成

文明生长期成正比。"如果文明不断生长,仅有一次从动荡到平衡的有限运动是不够的。要把这种运动转变成周而复始的节律,必须有一种'生命冲动',以便将挑战的对象再度从平衡状态推入动荡之中,再次面对新的挑战,再度刺激它以一种新的平衡状态结束动荡继而作出新的应战,如此交替,不断前进以至无穷。"① 2. 文明生长具有内外显现性。"文明似乎就是这样,通过'生命冲动'不断生长,生命冲动推动挑战通过应战到达另一个挑战。这种生长表现在内外两个方面:宏观上,生长本身呈现出一个逐步控制外部环境的进步过程;微观上则是一个逐步自决和自我表达的进步过程。"② 3. 文明生长受制于其自决能力。"就成长和持续生长而论,它面对的是越来越少的来自外部力量的挑战和对于外部战场的强制性应战,不得不面对的是越来越多的来自内部的自身挑战。生长意味着成长中的人格或文明趋向于成为自己的环境,自己的挑战者,自己的行为场所。"③ 4. 文明生长需要适宜的外部环境。"我们可以把外部环境细分为与之密切相关的其他人组成的人为环境和非人类物质构成的自然环境。在正常情况下,对人为环境的逐渐征服表现为社会在地理上的不断扩张,对自然环境的征服表现为技术上的进步。"④ 换言之,"文明成长的动力来源于挑战激起成功的应战,应战又反过来引发新的挑战"。⑤ 中华文明的生长是在连续不断的"挑战—应战"中获得发展的动力,外部环境的征服与内部自决的强化相随相伴于初期的生长阶段,并在中外文明的丝路交往中成长。

事实上,文明碰撞主要包括同时代空间上的横向接触与不同时代时间上的纵向接触。就同一种文明而言,一般很难兼顾两者,要么与同时代的其他文明实现横向交往,要么与不同时代的流产文明实现纵向传承。但

---

① [英]阿诺德·汤因比:《历史研究》,郭小凌等译,上海世纪出版集团,2005年版,第187页。
② [英]阿诺德·汤因比:《历史研究》,郭小凌等译,上海世纪出版集团,2005年版,第188页。
③ [英]阿诺德·汤因比:《历史研究》,郭小凌等译,上海世纪出版集团,2005年版,第207页。
④ [英]阿诺德·汤因比:《历史研究》,郭小凌等译,上海世纪出版集团,2005年版,第189页。
⑤ [英]阿诺德·汤因比:《历史研究》,郭小凌等译,上海世纪出版集团,2005年版,第861页。

## 丝路学研究：形成、发展及其转型

"丝绸之路"使中华文明实现了时空双维上的文明接触：就时间而言，在两千多年的中外文明丝路交往史上，实现了中华文明与不同时代文明在物质、制度、精神、心理等不同层面的交往，并将伊斯兰教、佛教等外来宗教成功中国化，使得中国伊斯兰文化、中国佛教文化已成为中华文明的有机组成部分，也使得中华文明显现出成长文明所特有的"多样性和分化趋势"[①]；就空间而言，中外文明的丝路交往始于汉、兴于唐宋、盛于元明、衰于清、复兴于当代，呈现中外丝路交往的兴衰与中华文明的兴衰同频共振的特性，两条丝路在中华文明成长中所提供的空间支撑作用至关重要，彰显丝路交往所具有的和平性、互惠性与包容性的特质。

丝绸之路不仅促成了中外文明时空双维接触，还因张骞出使西域、郑和七下西洋而将中华文明成功纳入世界文明交往体系内，在征服高山、大海中实现了中华民族走向世界、融入全球的梦想，中华文明也在丝路文明交往中取长补短、不断成长。

公元前138—前126年，张骞首次出使西域，虽未完成"联合大月氏夹击匈奴"的军事使命，但却带回较为详尽的西域信息，并成为《汉书·西域传》的资料来源。公元前119年，张骞为完成"联络乌孙等国打匈奴"的军事使命再次出使西域，并"在乌孙又派副使分赴西域诸国及安息、身毒、康居、大宛等加以联络。公元前115年，张骞回国不久卒，他所派出的副使在张骞去世不久，也都先后完成使命，与各国使节一同回到长安"[②]。张骞两次出使西域，开辟了丝绸之路，被司马迁誉为"凿空"之举，其意义非凡："首先，开阔了古代中国人的视野，丰富了人们的地理知识。张骞以亲身经历和实践，发现和考察了被匈奴中断和阻塞的丝绸之路，详细记载了丝绸之路的具体路线和行经地点，以及详细报告了中亚各国山川、地形、风土人情、物产等自然和社会情况，这无疑是给当时的中国人开辟了一片知识的新天地。其次，它沟通了中国与中亚地区以及印度等国的直接联系，结束了中国靠传闻猜想外部世界的历史，从此才真正了解和掌握了沿丝绸之路各民族和国家的真实情况，进一步激发了与外部世

---

① [英] 阿诺德·汤因比：《历史研究》，郭小凌等译，上海世纪出版集团，2005年版，第872页。

② 白庆红：《张骞出使西域及"凿空"的内涵与意义》，《滨州师专学报》，1998年第3期。

界交往的热情。最后，促进了中西经济文化的交流和发展，使得汉族和西北边疆各族以及中国与亚、欧人民的友好交往进入一个崭新阶段。张骞之后前往西域的汉朝使者，为了取得西域人民的信任，仍然都打着张骞的旗号，皆称'博望侯'（张骞的封爵）"。① 张骞在20余年里两次出使西域，行程万余里，历尽千辛万苦，成就了"凿空"伟业，并将中华文明带向世界，这就是开启陆上丝绸之路的意义所在。

铸就海上丝绸之路辉煌的当数郑和"七下西洋"壮举。研究发现，郑和在第四、第五、第七次下西洋中三访忽鲁谟斯（今霍尔木兹海峡），且从那里派遣分队赴红海和东非。② "明初年对外联系极其频繁，中西交通大开，与郑和自海路七下西洋交相辉映的，是傅安、陈诚等从陆路出使西域。海陆并举，堪称中西交通史上的盛事。郑和首次下西洋时，傅安还没有回来，因此，当时的陆上丝绸之路是不通的，所以下西洋的目的也就是从海路通西域。至永乐十一年（1413年），郑和第四次统领舟师下西洋，前往忽鲁谟斯等国。在郑和遗留的两通重要碑刻《娄东刘家港天妃宫石刻通番事迹碑》和长乐《天妃灵应之记碑》中，也都是将忽鲁谟斯置于西域的。"③ 但是，在郑和第七次下西洋后，忽鲁谟斯却被置于"西洋"之内了。忽鲁谟斯既是东、西方贸易集散地，还是陆、海交汇之地。明朝人对"忽鲁谟斯"历经"西域"至"西洋"的认知演变，折射出"郑和从海路前往忽鲁谟斯，正是给古代丝绸之路划了一个圆。丝绸之路从陆到海，至此得以全面贯通"这一事实，表明"丝绸之路，是中西交往的通道，是流动的文明之路。从张骞凿空西域，到郑和下西洋，其间经历了1500多年，中国人向西的寻求始终没有中断过，史无前例的大规模走向海洋，促成了享誉世界的古代丝绸之路的陆海全面贯通，下西洋为沟通亚非文明的联系和进一步交融，做出了卓越贡献。"④ 不仅如此，郑和"七下西洋"壮举，

---

① 白庆红：《张骞出使西域及"凿空"的内涵与意义》，《滨州师专学报》，1998年第3期。

② 关于忽鲁谟斯，可参考最新的研究成果：[德] 廉亚明、葡萄鬼著、姚继德译《元明文献中的忽鲁谟斯》，宁夏人民出版社，2007年版。

③ 万明：《郑和下西洋：异文化、人群与文明交融》，《中外关系史论丛（第19辑）：多元宗教文化视野下的中外关系史》，甘肃人民出版社，2012年版。

④ 万明：《郑和下西洋：异文化、人群与文明交融》，《中外关系史论丛（第19辑）：多元宗教文化视野下的中外关系史》，甘肃人民出版社，2012年版。

还使得"西洋"一词的衍变与中国人的世界观变迁息息相关:狭义的"西洋""包括郑和下西洋所到的今天印度洋至波斯湾、北非红海一带";广义的"西洋""是一个象征整合意义的西洋,有了引申海外诸国、外国之义。"亦即"从东西洋并列到西洋凸显,至囊括了东洋,进而成为海外国家的通称。语词的衍变,即内涵增值过程,反映了人们观念的变化,一个新的'西洋'概念就此形成了","显示出郑和下西洋极为深远的影响力当非虚言",明代"西洋"的凸显,"就是海洋的凸显,是大陆文明到海洋文明转换的标识;因此,下西洋不仅是对传统的一次历史性总结,同时也标志了一个新世纪——海洋世纪的开端,在文明史上具有里程碑的重要意义"。①

从张骞"凿空"伟业到郑和"七下西洋"壮举,均"说明了交往的至关重要性。没有一种文明可以毫不流动地存续下来:所有文明都通过贸易和外来者的激励作用得到了丰富"②。亦即,"文明交往就是某一地缘文化对环境的社会生态的适应性交往",也"就是通过开放性和互动性的动态平衡,不断调整和更新文化来适应变化了的环境,以创造和传承民族文明。"③历史上有两条横贯欧亚非大陆的商贸大通道,将古老的中国文化、印度文化、波斯文化、阿拉伯文化和古希腊、古罗马文化连接起来,促进了东西文明的交往,包括开展商品贸易、共享技术发明、包容多元宗教、传播文明理念、营销国家形象与提供公共产品等,中华文明在丝路交往中因求同存异的包容性与善于化解异质文明间矛盾的弹性结构而成为举世罕见的"连续型文明"④,尤其是由汉至唐,丝路大体通达、多繁荣,罗马帝国正值拜占庭时代,其首都君士坦丁堡与大唐帝国之都长安,既是东西两大文明的中心,又是丝路终点和起点,使东西方文明交往达到历史高峰。但是,"安史之乱"却使东西文明交往受阻于陆上丝路而转向海上丝路,其原因主要包括:1."安史之乱"是一场政治叛乱,也是唐朝由盛而衰的

---

① 万明:《释"西洋"——郑和下西洋深远影响的探析》,《南洋问题研究》,2004年第4期。

② [法]费尔南·布罗代尔:《文明史纲》,肖昶等译,广西师范大学出版社,2003年版,第30页。

③ 彭树智:《文明交往论》,陕西人民出版社,2002年版,第23页。

④ 彭树智:《文明交往论》,陕西人民出版社,2002年版,第14—15页。

## 第三章 丝路共有认知区间与全球丝路学的形成

转折点。唐王朝因调兵平叛，将陇右、河西、朔方一带重兵调遣内地，故失去对周边地区有力控制，吐蕃乘机尽得陇右、河西走廊，安西四镇随之丧失。回鹘南下控制阿尔泰山一带，大食也加强了中亚河中地区的攻势，随之出现这三种力量间的争夺与混战，造成唐王朝边疆不稳甚至西域独立，导致陆上丝绸之路"道路梗绝，往来不通"。2."安史之乱"对北方生产造成极大破坏，丝绸、瓷器产量不断下降，北民南迁，带去大量劳动力与先进生产技术，促进江南经济发展，南方经济日益超过北方，使中国经济重心进一步南移，相对稳定的南方对外贸易明显增加，带动海上丝路的繁荣。3. 作为陆上丝路核心区的西域，不仅是多民族、多宗教交汇处，还是传统与非传统安全挑战最严峻地带，历代王朝经营西域的原因在于，控制了西域既可张扬国威、保证丝路贸易的繁荣，还可牵制和削弱北方游牧民族的势力，进而保障河西、陇右的安全，防止南、北两个方向游牧民族势力的汇合。4."安史之乱"是唐代社会的一场浩劫，在摧残唐朝政治、经济、文化的同时，也彻底破坏了唐朝的国家形象，且对唐代的对外交往产生了消极影响。5. 由于中世纪的欧洲人掌握了航海知识、中国人开始将指南针技术运用于航海实践，促成海路交通的兴起，开展运载量大、安全便捷、成本低廉的海路贸易更成为海上丝路逐渐取代荒芜的陆上丝路的主要动力。"利益是文明交往的驱动因素"，且"经济利益是根本的利益"[1]，海外贸易又带动了中外文明交往在海上丝路的兴起，并使中华文明进入快速成长期。因为，"跨海迁徙有个简单的共同点：在海上迁徙时，移民的社会用具必须打包上船才能带离家乡，到了旅途终点还得取出行囊。各种用具——人、财物、技术、制度或思想——都势必服从这一法则。所有无法海运的东西都必须留下来，而许多东西——不只是物质的——只要被带走，就必须被拆散，而且可能再也无法组装成原来的样子⋯⋯在民族迁徙中，这种从静止到疾风暴雨式剧变的陡然转化对任何社会都将产生巨大影响，这种影响对航海者显然比对陆上迁徙者更为剧烈，因为后者可以随身携带的许多社会用具在航海时必须丢下。"[2] 尽管跨越海

---

[1] 彭树智：《文明交往论》，陕西人民出版社，2002年版，第27页。
[2] ［英］阿诺德·汤因比：《历史研究》，郭小凌等译，上海世纪出版集团，2005年版，第107页。

丝路学研究：形成、发展及其转型

洋是一种可怕的挑战，但郑和团队大胆而成功地一次又一次征服了海洋的挑战，给丝路沿途国家和地区带去了商品、技术、制度与思想，同时也带回了有关外界的奇闻异事、奇珍异兽，以及陈规陋习的抛弃等，尤其是"越海迁徙的一个独特现象是不同种族的大融合，因为社会组织中首先要抛弃的便是原始的血缘群体"。① 因此，相比较而言，海上丝路对中华文明成长所发挥的作用大于陆上丝路的作用，这从为文明交往提供交通支撑的时间长度与应对内外环境挑战的强度上得以印证。

研究丝路文明交往史后发现，中外文明交往凸显如下基本规律：

1. 国家繁荣→丝路通畅→文明交往频繁→中华文明昌盛，反之亦然，凸显出"国强、路畅、交往密、文明盛"的这一特有的中华文明成长规律，陆海丝路的相继衰芜，中亚文明、波斯文明及阿拉伯文明等遭遇了欧洲文明的冲击，不仅使中外文明交往丧失了有力的交通支撑，还折射出人类文明在近代交替与震荡的历史事实。

2. 两条丝路上的中外文明交往已积累了宝贵的"中国经验"：和平性、互惠性、包容性为主的交往特征、官民并举的交往态势、丝绸之路为主的交往途径、郑和等伟大先驱者所践行的和平外交思想，以及中华文明在丝路交往中成长，并借绵延不断的丝路支撑而成为唯一没有断层的最古老文明。这些宝贵经验，不仅对中国和平外交实践与理论建设具有切实指导意义，还对全球化时代多元文明并存具有一定借鉴价值，更为"一带一路"建设提供了历史逻辑与现实基础。

3. 丝绸之路之所以会成为世界最兴旺繁荣的贸易之路，则是因为中国是当时世界的制造中心与发明中心，由丝路远销世界的不仅有中国的丝绸、茶叶、瓷器等日常生活用品，还有指南针、火药等四大发明及其技术等。后因战乱动荡与闭关锁国的政策，还因西方近代技术工业的兴起，尤其随着西方近代技术工人相继生产出替代品、衍生品甚至新产品后，中国在古代世界产品供应、技术输出的权威地位被取代，导致丝路相继衰芜，凸显出中华文明通过向世界提供商品、技术、制度及思想等方式参与丝路文明交往的一种成长模式，丝路见证了中华文明的兴衰，中华文明也将复

---

① [英] 阿诺德·汤因比：《历史研究》，郭小凌等译，上海世纪出版集团，2005年版，第108页。

兴于丝路，丝路命运与中华文明命运互为因果，丝绸之路与中华文明的互构性由此得以彰显。

总之，"丝绸之路在更深的层次上提出的是一个中华文明如何起源、从何而来的大问题。中外学者对中华文明的起源，从它的发端、演进到成熟的全过程进行了规模空前的田野考古，对现今尚在的遗址、遗存的文物给予了充分的保存、修复和研究，终于弄清了以中国为主体的东亚文明是一个至少在一两万年前甚至一二百万年前，就已独立形成的生态环境……以丝绸贸易为主要媒介的丝绸之路所反映的不仅仅是东西方的经济交流，更重要的是东西方文明之间的联系与交流，这种关系才是丝绸之路的文化价值所在，也是一个在世界范围内文明传播的重大命题"。[1] 也正因为如此，西方最早也是从丝绸之路上追溯盛产丝绸的"赛里斯"国而开启了漫长的认知中国的探索历程，也因丝绸之路沿线形成了汉文化圈、西域文化圈、地中海文化圈等，使得丝绸之路成为多元文明共存的场域、人类文明交往的舞台、中华文明兴衰的根基，故形成国际社会从丝绸之路视角来认知中国的思维定势，并从"丝绸之路"元概念研究起步，逐渐衍化而成了丝路学。

## 第二节 中外共研丝路所致统一"认知区间"剖析

一般而言，"丝绸之路"有广义与狭义的两种解读：狭义是指"途径中亚通往南亚、西亚及欧洲、北非的中国古代陆路贸易通道，因极具特色的中国蚕丝及其丝织品大量经由此道西运"而得名；广义包括陆丝与海丝，且因"每条道路都有多条分支，路径交错相通，构成了古代中国与西方沟通的交通系统"。亦即，"丝绸之路"是指"从中国古代开始陆续形成，连接和贯通欧亚大陆，包括北非、东非的全球性商业贸易与文明交往线路的总称"[2]，具有以下几个核心要义：1. 丝绸之路始于中国但没有终点；2. 中华文明的盛衰与丝绸之路的兴废具有互构性；3. 中华民族曾因

---

[1] 沈福伟：《丝绸之路与丝路学研究》，《光明日报》，2009年12月30日，第12版。

[2] 庞闻：《图解丝绸之路经济带》，西安地图出版社，2017年版，第10页。

丝路学研究：形成、发展及其转型

引领并贡献于丝路全球化而闻名世界；4. 丝绸之路是"中国与世界古今关系"的见证者；5. 丝绸之路是中国贡献给世界最成功的公共产品；6. 丝路学是关于"中国与世界古今丝路关系"的百年显学。亦即，从地理、文明、民族、国际关系、公共产品、学科创建等不同维度解读"丝绸之路"后发现：在被命名为"丝绸之路"的"通道是整个世界的中枢神经系统，将各民族各地区联系在一起，但它隐藏在皮肤之下，肉眼不可见"，"了解这些联系有助于我们理解世界是怎样运作的。"因为，"人们在从事贸易沟通、思想沟通，在互相学习、互相借鉴；在哲学、科学、语言和宗教方面，人们从交流中得到启发，得到拓展。"① 换言之，在中外文明交往中，我们既要接受文化差异性的现实，也要建立对话意识，在对话中建立"互惠性理解"。这是一个创造、修改和转变"共享文化"的过程，传播中的多元主体一起分享经验，进而分享意义，由此形成主体间相互理解的信息平台，在对话与合作中达到"互惠性理解"②，使个人与他人分享"共同价值"，丝绸之路这一国际公共产品就在互惠、包容、合作上赢得了世界的认可与分享。正如美国传播学家欧内斯特·鲍曼的符号聚合理论所强调的，"将抽象的人类意识、交流与传播都客观化为'符号现实'，由语言、文字、图像、取向、视野、世界观、意识形态等符号组成。符号现实在人类意识中聚合成分层式符号化的'意识图景'，最浅层的是无数文字、词汇、图像等基本元素，然后由这些元素聚合成观点、意识、世界观、价值取向等，再深一层又聚合成某种意识形态、话语体系；最后聚合成最核心的文明价值。"③ 中外丝路学家从"丝绸之路"切入展开研究后发现，这一概念已经在跨越时空的传播中被符号化，已由文明交往线路结网而成文化场域，并"携带意义"后产生了"文化信码"的功效，使得符号化的"丝绸之路"引发"同一文化中的成员必须共享各种系列的概念、形象和

---

① [英]彼得·弗兰科潘：《丝绸之路：一部全新的世界史》，邵旭东，孙芳译，浙江大学出版社，2016年版，前言。
② 单波：《跨文化传播的基本理论命题》，《华中师范大学学报（人文社会科学版）》，2011年第1期。
③ 吴玫等：《美国衰落符号的背后》，《公共外交季刊》，2014年秋季号第6期，第58页。

## 第三章 丝路共有认知区间与全球丝路学的形成

观念","使他们能以大致相似的方法去思考、感受世界,从而解释世界",① 借由"丝绸之路"概念便凿开了一条中外统一的"丝路学认知区间",助力推动丝路学百年学科建设进程:

1. 发轫期(19世纪中后期)。秦汉时期,中国的丝绸就经起步于中国的亚欧商路运抵世界,当时欧洲人将丝绸称为"赛尔(即丝)"、中国被称为"赛里斯",即"丝绸之国";汉朝时期尤其是张骞"凿空"西域后,西方文献中出现"丝绸"一词的频率大大增加,古希腊地理学家马里纳斯则记录了一条由幼发拉底河向东通往"赛里斯国"的商路,生活于1—2世纪的古希腊地理学家托勒密还把这条商道记入其《地理志》中;明代来华传教的利玛窦也曾写道:"我也毫不怀疑,这就是被称为丝绸之国的国度";19世纪,英国《马可·波罗游记》研究专家亨利·玉尔在《中国和通往中国之路——中世纪关于中国的记载汇编》一书中指出:"'丝绸之路'一名呼之欲出……在这些前辈认知基础上,李希霍芬对这个词的使用还比较谨慎"。1877年,德国地理学家李希霍芬在《中国》一书中,把"从公元前114年到公元127年间中国与河中地区(指中亚的阿姆河与锡尔河之间的地带)以及中国与印度之间,以丝绸贸易为媒介的这条西域交通路线"命名为"丝绸之路"。此后,"丝绸之路"这一概念逐渐引起西方学界的关注,李希霍芬也因此成为"丝绸之路"的概念之父,再加上斯文·赫定、斯坦因、伯希和等人对丝路腹地西域的探险与研究,又引发西方在以后半个世纪中对中国文物的劫掠,数以万计的堪称国宝的珍贵文物从此流失海外,但也引起西方学界从历史学、民族学、考古学、宗教学等多学科开始考察和研究丝绸之路上的相关遗迹,"并从中国黄河流域和长江流域的文明中心向西延展到了地中海东部利凡特海岸一些具有古老文明的城市。"② 于是,在"欧洲中心论"阐释框架下形成了欧洲学派,开始了丝路学的起步阶段。

2. 确立期(19世纪末—20世纪初)。德国历史学家赫尔曼在1910年出版的《中国和叙利亚之间的古代丝绸之路》一书中又进一步提出:中国

---

① [英]斯图尔特·霍尔:《表征:文化表象与意指实践》,徐亮等译,商务印书馆,2003年版,第4页。

② 沈福伟:《丝绸之路与丝路学研究》,《光明日报》,2009年12月30日,第12版。

丝路学研究：形成、发展及其转型

古代经由中亚通往南亚、西亚以及欧洲、北非的陆上贸易交往的通道，因为大量的中国丝织品经由此路西传，故称之为"丝绸之路"，至此完成了对"丝绸之路"的学术认证。李希霍芬与赫尔曼等人对"丝绸之路"这一概念的不断认知，也得到了以法兰西学院院士格鲁塞为代表的东方学家的支持，在其于1948年出版的《从希腊到中国》一书中描述和赞扬了丝绸之路在中西文化交流方面的贡献，尤其是比较详细地阐述了罗马与印度之间的经济、文化交流。[1] 受格鲁塞等人的影响，越来越多的欧洲东方学家将研究的目光投向了丝绸之路，其中就包括远赴西域探险与研究的斯文·赫定、斯坦因、伯希和等丝路学研究的代表，并产生了一批成果，如斯文·赫定的《我的探险生涯》（1925）、《丝绸之路》（1936）及《亚洲腹地探险八年》（1944）等，斯坦因的《古代和田》（1907）、《塞林底亚》（1921）、《亚洲腹地》（1928）等，伯希和的《摩尼教流行中国考》（与沙畹合著，1931）、《郑和下西洋》（1933）、《伯希和敦煌石窟笔记》（1993）等，标志着丝路学进入确立阶段。

3. 发展期（20—21世纪）。除西方学者立足于斯坦因等人盗取敦煌文献资料的研究而陆续出版了一批学术成果外，1927—1935年间的中国—瑞典联合科学考察活动则成为丝路学发展的标志性事件：这是一次在内蒙古和新疆的国际性、跨学科的科考，其中包括6个国家的37位科学家，考古发掘的物品被送到瑞典评估。按照签订的合约，三年后必须送还中国。主要收获有：中国学者袁复礼、瑞典学者F. 贝格曼在内蒙古沿途327个地点采集的细石器，在新疆乌鲁木齐柴窝堡、吐鲁番辛格尔、哈密庙儿沟等地采集的新石器时代遗物；贝格曼在额济纳河流域调查居延烽燧遗址，采集约1万支汉代简牍；黄文弼在罗布淖尔、吐鲁番和塔里木盆地，进行考古调查和部分试掘。实地考察持续至1933年后分头撰写考察报告。从1937年起，以《斯文·赫定博士领导的中国—瑞典考察团在中国西北各省科学考察的报告》为总标题，在斯德哥尔摩陆续出版，现已达50种。黄文弼负责部分撰写为《罗布淖尔考古记》《吐鲁番考古记》《塔里木盆地考古记》在中国出版。此外，在与斯文·赫定相处的日子里，黄文弼等中国学

---

[1] R. 格鲁塞：《从希腊到中国》，常书鸿译，杭州：浙江人民美术出版社，1985年版，第31—33页。

者既热情地予以合作,也严肃地反对其损害中国主权的言行,中国丝路学在战乱相伴的中瑞科考活动中诞生,表明丝路学进入发展阶段。

4. 转型期(2013年—)。自2013年中国倡导建设"一带一路"以来,国内的学术论著与智库报告大量涌现并呈"井喷"态势,国外"截至2016年底,内容涉及'一带一路'的图书超过1000种,涵盖历史、政治、法律、经济、文化、文学、艺术等多个学科类别。有关'一带一路'与相关国家的报道超过1000万篇。全球各大智库超过3000份研究报告与书籍聚焦'一带一路',有的则翻译成中文,像牛津大学高级研究员弗兰科潘的《丝绸之路》、美国学者康纳的《超级版图》等都成为了全球畅销书"。[①] 因此,丝路学研究热在国内外持续升温,丝路学发展进入转型期,且主要体现为:(1)中外丝路学人不约而同地集中于著书立说与建言献策两方面同时"发声",力争公平赢取丝路学话语权;(2)西方学者一贯持守的"西方中心论"的阐释框架开始松动,弗兰科潘的《丝绸之路》更成为去"西方中心论"阐释框架的转型之作;(3)全球丝路学除关注"丝路区域国别问题"等基础课题外,还面临"如何回应丝路治理"这一重大现实挑战,"一带一路"之于全球丝路学转型的带动效应也因此得以显现。

事实上,中外学界上百年共研丝绸之路的学术实践,也是阐释"丝绸之路"这一概念的认知历程,并发现:中国借丝路传播了和合之道;中华文明在应战陆丝与海丝的挑战中得以成长、中华民族借丝瓷商品、"四大发明"及"家国天下"仪轨等引领和贡献于丝路全球化、丝路是基于共享空间之上书写"中国与世界古今关系"的见证者、中国提供给世界最成功的公共产品就是"丝绸之路"。也正因为如此,李希霍芬等从研究"丝绸之路"来创建聚焦"中国与世界古今丝路关系"的丝路学,确系尊重历史、洞悉规律、直击精髓的学术壮举,引发世界各地学者上百年持续共研丝绸之路,形成从丝绸之路视角探究"中国与世界关系"的思维定势,并在从"丝绸之路与中国→丝路文明与中华文明→世界与中国"的基本认知逻辑中,构建起由概念、核心议题、理论、方法等组成的丝路学话语体系。因此,丝路学是关于丝路沿线国别区域问题研究的一门跨学科的百年

---

[①] 王文:《"一带一路"重塑中国人的世界观》,《参考消息》,2017年6月20日,第11版。

### 丝路学研究：形成、发展及其转型

显学，中外学者不断探索丝路多元文明的交往规律、丝路伙伴关系的相处之道，以及丝路难题的破解之策，故而形成了由文明交往理论、国际关系理论与全球治理理论组成的丝路学研究的学理基石。丝路学不仅具有门类多样的学科体系、借路传道的学术传统、西强中弱的话语体系，还成为兼具著书立说与建言献策两个内核的一门显学，涌现出几代学术名人甚至身份显赫的学术权威，如斯文·赫定、伯希和等欧洲学派巨擘，F. 斯塔尔、布热津斯基、基辛格、福山等美国学派权威，以及黄文弼、季羡林等中国学派大师等，名人效应潜移默化地促就了丝路学的显学品格，名人成果文献又为构建"丝路学认知区间"注入不竭动力，助力搭建了中外丝路学家分享认知、平等对话的学术通道。

形成自成体系的"丝路学认知区间"的原因是极为复杂的，一方面与四个建构要素有关：1. 研究的资料。丝路学起步于斯坦因等一批所谓西方"探险家"掠走的文物资料整理，故既要研究已有的历史文献材料，还要及时吸纳丝路文献的"新材料"，新、旧资料成为丝路学研究的实证基础。2. 研究的对象。丝路学是在李希霍芬等一些西方"考察者"来华考察后所撰写的论著与报告的基础上得以深化，故既要深入研究历史文献中的老问题，也要研究包括中国在内的丝路沿线国的现实新问题，新、老问题成为丝路学研究的重心所在。3. 研究的视野。丝路学是在从中国出发但无终点的丝路区域国别问题研究的基础上不断拓展，故既要研究丝路沿线的旧路段，也要兼顾丝路辐射线上的"新路段"，新、老路段的发掘与利用成为丝路学拓展视野的重要动力。4. 研究的视角。丝路学是在斯文·赫定、黄文弼等中外学者跨时空视角的研究中得以确立的，故既要研究历史上的丝路，还要研究现实中的丝路，古、今丝路兼顾又进一步丰富了丝路学研究的内涵。

另一方面，还与丝路学兼具学术性与实践性的双核特质有关，使得丝路学人必须具备基础理论研究与现实对策建言的双重技能，其论著与报告才有可能发挥理论与现实的双重效应，丝路学也因此确立了诸多学科中的独特地位——"既是学术的又是实践的"。为此，从李希霍芬等第一代丝路学人开始至今，逐渐形成了"研究丝路+行走丝路"双轨并举的学科骨干队伍，美欧学者与中国学者的学术丝路值得做比较研究，并在中外学术合作中共同推进全球丝路学转型。如中亚—高加索研究所与丝绸之路项目

## 第三章 丝路共有认知区间与全球丝路学的形成

联合中心（Central Asia – Caucasus Institute and Silk Road Studies Program，CACI – SRSP），是西方研究中央欧亚地区的著名机构，旨在通过研究和分析中亚和高加索地区来满足西方对中央欧亚地区日益增长的知识需求。通过鼓励美国和欧洲人与该地区进行活跃接触，也通过推动针对该地区严肃而专业的政策，建立者希望新机构能够帮助这一被忽视的地区重新在世界秩序上获得应有的位置。认识到两者目标的互补性和一致性以及进行深入合作会在研究、教学和出版物方面带来附加价值，中亚—高加索研究所和丝绸之路研究项目在2005年决定制度化已有合作，并正式合并为联合的政策研究中心，力争成为全球范围内中央欧亚区域公共政策研究的领军机构。为此，该中心主要通过客观公正的研究、出版物及其宣传、论坛和会议、教学活动、知识和信息的汇聚地等五种方式予以落实。该中心特色研究包括继续从事美国和欧洲对于中亚—高加索地区的政策导向研究、欧亚大陆常年合作项目研究及毒品贸易研究、解决东北亚冲突的研究等。[①] 该中心还与丝路沿线国家地区研究机构建立了正式或非正式的合作伙伴关系，核心项目是当代丝绸之路研究。该中心是美国研究中央欧亚地区的重要机构，其提出的"大中亚计划"对美国的新丝绸之路战略的产生起到了巨大的推动作用，进而也深刻影响了中亚地区的政治与发展。该中心拥有兹比格涅夫·k. 布热津斯基（Zbigniew K. Brzezinski）、史蒂芬·弗雷德瑞克·斯塔尔（S. Frederick Starr）、斯凡特·E. 科尔内尔（Svante E. Cornell）、尼可拉斯·L. P. 斯旺斯特罗姆（Niklas Swanström）等美国丝路学派的权威，如F. 斯塔尔是中亚—高加索研究院和丝绸之路项目联合中心的开山祖师，也是华盛顿凯南研究所的创始主席，是中亚区域研究的领军人物，也是俄罗斯政治与对外政策、美国欧亚政策和该地区石油政策的专家。他曾建议三任美国总统关注俄罗斯/欧亚问题，并主持了一个由美国政府资助的外部顾问小组。1999年，他组织并参与了参谋长联席会议对中亚、高加索、阿富汗的第一份战略评估，参与起草了近年来美国对该地区的政策制定。研究范围是大中亚诸国的历史、发展、内在动力以及美国对

---

① 董雨：《约翰斯·霍普金斯大学中亚–高加索研究所和瑞典乌普萨拉大学丝绸之路研究项目联合中心简介》，http://blog.sina.com.cn/s/blog_12e461f4f0101lcua.html。

丝路学研究：形成、发展及其转型

该地区的政策，目前已经出版了22本专著和200篇文章。他的著作《费尔干纳河谷：中亚的心脏》，收纳了4个国家数十位学者的研究成果，他一直试图重启穿越中亚和阿富汗之间的跨大陆运输，他把这看成是阿富汗自身取得成功的关键。这个问题是2000年至2008年他发表的一系列文章的主题，同时也是2007年出版的专著《新丝绸之路》的主题。2005年3月他在一份题为《阿富汗及其邻国的"大中亚伙伴计划"》的报告中，第一次把阿富汗与中亚五国作为一个整体称为"大中亚"，并就此提出了"大中亚计划"。2005年夏，斯塔尔又在美国《外交》杂志上发表文章，进一步阐述了他的观点。他与A.库西尼奇等合作的《阿富汗成功的关键》和《超越国家构建迷雾的阿富汗：给经济战略一个机会》对相关政策产生了直接的影响。[1]……可见，该中心主要致力于学术研究和对策建言，彰显出丝路学"既是学术的又是实践的"这一基本定位，特别是其"大中亚计划"的提出，明确了"9·11"事件后"美国在中亚地区的战略利益和机制安排，很快便由学者的意见上升为美国的国家战略，对美国政府的中亚欧亚政策产生重大影响，也深刻影响了中亚地区的政治与发展。鉴于中亚地区在大国地缘政治中的特殊位置，以及其在全球能源、反恐、交通、文化交流等方面的作用日趋上升，中亚—高加索研究所和丝绸之路项目联合中心的重要性可谓不言而喻"。[2] 相比较而言，中国丝路学自1927年形成以来，三代学者积极致力于静态与动态结合、学术与调研结合、历史与现状结合的努力，在90年内逐步练就了研究与咨政的两种技能、智库学者的双重身份，以及产出了论著与研究报告的两类成果等。其中，黄文弼于1927年加入中瑞西北考察团，在西北做了重要考古调查与发掘，还撰写了大量论文和专著，在中国考古学的许多领域具有首创性和开拓性，为中国丝路学发展做出了巨大贡献，他的代表作"三记""两集"（即《罗布淖尔考古记》《吐鲁番考古记》《塔里木盆地考古记》《高昌砖集》《高昌陶

---

[1] 董雨：《约翰斯·霍普金斯大学中亚-高加索研究所和瑞典乌普萨拉大学丝绸之路研究项目联合中心简介》，http：//blog.sina.com.cn/s/blog_12e461f4f0101lcua.html。

[2] 董雨：《约翰斯·霍普金斯大学中亚—高加索研究所和瑞典乌普萨拉大学丝绸之路研究项目联合中心简介》，http：//blog.sina.com.cn/s/blog_12e461f4f0101lcua.html，2014-04-25。

集》）备受学界瞩目，其所提出的选题和论证的内容，至今仍是西域考古的必读成果，斯文·赫定在他日后出版的《长征记》中称赞黄文弼是个"博大的学者"，黄文弼实为中国丝路学的开拓者之一。此外还有季羡林、刘迎胜、荣新江、王建新、李希光等为代表的中国丝路学人为中国丝路学发展做出了重要贡献。可以说，上百年来中外丝路学者身体力行于著书立说与建言献策，彰显出既是学术的又是实践的丝路学的双核特质，两个核心实为丝路学双翼，不可偏废，旨在从学术性与实践性的双重维度共同建构"丝路学认知区间"。

简言之，在中外上百年共研丝绸之路的学术实践中形成了"丝路学认知区间"。如何在"丝路学认知区间"内研究"一带一路"，当是中外丝路学界交流与合作的关键，也是高质量推进"一带一路"发展中"学术跟进"的关键。

## 第三节 丝路学百年聚焦核心议题的研究范式分析

### 一、丝路学人上百年聚焦核心议题的研究范式

陈寅恪曾云："一时代之学术，必有其新材料与新问题。取用此材料，以研求问题，则为此时代学术之新潮。治学之士，得预于此潮流者，谓之预流。其未得预者，谓之未入流。此古今学术史之通义，非彼闭门造车之徒，所能同喻者也。"[①] 丝路学实为一门聚焦"中国与世界古今丝路关系"的百年显学，并形成了问题导向型的研究范式。亦即，"丝路学是一门20世纪才问世的新学问，也是一门涵盖了文化、历史、宗教、民族、考古等人文科学，以及地理、气象、地质、生物等自然科学的，汇聚了众多学科、综合研究多元文化的学问。丝路学来自丝绸之路这一历史性的文化概念的提出，并且最终得到了国际社会与学术界人士的共同认可。"[②] 因此，丝路学具有多学科交叉、跨时空阐释的基本特征，以丝路沿线区域国别的

---

[①] 陈寅恪：《陈垣〈敦煌劫余录〉·序》，《金明馆丛稿二编》，上海古籍出版社，1980年版，第236页。
[②] 沈福伟：《丝绸之路与丝路学研究》，《光明日报》，2009年12月30日，第12版。

## 丝路学研究：形成、发展及其转型

新老问题为研究对象，以丝路沿线及其辐射线上经济、安全及人文等领域不同行为主体间的交往与合作为研究范畴，旨在揭示"国强、路畅、交往密、文明盛"的历史规律与"借路传道、依路共处"的行为逻辑，以及互惠、包容、合作的丝路精神对全球治理所具现实意义的一门学科。其中，丝路学就是在探究"中国与世界古今丝路关系"这一核心议题中与东方学、汉学、中国学等其他相关学科作了质的区别。

19世纪末至20世纪初的丝路西域地段变成了世界盗宝者的乐园，斯坦因、伯希和等人打着"探险、考察、游历"的旗号从丝路湮没城市和石窟中盗取了数亿吨的壁画、手稿、塑像等文献资料，且多致力于"中国与世界古今丝路关系"的研究，如李希霍芬的《中国》（1877—1912）与《李希霍芬中国旅行报告书》（1903）、斯文·赫定的《我的探险生涯》（1925）与《亚洲腹地探险八年》（1944）、斯坦因的《古代和田》（1907）与《亚洲腹地》（1928）、伯希和的《摩尼教流行中国考》（1931）与《伯希和敦煌石窟笔记》（1993）等。在这些学者聚焦"中国与世界古今丝路关系"的问题研究中聚合而成了丝路学的核心议题阐释体系，主要包括两方面内容：

一方面，丝路学家探究"历史中国与世界的丝路关系"问题，多在"西方中心论"的阐释框架下思考丝路与人类文明的变迁、丝路与东西方文明交往、丝路与亚欧心脏地带的形成、丝路与天然伙伴关系的结成、丝路与沿线命运共同体的形成、丝路与全球化进程等一系列关乎人类和平与发展的重大命题，由此形成以丝路沿线区域国别的历史问题为主的研究范畴，李希霍芬因《中国》而成为丝路学"概念之父"、斯文·赫定因组织中瑞西北科考团活动而成为构建丝路学术共同体的开创者、伯希和因从中国考古艺术、宗教文化、东西交通史及西域史地等多领域探究问题而开创了丝路学跨学科研究先河，这些研究成果都成为西方认知"历史中国"的重要文献。

另一方面，丝路学家探究"现实中国与世界的丝路关系"问题，多在"西方霸权利益至上"的驱动下开展中国地理、地矿、社会现状等一系列现实问题调研并产生了重大影响，尤其是李希霍芬自1868年起足迹遍及中国当时18个省中的14个，但成就他学术和政治双重角色的重要原因则是他的山东考察。在他看来，在胶州湾开辟自由港将成为"华北最大和最

## 第三章 丝路共有认知区间与全球丝路学的形成

好的港口""是进入整个中国市场的一扇门户",故早在1869年他就向德国提议,夺取胶州湾及其周边铁路修筑权,将使华北棉花、铁和煤等更方便地为德国所用,这不但可就此将山东纳入势力范围,还可就此拥有了广大的中国腹地。为了利用山东控制内地煤矿,他向欧美商会鼓吹修建连接内地与海港的铁路、秘密致函普鲁士首相俾斯麦,提出德国"有必要发展海军以保护这些重要的利益和支持已订的条约;要求在万一发生战事时德国的商船和军舰有一个避难所和提供后者一个加煤站"。[1] 李希霍芬所撰写的《李希霍芬中国旅行报告书》,为德国攫取胶州湾的殖民扩张行径提供了决策依据,1897年德军占领胶州湾把山东划为其势力范围,在报请德皇威廉一世批准的军事计划中,德海军司令梯尔皮茨多次引用其考察结论。但是,作为李希霍芬学生的斯文·赫定,在其老师提出的"丝绸之路"概念的指引下,也注重探究"现实中国与世界的丝路关系"。1933年夏天,斯文·赫定提出优先考虑新疆问题的具体措施是修筑并维护好内地连接新疆的公路干线,进一步铺设通往亚洲腹地的铁路,他把着眼点放在加强内地与新疆的联系上,这与自辛亥革命以来具有远见卓识、忧国忧民的中国政治家、学者一再强调的共识高度契合,他的这些真知灼见,不仅成为西方认知"现实中国"的珍贵文献,还对黄文弼等中国丝路学开拓者产生了深刻的影响。

1927—1935年间的中瑞西北科考团活动,不仅首次实现了在中国政府监管下对丝路腹地埋藏的珍贵文物进行发掘、搜集并善加保管,还因斯文·赫定在著书立说和咨政建言两方面所取得的巨大成就,鼓舞黄文弼等"中国丝路学开拓者"练就从事丝路学的双重能力,对中国丝路学派双轨并举的研究路径的形成起到了重要的框定作用,更为创建中国丝路学派、建设以中国为主体开展中外丝路学术合作平台,以及整合丝路沿线学术资源打造丝路学术共同体等均产生了深远影响。尽管中瑞西北科考团从1927年起对内蒙古、甘肃、新疆等地区展开了近十年的考察活动,在历史、经济、民俗文化等方面产生了深远影响,甚至被称为"流动的大学"[2],但可

---

[1] 孙保锋:《李希霍芬带山东走进西方视野》,《大众日报》,2011年8月23日。
[2] 陶继波:《中瑞西北科学考察团成立过程分析》,《边疆经济与文化》,2015年第4期。

### 丝路学研究：形成、发展及其转型

惜因日本入侵被迫中断了中瑞科考队的学术合作，科考队成员在战乱中或坚守或放弃，反映出中国丝路学在"生不逢时"的战乱中艰难起步后陷入碎片化窘境的历史真相。其中，参与此次科考活动的北大黄文弼不仅带回80余箱采集品回到北平，还出版代表作《罗布淖尔考古记》《吐鲁番考古记》《塔里木盆地考古记》《高昌砖集》《高昌陶集》等而备受学界瞩目，斯文·赫定在自己的《长征记》中评价黄文弼为"博大的学者"，甚至有人认为，自黄文弼起中国的考古学才"逐渐发展形成一门学科"，因黄文弼考察日记对专业之外的事，无论"岩石土壤、山川气候"，还是宗教民俗等都不惜笔墨，后人高度评价了这些关于社会经济以及民族关系的史料，认为它们是"通过公共知识分子的视野、手笔"才得以留存下来[①]，黄文弼的考察与研究已超越考古学而涉及西域丝路学领域，且成为中国丝路学派创始人与奠基者之一。中外合作调研也成为丝路学特有的学术合作模式之一，聚焦"中国与世界古今丝路关系"核心议题，也成为美欧名家、名智库开展丝路学研究的重要传统，使得1927年由黄文弼等开启的中国丝路学派已然成为全球丝路学不容忽视的一支力量。

尤需强调的是，上百年来中外丝路学者身体力行于著书立说与建言献策，彰显出既是学术的又是实践的丝路学的双核特质，尤其不可忽视实证研究。因为，"从学术角度讲，实证是目前我们检验一种观点/假设的较为可靠的方法。在人类发明其他更有效方法进行科学检验之前，实证方法将继续是最主要的科学研究方法，包括社会科学研究。"因此，要想做好实证研究："一是做实证研究要肯吃苦，要动手做数据而不能只靠别人给你提供现成的数据。现在自然科学研究已经进入这样的阶段，不是自己做出来的数据。用别人的数据原则不给予发表。二是研究的时间要长，不能急于取得研究成果。一个实证研究，在有了数据之后也得半年，六个月之内写出来的文章，多数都不是实证类的文章。"[②] 也正是由于丝路学兼顾学术与实践的双重核心，才使问题导向型研究范式成为中外丝路学人的共同选择。

---

① 郭红霞：《中国西北考古第一人——黄文弼》，《中国档案报》，2016年03月22日。
② 阎学通：《国际关系学科的实证研究》，钟杨主编：《实证社会科学》（第1卷），上海交通大学出版社，2016年版，第12页。

第三章　丝路共有认知区间与全球丝路学的形成

在全球化的现实背景下，因海上、陆上两条丝路为主的沿线地区，由全球能源贮备与需求的中心带、全球分离主义集中带、宗教恐怖主义集结带等所致的安全与非传统安全挑战极为严峻，丝路核心区更是难题成堆，包括大国代理战争、民族部落冲突、教派矛盾纷争、宗教极端组织激增及"三股势力"的威胁等，使得丝路学研究不得不对全球治理做出应有的学理性回应，丝路学除关注丝路的区域、国别、问题等基础课题外，还面临"如何回应丝路治理"这一重大现实课题，尤其是在西方所主导的全球化出现不确定性的当下，"一带一路"为全球治理带来更多确定性，这一中国特色的治理方案正赢得世界的积极响应，共商共建共享的这一中国特色的全球治理观正引发中外丝路学人的研究热情，共建"一带一路"新实践正影响全球丝路学进入历史新阶段，以弘扬"丝路精神"为宗旨的丝路治理模式正在中国等的倡导与推进下逐步赢得世界的认可与响应，再加上"一带一路"核心区又恰是全球治理的重心所在，使得丝路学成为全球治理学抑或全球合作治理学，甚至可以说是全球治理中的"中医学"，"中国智慧"与"中国方案"正在融入方兴未艾的全球治理学科当中，丝路学也因此由关注丝路沿线区域国别老问题治理的旧丝路学向关注丝路沿线区域国别新问题治理的新丝路学演变，丝路学的双核特质将进一步得以彰显，中国的全球治理观正影响全球丝路学进入历史新阶段，百年显学将在全球化时代"大有可为"。

二、中国丝路学界聚焦核心议题研究所面临的主要挑战

中国丝路学人聚焦"中国与世界古今丝路关系"这一核心议题研究，面临的挑战主要包括三个方面：

第一，中国的国家形象遭遇西方大国的蓄意抹黑。

约瑟夫·奈认为软实力主要由文化、政治价值观和外交政策等资源构成，即"一国国际吸引力、国际动员力和政府国内动员力的总和。"事实上，在由西方主流媒体把控的国际舆论竞技场上，存在着西强东弱的"软实力逆差"。就中国而言，主要表现为："中国政府的形象被刻意抹黑，中国的政策意图被歪曲解读，中国的解释申辩被压制淡化，中国的价值观和

传统被贬低和边缘化"。①结果造成中国"没处说理,有口莫辩,甚至费力不讨好"②。作为新兴大国,中国仍在价值观和国际舆论竞争中处于劣势。2021年5月31日,习总书记在主持十九届中央政治局第三十次集体学习时强调,讲好中国故事,传播好中国声音,展示真实、立体、全面的中国,是加强我国国际传播能力建设的重要任务。要深刻认识新形势下加强和改进国际传播工作的重要性和必要性,下大气力加强国际传播能力建设,形成同我国综合国力和国际地位相匹配的国际话语权,为我国改革发展稳定营造有利外部舆论环境,为推动构建人类命运共同体做出积极贡献。其中,如何澄清被西方媒体肆意歪曲的中国民族宗教政策、修复中国国家政策形象以便最大程度地塑造和传播中国的国际形象,已成为中国成长过程中所面临的严峻挑战。国家形象是一个国家对自己的认知以及国际体系中其他行为体对它的认知的结合;它是一系列信息输入和输出产生的结果,是一个结构十分明确的信息资本。国家形象被认为是国家软实力的重要组成部分之一,是国家的综合实力和影响力的体现。国家形象作为反映在媒介和人们心理中的对于一个国家及其民众的历史、现实,政治、经济、文化、生活方式以及价值观的综合印象,是国家的外部公众和内部公众对国家本身、国家行为、国家的各项活动及其成果所给予的总的评价和认定。国家的政策形象实为将政府的政策解读揉入国家形象解读所致,西方主要通过歪曲中国的民族宗教政策、双重标准地判定中国反恐与去极端化实践,以及发布所谓的涉华年度人权报告与宗教报告等方式,臆造了一个负面的中国政策形象。其中,西方大国肆意炒作涉疆议题来破坏中国国际形象,使得"一带一路"建设面临一系列传统与非传统安全风险的严峻挑战,且主要包括:"风险一,西部远非一片阳光灿烂的净土。不少国家的政治不够稳定,相对贫困,民族教派冲突积重难返。一旦像某些西方国家那样深深卷入其中,想要抽身就难了。中国既要敢于'创造性介入',又必须有处理危机的方案和手段。风险二,西部各国之间的关系错综复杂,中东有伊朗、沙特、土耳其、埃及、以色列等地区强国相互角力,南

---

① 吴旭:《扭转软实力逆差,打造"中国梦"》,《公共外交季刊》,2010年夏季号总第2期,第61页。
② 参见搜狗百科"国家形象",http://baike.sogou.com/v704581.htm

亚有印巴之间纠葛难解。中国在任何具体问题上采取外交立场，都会得罪某些国家，需要保持微妙的平衡。风险三，中国'西进'不可能不引起其他大国的疑虑和防范。要尽力避免它们联手排挤中国，不能以争霸、争权、争利的面目出现，动辄做出'突破美国围堵'之类的姿态，视正常竞争为零和格局，将经济问题政治化。风险四，容易被戴上'攫取资源''新殖民主义'的帽子。须关注投资所在地的环保、民生和就业。应抓紧完善领事法规，对当地华人华侨既要关心保护，又要管理教育。"[1] 四大风险均会不同程度地影响中国的国家形象，包括内外政策解读为内核的政策形象，成为中国丝路学人聚焦核心议题研究所面临的重要挑战之一。

第二，中国提供国际公共产品的能力依然有限。

"随着全球化的深入发展，我国对外依存度正在不断上升。身处于一个相互依赖的世界中，在理解和对待全球公共问题或国际社会整体利益时，我们已必须关注国际公共产品（亦称'公共物品''公共财货'）的问题了。这种公共产品可以是有形的，如作为人类共有物的陆地（如极地的利用与保护）与海洋资源（如国际公海与海底资源）的分享，也可以是无形的，如知识、安全、信息的共享等。就其中不具有对抗性和排斥性的文化观念、价值观念等涉及软实力的产品而言，当今国际社会流行的几乎都是西方提供的，如民主、自由、人权、市场准入等等。但自进入21世纪以来，随着我国坚定不移地走中国特色社会主义道路，也已经开始提出了一系列中国品牌的公共产品，如'和平发展道路''以人为本''科学发展观''和谐社会''和谐亚洲'和'和谐世界'等，这些都是在消费过程中不具占有性和排斥性，可以为别人、别国分享的。实际上，这既是中国特色的具体表现，也是中国在历史上的'四大发明'之后对国际社会的新贡献。"[2] 事实上，在全球化时代，国际公共产品的重要性日益凸显，并集中体现在两方面：一方面，国际公共产品是衡量国家文化力的重要指数。以价值观念、宗教信仰为核心的文化是一种以思想、意识、精神为特征的、无形的集体认同力和感召力，即被称为"文化力"，其"能够对他

---

[1] 王缉思：《"西进"——中国地缘战略的再平衡》，《环球时报》，2012年10月17日。

[2] 朱威烈：《韬光养晦：世界主流文明的共有观念》，《文汇报》，2010年8月14日。

人的思想和行为施加影响和控制",使"一国在国际舞台上控制他国政策、影响国际事务、实现预想目标"[①],其文化力的强弱又在很大程度上决定各自国家在国际竞争中的胜负。文化是综合国力中最积极、最活跃及最革命的要素,能够把诸如地理因素、自然资源、工业能力、军事储备等客观存在的("死的")国家潜力"激活"起来,并加以协调和整合,使之产生出现实的权力(影响力或控制力):处于强势的文化能够通过对国家潜力的最优化配置、组合和协调,最大限度地把它激活、发挥出来;处于弱势的文化向心力弱、集体认同感低、社会惰化现象严重,窒息原本巨大的国家潜力。[②] 约瑟夫·奈将文化视为"间接权力",是"权力的倍增器",即所谓"间接权力增值论"[③]。汉斯·摩根索在《国家间政治——寻求权力与和平的斗争》一书中谈到帝国主义控制世界的三种方式就包括军事、经济与文化帝国主义(含文化外交思想)。因此,国际公共产品的多寡与推销自身价值观以需要他国民众认知、情绪和态度等能力大小成正比。另一方面,国际公共产品是塑造国家国际威望的主要方式。国际威望指一个国家通过把国内的道德、知识、科学、艺术、经济或军事等成果向他国投射而获得一种理想的国际形象(foreign image,国家的对外形象)。[④] 其不仅建立在硬实力上,更是建立在相关国家彼此间的集体认同—对相互身份的确认上,由主观的文化观念建构而成,如现实主义的政治影响力、建构主义的对外吸引力或国格魅力等。其中,"软(柔)化了的国际威望更能有助于劝服他国接受和追随其外交谋略、引导他们沿着与其国家利益相契合的方向发展。""因此,树立一国的国际威望更应该诉诸国家之间文化价值观念的相互吸引,以寻求对彼此身份的积极认同。"[⑤] 亦即,中国国家威望的强弱,既与我国提供国际公共产品的能力有关,也与我国的国际传播能力有关,更与我国阐释"中国与世界关系"的叙事能力有关。

第三,中国尚未形成聚焦丝路学核心议题的研究合力。

---

[①] 李智:《文化外交》,北京大学出版社,2005年版,第49—50页。

[②] 李智:《文化外交》,北京大学出版社,2005年版,第50页。

[③] 同上。

[④] Chas. W. Freeman, Jr., *Arts of Power: Statecraft and Diplomacy*, Washington, D. C.: United States Institute of Peace Press, 1997, p. 41.

[⑤] 李智:《文化外交》,北京大学出版社,2005年版,第67页。

## 第三章 丝路共有认知区间与全球丝路学的形成

"一带一路"为全球丝路学转型与中国丝路学振兴带来双重学术机遇,"一带一路"软力量建设又为中国丝路学发展指明了方向,"振兴丝路学"已成为构建中国特色哲学社会科学的重要组成部分。尽管"我国是哲学社会科学大国,研究队伍、论文数量、政府投入等在世界上都是排在前面的,但目前在学术命题、学术思想、学术观点、学术标准、学术话语上的能力和水平同我国综合国力和国际地位还不太相称"[①],使得全球丝路学中的中国学派影响力仍然有限。究其原因是复杂的,但梳理目前中国学界的研究现状后发现,存在着"重经、轻理、少文"的学科失衡分布、政策解读多于理论构建、学理性研究缺乏实地调研的支撑、区域宏观研究多于国别微观剖析、问题导向型研究难脱避重就轻的干扰、因国施策的智库报告亟待补进等,尤其以下三方面造成丝路学聚焦核心议题研究面临新一轮碎片化危机:1."打旗圈地者多、研究与调研者少",如借"一带一路"名义纷纷成立研究院所、智库联盟、学术同盟及学术倡议共同体等,但基础论著与调研报告的数量与质量明显不尽如人意;2."务虚式宏论多、务实性研究少",如密集型召开学术会议,但会议议题多趋宏观而务虚,不仅丝路历史中的实证案例研究多被大而空的当代理论解读所淹没,丝路国家与地区问题研究更因实地调研少而存在不接地气之嫌;3."政策解读多、问题探究少",如在国内"井喷"式产出一批又一批有关"一带一路"的研究论著中,关注议题多集中于政策的意图、内涵、意义等文件解读,较少正视丝路沿线地区尤其是不同国家所存在的问题甚至对"一带一路"构成的战略风险等,因问题导向型的研究成果少则无法提出更多"因国施策"的切实对策。以上三方面问题也不同程度地加剧了中国丝路学碎片化的进程,傅莹在《人民日报》发文指出:以"一带一路"为例,"研究界一窝蜂地做宏观诠释,而决策迫切需要有数据支撑的实在研究,包括物流、安全等具体问题和国别认识。"她呼吁中国学者应"以严谨、客观的方法进行课题研究,沉下去搞调研,静下心做数据,从实践中来到实践中去";中国智库应"增强大局观、历史观,面向全球化、面向未来,来

---

① 《习近平:在哲学社会科学工作座谈会上的讲话》,新华社,2016 年 5 月 18 日。

· 103 ·

一场'转型革命'"①。否则，中国丝路学研究机构尤其是"一带一路"智库难免落入"有库（相关数据库）无智（资政育商能力）"的窘境，折射出中国丝路学界尽快形成聚焦丝路学核心议题研究合力的现实紧迫性。

## 三、中国学界助力聚焦丝路学核心议题研究的主要对策

中国丝路学界要为聚焦丝路学核心议题研究提供扎实的学理性支撑，包括丝路历史与现实研究的论著，避免出现以政策解读代替学术研究、以反恐研究遮蔽西域学全貌、以西方理论淹没中国理论、以动态报告否认静态研究的价值等不当之举，尤其不能以西方话语代替中国话语来阐明"中国与世界古今丝路关系"这一丝路学核心议题。为此，中国学界应从立论、献策、构建丝路学术共同体等入手予以努力：

第一，应进一步加强著书立说的理论研究能力建设。

在理论建构方面，应对丝路外交、丝路文献、丝路精神、丝绸之路等所蕴含的互惠型的经济观、合作型的安全观、包容型的人文观予以学理阐释并做出"中国视角"的理论建构。为此，中国学界应立足于中国上千年丝路外交实践的历史经验，借鉴西方现实主义、理想主义、建构主义、软实力、全球治理等理论精髓，吸收西方符号政治学、传播学、多轨外交论、公共产品论等研究方法展开研究，以进一步加强中国丝路学的"理论研究和话语体系建设"，为"一带一路"提供"理论支撑"。在实证分析方面，应对丝路外交与人民外交、大国外交之同构性作案例研究、对海丝与陆丝之异同性作比较研究、对朝贡制度与睦邻友好政策之因果性作断代研究，以及对丝路伙伴关系作深度案例研究等，旨在对中国外交理念及其外交实践做出跨时空、多学科的深度案例分析，力求从起步于丝绸之路上的中国外交的产生与发展、特征与规律、内涵与外延、政策与制度、原则与立场等作追根溯源性研究，为探究"中国与世界古今丝路关系"这一核心议题注入"中国思想"。

第二，应进一步加强建言献策的政策研究能力建设。

---

① 傅莹：《"一带一路"研究务虚"一窝蜂"》，《人民日报》，2015年4月15日。

## 第三章　丝路共有认知区间与全球丝路学的形成

目前，中国学界出现的"一带一路"学术热高烧难退，结果造成三种后果："第一是当前缺少对于'一带一路'实际情况的清晰认知，导致'理论满天飞，实践跟不上'的窘境"；"第二是对于实际国情缺乏了解，导致了许多研究与报告'简单片面'"；"第三是过高估计了中国的真实影响力，带有'自说自话'的优越感。"① 因此，在政策研究方面，应对"一带一路"加强政策研究，既要对"三共"（共商、共建、共享）原则、"三同"（"利益共同体""责任共同体""命运共同体"）主体，以及"推动建立以合作共赢为核心的新型国际关系"与"形成遍布全球的伙伴关系网络"目标等，予以全球治理语境中的学理解读，还要对中巴经济走廊、中欧班列、中哈吉丝路申遗、中蒙俄经济走廊等一批"一带一路"建设的"重要早期收获成果"，予以政策绩效评估与经验总结提升，力争使"一带一路"的"政策宣示"能够真正具有现实和理论的双重指导意义，从中国的治理观、治理主体、治理内容、治理方式、治理目标、治理机遇及其挑战等方面，全方位解读"一带一路"，为回应百年未有之大变局下重估"中国与世界古今丝路关系"提供"中国视角"。

第三，应进一步加强丝路学术共同体构建能力建设。

"一带一路"是关乎世界秩序的新哲学，也是关乎中国身份的新思考，更是中国学界勇于担当、敢为人先的历史新机遇，"历史是勇敢者创造的，抓住时代机遇，用中国自己的理论范式和话语体系影响世界，'一带一路'才有可能获得更多国际认可和支持"②。截至 2016 年底，中国在"一带一路"沿线国家设立了 30 个中国文化中心。不只是如"丝绸之路（敦煌）国际文化博览会""丝绸之路国际艺术节""海上丝绸之路国际艺术节"等活动大受欢迎，中外文化合作，如中国与哈萨克斯坦、吉尔吉斯斯坦联合申报世界文化遗产"丝绸之路：长安—天山廊道的路网"也获得成功。中国对外实施如柬埔寨吴哥古迹茶胶寺、乌兹别克斯坦花剌子模州希瓦古

---

① 王晋：《青年学子对"一带一路"研究的担忧》，《联合早报》2015 年 5 月 27 日。
② 王文：《"一带一路"需要全面系统研究》，《人民日报》，2017 年 1 月 23 日第 5 版。

### 丝路学研究：形成、发展及其转型

城等援外文化修复项目，向尼泊尔、缅甸提供文化遗产震后修复援助等。[①] 丝路国际研讨会、丝路跨境合作项目、丝路人文交流机制等一系列丝路学术交流与合作折射出全球丝路学"重回中国"与中国丝路学"走向世界"相向而行的学术新态势，打造"丝路学术共同体"已成为破解全球丝路学发展瓶颈的迫在眉睫之举，故应从联合国教科文组织的丝绸之路项目→上合等地区组织的丝路文化遗产合作→中外丝路学人的课题与调研合作等搭建丝路学术共同体的垂直型学术合作机制，从"学术研究、理论支撑与话语体系建设"等方面开展扎实努力，旨在形成"以重大现实问题导向为主、中国特色理论建构为辅"的特有研究范式，让中国学者能够在丝路学研究领域取得权威的阐释权，让世界在与中国共建"一带一路"之际也能倾听来自中国的"学术声音"，打造丝路学术共同体也因此成为中国助力聚焦丝路学核心议题研究之举。

自2013年中国倡建"一带一路"以来，不仅激发了中外学者致力于丝路学研究的积极性，还在客观上形成了丝路学发展的学术新机遇，使得全球丝路学发展进入转型期、中国丝路学发展进入振兴期，"一带一路"为中国丝路学与全球丝路学实现"学术对接"创造了空前的机会，让"学术的中国"再次融入百年显学的世界发展主流，使中国丝路学能在全球丝路学转型之际实现振兴，并在助力聚焦丝路学核心议题研究中伫立全球化时代之潮头，在"通古今之变化、发思想之先声"中为"一带一路"所推进的新时代"述学立论、建言献策，担负起历史赋予的光荣使命"[②]。

---

[①] 王文：《"一带一路"重塑中国人的世界观》，《参考消息》，2017年6月20日第11版。

[②] 《习近平：在哲学社会科学工作座谈会上的讲话》，新华社，2016年5月18日。

# 中 篇

# 中外学派构建与丝路学的发展

第四章

# 西方大国学术霸权与
# 中国丝路学再出发

本章尝试在丝路学核心议题阐释框架内探讨有关"中国与西方大国学术关系",并通过文明对话、学术政治化、大国话语博弈三个维度展开案例分析,旨在廓清西方大国媒介霸权主义、学术霸权主义、政治霸权主义沆瀣一气,肆意干涉中外文明对话、大国全球战略及"一带一路"软环境建设的历史原因与现实挑战,进而探讨中国丝路学再出发的现实动因与学术路径。

## 第一节 文明对话中西方霸权话语挑战及应对研究

### 一、全球文明对话面临西方霸权话语干扰

众所周知,杜维明先生大力倡导"文明对话","通过对话,全球化能够逐渐发展出生命共同体的意愿;通过对话,大家都具有和平共处的根源意识"。而"对话主要是了解,同时自我反思,了解对方,也重新反思自己的信念、自己的理想有没有局限性。因为这个原因,所以对话的结果应该是互相参照,不仅是互相参照,而且是互相学习。只有在这个基础上,对话才有可能,才是真正的平等互惠",最终达到"庆幸多样"。否则,将会导致"霸权的宰制"。因此,"需要积极参与对话的应该是在世界上拥有经济、政治、社会、权力,拥有很多财富、能够得到很多信息和资源的国家,比如作为超级大国的美国,就必须要进入文明对话。假如美国不积极参与文明对话,走单向主义的道路,不仅美国对世界和平的贡献大可质疑,而且美国本国的安全,无论是国防安全还是个人安全,也会受到很大的威胁"[①]。可惜,以美国为首的西方国家非但不积极参与文明对话,还依

---

① 杜维明:《文明对话的发展及其世界意义》,《回族研究》,2003年第3期。

恃强权政治与经济实力向全世界推行文化帝国主义，造成东西方文明间法律和道德层面对话机制的缺失，而在利益和强权层面的非正常对话又导致政治与经济被边缘化的民族与国家陷入"无言以对"的窘境。

其中，美国与伊斯兰世界关系紧张中确有"文明冲突"的因素，但更在于美国对中东地区所采取的一系列的不公正政策，终使双方丧失了最基本的对话基础及相应的对话机制。时任巴基斯坦总统穆沙拉夫指出："西方国家和伊斯兰世界之间正在形成一道'铁幕'，如果西方国家，特别是美国，以及穆斯林国家不能根除引起愤怒和仇恨的原因，那么将会出现'更深层次的混乱和绝望'以及'更多的恐怖主义和一场逼近的文明冲突'。"[①] 其实，阻碍双方进行对话的这道"铁幕"的形成主要在于以美国为首的西方国家对中东地区从殖民主义到后殖民主义时代的能源、地缘性侵犯，如欧洲推行的"欧洲中心论"与美国推行的"大中东计划"等。但"美国在20世纪整个80年代，因为力求遏制苏联在阿富汗的扩张、遏制伊朗输出其革命的企图，对伊斯兰主义一些集团持支持的态度。这说明伊斯兰主义者和西方二者采取非意识形态立场所达到的程度"[②]，"9·11"事件后双方关系进入紧张期，但也并非同所有阿拉伯国家都"冲突"，如与沙特、埃及的合作，同伊拉克、伊朗、叙利亚的对抗均是从美国利益出发的，并不完全取决于所谓的"文明圈"。美国在巴以问题上"袒以压巴"的非公正立场在伊斯兰世界产生了广泛的负面作用，诱使伊斯兰主义产生并蔓延。在2004年初的多哈研讨会上，与会者就美国与伊斯兰世界关系紧张问题达成两点共识："一是美国偏袒以色列和美以战略伙伴关系；二是在苏联解体后，美国的一些政客想当然地把伊斯兰当成替代的敌人。"[③] 时任巴基斯坦总统穆沙拉夫也认为："如果主流的穆斯林认为巴以冲突得到公正处理，那么全球恐怖主义将会减少75%。阿拉伯—美国协会负责人詹

---

[①] 安维华：《美国—伊斯兰世界关系与"文明的冲突"》，《西亚非洲（双月刊）》，2005年第1期，第38页。

[②] Francis Robinson. *The Cambridge Ill ustrated History of the Islamic World*, Cambridge University Press 1996, p. 299.

[③] 屠丽美、张萍：《伊战后的中东：前景难卜美国再难我行我素》，新浪网，2004年10月27日，http://mil.news.sina.com.cn/2004-10-27/1003237857.html。（访问时间：2022年2月27日）

姆·佐格比说：'阿拉伯人为什么仇恨我们，是因为我们的政策太愚蠢。'"[1] 因此，"如果美国不调整对巴以冲突的政策，继续偏袒以色列；如果美国继续通过'制裁'等手段对伊朗、叙利亚、苏丹等被认为具有反美倾向的国家施加压力，进行遏制，甚至进行'先发制人'的战争；如果美国军队继续驻在阿富汗、伊拉克不走，将军事占领长期化，扶持过于亲美的政权；如果美国继续向埃及、沙特等在伊斯兰世界极有影响的国家输出意识形态和社会制度，那么，美国同中东国家，甚至同整个伊斯兰世界的关系则很难有较大的改善。因为这看起来直接涉及的只是一个个中东国家，但是，其中的任何一项都会牵动整个中东，乃至整个伊斯兰世界"[2]。尤需指出的是，美国在中东的政策自相矛盾。美国不仅对国际关系民主化进行阻挠，还强迫中东国家接受美式民主，此举本身的民主性就值得追究；美国反对阿拉伯国家占领别国领土，但自己却无视联合国的存在，悍然向一个主权独立的伊拉克发动战争；美国反对伊斯兰国家拥有核武器，但并不反对以色列研制核武器……美国"因国而异"的双重标准激起伊斯兰世界强烈不满。

尽管西方与非西方之间缺乏对话的基础及其机制，但也应看到双方仍存在着对话可能。"9·11"事件后，美国假定是伊斯兰极端分子所为而展开了铺天盖地的舆论攻势，但伊斯兰却在西方社会生活中"挺身而出"，备受欢迎。2002年夏北卡罗来纳州立大学教授对新生制定的书目中必读《古兰经导读·早期启示录》一事引发全美轩然大波，激烈的宗教与政治大辩论进入各大主流媒体和各级法庭，最终扩延为一次不可思议的普及与展示伊斯兰文明的良机。"9·11"事件也使英国各大书店和高等学府介绍伊斯兰书籍的数量均破历史纪录，甚至英译本《古兰经》多次脱销。同样，虽然欧洲各国深怕穆斯林移民会改变本国文化传统结构，但也有许多人为各民族和谐相处而努力，如阿尔及利亚移民法丽达·费尔哈格－阿米丽就将法国国歌《马赛曲》改编为阿拉伯语版，以促进法国国内的文化融

---

[1] 屠丽美、张萍：《伊战后的中东：前景难卜 美国再难我行我素》，新浪网，2004年10月27日，http://mil.news.sina.com.cn/2004-10-27/1003237857.html。（访问时间：2022年2月27日）

[2] 安维华：《美国—伊斯兰世界关系与"文明的冲突"》，《西亚非洲（双月刊）》，2005年第1期，第38页。

合。英国种族关系监督组织主席菲利普斯认为，种族融合是一项复杂的政治工作，但"我们的政治工作不是忙着应付种族斗争，就是在庆幸我们拥有我们假想的种族多元化"①。但愿"巴黎骚乱"能让西方文化霸权主义者不再漠视异质、弱势文化群体的存在，承认"文明对话"才是全球化时代追求世界和平最有力的保障。基辛格也承认，"没有一个国家——无论它多么强大——能够单独组织国际体系。在一个历史时期内，组织国际体系甚至始终超出最有权势的国家的心理和政治的能力。美国外交政策的目标必须是使占优势的力量变成共同责任——如同澳大利亚学者科拉尔·贝尔所写的那样，在执行政策时就像国际秩序由许多权力中心组成，即使我们意识到我们的战略优势地位。这么做意味着需要一种磋商的风格，这种风格把注意力集中于达成长期目标的共同定义，而不是强制实行眼前的政策处方"②。亨廷顿也期望："我唤起人们对文明冲突的危险性的注意，将有助于促进整个世界上'文明的对话'。"毕竟"在正在来临的时代，文明的冲突是对世界和平的最大威胁，而建立在多文明基础上的国际秩序是防止世界大战的最可靠保障"③。约瑟夫·奈也意识到："与硬实力不同，软实力的运用更不能实行单边主义，这是美国还没有认识到的事实。为了与世界有效地沟通，美国首先需要学会倾听。"④ 但是，以上这些源于民众、政治家和学者的"对话意识"尚未引起西方霸权主义者的应有重视，也未被执迷于单边险途上的西方大国政界所认同，终被淹没于"文明冲突"的话语汪洋而遭遮蔽。

因此，要在西方霸权语境中构建"文明对话"的全球共识，应从如下三方面予以努力：

首先，欠发达国家应大力发展经济，在不断增强国家实力的基础上逐

---

① 《法国暴乱为欧洲敲响警钟　种族融合刻不容缓》，中国新闻网，2005 年 11 月 7 日，https://www.chinanews.com.cn/news/2005/2005-11-07/8/647799.shtml.（访问时间：2022 年 2 月 27 日）

② ［美］亨利·基辛格、顾目：《基辛格论世界前景》，《学习与实践》，2005 年第 2 期，第 25—31 页。

③ ［美］塞缪尔·亨廷顿：《文明的冲突与世界秩序的重建》，新华出版社，2002 年版，第 372 页。

④ ［美］约瑟夫·奈、肖欢、王茜：《美国软实力的衰落——华盛顿应该为此感到忧虑》，《国外社会科学文摘》，2004 年第 10 期。

## 第四章 西方大国学术霸权与中国丝路学再出发

步提高软国力。因为,"支配着物质生产资料的阶级,同时也支配着精神生产资料,因此,那些没有精神生产资料的人的思想,一般地是隶属于这个阶级的。占统治地位的思想不过是占统治地位的物质关系在观念上的表现,不过是以思想的形式表现出来的占统治地位的物质关系"①。因此,发展中国家要想在国际上获得平等的话语权,除了进行道德呼吁外,更要积极推进经济、政治和社会的民主化和现代化建设,增强综合国力,为促进与西方的平等对话奠定必要的物质和制度基础。

其次,传媒应摆脱西方霸权语境的禁锢,在独立报道中坚守多重语境中的客观与公正性。大多数国际公约都是以"我们"的名义发布的,但"我们"是谁?谁有资格代表"我们"?实际上这种集体口号所代表的主要是某些超级大国的利益,凸显出西方大国的话语霸权。可悲的是,各国传媒大多自觉或不自觉地堕入西方霸权语境中而浑然不知,如国际媒体在报道伊拉克战争时所使用的关键词语大都是照搬美国的,有人戏称媒体是在"傍大款"。在报道美国"扑克牌通缉令"的新闻时,往往使用了"在逃""被俘"的说法。袭用美国媒体对伊拉克某些专家的特定称呼——"炭疽夫人""细菌先生"等,这种美式霸权语境中的国际报道,不仅丧失了传媒的自我独立性,还影响其报道的真实与平衡、客观与公正。

最后,政治家、学者应借助传媒表达对话观,在构建多维对话机制中赢得世界共鸣。无论如何,在西方霸权语境中进行"文明对话"、强化"文化自觉"是当务之急。早在20世纪50年代,莱斯特·皮尔逊就警告说,人类正进入"一个不同文明必须学会在和平交往中共同生活的时代,相互学习,研究彼此的历史、理想、艺术和文化,丰富彼此的生活。否则,在这个拥挤不堪的窄小世界里,便会出现误解、紧张、冲突和灾难"②。因此,政治家、学者和传媒应广纳东西方有识之士源自不同价值诉求的真知灼见,在多重对话视域中谋求"和而不同"的包容与理解,以获得国际社会越来越广泛的认同与共鸣。

---

① 《马克思恩格斯选集(第一卷)》,人民出版社,1995年版,第98页。
② Lester Pearson, *Democracyin World Politics*, Princeton: Princeton University Press, 1955, pp. 83 – 84.

## 二、西方大国媒介霸权主义案例分析

如果说西方国家的强权政治、发达经济及文化优越感,尤其是强势的传媒技术和先在的语言优势等是构建霸权话语的外因的话,西方的政治家、学者和传媒的苦心经营则是构建霸权话语的内因。在内外因相互作用下,共同制就了一个有利于西方大国的舆论环境,其宣传策略是从新闻语境和人文语境中剥离出政治语境,破坏了国际政治的民主性,西方霸权语境便统驭全世界。美国既是此种语境的主要始作俑者,更是其最大受惠者。

在基辛格看来,"好战的穆斯林是对国际秩序最迫在眉睫和最显而易见的挑战,核扩散是对全球生存的最长期和最隐匿的威胁"①,"反恐"与"防核"对国际秩序构成了双重威胁,"科学的发展和传播使国家的生存受到完全是另一国家领土范围内事态发展的威胁"。在"9·11"事件前,亨廷顿就预言"西方和穆斯林之间的冲突将更多地集中于广泛的文明间问题,诸如武器扩散、人权和民主、石油控制、移民、伊斯兰恐怖主义和西方干涉等,而不是领土问题"②。亨氏的"文明冲突"论与其说是一种学术观,毋宁说是为美国政府出谋划策的全球方略,旨在维护西方话语主导下的霸权秩序,"9·11"事件就是被西方传媒渲染成的一场"文明的冲突","美国的媒体不断地讲'9·11'改变了一切……如果没有电视的这种实况转播,没有电视拍摄的这些节目,没有卫星联网、有线电视及进入每个家庭,'9·11'传播的效果能是这样吗?'9·11'一共死了2700多人,全世界天灾人祸中比这个大的灾难多不多?当年的唐山大地震死了25万人,美国投向日本广岛长崎原子弹造成的死亡人数也有20多万。为什么别的灾难没有改变世界,而这个灾难改变了世界呢?是美国媒体改变了世界,而不是这个事件本身在改变世界"③。而且,"恐怖袭击、电视画面带来了空前的新闻话语霸权,促使美国站在更高的道德、感情的高地上,强化美国

---

① [美]亨利·基辛格、顾目:《基辛格论世界前景》,《学习与实践》,2005年第2期,第25—31页。

② [美]塞缪尔·亨廷顿:《文明的冲突与世界秩序的重建》,新华出版社,2002年版,第234页。

③ 李希光:《畸变的媒体》,复旦大学出版社,2003年版,第180—181页。

## 第四章 西方大国学术霸权与中国丝路学再出发

统治世界的合法性。"[1] 不仅如此,"9·11"事件后的全球传播一直弥漫着恐怖的阴影,美国等西方国家的传媒在报道阿拉伯—伊斯兰问题时,向世界传达的不是文化而是政治,且审查和自我审查又将美国非常危险地转变为"一个国家,一种思想"[2],"文明冲突"成为国际传媒的重要甚至全部的报道议题,而全球变暖、能源匮乏等重大全球性议题都被忽略。媒体和政治的斗争愈演愈烈,国际政治中媒体、舆论和政治间较量日趋激烈,凸显出西方霸权语境的几个特征:居高临下的话语态势;单向度的话语流程;武断臆造的话语内容;二元对立的话语立场;利益制约的话语目标。

美国学者 H.席勒在《传播与文化支配》一书中首次提出"文化帝国主义"概念,认为文化(或媒介)帝国主义是"近代殖民主义在当代社会文化领域的延续"。在其成名作《大众传播与美国帝国》中,他又揭露了由政府、军界和民企所建立的利益共同体,促成了美国传播凌驾全球,并导致他国尤其是发展中国家文化主权丧失的事实。文化(或媒介)帝国主义的实质是,"少数国家,尤其是美国,控制国外国内媒体的结构与内容,强行输出自己的文化习俗、价值观念和意识形态"[3],表明席勒学说强调西方大国借助强大的实力控制了文化输出权,经由大众媒介向外灌输,造成第三世界母语流失、传统瓦解、认同危机、集体失语、形象遭损、声誉被毁……媒介在国家软实力建设上扮演了至关重要的角色,甚至成了一个特殊管理者。西方国家尤其是美国在强大的国家硬实力的支撑下拥有强势传媒,以引导全球主导性议题、设置特定的传播框架以及营造有利的舆论环境等方式,掌控了国际传媒的话语霸权,并产生了无法匹敌的传媒影响力,从而凸显出文化帝国主义本质。

西方政治家强力推行单边主义政策、西方学者精心贩卖"文明冲突"论,政治霸权与学术霸权相互推动,借助现代传媒向全世界传播,而由西方掌握传播权的国际传媒也只能循着西方政治的与学术的霸权思路来报道重大国际事件,霸权语境便水到渠成般的形成了,其对国际社会的消极作

---

[1] 李希光:《畸变的媒体》,复旦大学出版社,2003年版,第189页。
[2] Lance Bennett, "*One Nation, One Mind,*" *Vanity Fair*, December 2001, pp. 176–182.
[3] 陈卫星:《国际关系与全球传播》,北京广播学院出版社,2003年版,第195页。

用也是显见的：1. 侵犯了公众在重大国际问题上的知情权。由于信源的被垄断，影响公众接受全面、准确和公正的信息，任何民主制度都无法发挥真正效力。因为，各国政府决策重大国际事务的信息基础只有西方所灌输的霸权信息。2. 制约了国际传媒报道的客观、公正性。对利己与异己群体采取美化与贬损不同的报道框架，背离了新闻真相。3. 遮蔽了全球化时代的现实丰富性。政治多极化、经济全球化和文化多元化是全球化时代的现实真相，但西方传媒所统摄的国际主导话语却将全球化等同于"西方化"甚至"美国化"，对处理全球化时代的根本问题产生了极大危害。因此，冷战时代虽已结束，但国际传媒领域的冷战格局依然存在，造成了西方霸权话语主导下的全球传播现状。

其中，由西方政界、学界和传媒联手臆造的"伊斯兰恐怖论"与"中国威胁论"即为西方霸权语境中的典型产物，且"具有一种已成为制度的倾向。这种倾向可以制造出超出实际的国际形象，来引导国际范围的社会话语和过程"①，并在贬损异己的过程中也制造出了超出实际的正面的美国形象。

西方传媒大体历经想象化→类型化→丑恶化→妖魔化→恐怖化的演绎逻辑而臆造了"伊斯兰恐怖论"：西方对伊斯兰世界的最初想象是建立在沙漠游牧民族这一基点上的。但二次大战后，西方人心目中的阿拉伯民族是"从骆驼背上的游牧民族这一粗略模糊的原型形象变成了代表着无力与易败的漫画式形象：这就是人们对阿拉伯人的全部想象"。更为不幸的是，在"阿以战争之后，阿拉伯人的形象再次发生了变化：显得更具威胁性。卡通中不断出现阿拉伯酋长站在油泵后面的形象"②。而这种静态的、含沙射影式的表述遮蔽了伊斯兰文化发展的潜在能力和历史过程，导致伊斯兰形象沦入臆想甚至类型化之中；由个体形象的人物出场到群体充塞的场景描述，甚至将反犹主义的个体目标置换为排阿主义的群体对象，这是西方传媒肆意丑化伊斯兰形象的基本路径，而巴以日趋激烈的冲突和拥有丰富的石油资源等外在因素更将此种丑化推向了极致；当"妖魔化东方"的政

---

① ［美］爱德华·W. 萨义德：《文化与帝国主义》，生活·读书·新知三联书店，2004年版，第441页。

② ［美］爱德华·W. 萨义德：《文化与帝国主义》，生活·读书·新知三联书店，2004年版，第366页。

第四章　西方大国学术霸权与中国丝路学再出发

治、历史、文化乃至学术倾向等逐渐渗透到大众传媒的各个方面时，便出现了把伊斯兰世界简单粗暴地加以表述并制作出大量的反映愚蛮的赶骆驼的人、恐怖主义者和盛气凌人的阔酋长的电影、电视节目等，借此向人们不断灌输由发达的传媒技术所塑就的纵欲、懒散、宿命论、残忍、堕落等影画形象，为西方人在那里攫取能源和发动战争寻找借口；自苏联解体后，西方传媒又将目光转向了东方，在东方化的伊斯兰世界中找到了一个又一个的邪恶帝国。其结果是，各种媒体中到处充斥着欲将伊斯兰形象推入恐怖深渊的明显倾向，尤其是亨廷顿"文明冲突论"的炮制和"9·11"事件的发生，不仅使美国政治思潮走向了极端化，还使西方传媒所鼓噪的"伊斯兰威胁论"甚嚣尘上，更使美国传媒越来越受制于政府。更何况，"欧洲对伊斯兰的兴趣并非来自好奇，而是来自对伊斯兰这个一神论的、在文化上和军事上都令人生畏的欧洲基督教的竞争对手的恐惧"，这种"恐惧与敌视相混杂的情感一直延续至今"[①]。美伊战争后，美国加快改造伊斯兰世界的新战略又潜移默化地影响着西方传媒对伊斯兰问题的报道立场与表述方式，与此相关的话题更被蒙上了恐怖的阴影，并在穆斯林妇女问题、耶路撒冷问题、"9·11"事件、伦敦连环大爆炸、中东变局、儒伊联手威胁世界说等[②]相关话题上表现尤甚。因为，超级大国的决策者及其传媒"早在'9.11'事件之前，就已经在阿拉伯、伊斯兰世界中寻找并设定'无赖国家'和'邪恶帝国'了，伴随这种政策导向的，是西方的影视、电子媒体、印刷媒体中充斥着将伊斯兰和恐怖主义，或阿拉伯和暴力，或东方和专制等同起来的负面的定型形象"。[③] 从二战前→二战→冷战→后冷战时代，西方传媒历经由想象化→类型化→丑恶化→妖魔化→恐怖化的演绎伊斯兰世界的持久过程，或公开或隐形地在长达近百年的传播实践中"重塑"了与伊斯兰世界本相相去甚远的一个臆设形象。

"中国威胁论"在美国由来已久，可溯至19世纪后期的"排华浪潮"，

---

① ［美］爱德华·W. 萨义德：《文化与帝国主义》，生活·读书·新知三联书店，2004年版，第441页。

② 马丽蓉：《西方霸权语境中的阿拉伯－伊斯兰问题研究》，时事出版社，2007年版，第92—247页。

③ 朱威烈：《当代中东国家社会与文化》总序，《阿拉伯世界》，2002年第4期，第3—5页。

并于1882年和1884年通过了《排华法案》；冷战后"中国威胁论"泛滥于1992—1993年间。其中，美国学者芒罗的《正在觉醒的巨龙：亚洲真正的威胁来自中国》与亨廷顿的《文明的冲突与世界秩序的重建》等均在此大背景下问世，前者渲染中美军事冲突不可避免，后者断言儒教文明与伊斯兰教文明结合将是西方文明的天敌；第二拨"中国威胁论"发端于1995—1996年间，诱因则是台海危机及由此而起的美国国内对华政策大辩论，《时代周刊》记者伯恩斯坦和芒罗所著《即将到来的美中冲突》一书更是集大成者；"中国威胁论"第三次甚嚣尘上则在1998—1999年间，美国学者特里普利特与爱德华·廷珀莱克合写的《鼠年》和《红龙跃起》两本书更使"中国威胁论"登峰造极；第四拨"中国威胁论"更暴露霸权实质：2000年美国学者罗斯基发表"中国GDP统计出了什么问题"与"中国的GDP统计：该被警告？"等文，质疑中国经济增长统计数据的真实性，被西方媒体大肆炒作，使"中国发展水分论"大行其道。稍后，美国记者戈登·尚出版耸人听闻的《中国即将崩溃》一书，"中国崩溃论"逐渐流行，美对华过分"关注"起来。2006年时任美财政部长汉克·保尔森说"中国已经是全球经济领袖之一"，强调要通过"增加美国的国民储蓄和增加中国的国内消费和人民币汇率弹性"来解决全球经济不平衡。2007年1月，伦敦皇家国际问题研究所所长维克托·托马斯在"2020年，世界将有中美两个超级大国"一文中强调"人们需要不断提醒这两个超级大国，它们的责任已扩大到整个地球"。事实上，西方传媒一直以"救世主"的潜念居高临下地传布在他们看来极需拯救的、愚昧且落后的中国形象。尤其是自20世纪70年代至今，美国媒体对中国问题的报道大体经历了四个阶段：20世纪七八十年代之所以要美化中国，旨在以一个正面的、强大的"美好中国"去对抗苏联。为此，美媒主要采取避开政治、专谈风土的猎奇方式，最大限度地满足西方受众对东方神秘文化的巨大好奇；20世纪90年代前后，西方传媒由美化中国形象趋于欣赏"丑陋的中国"，最明显的例证就是讲述旧中国老儿女的中国影片屡获国际大奖，这是西方电影评委对中国"审丑"情结的集中表露；近年来的和平崛起已使中国在国际事务中开始发挥越来越重要的大国作用，这无疑对竭力推行全球霸权的美国而言影响极大，如何尽快铲除异己政治的中国便成为白宫官员要务，也成为美媒的主要"政治任务"。可以说，近半个世纪以来，以美国为首的西方

## 第四章 西方大国学术霸权与中国丝路学再出发

主流传媒由美化→丑化→妖魔化中国的原因及其方式是昭然若揭的，但对长期不明真相的、多年被动接受传媒灌输的西方普通受众而言，他们的想象推理也只能是如此简单的臆想式过程：赤色分子→共产党→共产党国家中国→国民愚昧、政治专制、经济落后→妖魔化中国→中国威胁全世界的安全→红色与暴力→"赤色威胁"→全球仇儒恐中……西方传媒从政治、经济、军事、文化、社会等方方面面不断贬损着"中国形象"，并通过炒作议题框定污名化中国的叙事基调。

在蓄意炒作"伊斯兰恐怖论"与"中国威胁论"的过程中，美国政界、学界和媒体联手营造了一个美化美国形象的国际舆论环境，相继塑造了如下几种"美国形象"：两伊战争中的"中立者"形象、海湾战争中的"救世主"形象、反恐战争中的"受害者"形象。亦即，美国传媒从越南战争的越位报道致使总统下台→两伊战争的封锁消息暗合政府战略→海湾战争的公开配合变为参战利器→反恐战争的煽动民情进而鼓动开战，"美国形象"也在越战后被相继塑造成中立者→爱国者→受害者，而美国在海外战争史上的国家形象又折射出美国政府汲取越战教训逐步控制传媒的真相，暴露出美媒陷入"新闻自由"与"政府意志"难以调和的窘境。从表面上看，美国传媒运作看似十分自由，但实际却受制于法规律令的严格约束，不仅美国《宪法第一修正案》限制了这种"自由"，而且《美国新闻管制训条》里规定："在未来战争中，军队必须战胜两个敌人，一个是军事战场上的敌人，一个是舆论战场上的敌人。后者包括本国和西方国家以及一切亲西方的无冕之王们。"一战期间，美国总统威尔逊下令成立"公共新闻委员会"，负责发布战争消息，充任政府与传媒间的联络员，以防乱发消息，动摇民心或影响战争进程；二战期间，美国又颁布《美国报纸战时行为准则》，将新闻媒介严格纳入战争轨道；朝鲜战争期间，"联合国军"司令麦克阿瑟于1951年颁布《新闻检查条令》完全捆住了美媒手脚；越南战争期间，传媒将政府搞得狼狈不堪的"教训"促使美国政府加强了传媒监管，限制了传媒新闻自由。伊拉克战争爆发前夕，美国军方就出台《战地记者手册》，对记者采访和发稿权又作了更加严格的规定，不得有违……不仅如此，美媒的影响力还直接与其背后的经济实力成正比。特别是近一二十年来，美国政治竞选费用暴涨了三四倍，主要用于购买各大媒体上昂贵的宣传广告。事实证明，美国的主要传媒依凭巨大的资财掌握了

丝路学研究：形成、发展及其转型

"设置新闻议题"的权利，通过对消息来源和新闻素材的选择取舍，"引导"或"转移"受众对特定议题的关注，并通过所谓"结构性消息封锁"来封杀受众对其他议题的了解。只不过，在国内政治上，美国确实有其"公民社会"的良性体制，各党派和特殊利益集团的存在，使得权势人物或集团很难长期垄断和封锁主要的国内新闻议题，这易给外人造成"言论自由"的某种错觉。但美国主流媒体在"涉外议题"上表现出和政府外交政策及"国家利益"间惊人一致性，尤其采用封锁甚至误导新闻议题的方式对国际问题实施"政治挂帅"。可以说，海湾战争，不仅使"传媒与政府之间的距离缩小到几乎消失"，也使美国意识到不但要管制传媒，而且要充分利用传媒，使其最终成为参与战争的一种威力巨大的武器。"9·11"事件的发生，令美国人的种族优越感遭受空前挫伤，也使美媒从这场灾难的废墟中寻到了搭建道德金字塔的材料。秉承白宫意愿的传媒抓住扩延于民众中的"受害者"心理，竭力为"先发制人"的非道义之举大造舆论，使得美媒残存的新闻客观性也被所谓的"国家利益"与"爱国主义"激情所淹没，在阿富汗塔利班政权的"非法"与伊拉克萨达姆的"邪恶"不断升级的外因刺激下，"反恐"遂成为美国上下最强烈意愿和呼声，美媒妖魔化萨达姆及其政权的舆论战，使得美国民众对动武的支持率呈持续上升趋势，"随着战事的进展，有些报道就越来越不像话了，特技镜头、合成照片等高科技大显身手。特种部队营救女兵的杰出作品已是世人皆知的了。美军进入某城市后受到'伊拉克人'的欢迎镜头也只是有数的几个在轮番播放……"① 经历了"9·11"事件的美国，其媒体与国家战略部署更是保持了高度一致性。② 因此，"一个政府要想在重大事件发生后，影响和赢得民意，需要利用和开发现代媒体带来的软资源，制造舆论，设置议程和框架，从而形成自己的软力量优势。如果不能适时地调整到现代媒体舆论环境下，这个国家、政府或党派组织将在舆论和民意上处于劣势。美国政府吸取了越南战争的教训，在美国与国外发生冲突时，美国政府特别

---

① ［日］田中宇：《"9·11"迷雾——美国政府反恐决策内幕》，世界知识出版社，2005年版，第7页。
② 程曼丽：《两次海湾危机中的美国舆论分析》，《中国记者》，2003年第3期，第44页。

## 第四章 西方大国学术霸权与中国丝路学再出发

注意在海内外培育一个支持政府政策的现代媒体环境"①。

可见，国际社会对伊斯兰世界与中国的基本认知很大程度上就来源于国际传媒的新闻报道，尤其是那些权威性强、影响力大的国际传媒。因此，西方主流传媒对此类问题的确认与传播起了极为关键的作用，它们既可充当一般传播中介的角色，还可对西方大国的涉伊、涉华认知起一种"定型"甚至"定性"的作用，其报道的议题和方式都会影响国际舆论和国际受众对此类问题的评价和定位。西方强势传媒鼓噪的"伊斯兰威胁论"和"中国威胁论"正是其在"重塑"美国正面形象的过程中文化霸权主义使然，表明西方传媒可信度的惊人缺乏缘自霸权主义统摄新闻的可怖事实。萨义德的"东方主义学说"就旨在揭露西方通过带有明显偏见的、对东方形象标准化和类型化模式来"妖魔化东方"的事实真相，且这种"妖魔化东方"的政治、历史、文化乃至学术倾向已渗透到大众传媒的各个层面。

值得警惕的是，西方大国"妖魔化东方"的不幸后果之一是，中国形象在伊斯兰世界是模糊的、伊斯兰世界的形象在中国也是不清晰的，造成了"一个触目惊心的事实是，尽管中国的中东政策是同情和支持阿拉伯正义事业的，但是，中国的青年人，特别是青年网民已经大部分站在了以色列一边，他们公开在网站论坛上攻击政府的外交政策，强烈抨击中国媒介有关中东问题的报道立场，对客观报道巴勒斯坦问题的记者进行人身攻击，极力贬低巴勒斯坦人、阿拉伯人、穆斯林和伊斯兰教，对美国和以色列充满了同情、崇拜和支持"。而这一怪现象的出现，"固然和中国当代青年人的世界观、人生观及价值观发生剧烈变化有关，与西方媒介控制和左右世界信息渠道有关，但也与阿拉伯国家对外宣传不力，尤其是对华媒介公关失败有着密切的关系。"② 因此，中国与伊斯兰世界双方都应高度重视在国际舆论中树立正面形象的重要性与紧迫性。

### 三、应对文明对话中西方霸权话语干涉的主要策略

在西方传媒的霸权语境中，中国和伊斯兰世界分别被臆造为"红祸"

---

① 《国际政治中的媒体力量》，(阿根廷)《民族报》，2005年2月25日。
② 马晓霖：《中国媒体中的沙特阿拉伯形象》，《阿拉伯世界》，2005年第1期，第34页。

与"绿祸",尤其随着中国的和平崛起及"9·11"事件的爆发,西方传媒不但借"人权"来贬损中国政策形象,还借"反恐"来诋毁伊斯兰文化形象。因此,我们应正视由西方媒介霸权主义所致西强东弱的国际舆论现状,尤其是西方大国臆造"中国威胁论"与"伊斯兰恐怖论"对全球文明对话的消极影响,确立以塑造中国国际形象来抵御西方霸权话语干涉的应对策略。

有关中国国家形象的全球调查报告显示,中国国家形象的认知度、美誉度等在"一带一路"国际合作中得到了全面提升,但同时也因西方大国的舆论绞杀面临严峻挑战。在"一带一路"国际合作中通过丰富内涵、拓展渠道来进一步构塑中国国家形象,也成为题中应有之义。当前中国国家形象构塑主要面临以下三大挑战:一是西方大国蓄意歪曲或以双重标准对待中国的反恐维稳,以及通过发布年度人权报告等方式,竭力抹黑中国的民族宗教政策,臆造了消极或负面的中国政策形象;二是西方大国抹黑"走出去"的中国企业形象。"走出去"的中国企业虽重视并承担了诸多社会责任,仍被西方媒体拖入环保、人权、殖民等既定议题而遭肆意歪曲;三是西方大国竭力抹黑"一带一路"形象。西方媒体炮制"锐实力""债权帝国主义""抵消影响力"等论调,试图误导国际社会对"一带一路"的客观认知,为美日印澳联手推出的所谓"替代战略"造势。

国家形象是由一个国家的自我认知与国际体系中其他行为体对它的认知共同塑造而成。自塑力是国家形象得到客观塑造的前提之一。随着"一带一路"的高质量发展,中国需通过主动塑造国家形象来重塑"中国与世界古今丝路关系",并从以下三方面予以推进:第一,应回到丝路找思路,重构中国的"文明形象"。中国不仅是"丝绸之路"这一国际公共产品的贡献者,还是"一带一路"这一国际合作模式的首倡者。随着"协和万邦""宣德化、柔远人"以及"国之交在于民相亲""共商共建共享"等新旧两套丝路公共产品备受关注,中国与沿线国家的丝路记忆得以重唤、丝路情谊得以密切、丝路认知得以加强,中国的形象能在历史与现实的双重语境中得以构塑。近年来的皮尤等民调报告显示,中国正从"有经济影响力的大国"向"有传统文化魅力的大国"悄然变化。第二,应回到现实找思路,以构塑中国的"政党形象"。有关中国国家形象的全球调查报告也显示,从有超强的组织动员能力、组织严密到全面从严治党、具有高度凝聚力等，中国共产党国际形象过去几年不断攀升，但也面临一系列挑战。因此，今后可立足于"一带一路"国际合作来进一步构塑中国的"政党形象"，比如可以主动设置议题以彰显中国"政党形象"的国际传播力；在"走出去"中国企业形象的公关实践中，讲好党和政府的决策力以及中国特色的发展模式；发布"中国企业社会责任年度报告"，以第三方评估报告方式发布运营项目对当地社会经济发展的贡献，旨在彰显和构塑中国"政党形象"的道义感召力与国际责任感。第三，应回到学术找思路，以构塑中国的"学术形象"。由李希霍芬、斯文·赫定等西方"探险家"所创建的丝路学，实为关于"中国与世界古今丝路关系"的一门百年显学，且在美欧学派主导下发展至今，并在"一带一路"带动下进入转型发展的历史新阶段，使西方话语体系把控全球丝路学的学术惯例遭受空前挑战。故应通过立言、献策以及构建丝路学术共同体等举措来振兴中国丝路学。因为，"当代中国正经历着我国历史上最为广泛而深刻的社会变革，也正在进行着人类历史上最为宏大而独特的实践创新。这种前无古人的伟大实践，必将给理论创造、学术繁荣提供强大动力和广阔空间。这是一个需要理论而且一定能够产生理论的时代，这是一个需要思想而且一定能够产生思想的时代。"[①]

综上，通过深化塑造中国的"文明形象""政党形象""学术形象"提升中国国家形象的自塑力，将有助于丰富和加强中国国家形象的内涵建设与路径选择，进而通过塑造正面国家形象来抵制西方媒介霸权主义，切实助力全球化时代的文明交往。

## 第二节 美国霸权政治中的"学术因素"案例分析

### 一、"文明冲突论"与冷战后美国中东战略的确立

1993年夏，美国《外交》季刊发表了亨廷顿的论文《文明的冲突？》，该文几乎"触动了各个文明中的人们的神经"。1996年，他出版了由此文

---

[①] 《习近平：在哲学社会科学工作座谈会上的讲话》，新华社，2016年5月18日。

扩延而成的专著《文明的冲突与世界秩序的重建》,又引起世界关注,其"前言"明确指出:"这本书不是也并不打算成为一本社会科学著作,而是要对冷战之后全球政治的演变做出解释。它渴望提出一个对于学者有意义的和对于决策者有用的看待全球政治的框架或范式。对于其意义和有用性的检验不在于看它是否说明了正发生于全球政治中的所有的事情,它显然做不到这一点,而在于看它是否比其他任何可供选择的范式提供了一个更有意义的和更有用的观察国际发展的视角。"[①] 事实上,《文明的冲突与世界秩序的重建》一书的确提出了一个对学者有意义,尤其对"决策者有用的看待全球政治的框架或范式",并"比其他任何可供选择的范式提供了一个更有意义的和更有用的观察国际发展的视角"。而且,就在"文明冲突论"在全球形成广泛影响之际,特别是"9·11"事件之后,马德里"3·11"爆炸案、"伦敦连环大爆炸",以及巴以冲突中的无辜死难者和殒命街头的伊拉克教徒等"冲突事件"的频发,似乎都在印证亨廷顿的"冲突"说。身处冷战后"一超独霸"国际政治格局中的美国,重新寻找对手便成为追逐霸权利益的必然选择。这既是亨廷顿这一学术思想产生的立论背景,也是"文明冲突论"这一学术观点跃升为美国决策者最有用"霸权方略"的现实诉求。因此,亨廷顿的具体论述都围绕这一现实任务而展开,并从树立"假想敌"到罗列"文明冲突"罪状,继而到确立"冲突主战场",最后到炮制霸权舆论等基本思路来进行推演,主要体现在以下三方面:

## (一)亨廷顿武断判定儒家文明、伊斯兰文明联手将是未来世界的最大威胁

亨廷顿多次以中东地区为例印证自己的"冲突说",在罗织"文明冲突"罪状时也多以中东问题为佐证。在他看来,尽管儒、伊文明"从根本上说,这两者之间具有的共性可能还不及它们各自与西方文明之间的共性。但是在政治上,共同的敌人将产生共同的利益……它们可能在一些不同的问题上进行合作,包括人权和经济问题,但最值得注意的还是从属于

---

① [美]塞缪尔·亨廷顿:《文明的冲突与世界秩序的重建》,周琪等译,新华出版社,2002年版,前言。

第四章 西方大国学术霸权与中国丝路学再出发

这两个文明的国家携手发展其军事能力,特别是大规模杀伤性武器及其运载火箭,以此来抗衡西方在常规武器方面的优势。"① 如果说,亨廷顿当年将伊斯兰文明和儒家文明视为西方文明最强劲对手时并未明示其意的话,那么,他在新著《我们是谁?——美国国家特性面临的挑战》中则一语道破:"九一一事件引人注目地象征着 20 世纪作为意识形态世纪和意识形态冲突世纪的结束以及一个新的时代的开始,在这一时代,人们主要是从文化和宗教信仰的角度界定自己。美国现在的实际敌人和潜在敌人是宗教驱动的伊斯兰好斗分子和完全非意识形态的中国民族主义。"②

可以说,西方媒体大肆炒作的"伊斯兰恐怖论"和"中国威胁论"就是对亨廷顿所谓"实际敌人和潜在敌人"的进一步渲染,使得布什政府针对中东和中国的相关政策中也更难摆脱敌意与成见的干扰。

## (二)亨廷顿蓄意挑拨基督教和伊斯兰教之间的关系,竭力强调二者间的不相容、排斥和冲突性,假借宗教之名为西方殖民和后殖民行径开脱罪责

亨廷顿认为,"只要伊斯兰仍是伊斯兰(它肯定是),西方仍是西方(这一点存在较多的疑问),这两个伟大文明和社会生活方式之间的根本冲突在未来将继续决定它们之间的关系,甚至像在过去的 1400 年中一直决定着那样。"③ 在他看来,西方面临的根本问题不是伊斯兰激进主义,而是一个不同的文明——伊斯兰,它的人民坚信自身文化的优越性,并担心自己的力量处于劣势。伊斯兰面临的问题不是美国中央情报局和国防部,而是一个不同的文明——西方,它的人民确信自身文化的普遍性,而且确信,尽管他们的优势正在下降,但这一优势仍然使他们有义务把他们的文化扩

---

① [美]塞缪尔·亨廷顿:《文明的冲突与世界秩序的重建》,周琪等译,新华出版社,2002 年版,第 202 页。

② [美]塞缪尔·亨廷顿:《我们是谁:美国国家特性面临的挑战》,程克雄译,新华出版社,2005 年版,第 282—283 页。

③ [美]塞缪尔·亨廷顿:《文明的冲突与世界秩序的重建》,周琪等译,新华出版社,2002 年版,第 234 页。

展到全世界。这些是造成伊斯兰和西方冲突的根本因素。[①]

显然，亨廷顿不仅武断地将伊斯兰与西方间的历史关系判定为一种结构性的"根本冲突"，还将同源异教的两大宗教文化彼兴此衰的历史演进视为穆斯林戒备与防范心理使然。

## （三）亨廷顿悍然确立阿拉伯—伊斯兰世界为"文明冲突"的主战场

亨廷顿无视伊斯兰这一宗教的和平本质，也无视世界其他国家和地区的恐怖活动与政治冲突，武断地将恐怖主义与伊斯兰教、阿拉伯民族相联系，一味强调穆斯林的"好斗"和"冲突"，并罗列了"穆斯林冲突倾向的可能原因"是："好战，不相容，以及与非穆斯林群体相邻，仍然是穆斯林持续存在的特点，而且是造成整个历史过程中穆斯林具有冲突倾向的原因，如果这种倾向存在的话。"[②]

"人口膨胀、缺少核心国家"又成为伊斯兰内部和外部冲突的原因所在。"[③]"穆斯林国家在国际危机中还具有强烈的诉诸暴力的倾向。"[④] 当然，当穆斯林"与生俱来"的冲突性与美国"救世主文化"的霸权诉求相遇，导致阿拉伯-伊斯兰世界与西方频发"冲突"，"9·11"事件更为亨廷顿的"文明冲突说"提供了极好佐证，甚至在基辛格看来，"好战的穆斯林是对国际秩序最迫在眉睫和最显而易见的挑战，核扩散是对全球生存的最长期和最隐匿的威胁。"[⑤] 将"好战的穆斯林"的挑战提升为"核扩散"般的威胁，也将真正威胁国际秩序的"谋霸"野心掩于全球范围的"反恐"与"防核"之中，进而形成了"布什主义"的基本思想，其现实基

---

① [美]塞缪尔·亨廷顿：《文明的冲突与世界秩序的重建》，周琪等译，新华出版社，2002年版，第299页。
② [美]塞缪尔·亨廷顿：《文明的冲突与世界秩序的重建》，周琪等译，新华出版社，2002年版，第297页。
③ [美]塞缪尔·亨廷顿：《文明的冲突与世界秩序的重建》，周琪等译，新华出版社，2002年版，第290页。
④ [美]塞缪尔·亨廷顿：《文明的冲突与世界秩序的重建》，周琪等译，新华出版社，2002年版，第419页。
⑤ [美]亨利·基辛格、顾目：《基辛格论世界前景》，《学习与实践》，2005年第2期，第110页。

第四章　西方大国学术霸权与中国丝路学再出发

础是"9·11"事件后白宫对其中东政策的大调整。即从"注意力几乎完全集中于获得能源或建立军事基地"向"更加强调促进市场经济、教育改革和公民参与—男人和妇女同等地参与—社会事务,并逐步加强民主制度和程序建设"的转变,以扭转"对恐怖主义的支持不断增长的社会气候"[1]。

可见,"布什主义"烙有亨廷顿"文明冲突论"的鲜明影响印记:小布什政府将报"9·11"事件之仇的军事行动定性为"全世界的战斗",甚至是"文明社会的战斗",进而以"要么站在我们一边,要么站在恐怖分子一边"来划分世界,希望各国的态度是认为"打击一个国家就是打击全体",借此"把整个世界团结起来"。亨廷顿的"文明冲突论"这一学说就这样成为确立美国反恐战略,尤其是中东战略的理论圭臬。

## 二、"历史终结论"与冷战后美国对中东战略的实施

如果说,亨廷顿的"文明冲突论"是将儒家文明、伊斯兰文明的联手视为对西方基督教文明最具威胁力的敌人,其潜念在于文明的西方世界与非文明的其他世界的冲突,流露出充满敌意的"我对他者"的二元世界观,那么,弗朗西斯·福山的"历史终结论"则更渗透着这种世界观。《历史终结论》源于福山1988年所作的一次题为"历史的终点"的讲座,后撰文为"历史的终结?",刊于1989年美国新保守主义期刊《国家利益》上。他在此文中强调,东欧剧变不仅是冷战的结束,更是"历史的终结"。亦即,历史演进已走向完成,西方的自由、民主制度也许是"人类意识形态发展的终点"和"人类最后一种统治形式",并将成为"全人类的制度"。1992年,他又将此文扩写成专著《历史的终结及最后之人》,在进一步阐释"历史终结论"的同时,还分析"自由、民主"发展到顶峰后的"最后之人"问题,以此说明"历史终结"后的人类状况。[2] 事实上,福山所宣扬的世界终为"民主资本主义"的观念,在克林顿时期就被转化为一种政策诉求,并成为其执政核心——经济、安全与民主的重要组成部分;

---

[1] 马丽蓉:《西方霸权语境中的阿拉伯—伊斯兰问题研究》,时事出版社,2007年版,第209页。

[2] [美]弗朗西斯·福山:《历史的终结及最后之人》,黄胜强等译,中国社会科学出版社,2003年版,第1页。

小布什上台后，他以新保守主义的政治理念为政策指针（亦即以自由市场经济观念为基础），认为在一种政治背景中只有一种经济体系可以立足，这种政治背景就是所谓的"自由民主"；这种经济体系就是所谓的"全球化自由市场经济"。因此，对美国新保守主义者而言，福山的理论为他们提供了有利的行动理由，通过军事打击的方式，在阿富汗和伊拉克所大力推行的"民主"制度的改造，就是遵循了"历史发展方向的"。从某种意义上讲，小布什政府所竭力推行的民主改造"大中东"战略就是冷战后美国对中东战略的具体实施：2002年9月，时任美国国务院政策规划办公室主任的理查德·哈斯在伦敦国际战略研究所年会上首次对外阐述了以扩展民主来改造阿拉伯—伊斯兰世界的思想；2002年12月，前国务卿鲍威尔在美国传统基金会发表题为《美国—中东伙伴关系倡议：为未来岁月构建希望》的演讲，披露了民主改造中东的政策计划；2003年2月，小布什在美国企业研究所发表演讲，大体勾划了民主改造"大中东"的政策；2003年11月，小布什在美国商会全国民主捐赠基金会成立20周年纪念大会上，首次提出"中东自由前瞻战略"；2004年1月，小布什在国情咨文中正式提出"大中东"概念，并向国会阐述了扩展民主的政策措施；2004年6月，美国政府在锡尔岛"八国峰会"首脑会议上正式提出"大中东倡议"，并赢得支持；小布什在《2005年国情咨文》中进一步明确指出："美国将与自由的同盟者站在一起，支持中东和其他地区的民主运动，最终将暴政从我们这个世界上扫除干净。"他建议把"全国民主捐赠基金"预算增加一倍，用于"发展中东地区的自由选举、自由市场、自由舆论、自由工会之上。"还希望伊拉克成为"中东民主样板"，发挥多米诺骨牌效应。但事实上，美国欲使之成为"民主样板"的伊拉克却成了恐怖分子生成的策源地，并由此引发伊斯兰世界对美国民主改造"大中东"战略动机的广泛质疑，中东变局相继结出了令美国措手不及的"民主果实"，严重影响美国对"大中东战略"的具体实施……相关的全球舆论调查显示，欧洲、中东和亚洲的反美情绪皆因伊拉克战争而高涨，穆斯林国家绝大多数人均对美国持消极看法。

在严酷的事实面前，福山于2006年2月19日在《纽约时报》上发表了题为《新保守主义之后》一文，尖锐批评了"布什主义"及其新保守主义理念。他在2006年还推出新著——《十字路口的美国：民主、权力和

第四章 西方大国学术霸权与中国丝路学再出发

新保守主义的遗产》[1]，严厉批评了布什政府所推行的新保守主义政策：他将新保守主义兴起的原因部分地归结为对苏联失败的"过度反应"，且无限夸大了恐怖分子与萨达姆所造成的威胁，致使伊拉克"似乎正悲剧性地陷入内战"；正是由于"9·11"事件的刺激，才导致白宫在2002年发表的美国《国家安全战略》报告中采取了"单边主义"路线和"先发制人"策略；民主不能单靠外部力量来实现，民主程序与民主过程均因不同文化愿望而异……最后他还提出中肯的政策建议："一种建立在多边主义，而不是单边主义基础上的政策；一系列的经济和政治政策，而不是一种依赖军事威力的政策；运用软实力而不是武力的政策；承认国家有不同的文化渊源，因此，不能从外部将'民主'强加给它们。"[2]他甚至在另一部新著中大胆质疑小布什的政策：世界是否如布什所称的那么危险？是否能有其他更好的办法来对付伊拉克之类的威胁？事实上，"如果这种威胁被严重夸大，那么美国的先发制人的战争理念本身就会成为全球不稳定的头号祸因。"[3]显然，作为一个美国新保守主义在政治和外交政策主张上的"曾经的支持者"，福山的此种反思具有一定的说服力，因而引起了外界广泛关注与回应。2006年1月18日，时任美国务卿赖斯在乔治城大学发表的讲话中提出，美国的外交政策今后将表现为"基于伙伴关系，而非家长做法的转型外交"，并"在每个国家和每种文化中寻求和支持民主运动和民主机构的发展，最终实现在世界上结束暴政的目标"。2006年3月，白宫发表的美国《国家安全战略》报告，虽仍将民主化作为争取反恐胜利的手段、"先发制人"作为美国战略的重要部分之一，但也表示将重视"软实力"，并优先使用外交方式和采取国际合作，理由是"我们的战略目标是理想主义的，但我们的手段是现实主义的。"如此典型的断语表述，渗透着福山"历史终结论"学说的影响烙印。

可见，亨廷顿的"文明冲突论"为布什政府确立全球反恐战略提供了

---

[1] Francis Fukuyama, *America at the Crossroads: Democracy Power and the Neoconservative Legacy*, Yale University Press, 2006.

[2] ［新加坡］马丁·雅克：《新保守主义之后》，王丽莉译，《国外理论动态》，2006年第6期，第59页。

[3] ［美］弗朗西斯·福山：《国家构建：21世纪的国家治理与世界秩序》，黄胜强、许铭原译，中国社会科学出版社，2007年版，第113页。

强势的舆论支持；福山的"历史终结论"则为美国推行"大中东"战略提供了根本的实施方略。福山深刻反思伊拉克问题，并对美国中东战略提出质疑与批评，则显出国际问题专家正视现实的应有态度。

## 三、"软实（权）力说"与冷战后美国对中东战略的调整

阿根廷新闻社曾载文总结了"有十大理由促使人们颇不信任美国"：架空联合国；长期以来有预谋地干涉他国内政；总是感觉世界充满威胁；对民主的理解错误；外交政策双面性；拒绝接受国际刑事法院的司法权；致力于军事化；造成脱离常规和不自然的全球化，导致贫困和灾难；经济和社会不平等差距悬殊；环境恶化、全球变暖的主要责任者。[1] 可以说，在美国失信于世界的十大理由中，其绝大多数都直接或间接地缘于美国中东战略。亦即，用军事侵入、政权更迭的方式培植亲美政府，以反民主的方式强力推行美式民主，以"反恐怖主义""大中东民主改造"，以及"防止大规模杀伤性武器"之名，谋取世界霸权，尤其是谋取中东的能源与地缘资源。因此，美国失信于世界，甚至失信于美国民众都不足为奇，特别是美国联邦储备委员会前主席艾伦·格林斯潘在2007年9月17日出版的回忆录中写道："伊拉克战争主要是为了石油"。这又进一步降低了美国日趋下滑的国际声誉。可以说，美国不仅在伊拉克重建、伊朗核问题，以及巴以和谈等中东重大问题上损失了大量人力、物力等硬实力，同时也输掉了巨大的软力量，弥漫于美国内外的仇美、反战情绪即为明证。面对美国身陷"伊拉克恐怖泥潭"而难以自拔的现实困窘，约瑟夫·奈呼吁政府应正视国家软力量日趋衰落的严酷现实，加强修复全球领域的"美国形象"。

自从约瑟夫·奈在20世纪80年代后期提出"软力量""软权力"及"软实力"概念后，围绕它们生发出诸多不同理解，他本人也在不断充实和发展此概念的学术求索中，对美国调整其中东战略产生了深远影响：1990年出版的《谁与争锋》，旨在反驳当时盛行的"美国衰败论"，认为

---

[1] 胡利奥·塔夫拉达：《颇不信任美国的十大理由》，阿根廷新闻社，2007年版。

## 第四章 西方大国学术霸权与中国丝路学再出发

"美国不仅是军事和经济上首屈一指的强国,而且在第三个层面,即在'软力量'上也无人与之匹敌。"1991年海湾战争时期乔治·赫伯特·沃克·布什组建的广泛国际联盟即为明证。此后数年间,此概念不仅被美、英等国政要、媒体和学界广泛应用,也遭致曲解与误用,甚至令他本人也倍感沮丧的是,"某些政策制定者忽略我们软力量的重要性,以至于毫不必要地将软力量挥霍一空,从而付出了代价"。因此,他在2002年出版的《美国力量的悖论》中,再次阐释"软力量"理论,并向小布什政府提出一系列可行性政策建言,引起《国民利益》《经济学家》《商业周刊》等重要刊物关注,《纽约时报》《波士顿环球报》《基督教科学箴言报》及《日本经济新闻》等媒体也发表评论,认为这是约瑟夫·奈对小布什政府推行单边主义所发出的"提醒"或"告诫"。《外交政策》杂志在题为《美国不能再当孤胆骑警了》的书评中明确指出,这本书"在某些方面应该成为下任民主党总统候选人的竞选纲领。"约瑟夫·奈在2004年的新著《软力量:世界政坛成功之道》中又对此概念做了深入探讨:针对伊拉克战争"给美英政府的可信度造成了得不偿失的重创",以及"恐怖分子正是通过其软力量来赢得广泛支持和招募新成员的"现实,希望此概念能在美国外交政策中得以正确地理解和运用,毕竟"运用软力量没有像运用硬力量那样单边,我们还需要好好上这一课"。[①] 2005年底,他在美国《华尔街日报》上发表《中国软力量的崛起》一文指出,中国软力量的崛起已对美国利益构成了某些威胁;2006年,约瑟夫·奈又告诫小布什政府应同等认识软、硬两种力量的重要性,并思考如何形成旨在结合二者的巧妙政策[②];2007年,他又直言小布什政府在后九——时代的外交失败,皆因只重视军事实力而忽略软力量所致,并披露美国政府2003年在公共外交上对伊斯兰国家各种投入共计1.5亿美元,仅相当于当年美国2小时的国防开

---

[①] [美]约瑟夫·奈:《软力量:世界政坛成功之道》,吴晓辉等译,东方出版社,2005年版,第117、24、134页。

[②] 参见《约瑟夫·奈:拉氏之后重新关注软实力恰逢其时》,http://www·china. com. cn/international/txt/2006—11/20/con - tent_7382152. htm。

支。① 约瑟夫·奈的这番言论也赢得广泛认同。2007年6月，美国三大国际问题专家基辛格、布热津斯基和斯考克罗夫特同时在国家热档电视访谈节目中出现，并向政府积极建言：在一个瞬息万变的世界上，美国在使用武力方面一定要谨慎，要更愿意与其他国家商谈。时任美国务卿赖斯于2007年访问法国时也说："我广泛使用'实力'这个词。比军事实力甚至经济实力更重要的是思想实力、同情实力和希望实力。"② 显然，赖斯等决策者对"软力量"重要性的进一步体认，影响其处理中东问题时的立场与对策，进而影响了小布什政府"鹰派"与"鸽派"力量消长，如在伊拉克重建、伊朗核问题、巴以和谈、民主改造"大中东"等问题的处理上，小布什政府虽仍坚持美国主导的基本立场，但也开始寻求与国际社会"磋商"解决棘手问题的外交途径，力求挽回美国在伊拉克所遭受的巨大损失。

### 四、西方大国政治霸权与学术霸权间关系剖析

事实上，塞缪尔·亨廷顿的"文明冲突论"、弗朗西斯·福山的"历史终结论"，以及约瑟夫·奈的"软实力说"等均对冷战后美国中东战略的确立、实施和调整产生了重要影响，他们学术思想中的政策相关性更构成小布什政府的中东战略的重要学理依据，不仅建构了美国的对外政策，还左右着小布什政府的中东战略，揭示出西方大国政治霸权与学术霸权互构的实质，且主要体现在以下三方面：

## （一）"文明冲突论""历史终结论"与"布什主义"互为因果

"9·11"事件发生不久，在"复仇主义"政治冲动的驱使下，小布什政府相继向阿富汗与伊拉克发动了两场反恐之战，作为美国中东战略核心

---

① 陈之罡：《约瑟夫·奈：全球化时代软实力愈发重要》，新浪网，2007年1月1日，http://finance.sina.com.cn/review/20070101/16533212587.shtml。（访问时间：2022年2月28日）

② 《詹得雄：且说美国的"软实力"》，国际在线，2007年10月8日，http://gb.cri.cn/18904/2007/10/08/2165@1793331.htm。（访问时间：2022年2月28日）

思想的"布什主义"也逐步面目清晰：（1）打击国际恐怖主义；（2）防止大规模杀伤性武器扩散；（3）用美式民主改造"大中东"，根除滋生伊斯兰恐怖主义的社会土壤；（4）用武力手段更迭庇护恐怖主义组织的"邪恶轴心国"，最终消除中东地区的"暴政"。显然，除以色列内阁部长夏兰斯基《论民主：自由战胜暴政与恐怖的威力》中的"暴政"理念外，亨廷顿与福山的理论成为"布什主义"最重要的学理依据，前者确立了反对和打击恐怖主义的目标及其主战场，后者规定了防止核武器、消除危及美国本土安全的手段与方式，亨廷顿与福山等人的学术理念对"布什主义"影响甚深即可略见一斑。

### （二）约瑟夫·奈的软实力思想影响了美国中东战略的实施进程及其走向

自20世纪80年代提出软实力思想以来，约瑟夫·奈的这一学术思想在不同历史阶段产生了迥异的影响力，尤其是后发于90年代的"文明冲突论"在产生影响，软渗透的思想淹没在硬对抗的强势话语的汪洋之中。但美国两届政府分别陷入越南战争与伊拉克战争泥潭而使"美国形象"受损，又迫使美国政府不得不为修复"美国形象"而调整相关对外战略。约瑟夫·奈自2002年以来不断提出关于修复"美国形象"的政策建言，不仅呼吁"全球化时代软实力愈发重要"，还洞察了"中国软实力崛起"，强调英国广播公司最近对22国进行民意调查时发现，近半数受调查者认同中国的正面影响力，对美国则仅为38%，说明中国软力量崛起与美国互为消长，美国对此应予以警觉。显然，约瑟夫·奈的软实力思想已在美国学界和政界产生了广泛认同，并影响了美国中东战略的实施进程及其未来走向。

### （三）亨廷顿、福山、约瑟夫·奈的学术思想调整与美国中东战略调整相互促进、彼此影响

亨廷顿曾在"9·11"后接受专访时表示：此事件"不是文明冲突"。2005年他继而推出新著《我们是谁？——美国国家特性面临的挑战》，论述了美国"国家特性"所受到的诸多挑战，阐述了美国在21世纪初所面

临的国际形势及应发挥的作用,研究视角由表及里地进行了调整;福山则于2006年公开抨击"布什主义"及"新保守主义"的理念,将自己的学术思想与之作了"一次清算",借反思伊拉克问题来重审"历史终结论";约瑟夫·奈先在新著《美国力量的悖论》中对美国全球战略建言献策,后从中美两国软力量彼此消长这一事实中意识到"软力量的运用更不能实行单边主义,这是美国尚未认识到的事实。为了有效地与世界沟通,美国首先需要学会倾听"。① 这些学者不同程度的学术思想调整均影响了美国中东战略的调整,而美国中东战略陷入困境的严酷现实又不同程度地反作用于他们的学理性判断,"双重调整"相互促进、彼此影响。如福山曾罗列出小布什政府行使霸权政策所犯"四大错误"包括:美国不应将针对非国家恐怖组织的"先发制人"策略应用于伊拉克等国家行为体;对霸权招致的全球性反美情绪估计不足;高估了传统军事力量所能发挥的作用;军事占领计划准备不足,在行动受挫时也未能迅速调节。② 事实上,福山的这些批评,对小布什政府及其继任政府的相关政策走向都产生了一定影响力。

从某种程度上讲,西方学术话语在世界学术话语中占有主导地位,美国学术精英话语又一直对国际社会的舆论导向起到制约作用,美国著名的国际关系学者多属政府智囊团,甚至决策执行团的核心人物,他们大多集学者、政治家、战略家、外交官等诸多身份于一身,其学术思想中的政策相关性便成为执政策略的重要学理依据。因此,以亨廷顿"文明冲突论"为代表的西方霸权学术话语,不仅影响了美国对外政策,也影响着西方大国全球政治及其政策走向,更影响了全球国际问题研究学科的学术话语体系构建。其中,西方大国政治霸权与学术霸权互为因果、相互建构,对非西方国家学者强化研究"思维的主体性"产生了负面作用,尤其是基于西方大国实践及其利益偏好所构建的西方学术话语,面对中国为首的发展中国家的群体性崛起的现实,西方理论的阐释乏力已成不争的事实。因此,在应对西方大国政治霸权与学术霸权的严峻挑战面前,"中国需要建设中国思维的主体性",中国学者应当勇于担起此项重任,力争有更大作为。

---

① 弗朗西斯·福山:《把美国自己击败的霸权》,《土耳其周刊》,2007年10月31日第1期。

② 弗朗西斯·福山:《把美国自己击败的霸权》,《土耳其周刊》,2007年10月31日第1期。

# 第三节 大国话语博弈与中国丝路学话语窘境剖析

## 一、西方大国话语霸权与政治霸权间关系分析

福柯的"话语权力理论"强调,话语不但意味着一种言说方式,而且意味着对言说者地位和权力的隐蔽性认同。"话语霸权就是权势集团通过权力体系压制其他话语的表达,同时使隐含自身价值的话语通过教育、媒介和制度等方式渗透到大众中去,使其逐步丧失自我意识而自觉不自觉地接受,从而将一种外在的强制变为内在的认同。"① 西方传媒夺得了话语霸权,压制他者的正常表达,竭力将西方文化价值观强行契入不同文明传统的非西方世界的行为,导致它们处于无言或失语窘境。"由于长期的殖民统治,许多殖民地的传统语言文化遭到了西方殖民者的野蛮摧残。而殖民统治者站在西方的立场上,诠释和阐发殖民地国家的历史和文化,并形成一套完善的理论灌输给殖民地人民。殖民地国家的人民在被剥夺了代表自己发言的权利后,被迫接受殖民者关于自己民族文化的扭曲性解释。久而久之,殖民地国家的人民自觉不自觉地习惯了这种解释,以至于在获得独立之后,这种解释也往往以隐性或变性的逻辑延续下来。"② 冷战后,西方文化及其符号的极度扩张,对全球文化的多样性构成极大威胁。"联合国教科文组织的市场调研也表明,今天全世界的传媒产品流通,是一个很不平衡的潮流。在全世界跨国流通的每100本书籍中,就有85本是从发达国家流向发展中国家的。在跨国流通的每100小时的音像制品中,就有74小时的制品是从发达国家和新兴工业国家流向发展中国家的。在跨国流通的每100套电脑软件中,就有85套是从发达国家和新兴工业国家流向发展中国家的。"③ "美国为代表的西方文化,集天时地利于一身,借助信息技术的优势,占据信息传播的主导地位,加大文化产业的投资,使西方文化以

---

① 阮建平:《话语权与国际秩序的建构》,《现代国际关系》,2003年第5期。
② 段忠桥:《当代国外社会思潮》,北京:中国人民大学出版社,2001年版,第154页。
③ 孙晶:《文化霸权理论研究》,北京:社会科学文献出版社,2004年版,第269页。

压倒性的优势所向披靡。文化的互动几乎变成单向性的流入,这使得东西方文化之间'弱'与'强'的差距拉大了。对非英语国家和发展中国家来说,利用因特网接受信息意味着比以往任何时候都更多地受到国外,特别是西方媒体的影响。由于因特网所使用的信息技术大都出自美国,网上90%左右的信息又都是英文,人们几乎随时都在接受美国文化或西方文化(包括道德观、价值观)的熏陶。"[1] 因此,人们"进入"因特网也就被"拖进"了美国文化所弥漫的精神与物质空间。借助世界网络信息渠道的掌控,美国向全世界兜售霸权思想,也由此建立了话语霸权。阿尔文·托夫勒在《力量转移:临近21世纪的知识、财富和暴力》一书中指出,"世界已经离开了暴力与金钱控制的时代,而未来世界政治的魔方将控制在拥有信息强人的手里,他们会使用手中掌握的网络控制权、信息发布权,利用英语这种强大的文化语言优势,达到暴力和金钱无法征服的目的。结果,西方大国的政治霸权借助强大传播技术派生出话语霸权,并对全球化进程构成以下三方面重大冲击:

第一,西方话语霸权成为西方政治霸权的基础,西方政治霸权又强化了西方话语霸权,使得西方大国的政治霸权与话语霸权形成共生关系并干扰全球化时代的多边主义叙事。

尽管国际传媒对国际事件的影响力不是直接发生作用,但它对国际政治和外交的深远影响是确实存在的,甚至从一开始就与国际政治和外交事务密不可分。在我们日趋依赖国际传媒来了解世界所发生一切的今天,国际问题研究越来越不能回避"国际传媒"这一重大制约因子。因为,西方霸权的负面性的媒体报道,不仅影响了包括联邦调查局在内的不少执法部门官员对相关国家民众的偏见性公务处理,还影响到西方影视、出版、学术等行业偏激的表述与评定。西方话语霸权已对全球舆论环境治理构成严峻挑战,并影响到非西方国家的国际形象构塑;西方话语霸权激化了文明间的冲突,严重阻碍了全球化时代异质文明间的对话与沟通;亨氏的"儒伊文明的联手将是西方最大威胁"这一霸权性判语被政治家玩弄于股掌之间,在贬损异质文明中觊觎着"美国治下的世界新秩序"。而这种渗透于研究界和传媒圈的霸权话语体系所派生出的被放大的"伊斯兰恐怖论"与

---

[1] 郭洁敏:《试论国际关系中的文化冲突》,《现代国际关系》,2003年第9期。

## 第四章 西方大国学术霸权与中国丝路学再出发

"中国威胁论"已在全世界各大传媒上不断滋生和蔓延,拥有能源的中东、不断崛起的中国之所以成为美国话语霸权的核心议题,就与美国的涉伊、涉华政策及其全球战略有着息息相关的联系,二者互为因果。

第二,冷战后国际制衡逐渐趋于软性化,软硬两方面的遏制与反遏制影响各国软硬两种实力的发展,软硬实力俱强的西方大国便对国际关系产生了重大冲击。

冷战时代虽已结束,但冷战思维依然影响着当今国际政治的发展,尤其因国际传媒冷战格局所致的西方媒介霸权主义已对全球化发展构成严峻挑战,冷战后国际行为体间的制衡与反制衡日趋软化,国际关系与国际传媒形成了一种彼此依存的互动关系:"传播媒介传播了大量信息,它们是各国政府了解外部世界的信息通道,也是各国外交决策机构所依赖的重要信息源泉。反过来,各国政府亦利用传播媒介向世界传递信息、展现自己的外交活动,以求赢得政策的主动,促成实现各自在世界范围内的战略目的,从而使大众传播成为国际关系的一个新领域。"[1]公众舆论便在某种程度上跃升为一种政治力量,亦即在"外交政策制定者政治轨道之外的环境中能作用于外交政策的一种政治力量,一种能推动、限制或者纠正决策行为的力量"[2]。因此,西方大国历来十分重视公共外交。而"公共外交"则是一种面对外国公众,以文化传播为主要方式,说明本国国情和本国政策为主要内容的国际活动,它对政府的外交工作有相辅相成的支持性意义。进行公共外交的主体包括政府外交部门,但更多的是非政府组织,如民间团体、大学、研究机构、媒体、宗教组织以及国内外有影响的人士。他们可借助各自领域和国际交往的舞台,面对外国的非政府组织、公众,甚至政府机构,从不同角度表达本国的国情和国际政策。公共外交比起我们熟悉的"民间外交"的内涵更丰富。通过公共外交,可更直接、广泛地面对外国公众和主流社会人士,能更有效地增强本国的文化吸引力和政治影响力,改善国际舆论环境,维护国家利益。在当代,任何一个国家的发展不仅决定于本国国情,也受制于国际环境,这不仅包括政治环境、经济环

---

[1] 陈卫星:《国际关系与全球传播》,北京广播学院出版社,2003年版,第47页。

[2] Bernard C. Cohen, *The Press and Foreign Policy*, Princeton University Press, 1963.

境、军事环境等,也包括国际舆论环境。主导国际舆论场上话语权的西方大国,在主导议题设置中把控了全球国际传播秩序,西方媒介霸权主义由此成为西方政治霸权影响国际关系的重要工具。

第三,国家形象与国家利益关系日益密切,国家形象的美誉度已成为国家利益的重要组成部分,通过污名化叙事来打压异己便成为西方大国维护其政治霸权利益的重要选项。

众所周知,约瑟夫·奈所提出的软国力(软权力)这一概念,主要是指作为国家实力的文化,尤其包括该国的国际形象、民族士气和精神面貌等。西方国家凭借传播的超强力量、英语的先在优势等历来重视国家形象的对外宣传,美国更是如此。在时任美国总统艾森豪威尔看来,"在宣传上花1美元等于在国防上花5个美元"。尽管国际传媒对国际事件的影响力不是直接发生作用,但它对国际政治和外交的深远影响是确实存在的,甚至从一开始就与国际政治和外交事务密不可分。在我们日趋依赖国际传媒来了解世界所发生一切的今天,国际问题研究越来越不能回避"国际传媒"这一重大制约因子。因为,西方政治家强力推行单边主义政策,西方学者精心贩卖"文明冲突"论,政治霸权与学术霸权相互印证,借助现代传媒向全世界传播,而由西方掌握传播权的国际媒体也只能循着西方政治与学术的霸权思路来报道重大国际事件,西方霸权语境便水到渠成般地形成了,使"中国威胁论"也会伴着中国的不断崛起而继续蔓延,自20世纪80年代以来,西方大国逐渐形成了特定的涉华叙事框架,从负面报道到蓄意抹黑直至污名化传播。一项对美国几家主流媒体的统计发现,"从标题看,50%是比较敌视中国的,25%是中性,25%稍微有些善意。如果按数字看,90%以上是敌视中国的。西方媒体批评中国的文章既长,又看起来下了功夫"[1],表明美国政界、学界、媒体联手污名化中国的霸权叙事已对中美关系健康发展造成巨大危害,并对全球国际传播造成三大消极影响:一是侵犯了公众在重大国际问题上的知情权。由于信源的被垄断,影响公众接受全面、准确和公正的信息,任何民主制度都无法发挥真正效力,各国政府决策重大国际事务的信息基础只有西方所灌输的霸权信息。

---

① [美]爱德华·W. 萨义德:《文化与帝国主义》,生活·读书·新知三联书店,2004年版,第252页。

二是制约了国际传媒报道的客观、公正性。对利己与异己群体采取美化与贬损不同的报道框架，背离了新闻的真实底线、丧失了新闻工作者的职业操守。三是遮蔽了全球化时代的现实丰富性。政治多极化、经济一体化和文化多元化是全球化的现实真相，但西方传媒所统摄的国际主导话语却将全球化等同于"西方化"甚至"美国化"，用"文明冲突"来代替"文明对话"，对处理全球化时代的根本问题产生了极大的危害。

可见，西方大国的政治霸权与话语霸权形成共生关系，不仅干扰全球化时代的多边主义叙事，还危及非西方国家的软实力建设。随着"一带一路"的高质量发展，"要围绕我国和世界发展面临的重大问题，着力提出能够体现中国立场、中国智慧、中国价值的理念、主张、方案。我们不仅要让世界知道'舌尖上的中国'，还要让世界知道'学术中的中国''理论中的中国''哲学社会科学中的中国'，让世界知道'发展中的中国''开放中的中国''为人类文明作贡献的中国'"[①]，以应对西方大国政治霸权与话语霸权所致的现实挑战。

## 二、政治霸权与话语霸权互构的案例分析

2020年3月16日，习总书记在与意大利总理孔特通电话中强调中意合作抗疫打造"健康丝绸之路"，这对全球抗疫与共建"一带一路"都有重要指导意义。2015年11月9日，国家卫计委印发《关于推进"一带一路"卫生交流合作三年实施方案（2015－2017）》，明确"一带一路"卫生交流合作主要按照"一带一路"两个走向展开，在"丝绸之路经济带"沿线以中东欧和中亚为重点区域，以中国—中东欧国家卫生部长论坛和上合组织为主要合作机制。在"21世纪海上丝绸之路"沿线以南亚和东南亚为重点区域，以中国—东盟、大湄公河次区域经济合作、亚太经合组织、中巴经济走廊和孟中印缅经济走廊为主要合作机制。2016年6月23日，习主席在乌兹别克斯坦最高会议立法院演讲中首次提出在"一带一路"框架下"深化医疗卫生合作，加强在传染病疫情通报、疾病防控、医疗救援、传统医药领域互利合作，携手打造'健康丝绸之路'"。事实上，卫

---

① 《习近平：在哲学社会科学工作座谈会上的讲话》，新华社，2016年05月18日。

领域合作是共建"一带一路"的重要内容，中国在新疆设立了"丝绸之路经济带"医疗服务中心，面向周边国家开展医疗服务交流合作且成效显著。2018年5月成立的"一带一路"国际医疗中心项目在西安启动，旨在面向"一带一路"展示国家形象、增进沿线国家民众福祉。近年来，随着中国与"一带一路"沿线国家医疗交流合作不断深入，"健康丝绸之路"正从愿景变为现实，成为助力"一带一路"沿线"民心相通"的重要纽带。

此次疫情暴发后，中国与"一带一路"沿线国家合作抗疫打造"健康丝绸之路"，并取得了明显成效：

一是在世卫组织多边合作平台上开展全球抗疫合作。2017年1月18日，习总书记访问联合国日内瓦总部发表演讲中呼吁"世界卫生组织要发挥引领作用，加强疫情监测、信息沟通、经验交流、技术分享"。他在见证签署了《中华人民共和国政府和世界卫生组织关于"一带一路"卫生领域合作的谅解备忘录》后表示，中国愿与世卫组织在"一带一路"框架下共建"健康丝绸之路"以助力构建人类命运共同体。因此，中国在世卫组织平台上开展抗疫合作，是创始成员国的应尽职责，也是落实双方合作备忘录的必要举措，与近期召开的G20特别峰会声明强调发挥世卫组织核心作用的精神高度契合。

二是中国与相关国家和国际组织领导人开展电话首脑外交。习总书记应约致电通报信息、表示感谢、表达慰问、提供帮助、商讨合作抗疫、达成构建人类命运共同体共识等，充分发挥了首脑外交在宣示立场、增进互信等方面的特有优势，彰显了中国的大国担当与人道主义情怀，如习总书记在与联合国秘书长古特雷斯通话时强调："中国为世界各国防控疫情争取了宝贵时间，作出了重要贡献。中方愿同有关国家分享防控经验，开展药物和疫苗联合研发，并正在向出现疫情扩散的一些国家提供力所能及的援助。"中方支持联合国、世卫组织动员国际社会抗击疫情"特别是帮助公共卫生体系薄弱的发展中国家做好防范和应对准备。中国已宣布向世卫组织捐款2000万美元，支持世卫组织开展抗击疫情的国际行动"。

三是中国以出色的抗疫实践诠释了"人类命运共同体"。中方主动向世卫组织，有关国家和地区组织通报疫情信息，召开国务院联防联控机制新闻发布会，召开外交部例行记者会与外国驻华使馆（团）信息通报会，向全球开放"2019新型冠状病毒信息库"、在《柳叶刀》等期刊及时发布新冠病毒阶段性研究成果，中国-世卫组织联合专家考察组在华调研并发布调研报告，举行中国-世卫组织新冠肺炎防治中国经验国际通报会并发布最新诊疗方案和防控方案英文版，与全球100多个国家、10多个国际和地区组织分享疫情防控和诊疗方案等技术文件或举办防疫专家视频会议，指导援外医疗队在当地开展能力建设，选派专家参与全球学术论坛，以及创建中欧联合专家组、中韩联防联控合作机制、中日韩新冠肺炎问题特别外长会议等机制，切实构建人类命运共同体。

四是在国际合作抗疫中深化"一带一路"战略合作伙伴关系。截至2021年4月，中国政府已向120个国家和4个国际组织提供了包括普通医用口罩、N95口罩、防护服、核酸检测试剂、呼吸机等在内的物资援助，中国地方政府已通过国际友好城市等渠道向50多个国家捐赠医疗物资，中国企业向100多个国家和国际组织捐赠了医疗物资等。作为G7中首个签署"一带一路"谅解备忘录的国家，意大利在中国抗疫的困难时刻施以援手，中国在意大利疫情暴发后派出三批医疗专家组驰援、援助了大量防疫物资并为意在华采购医疗物资提供便利。其他曾经帮助中国应对疫情的国家，也都得到了中国投桃报李的援助，密切了丝路伙伴情谊，践行了共商共建共享原则，并深化了"一带一路"战略合作伙伴关系。

但是，就在中外合作抗疫打造"健康丝绸之路"之际，却遭遇了由西方大国政治霸权所致"种族歧视病毒"且危害巨大，主要表现为：

一是西方用"甩锅""追责"等旧伎俩歧视特定族群。回望历史后发现：国际传染病总与西方"种族歧视病毒"如影随形，"甩锅""追责"是其惯有伎俩，如因美国发生霍乱归咎爱尔兰移民，1832年宾夕法尼亚州的爱尔兰移民以"细菌携带者"被杀害。1849年夏天，波士顿当地政府报告将霍乱源头引向新入境的爱尔兰移民。1876年旧金山暴发天花传染病后当地华人成了替罪羊，促成美国于1882年出台了《排华法案》。1918年始于美国、带走近亿人生命的流感疫情，在美欧各国蓄意隐瞒之际，因疫情较为严重的西班牙诚实对外公布真相而被其他疫情国家媒体冠以"西班牙流感"争相报道。20世纪20年代，纽约以"病菌与墨西哥裔、华裔、非裔人群间联系"为由，为其种族隔离政策辩护。1968年的甲型H3N2流感病毒也被美国人称为"新加坡病毒"。20世纪80年代，美国将海地人同艾滋病传播挂钩。2009年暴发H1N1（甲型）流感，美国将拉美裔诬陷为病毒源头和携带者。2009年美国暴发的H1N1流感蔓延至214个国家和地区，最终导致全球6000万人感染，近30万人死亡。2019年以来美国多地暴发乙型流感疫情，至少有2200多万人患病、1.2万人死亡……事实上，因美欧大国主导国际话语权与西方政客推卸责任等，诱使西方"种族优劣论"执念屡屡在传染病命名问题上得手，出现了以地名命名的情况，如中东呼吸综合征、埃博拉出血热、马雅罗病毒等，出现了以人名命名的情况，如耶尔森鼠疫菌、艾希氏大肠杆菌、沙门氏菌等，以及以动物命名的情况，如牛海绵状脑病、牛分枝杆菌、猴痘等。疾病除了本身杀伤力外，其命名也具某种破坏性，与疾病名字有关系的人群易遭侮辱或歧视。为此，世卫组织于2015年5月8日颁布了《新人类传染病命名的最佳实践》，明确新疾病命名要避免出现地理信息、人名、动物或食物名称、文化/人口/职业信息和易引发过度恐慌的内容，旨在减少疾病名称对贸易、旅游、动物福利及文化、社群、国家、种族、宗教群体等负面影响，旨在遏制西方大国政治霸权所致的"种族歧视病毒"。

此次突发疫情后，世卫组织将其命名为"2019-nCoV"（2019新型冠状病毒），属于包含病毒出现时间、类型及种类等符合新规则的命名方式，但西方某些政客妄称病毒源于中国而强推"中国病毒"来命名，美国不少有良知的有识之士发声反对，美国公共卫生领域领军人物安东尼·福西表示自己"永远不会"把新冠病毒说成"中国病毒"。哥伦比亚大学专家默林·乔科万认为美国历史上常将"仇外心理与公共卫生话语交织"。美国明尼苏达州副州长弗拉纳根认为，在美国"有一种明显模式，在不稳定和艰难时期，歧视会不断增多，需要有人背锅"。联合国秘书长古特雷斯呼吁避免疫情污名化和歧视言论。世卫组织负责人迈克尔·瑞安重申病毒没有国界，应避免将病毒与某些人群相联系，即使2009年的（甲型）H1N1流感起源于北美也没称其为"北美流感"。不幸的是，西方某些政客、媒体甚至专家却利用突发疫情给民众所造成的极度恐慌心理来煽动种族歧视，以炒作"中国病毒"来转移民愤，如美国《华尔街日报》刊发题为《中国是真正的亚洲病夫》、《纽约时报》刊发题为《SARS、禽流感、新冠病毒：为何很多流行病暴发在中国?》等，蔑称中国人为"亚洲病夫"、将中国比作"疾病孵化器"，引发"种族歧视病毒"与"新冠病毒"并发，美国亚太政策与规划委员会的一项在线调查自 2021 年 3 月 19 日启动后，一周内就收到了 673 份直接针对亚裔美国人的歧视报告。荷兰一家电台播出"别吃中餐，那你就没什么好怕的，因为预防病毒不如远离中国人"的歌曲、英国出现轻信"5G 导致新冠状病毒论"的泄愤案件、两名法国医生在电视上公然讨论"非洲人可用来充当新冠肺炎疫苗实验的'小白鼠'"的种族主义话题等。随着疫情形势的日益严峻，美国一些政客加紧对华"甩锅"与"追责"，2021 年 4 月举行的 G7 外长会议，因美方试图强推"中国病毒"致使会议声明流产。《纽约时报》发文指出，面对这场全球公共卫生危机，美国的应对却在很大程度上"被政治算计所掩盖"。耶鲁大学的斯蒂芬·罗奇在其《美国在中国问题上的错误叙事》一文中指出，"美国如今把所有困扰自己的东西都归咎于中国，而这一切都基于一系列不可靠的推论"。"痛批中国与其说是对真实外部威胁的反应，不如说是国内问题的产物"，因"把注意力放在替罪羊上显然比反观自照来得容易得多"。可见，此种美国式抗疫模式，非但不能遏制本国疫情，还影响全球抗疫合力的形成，更助长"种族歧视病毒"胜于"新冠病毒"来危害世界。目前，西方社会对华人、亚裔甚至有色人种的新歧视已成不争事实，防控西方大国的"种族歧视病毒"，也是全球抗疫的题中应有之义。

二是用"抹黑""诬陷"等新套路来诋毁"中国抗疫模式"。面对突发疫情，中国采取了最全面、严格、彻底的防控举措，举全国之力取得了阶段性胜利，使中国疫情防控形势持续向好、生产生活秩序有序恢复。同时，中方秉持人类命运共同体理念，本着公开、透明、负责任态度及时发布疫情信息、同国际社会分享防控、治疗经验、加强科研攻关合作，并尽力为各方提供援助，赢得国际社会高度评价和广泛认可。因此，由"中国制度""中国速度""中国贡献""中国担当"所组成的"中国抗疫模式"应运而生，却遭到西方政客的"抹黑"与"诬陷"，西方大国的"种族歧视病毒"侵入其中。

仍陷抗疫困境中的欧洲，面对完胜"上半场"的中国，用对华"抹黑""诬陷"来掩盖内部问题：尽管中国外交部发言人多次强调中国援外是投桃报李之举，但仍遭猜疑与攻击，如欧盟外交与安全政策高级代表博雷利发文，将欧盟在全球抗疫中被贬低归咎于中国"慷慨政治"，认为"有一个关于（新冠病毒）叙事的全球战斗正在进行中""中国积极宣传这一信息：它与美国不同，是一个负责任和可靠的伙伴。""我们必须意识到，有一个地缘政治因素，包括通过转换和慷慨政治争取影响力的斗争"。尽管他也提及"中国湖北省发生疫情，欧洲运送了大量医疗设备帮助中国"，"如今，中国像其他国家一样，将设备和医生运送到欧洲"的事实，此种投桃报李的中国援欧动机，也因其焦虑于欧盟力不从心的抗疫现状而遭诬陷。面对疫情，欧盟多国关闭各自边境、收紧防护和医疗库存，尤其是曾处全球抗疫"震中"的意大利三次受援中国而多次对华表达感激，塞尔维亚总统武契奇的"欧洲团结是童话，只有中国支援我们"的肺腑之言等，被欧洲政客视为干扰欧盟团结的不利因素，于是某些欧洲媒体炒作"中国检测试剂盒质量有问题""中方口罩质量不达标"等话题，法国媒体把中国援外诬陷为宣传"中国拯救世界"与掩饰"中国说谎"之举，法国《世界报》社评"在意大利遭受最严重疫情打击的悲惨时刻，一些外国强权想方设法通过人道援助修复自身形象"。这些不实之词，极大地伤害了中欧民众守望相助的伙伴情谊，并对中欧合作抗疫产生了不良影响。

仍处全球抗疫"震中"的美国，面对完胜"上半场"的中国，用抹黑"中国战疫模式"来推卸责任。埃及外交事务委员会主任伊扎特·萨阿德对"中国抗疫模式"做了精准界定："政府领导坚强有力，医护人员勇敢专业，人民大众团结配合，这是中国能够较快控制疫情的关键。""中国派出医疗专家团队奔赴疫情严重国家并带去防疫物资，展现了一个负责任大国的国际担当。"新冠肺炎疫情蔓延全球"再次证明了人类命运休戚与共，以及打造'健康丝绸之路'的必要性"。中国抗疫实践，为"一带一路"框架下打造"健康丝绸之路"做出了贡献并指明了方向。但是，据美媒披露，突发疫情后白宫启动了一项抹黑中国的宣传计划，以转移美国民众对政府的批评意见，于是美国政客强推"中国病毒"、一些媒体炒作"中国信息不透明""压制人权搞全国大隔离"，中国欲"寻求抗疫领导权""操纵他国民意""代替西方成为全球抗疫救世主""向世界赎罪"等话题，共和党议员提出问责中国议案，宣称就中国"早期掩盖疫情传播情况对美国及世界人民造成的伤害"进行量化并向中国索赔，反映了美国政客以"赎罪说"来"甩锅""追责"的强盗逻辑，这些政治操弄，无法掩盖其抹黑中国来推卸责任的阴暗动机，对中美合作抗疫产生了极大干扰。美国《政治报》网站刊文指出："当中国站在挽救人类的前线，并通过援助他国提升自身形象时，欧盟无法一致行动，世界另一个超级大国美国则正忙着'甩锅'。在欧美缺乏团结时，中国展示出软实力。如果说这是一场'争夺'，那么中国的确正在'胜出'。"

三是用"断粮""退群"等新手段破坏中国与国际组织合作。自疫情暴发以来，世卫组织在领导全球抗疫中发挥了越来越重要的作用，但因其肯定中国贡献、推广中国经验、反对将病毒政治化等客观、公正立场，也被美国"甩锅""追责"，西方政客固有的种族歧视主义做派也掺杂其中。

作为创始成员国，中国与世卫组织的合作历史悠久且成效显著，如中国派遣1200名医务人员支援西非应对埃博拉危机、中国支持世卫组织在叙利亚分发医疗物资、中国参与世卫组织应急医疗队工作，中国国际应急医疗队（上海）于2016年5月成为全球首批通过世卫组织严格认证程序的国际应急医疗队之一。2017年1月，中国与世卫组织签署"一带一路"卫生领域合作备忘录，合作共建"健康丝绸之路"。此次突发疫情后，中国实时向世卫组织通报信息，并组建了来自中、德、日、俄、美等国25名专家组成中国—世卫组织联合专家考察组，在华展开为期9天考察后举行了新闻发布会认为："中国采取了前所未有的公共卫生应对措施，在减缓疫情扩散蔓延，阻断病毒的人际传播方面取得明显效果，已经避免或至少推迟了数十万新冠肺炎病例"。随后发布其"联合考察报告"指出，"中国采取了历史上最勇敢、最灵活、最积极的防控措施，尽可能迅速地遏制病毒传播。令人瞩目的是，在所考察的每一个机构都能够强有力地落实防控措施。面对共同威胁时，中国人民凝聚共识团结行动，才使防控措施得以全面有效的实施。每个省、每个城市在社区层面都团结一致，帮助和支持脆弱人群及社区。"其中，任联合专家考察组外方组长的世卫组织总干事高级顾问布鲁斯·艾尔沃德坦言世界应"认识到武汉人民所作的贡献，世界欠你们的。待疫情过后，希望有机会代表世界感谢武汉人民，在此次抗疫中，中国人民奉献很多。"联合国秘书长古特雷斯也强调，中国人民"正在为全人类作贡献"。世卫组织总干事谭德塞等人在《柳叶刀》发文指出："中国在应对和防控本国新冠肺炎疫情过程中的不懈努力，不但为其他国家争取了宝贵时间，还为国际科学界共同应对这一疫情'铺平了道路'。"作为世卫组织近70年历史中首位来自非洲的总干事谭德塞因肯定"中国抗疫模式"、反对污名化中国而遭到美国总统特朗普威胁，指责世卫组织

"以中国为中心"、谭德赛对全球抗疫未尽责、考虑取消对该组织的资助等,此种"断粮"式威胁又拉开了"退群"的架势,这是特朗普总统多次"退群"的基本招数,也对中国与国际组织合作造成极大破坏。事实上,正如外交部发言人赵立坚所言,自疫情暴发后,"世卫组织在谭德塞总干事带领下,积极履行自身职责,秉持客观科学公正立场,为协助各国应对疫情、推动国际抗疫合作发挥了重要作用,得到国际社会普遍认可和高度赞誉","联合国秘书长、非盟及法国、卢旺达、埃塞俄比亚等多国政要公开表示支持世卫组织工作",2021年召开的G20特别峰会声明也强调"进一步增强世卫组织在协调国际抗疫行动方面的职责"。因此,"中方将一如既往坚定支持世卫组织工作,支持世卫组织在全球抗疫合作中继续发挥领导作用","反对任何借疫情搞政治化、污名化的行为,强烈谴责针对谭德塞总干事的人身攻击和种族主义言行"。事实上,谭德塞总干事也遭受了"种族歧视病毒"的侵害,针对法国医生要把非洲作为新冠疫苗试验场的言论,谭德塞表示,"非洲不能也不会作为任何疫苗的试验场,疫苗或治疗方法的研发要在全球范围内遵循同样的规则",世卫组织绝不允许种族歧视事情发生,这会破坏全球团结抗疫。目前仍在发酵的美国政客诋毁谭德塞总干事的歧视事件,实为蓄意破坏中国与国际组织合作的霸凌主义行径。

2021年初,基辛格发文预判"新冠病毒大流行将永远改变世界秩序",弗朗西斯·福山承认"应对疫情的关键性因素不是政治体制类型",而是一个政府的能力尤其是民众对政府的信任。英国伦敦经济与商业政策署前署长罗思义在观察者网发文指出:"过去的12年里,世界经历了两次巨大的全球性考验——全球金融危机和新冠肺炎大流行病。两场考验中,中国的表现都远远好于美国。这必然会导致地缘政治向有利于中国的方向发生重大转变。而美国如今这种灾难性的抗疫表现持续时间越长,这种转变就会越大。"① 究其根源在于,人类面临"种族歧视病毒"与"新冠病毒"并发的严峻挑战,前者的危害远大于后者,由西方大国政治霸权所致"种族歧视病毒",才是"一带一路"框架下共建"健康丝绸之路"的最大

---

① 《两会之后,世界悄然见证人类历史的"第四次转折"》,观察者网,2021年3月17日。

路障。

### 三、全球丝路复兴战略潮起与中国丝路学的再出发

随着全球政治经济重心的重回丝路,许多国家都提出了丝路复兴战略,如日本"丝绸之路外交"、美国"新丝绸之路"计划、中国"一带一路"倡议、俄罗斯"欧亚经济联盟"、印度"香料之路"、哈萨克斯坦"光明之路"及蒙古国"草原之路"等,这股丝路复兴战略大潮已对全球化产生了深刻影响,也催生了西方大国污名化"一带一路"的霸权叙事,其内涵主要包括:1. 美欧主流媒体给"一带一路"贴上"马歇尔计划"标签。"马歇尔计划"因烙有意识形态浓厚色彩与大国博弈的冷战思维而凸显了西方霸权主义本质,西方大国媒体蓄意将"一带一路"误读为"北京的马歇尔计划",旨在渲染"中国的战略野心";2. 西方大国学者炮制"大国必霸论"来歪曲中国的和平崛起新路、炮制"修昔底德陷阱"论来妄断崛起的中国必然要挑战美欧等现存大国且使战争变得不可避免,以及炮制"金德尔伯格陷阱"论来诬陷中国要从国际公共产品受益者转变为提供者定会无法胜任等;3. 西方大国政客边开骂边找"替代战略"。美国的班农在日本演讲时妄称"一带一路"是中国称霸世界的大战略,在第54届慕安会上德国外长加布里尔宣称"一带一路"破坏了西方秩序、法国总理菲利普称欧洲"不能把新丝绸之路的规则交由中国制定",美澳日印四国欲联手推出"替代战略"来围堵"一带一路"等,使得"一带一路"这一国际合作平台,也成为大国话语博弈的重要战场。

近年来,中国因"一带一路"倡议赢得众多国家积极响应而被推向世界舞台的中央,更因新时代中国特色社会主义取得举世瞩目的伟大成就而引发世界对中国的高度关注。为此,西方大国对"一带一路"的关注五味杂陈、国际社会对中国和平崛起的关注则充满期待与关切,形成了全球丝路学界研究"一带一路"的现实背景。其中,在美欧日印等丝路学术大国联手绞杀"一带一路"舆论战的影响下,形成"一带一路"国际学术前沿美欧领跑与中国失语的窘境。尽管"在解读中国实践、构建中国理论上,我们应该最有发言权,但实际上我国哲学社会科学在国际上的声音还比较小,还处于有理说不出、说了传不开的境地",故中国的"哲学社会科学

### 丝路学研究：形成、发展及其转型

工作者都应该立时代之潮头、通古今之变化、发思想之先声"[①]，肩负如何向世界阐明什么是"一带一路"的历史责任与学术使命。

随着"一带一路"的高质量推进，答疑解惑已成中国学者学术交流的常态。对已提出9年多的"一带一路"倡议，沿线国家和地区仍然渴求来自"中国视角"的深刻解读和阐释。但现实情况不尽如人意，中国学界尚未能给"一带一路"建设提供扎实的学理支撑，甚至出现以政策解读代替学术研究、以区域宏论遮蔽国别研究、以西方理论淹没中国思想、以动态报告否认静态研究等现象。近年来，越来越多的中国学者致力于在诠释这一"中国方案"时注入"中国思想"，学界还出现丝路历史与丝路考古研究、中国特色理论和学科构建等热潮，这些都表明"一带一路"的学术跟进正在加速，并成为中国丝路学蓄势待发的重要表征。

中国学界向国际社会阐释"一带一路"，不仅需要通过加强理论研究和话语体系构建来加快自身阐释能力建设，更需要一定的阐释策略来应对西方大国的污名化炒作，阐释策略则主要包括精细化研究丝路腹地与"一带一路"核心区的"中国西部周边地区与国家"、联动性研究"丝路天然伙伴"与"一带一路""战略合作伙伴"关系，以及包容性推进中国丝路学学科体系建设等，旨在加快推进"一带一路"学术跟进的进程。

在世界越来越关注中国之际，聚焦"中国与世界古今丝路关系"研究的丝路学，不得不面临一系列的现实拷问：欧美丝路学"领跑"与中国丝路学"碎片化"坚守的学术生态还会继续吗？中国的"被阐释"与"被言说"的"失语"遭遇还会继续吗？"西方中心主义"的丝路学西化研究范式还会继续吗？面对"一带一路"带动全球丝路学转型与中国丝路学振兴的双重学术机遇，中国丝路学的再出发，既能为全球丝路学转型提供"中国思想"，也能为"一带一路"国际学术前沿贡献"中国声音"，进而提升"一带一路"首倡国的学术话语权。

---

[①]《习近平：在哲学社会科学工作座谈会上的讲话》，新华社，2016年05月18日。

# 第五章

# 多维度推进中国丝路学的学科体系建设

本章正视中国丝路学生于战乱所致学科理论建构上的"先天不足"、分析西方文化殖民主义所致碎片化发展态势,以及揭示"一带一路"亟待中国学界形成学术合力的动因,从周边关系、"一带一路"、中外关系史三个维度展开探讨,旨在多维度推进中国丝路学的学科体系建设。

## 第一节 周边关系视角的中国丝路学学科体系探究

### 一、"一带一路"正在重塑"中国与周边古今丝路关系"

2013年9月7日,习总书记在哈萨克斯坦发表演讲,呼吁"可以用创新的合作模式,共同建设'丝绸之路经济带'。这是一项造福沿途各国人民的大事业",强调从"五通"做起,"以点带面,从线到片,逐步形成区域的大合作。"2013年10月3日,习总书记在印尼发表演讲,倡导"发展好海洋合作伙伴关系,共同建设21世纪'海上丝绸之路'",强调"中国—东盟命运共同体和东盟共同体、东亚共同体息息相关,应发挥各自优势,实现多元共生、包容共进,共同造福于本地区人民和世界各国人民。"2013年10月24日,中共中央专门召开史无前例的"周边外交工作座谈会",习总书记强调,做好周边外交工作是实现"两个一百年"奋斗目标、实现中华民族伟大复兴的中国梦的需要,故"要更加奋发有为地推进周边外交,为我国发展争取良好的周边环境,使我国发展更多惠及周边国家,实现共同发展"。为此,他号召要"坚持与邻为善、以邻为伴,坚持睦邻、安邻、富邻,突出体现亲、诚、惠、容的理念。要同有关国家共同努力,加快基础设施互联互通,建设好丝绸之路经济带、21世纪海上丝绸之路",努力"把中国梦同周边各国人民过上美好生活的愿望、同地区发展前景对接起来,让命运共同体意识在周边国家落地生根。"可以说,"一带""一路"的政策宣示与周边外交工作会议的召开,标志着"一带一路"倡议的正式诞生，重塑"中国与周边古今丝路关系"的战略意义也随之日渐凸显。

在"一带一路"边倡导边实践中，周边地区和国家不仅是我国实现从富起来到强起来历史性飞跃的地缘战略依托，还是"一带一路"建设的基础与抓手，更是"一带一路"软力量建设的示范与引领。因为，周边是"一带一路"倡议能够直接发挥影响力的地区，以我与周边国家和地区双、多边战略合作为基础，用区域合作带动世界合作，用周边合作带动全球合作，用周边外交引领中国特色的大国外交，力争在世界范围产生积极的辐射效应。因此，在2014年11月举行的全国外事工作会议上，中国周边外交也被赋予"重中之重"的战略新定位。党的十九大报告更加明确地指出，中国要"按照亲诚惠容理念和与邻为善、以邻为伴周边外交方针深化同周边国家关系"[1]，以实现"一带一路"倡议的"首要合作伙伴是周边国家，首要受益对象也是周边国家。"[2] 事实上，我周边外交已然成为"一带一路"倡议付诸实践的重要抓手，唯有"一带"与"一路"落脚于"周边外交"，才有助于"一带一路"的行稳致远。

"一带一路"不仅助推了中国周边外交的实践进程，还使立足于重释"中国与周边古今丝路关系"的中国丝路学的学科建设提上了议事日程。在必须重估"中国与世界关系"的当下，也必须重估"中国与周边国家地区关系"，这就需要学界对我周边国家和地区"进行全方位、多学科、持续性、高质量的研究，系统深入地了解这些国家的历史、现状和发展趋势，掌握这些国家对与中国建立合作的真实态度。"[3] 但现实情况却不尽如人意，目前中国学界尚未从丝路学视阈展开周边外交研究，尚未提供有分量的有关周边历史与现实研究的学术论著与智库报告，仍出现以政策解读代替学术研究、以区域宏论遮蔽国别研究、以西方理论淹没中国思想、以

---

[1] 《习近平：决胜全面建成小康社会 夺取新时代中国特色社会主义伟大胜利——在中国共产党第十九次全国代表大会上的报告》，中国政府网，2017年10月27日，http://www.gov.cn/zhuanti/2017-10/27/content_5234876.htm。（访问时间：2022年2月28日）

[2] 《"一带一路"让周边国家先受益》，《人民日报（海外版）》，2017年6月19日第1版。

[3] 王存刚：《"一带一路"呼唤深化国别研究》，中国社会科学网，2016年7月26日，http://ex.cssn.cn/zx/bwyc/201607/t20160726_3134879.shtml。

动态报告否认静态研究等不当之举。

总之,"一带一路"使中国与周边关系发生了历史性变化,亟待中国学界对此做出学理性诠释,尤其需要"中国视角"的全新阐释。所以,从建设"中国周边学"来探讨中国丝路学的学科体系建设,实为抓住"一带一路"这一重大学术机遇而开展的"奋发有为"之举。

## 二、中国周边学助力中国丝路学学科建设的"重中之重"

2016年8月17日,习近平主席在"全国推进'一带一路'建设工作座谈会"上强调,要"积极宣传'一带一路'建设的实实在在成果,加强'一带一路'建设学术研究、理论支撑、话语体系建设"[①]。2016年12月5日,中央全面深化改革领导小组第三十次会议,通过了《关于加强"一带一路"软力量建设的指导意见》,强调软力量是"一带一路"建设的"重要助推器",要"加强理论研究和话语体系建设,推进舆论宣传和舆论引导工作,加强国际传播能力建设,为'一带一路'建设提供有力理论支撑、舆论支持、文化条件。"[②] 亦即,"一带一路"建设亟待"中国学术"的强有力支撑,"中国方案"唯有"中国思想"的权威阐释才能使"一带一路"行稳致远。其中,中国特色的理论及其话语体系建设是"一带一路"软力量建设的两大核心目标,也是中国周边学助力中国丝路学学科体系建设的"重中之重"。

就"理论研究"而言,中国周边学理论构建涵盖面广、理论性强,并对实证研究与政策建言要求极高,需要中国学界从以下三方面着手努力:
1. 在理论建构方面,中国周边外交一直是中国外交传统理念及其实践的有机组成部分,从郑和"宣德化、柔远人"的丝路外交→周恩来"睦邻友好"的人民外交→习近平"亲容诚惠"的大国外交,其所蕴含的由包容型

---

① 张晓松、安蓓:《习近平在推进"一带一路"建设工作座谈会上发表重要讲话》,中国政府网,2016年8月17日,http://www.gov.cn/xinwen/2016-08/17/content_5100177.htm。(访问时间2022年2月28日)
② 《习近平主持召开中央全面深化改革领导小组第三十次会议》,中国政府网,2016年12月5日,http://www.gov.cn/xinwen/2016-12/05/content_5143552.htm。(访问时间:2022年2月28日)

的人文观、互惠型的经济观及合作型的安全观所构成的"丝路精神","和平共处五项原则"与结伴不结盟的新中国外交理念,以及"共商共建共享"的中国特色的全球治理观与构建"人类命运共同体"的中国特色大国外交等,亟待上升到理性认识与理论高度予以总结和提炼,并做出"中国视角"的理论分析和判断,以进一步加强中国周边学的理论研究,故构建中国特色的周边学理论势在必行。2. 在实证研究方面,应对郑和丝路外交与周恩来人民外交、习近平大国外交之同构性作研究、对海丝与陆丝之异同作案例比较、对朝贡制度与睦邻友好政策之关联性作断代研究,以及对中巴经济走廊等一批"一带一路"示范性项目予以深度案例研究,旨在对中国周边外交理念及其实践作出跨时空、多学科的深度分析,力求从辉煌于丝路的中国周边外交的产生与发展、特征与规律、内涵与外延、政策与制度、原则与立场等作追根溯源的实证性研究,为构建具有中国特色的周边外交理论提供历史经验与现实佐证。3. 在对策建言方面,应在扎实的"一带一路"政策研究基础上积极为我国周边外交建言献策。即,应将"三共"(共商、共建、共享)的全球治理观、"以合作共赢为核心的新型国际关系"理念、"三个超越"的文明交往观、"形成遍布全球的伙伴关系网络"目标,以及推进构建"人类命运共同体"的中国特色大国外交等,置于习近平新时代中国特色社会主义思想语境中予以学理性解读,进而对中巴经济走廊等"一带一路"项目建设中所面临的风险做出客观评估并提出有效对策,力争使"一带一路"的"政策宣示"能够真正具有现实和理论的双重指导意义,从政策实施→项目合作→风险评估→有效应对等全方位解读"一带一路",以回应如何有利有节有序地将"一带一路"建成最具广泛影响力的国际合作新平台这一重大现实问题。

就"话语体系建设"而言,"一带一路"为中国周边学话语体系建设带来新机遇,尤其为包容性话语体系建设带来了新机遇。因此,如何在破立结合的思想指导下,尽快摆脱西化路径依赖的惯性思维,在摆脱"全盘西化"的理论迷障中,努力建设包容性话语体系,这是建设"中国周边学"的基础与前提。为此,应从以下三方面予以努力:1. 遵循破立结合原则但绝不是简单的"破西立中",既要逐步修正西方单一话语体系主导周边学研究的霸权话语现状,也要不断融入包括中国在内的非西方国家的、发展中国家尤其是"一带一路"沿线国家的多元话语体系,其中包括非西

## 第五章 多维度推进中国丝路学的学科体系建设

方国家"去西方化"的理论重构过程,也包括丝路沿线国家本土化的原创性话语体系建构过程。2. 从研究的对象、内涵、视角、概念、理论、方法、研究范式以及表达等诸要素入手开展包容性话语体系建设。即从重估"中国与周边国家地区关系"这一现实出发,确立包容性话语体系建设的逻辑起点,从西方看"中国与周边关系"→中国看"中国与周边关系"的视角转变、从"中国看周边"→"周边看中国"的认知变化、从西方化的关于中国周边关系研究的阐释框架→基于中国周边外交实践的内生性阐释框架的求同存异,力争在发掘新问题、丰富新内涵中首先形成中国周边学特有的核心概念阐释体系,进而形成由"三个超越"的文明交往观、"互利共赢的新型国际关系"理念以及"共商共建共享"的全球治理观等组成的中国特色的大国外交理论阐释体系,在阐释"一带一路"伟大实践中构建中国周边学的包容性话语体系。3. 包容性话语体系建设是"一带一路"软力量建设的核心目标。自中国倡建"一带一路"以来,中国学界不仅出现"井喷"式的研究热,还出现构建"一带一路"学、中国周边学、中国边疆学等积极的倡议与切实的行动,表明中国学界现实自省意识与理论自觉精神的日益增强,不同程度地推进了"一带一路"的话语体系建设,中国周边学包容性话语体系建设成其重要组成部分,中国学者在竭力清除西方话语体系影响的实践中努力构建包容性话语体系,旨在实现共建"一带一路"中的中外"学术对接"。因此,包容性话语体系建设,既是学术问题,也是现实问题,实为中国丝路学科学体系建设的核心要义。

总之,"历史是勇敢者创造的,抓住时代机遇,用中国自己的理论范式和话语体系影响世界,'一带一路'才有可能获得更多国际认可和支持"[①],中国周边学也只有从"理论研究和话语体系"构建入手来探讨中国丝路学学科建设,才有可能助力"一带一路"软力量建设,真正实现中国周边研究质的飞跃,为新时代中国周边外交提供有力和有效的学术支撑。

### 三、从周边关系构建中国丝路学学科体系的路径选择

首先,应深入研究"中国西部周边地区与国家",揭示丝绸之路之于

---

① 王文:《"一带一路"需要全面系统研究》,《人民日报》,2017年1月23日第5版。

### 丝路学研究：形成、发展及其转型

"一带一路"、丝路外交之于中国特色大国外交、西域治理之于全球治理等一系列学术命题所具有的重大战略意涵，以廓清丝路学起步于西域探险与研究的历史逻辑，进而确立中国丝路学应有的学科地位。

中国西部周边地区（中亚、西亚、南亚）与国家（相邻性8国与相关性4国），在历史上大致属于古丝路的西域地段亦即丝路腹地。相关考古文献表明，多元宗教齐聚西域，使该区域对丝路文明的产生、丝路精神的形成、丝路公共产品的传播等均具有极为重要的塑造意义，尤其在"一带一路"建设中，这些"丝路记忆"已转化为我与中国西部周边国家开展经贸、安全与人文等领域合作的重要内驱力，丝绸之路已然成为"一带一路"建设中不可或缺的战略资源。中国西部周边地区与国家，既是"一带一路"的核心区，也是"一带一路"的交汇区与风险区，更是集"一带一路"重点地区、重点国家、重点项目于一体的示范区。其中，中国与中亚的互联互通、中国与西亚的能源产业合作、中国与南亚的安全合作机制建设等，既是"一带一路"核心区落实推进的重点项目，还是我西部外交在不同地区的工作重点。事实上，自张骞"凿空西域"到郑和"七下西洋"所践行的丝路外交，已对周恩来人民外交与习近平大国外交均产生了程度不同的现实影响，尤其是"'一带一路'为构建外交上有价值的机构和人员间联系的遗产外交网络提供了动力"，共有丝路的"这种历史在创建今天的合作、信任和贸易形式上发挥着重要的政治作用"[1]，表明丝路外交与中国特色大国外交间所具有的历史基因与现实逻辑。

"安史之乱"不仅是陆丝趋衰、海丝兴起的转折性的政治事件，还是唐王朝西域治理遇挫的标志性的治理事件，凸显了丝绸之路传统与非传统安全治理的重要性，尤其是丝路腹地的西域治理关乎丝路是否畅通的全局安危、关乎中国历代朝政的安危与国土安全，这是丝路历史的安全铁律。同样，作为丝路腹地的中国西部周边地区与国家，隶属"亚欧大陆心脏地带"，是全球分离主义最猖獗地带、全球能源储备最丰富地带、全球"失败国家"最集中地带、全球多股宗教极端组织的集结地带、国际体系转型中全球政治经济重心的转向地带，以及全球治理难题最集中地带等。其

---

[1] [澳]蒂姆·温特：《"一带一路"一份遗产：文化外交和丝绸之路》，日本外交学者网站，2016年3月29日。

## 第五章 多维度推进中国丝路学的学科体系建设

中,由宗教极端主义所致传统与非传统安全风险,已成为高质量推进"一带一路"发展所面临的最大挑战,中国新疆在反恐与去极端化方面所取得的巨大成效,为"一带一路"的行稳致远提供了有力的安全保障。从某种意义上看,治疆问题,不仅是关涉中国核心利益的根本问题,还是关乎中国参与全球治理的能力与信誉的问题。作为中国特色全球治理方案的"一带一路",在我西部周边国家和地区难题治理上渐显的成效,将有利于塑造中国负责任大国的形象,使得我西部周边外交的战略地位大大得以提升。因此,通过我西部周边外交的深度研究,旨在彰显中国周边外交的重要战略地位,进而确立中国丝路学应有的学科地位。

其次,应深入研究"丝路伙伴关系",揭示丝路文明的对话经验、丝路伙伴的相处之道、"丝路精神"的全球意义等一系列学术命题所具有的重要普世价值,以彰显中国周边外交在国际体系转型中所发挥的建设性作用,进而丰富中国丝路学的学科内涵。

自中国倡建"一带一路"至今,以亚投行、丝路基金等为载体的金融合作不断深入,中巴经济走廊、中欧班列、中蒙俄经济走廊等一批有影响力的标志性项目正在逐步落实,"一带一路"建设从无到有、由点及面,建设进度和成果都远远超出了预期。但在"五通"的实施过程中,"一带一路"沿线出现了一些"民心难通"的现象甚至"唱衰"的噪音,如在日本、印度等我周边国家出现了质疑互联互通项目运作,炒作"'一带一路'威胁论"、诋毁中国是"债权帝国主义",以及将中巴经济走廊项目政治化等噪音,再加上某些域外大国参与炒作"钓鱼岛问题""南海问题""锐实力"等引发"遏华""反华"舆论的误导,使得中国周边竟然出现了"近而不亲"的一些现象,对中国西部人文外交更是造成较大冲击与掣肘。但是,随着"一带一路"的高质量推进,中国周边丝路伙伴关系也进入历史新阶段,按照"亲诚惠容"理念和"与邻为善、以邻为伴"方针,中国正与周边国家人民同心协力构建"周边命运共同体"。为此,习总书记在十九大报告中强调:"合作共赢,就是要倡导人类命运共同体意识,在追求本国利益时兼顾他国合理关切,在谋求本国发展中促进各国共同发展,建立更加平等均衡的新型全球发展伙伴关系,同舟共济,权责共担,增进人类共同利益。"这个思想不仅是未来世界新秩序的核心理念,也是中国处理与世界各国关系的指导思想,更成为"丝路天然伙伴关系"如何提升为"丝路战略合作伙伴"的行动指南。

事实上,从张骞两次出使西域寻求军事伙伴的"结伴"外交到郑和"七下西洋""宣德化、柔远人"的"交友"外交,折射出中国丝路外交的成长历程,并助力丝路文明的交往互鉴,且积累了求同存异、平等对话、和合与共等宝贵的"中国经验"。身处丝路腹地的中国西部周边地区,通过草原丝路地带、绿洲丝路地带及陆海丝路交汇地带开展经贸往来与人文交流,逐渐形成了"地通、路联、人相交"的"丝路天然伙伴关系",使得中亚、西亚、南亚三区在不同地缘环境的丝路地带间开展文明交往,依路共生的丝路伙伴便在上千年和平共处中累积了丝路情谊、共就了丝路故事、共享了丝路记忆、共建了丝路认知,以及形成了丝路伙伴的相处之道,这些都成为"一带一路"框架下共建"丝路战略合作伙伴"的历史资源与现实动力。亦即,在"一带一路"框架下开展经济、安全、人文等战略合作,旨在丝路命运共同体的基础上,首先构建周边命运共同体,进而构建人类命运共同体,以彰显"丝路精神"的全球意义。可见,"丝路天然伙伴"是打造"丝路战略合作伙伴"、构建"周边命运共同体"乃至"人类命运共同体"的基础与前提,也是中国与周边国家伙伴关系发展与深化的关键所在,中国周边外交在国际体系转型中所发挥的建设性作用也得以显现,进而助力中国丝路学学科体系的内涵建设。

最后,构建中国周边学,实为振兴中国丝路学的题中应有之义,故应通过逐步消除由西方话语体系主导所致"中国缺席"的学术怪现象,以确立中国学术的主体性意识,进而廓清中国丝路学的学科基础。

在"一带一路"的带动下,"中国学界体系化、理论化、学科化地研究'一带一路',进而引领全球'一带一路'研究、推动中国与世界各国的思想交流与共享"[①]的意识日益增强,区域国别研究的兴起与中国和平崛起密切相关。在多数情况下,区域研究的发达程度既是国际关系史上大国兴衰在学术领域的投射,也是衡量权力转移发生状态的重要尺度,"历史上,一国地区研究的发展轨迹及其兴衰往往也是其大国地位起落的重要

---

① 王文:《"一带一路"需要全面系统研究》,《人民日报》,2017年1月23日第5版。

标志。"[①]

如果说中国周边学是关于"中国与周边国家古今丝路关系"研究的学科的话,那么丝路学是关于"中国与世界古今丝路关系"研究的百年显学,两者关系不言而喻,且都存在因西方话语体系主导所致"中国缺席"的学术怪现象,集中体现在三个方面:1.中国已由"研究对象"衍化为"被叙述者"。作为研究对象的中国,因一直处于"被叙述"境遇而逐渐边缘化甚至"失语",中国学者便跟在西方国家后面亦步亦趋地"做学问",中国对外关系史也因陷入西方叙述框架而变得面目全非,如西方学界肆意曲解"朝贡体系"、抹杀中国在丝路文明交往中的历史贡献等即为明证。2.全盘西化的研究范式挤压了"中国思想"的表达。以美欧为主的国际主流学界多用由西方的概念、理论及"西方中心论"的阐释框架等组成的西方化研究范式来开展丝路学研究。同样,长期以来我们总是以西方和日本的国际关系理论或区域理论审视周边事务,导致中国对周边事务的话语权被削弱、被淹没、甚至被解构,使得中国学界在"碎片化"态势中难以表达"中国思想"。3.中西研究队伍的力量悬殊造成了西强东弱的学术影响力。丝路学自李希霍芬等学术权威创建至今形成了由名家名作名刊名智库名报告所成就的"名人效应",尤其是中国周边地区虽远离欧美、毗邻中国,但就中国周边地区的研究水平而言,西方国家尤其是美国似乎更胜中国一筹。究其根源在于美欧甚至日本为扩大和维护自身利益而投入了大量学术资源,且用"名人效应"吸引更多学者与机构投身其中。与之形成鲜明对照的是,中国学界开展丝绸之路与"一带一路"研究的队伍零散且不成形,远不及我国的美国研究与欧洲研究的庞大而强势的研究队伍,更无法与美、欧、日、韩等专攻丝路学的权威机构及其团队相比。正是由于中西研究队伍的力量悬殊,结果造成了西强东弱的学术影响力。

要想根除"中国缺席"的学术怪现象,最根本的还是要尽快确立中国学术的主体性意识。为此,一是要树立中国特色大国外交的理论自信。中国学界应对"三个超越"的中国文明交往观、中国"互利共赢的新型国际关系"理念及"共商共建共享"的中国特色的全球治理观展开扎实深入的

---

[①] 陈岳、莫盛凯:《以深化地区国别研究推动中国国际关系学科的发展》,《教学与研究》,2016年第7期,第36页。

基础研究，以切实构建中国特色的大国外交理论，在理论自信中抵御西方大国的"学术渗透"，这是振兴中国丝路学与构建中国周边学的前提与基础。二是要凸显基于"一带一路"伟大实践的问题意识。在必须重估"中国与世界关系"的当下，应立足于中国周边外交与"一带一路"建设的现实，在"共商共建共享"的全球治理理念指导下，与沿线各国尤其是中国周边国家开展经济、安全、人文等战略合作，并就贫困、减灾、暴恐、难民、海盗、走私、贩毒等开展合作治理，在周边地区难题治理中总结经验，以助力构建中国特色的全球治理理论。三是应进一步增强中国学者的理论自觉意识。中国崛起倒逼着西方所主导的国际关系理论的变革，"一带一路"更需要中国学者的理论主体意识的适时跟进，中国学者必须持有包容的胸襟来统合国内外学术资源以履行新时代所赋予的学术使命与担当。因此，从构建中国周边学来探讨中国丝路学学科体系建设，实为中国学者力求增强理论主体意识的努力之举。

## 第二节 "一带一路"视角的中国丝路学学科体系探究

### 一、丝路学术大国联手绞杀"一带一路"的实质

在这场西方大国绞杀"一带一路"的话语博弈中，有一个现象令人深思：对"一带一路"反应最激烈的美、欧、日、印等恰是丝路学研究基础雄厚的大国。其中，德国因产生"丝路学概念之父"李希霍芬而以"丝路学创建者"自居、法国是欧洲丝路学派的中坚力量且以"执牛耳者"自居、美国丝路学派政治化倾向日强且以力推美国"新丝绸之路战略"而自傲、日本的丝路学研究助推其"丝绸之路外交"的最早问世等，表明反对"一带一路"的"急先锋"实为全球丝路学研究的主导国。其根本原因在于，这些丝路学术大国最懂得丝路与全球化发展的现实影响、最清楚丝路与中华文明的互构性、最担心中国借路复兴昔日辉煌、最明白"一带一路"才是全球化发展的正道等"历史真相"与"文明定律"，这是基于百年丝路学聚焦"中国与世界古今丝路关系"研究后所得出的科学结论，但这一切又意味着西方大国霸权旁落、霸主地位不保，所以狰狞绞杀"一带

## 第五章 多维度推进中国丝路学的学科体系建设

一路"也就成了必然之举。

事实上,由李希霍芬、斯坦因等西方"探险家"创建的丝路学,烙有西方大国学术殖民的深刻印记,"一带一路"使美欧主导的丝路学话语体系遭受空前挑战,西方大国便以"学术方式"来销蚀"一带一路"软力量,且集中体现为:一是对华倾销西方概念。随着中国不断走向世界舞台的中心,西方学界臆造了软实力、硬实力、巧实力、锐势力、银弹魅力等一系列概念来对中国的内政外交作西方化诠释;二是对华渗透西方理论。用"修昔底德陷阱"论、"金德尔伯格陷阱"论及"债权帝国"论等,妄断中国和平崛起新路、抹黑中国发展模式等;三是通过网络与新媒体平台加紧实施意识形态渗透的"松土运动"与精神殖民的"学术渗透",妄图实现中国理论界的"全盘西化"。在这些绞杀"一带一路"的"急先锋"中,美国学者更是夹杂着复杂情绪来关注"一带一路",如弗朗西斯·福山撰文认为,"一带一路"倡议标志着中国的政策发生了显著变化,"中国有史以来首次在设法向其他国家出口自己的发展模式。""全球政治未来的重要问题很简单:那就是谁的模式会奏效?如果'一带一路'倡议达到中国策划组的预期,那么从印尼到波兰,整个欧亚大陆都将在未来二三十年内发生变化。中国模式将在国外盛行,为沿线国家增加收入并因此产生对中国产品的需求。"因此,"美国等发达国家应该扪心自问,为什么基建设施的修建在发展中国家乃至发达国家自身变得这么艰难。如果我们不行动起来,就有可能将欧亚大陆以及世界一些重要地方的未来拱手让给中国还有它的发展模式。"不过,"一带一路"倡议能否成功,"也存在一些重要的不确定因素。以基建为导向的增长模式在中国迄为止之所以效果显著,是因为中国政府能掌控政治环境。在其他国家可不尽然,中国的计划会受到动荡、冲突以及腐败的干扰。"[①] 约瑟夫·奈发文称:"中国2013年宣布的这一倡议旨在通过从中国到欧洲、同时延伸到东南亚和东非的基础设施投资项目实现欧亚贯通,是一项宏大战略"。因为,"一带一路"倡议"旨在通过从中国到欧洲、同时延伸到东南亚和东非的基础设施投资项目

---

① 《福山:"一带一路"助中国模式走向世界》,观察者网,2016年1月4日,https://www.guancha.cn/FuLangXiSi-FuShan/2016_01_04_346790.shtml。(访问时间:2022年2月24日)

实现欧亚贯通,带动沿线国家经济发展的同时也满足中国的发展需要。""如果中国选择用其多余的财政储备来建造基础设施帮助发展中国家并加强国际贸易,那它就真的是在提供一项全球公共产品。"因此,"对美国来说也应该欢迎中国的'一带一路'倡议。正如曾担任美国贸易代表和世界银行行长的罗伯特·佐利克所说,如果崛起的中国为全球贡献公共产品,那美国就应该鼓励中国成为'利益攸关方'"[1]。但是,英国学者弗兰科潘推出的《丝绸之路:一部全新的世界史》,以包容性视角研究丝绸之路历史、分析中国倡建"一带一路"的历史原因与现实逻辑,以及颠覆性地提出丝绸之路"是一个两千年来始终主宰着人类文明的世界十字路口"[2]的卓见,折射出美欧主导的丝路学话语体系开始发生裂变的新趋势:一方面美国的弗朗西斯·福山预判"一带一路"助"中国模式"走向世界(2015)、芮乐伟·韩森还原了丝绸之路的丰富内涵(2015)、威廉·恩道尔审视"一带一路"内涵与机遇(2016)及英法德学者研究"一带一路"论著等,标志着由斯文·赫定所开创的包容性研究"中国与世界古今丝路关系"的学术传统在当下的继承与发展。另一方面,美国F.斯塔尔等提出"大中亚"概念(2005)、发布《阿富汗成功的关键:新丝绸之路战略》(2010)以及希拉里宣布"新丝绸之路"计划(2011)及美欧智库发布的"一带一路"研究报告等,表明美欧主导的丝路学话语体系仍受制于霸权政治干扰的立言环境。以上两种分歧性的学术认知,又使得西方大国绞杀"一带一路"舆论战日趋复杂,美欧智库报告的"唱衰"性结论凸显了舆论战的阴暗动机,在聚焦"一带一路"议题时,采用诋毁动机、夸大挑战、炒作风险、离间关系等叙事框架、臆造"转移过剩产能""输出中国模式""破坏世界秩序"等话题,以及肆意炒作涉疆话题等,折射出由美欧决策层背后作推手的这场舆论战的阴暗动机。但是,在中国向世界成功提供了"一带一路"这一公共产品之际,被誉为中国"新四大发明"的高铁、网购、手机支付、共享单车等广受美欧社会的青睐,"中国制造"

---

[1] 《约瑟夫·奈称"一带一路"展现中国宏大目标》,参考消息网,2017年6月14日,http://column.cankaoxiaoxi.com/g/2017/0614/2119107_2.shtml。(访问时间:2022年2月24日)

[2] 邹怡:《丝绸之路串起的世界史——评〈丝绸之路:一部全新的世界史〉》,《光明日报》,2016年11月1日第10版。

第五章　多维度推进中国丝路学的学科体系建设

与其寻常百姓的生活息息相关,中餐、中药、中华武术更成为美欧唐人街之外当地民众的时尚选择。近年来的皮尤等民调报告数据显示,美欧民众日益青睐中国的"新四大发明",表明中国正从"有经济影响力大国"向"有传统文化魅力大国"发生悄变的趋势。因此,目前这场舆论战由媒体炒作→学者分化→智库臆造→政要"发声",注定了这场没有社会民意基础的舆论战走不了多远,昙花一现的失败结局不可避免,为丝路学话语体系由西方化向全球性蜕变提供了良好社会民意基础。

可见,在丝路学术大国联手绞杀"一带一路"中所出现的分歧性涉华认知,折射出美欧丝路学欲借主导"一带一路"话语权来继续"领跑"全球丝路学的真相,其霸权主义的学术野心昭然若揭,折射出美、欧、日、印等丝路学术大国联手绞杀"一带一路"的实质。

## 二、大国围绕"一带一路"的学术话语权之争

研究发现,在"欧洲中心论"阐释框架下所形成的欧洲学派,既是丝路学学科领域的开拓者,也成为丝路学研究的核心力量,且形成"丝绸之路在中国、丝路学研究在西方"这一学科发展的基本征貌,并在全球丝路学研究领域拥有绝对的学术话语权。后来者居上的美国丝路学派,以打造《丝绸之路》名刊为抓手,聚合了一批又一批的丝路学名家名著名智库名报告,产生了巨大的国际影响力,因而拥有与日俱增的学术话语权。在欧美两大丝路学派影响下,产生了日本、俄国、印度、韩国等丝路学研究重镇。此外,以西域学、敦煌学等专题性研究见长的中国丝路学派,已成为隶属全球丝路学重要组成部分。这些成为国际社会研究"一带一路"的骨干力量,也成为大国围绕"一带一路"展开学术话语权之争的现实基础。

如果说 1877 年李希霍芬用《中国》与《李希霍芬中国旅行日记》思考了中国的丝路辉煌历史与 19 世纪中国积贫积弱的现实而开启了全球丝路学的话,那么 1927 年中国学者黄文弼因参与中瑞西北科考活动而思考了中国对丝路文明的贡献与中华民族饱受外族侵略的现实并开启了中国丝路学,跨越时空的中外学者都在思考"丝路与中国、中国与世界"的历史奥秘与"西方与中国、世界与丝路"的现实关联,故而形成丝路学"既是学术的又是现实的"双核特质,使得丝路学既是文明交往学,也是国际关系学,更是全球治理学。于是,在"一带一路"带动下,中外学者既以著书

立说的方式深化丝绸之路基础研究，又以建言献策的方式掀起"一带一路"政策研究热，彰显了丝路学"既是古老的又是年轻的"特有魅力。也正因为如此，西方大国一方面加紧了丝路学的静态研究，另一方面又高频发布智库报告，以集中于其对"一带一路"的政治霸权主义影响与学术霸权主义的干涉，如美欧智库多看好"一带一路"为全球经济治理带来的积极作用，但忌惮中国因"一带一路"而日益增强的国际影响力，所以对"一带一路"倡议充满了怀疑与敌视，高频使用"转移过剩产能""输出中国模式""破坏世界秩序"等词语来诋毁"一带一路"，从动机、过程、结果等质疑"一带一路"：一是面对中国的和平崛起，西方自陷"大国变强、强国必霸"的"修昔底德陷阱"而大肆炒作"中国必霸"论，"一带一路"被德国的智库描绘成"地缘政治威胁"，"海上丝绸之路"更被美国智库的葛来仪妄断为"中国改变南海现状战略的重要组成部分"等。习总书记于2014年1月22日接受《世界邮报》专访时强调：我们都应努力避免陷入"修昔底德陷阱"，强国只能追求霸权的主张不适用于中国，中国没有实施这种行动的基因；二是对"一带一路"质疑多集中在项目运作上，包括债务、标准、透明度、公开采购等，反映了西方对中国企业"走出去"方式、手段、成效及能力的质疑，因美国"新丝绸之路"计划与日本"丝绸之路外交"早已失去生命力，故西方智库妄断美日做不到的事，中国绝不可能做到，对"一带一路"建设过程的质疑就是美日不甘失败的情绪宣泄而已；三是当"人类命运共同体"被纳入联合国决议、十九大又将"一带一路"确立为"国际合作新平台"且被纳入党章后，引发西方大国的极度恐慌，诬称中国十九大海外宣讲为"输出中国模式"，表明"一带一路"所彰显的中国模式对西方主导的全球化正在产生的修正意义不容置疑。因此，自中国提出"一带一路"倡议后，"美国的110多家智库"的"初步反映"是"负面思考多于正面思考、非理性思维多于理性思维、挑拨离间的成分多于建设性因素。"[①]

目前，大国围绕"一带一路"的话语博弈日渐激烈，丝路学已然进入中外学术话语权博弈的历史新阶段。自1877年李希霍芬提出"丝绸之路"

---

① 王灵桂：《国外智库看"一带一路"》，社会科学文献出版社，2015年版，第4—5页。

这一概念起丝路学就烙上了西方化的殖民胎记,中国虽为"研究对象"但却沦为"被阐释"与"被言说"直至"失语",欧美学派"领跑"与中国学派"碎片化"坚守成了丝路学百年学术史的特有征貌。其中,中国丝路学派的"碎片化"坚守,既是西方学术殖民主义恃强凌弱的结果,使得诞生于战乱中的中国丝路学只能以敦煌学、西域学等分支学派发展做守势性存活。但也因李希霍芬与斯坦因等人主导创建的丝路学,使得中国知识界自鲁迅先生起就形成了一种创伤性学术殖民的不良记忆并积淀成为避谈丝路学的集体潜意识且影响至今,结果产生了中国丝路学"缺席"于"一带一路"研究的奇怪现状,使得丝路学基础理论研究与"一带一路"现实政策研究割裂开来,中国"一带一路"研究存在宏观研究多于微观研究、政策解读多于学理阐释、智库联盟多于课题攻关等学术运动化倾向,这在一定程度上又加剧了中国丝路学"碎片化"的程度,无法形成中国研究"一带一路"的学术合力,这是造成"一带一路"国际学术前沿"中国失语"窘境的关键所在。

近年来,习总书记高度重视"一带一路"软力量建设,如 2019 年 8 月在考察敦煌研究院时呼吁敦煌学研究要服务共建"一带一路"。2021 年 5 月,在中共中央政治局第三十次集体学习时强调要"下大气力加强国际传播能力建设,形成同我国综合国力和国际地位相匹配的国际话语权"[①]。2021 年 11 月,在第三次"一带一路"建设座谈会上强调:要深入阐释共建"一带一路"的理念、原则、方式等,共同讲好共建"一带一路"故事。因此,用"中国思想"阐释"中国方案"以提升"一带一路"首倡国学术话语权,当是中国丝路学振兴的重大使命。亦即,应在破立并举原则指导下,多维度探讨中国丝路学学科体系建设路径,在破解由欧洲"西方中心主义"与美国"地缘政治博弈"所致丝路学霸权话语体系中,助力构建"一带一路"包容性话语体系,在大国围绕"一带一路"的学术话语博弈中逐步提升中国丝路学国际影响力。

## 三、从构建"一带一路学"来振兴中国丝路学

尽管"我国哲学社会科学学科体系已基本确立,但还存在一些亟待解

---

[①]《习近平在中共中央政治局第三十次集体学习时的讲话》,新华社,2021 年 06 月 01 日。

决的问题，主要是一些学科设置同社会发展联系不够紧密，学科体系不够健全，新兴学科、交叉学科建设比较薄弱"等，故"一是要加强马克思主义学科建设。二是要加快完善对哲学社会科学具有支撑作用的学科，如哲学、历史学、经济学、政治学、法学、社会学、民族学、新闻学、人口学、宗教学、心理学等，打造具有中国特色和普遍意义的学科体系。三是要注重发展优势重点学科。四是要加快发展具有重要现实意义的新兴学科和交叉学科，使这些学科研究成为我国哲学社会科学的重要突破点。五是要重视发展具有重要文化价值和传承意义的'绝学'、冷门学科。这些学科看上去同现实距离较远，但养兵千日、用兵一时，需要时也要拿得出来、用得上"。[①] 亦即，着力从以下三方面助力构建"一带一路学"，以振兴中国丝路学：

第一，应从夯实理论基础与完善话语体系入手，进一步加强"一带一路学"的学科内涵建设。

中国学界一要借鉴西方现实主义、理想主义、建构主义、软实力、全球治理等理论精髓，吸收西方符号政治学、传播学、多轨外交论、公共产品论等研究方法，尤其在修正西方文明交往理论、国际关系理论及全球治理理论基础上，形成"一带一路学"的基本理论框架，以助力构建中国特色的大国外交理论体系，在理论自信中抵御西方大国的"学术渗透"，这是中国丝路学振兴的前提与基础；二要对丝绸之路、丝路外交、丝路精神等一系列旧丝路公共产品所蕴含的互惠型的经济观、合作型的安全观、包容型的人文观予以学理性阐释、对共商、共建、共享的原则、"利益共同体""责任共同体""命运共同体"主体，以及中国特色的文明交往观、国际关系理念及全球治理观等，予以"中国视角"的学理阐释；三是应对起步于丝绸之路的中国外交产生与发展、特征与规律、内涵与外延、政策与制度、原则与立场等作溯源性研究、对高质量推进"一带一路"发展的新实践作实证性研究，以及对丝路命运共同体与人类命运共同体作归因性研究，以完善中国丝路学话语体系，从"学术研究、理论支撑与话语体系建设"等不同方面开展扎实努力，将有助于"中国学术界体系化、理论

---

① 《习近平：在哲学社会科学工作座谈会上的讲话》，新华社，2016 年 05 月 18 日。

第五章　多维度推进中国丝路学的学科体系建设

化、学科化地研究'一带一路',进而引领全球'一带一路'研究、推动中国与世界各国的思想交流与共享"①,以提升"一带一路"学术话语权

第二,应从兼顾基础研究与丝路调研入手,进一步打造具有国际影响力的中国特色的"一带一路"智库群。

在"一带一路"引发全球学术热中,美欧著名智库高度关注"一带一路"并发布相关年度报告,成为丝路学发展新阶段的重要学术现象。近年来,中国智库群体性崛起也引人注目,但尚需尽快提升中国智库"一带一路"研究报告的国际影响力:一要加强"一带一路"跨学科基础研究,协同敦煌学、西域学、吐鲁番学、丝路学、中外关系史学、东方外交史学、周边学、边疆学、区域国别学等,与世界史、国际关系、国际问题研究、传播学等,从不同学科视角全方位研究"一带一路",力争形成"使基础学科健全扎实、重点学科优势突出、新兴学科和交叉学科创新发展、冷门学科代有传承、基础研究和应用研究相辅相成、学术研究和成果应用相互促进"②的良好学术生态,助力形成中国"一带一路"研究合力,为打造高质量研究报告夯实理论基础。二要立足丝路学核心议题增强"一带一路"问题研究意识,必须形成"以重大现实问题导向为主、中国特色理论建构为辅"的特有研究范式,跨学科开展"中国与世界古今丝路关系"这一重大现实问题与丝路学核心议题的系统研究,以提高中国丝路学界著书与献策的双重能力,进而增强中国智库"一带一路"研究报告的全球影响力,助力提升中国"一带一路"研究的学术话语权。三要加强"一带一路"深度案例分析,要对海丝与陆丝比较研究、对朝贡制度与睦邻友好政策作断代研究、对丝路伙伴关系作国别区域的分类研究,以及对"一带一路"面临传统与非传统安全风险做绩效评估等,旨在对"一带一路"作出跨时空、多学科的实证研究,为中国特色的大国外交理论构建提供有力佐证。因为,"一带一路""不仅仅是我们提供公共产品",还"需要用案例的研究,把它背后的复杂性探索出来。"③ 所以"基于实践经验而设立'一

---

① 王文:《"一带一路"需要全面系统研究》,《人民日报》,2017年1月23日第5版。
② 《习近平:在哲学社会科学工作座谈会上的讲话》,新华社,2016年05月18日。
③ 王文:《一带一路"提升了中国学者的身价》,环球网,2017年06月06日。

· 165 ·

丝路学研究：形成、发展及其转型

带一路学'，不仅可以重新总结中国与世界交往的历史经验，也能重新阐释中国与世界互动的发展现状，更能重新评估中国影响世界的未来前景，极大促进'一带一路'倡议在全球的推进步伐"[①]，进一步打造具有国际影响力的中国特色的"一带一路"智库群。

第三，应在打造丝路学术品牌项目合作中，进一步深化丝路学术共同体合作的机制建设。

自 2013 年以来，丝路国际会议、丝路跨境考古、丝路联合申遗等折射出全球丝路学"重回中国"与中国丝路学"走向世界"相向而行的学术新态势，故应从打造"丝路学三大工程"品牌项目入手，助力丝路学术共同体机制建设：一要打造"丝路记忆工程"项目，重释丝路与中华文明兴衰、丝路与中国全球化经验、丝路文明与东西方成长、丝路与丝路伙伴关系、丝路与丝路命运共同体等课题以发掘"丝路精神"影响力；二要与"一带一路"沿线相关国家共建"丝路形象工程"，梳理丝路古国、丝路大国与丝路强国的历史与现状、理论与实践等以探究丝路伙伴关系本质；三要以"丝路学术工程"为抓手振兴中国丝路学，廓清丝路学实为关于"中国与世界古今丝路关系"的一门百年显学、揭示美欧学派"领跑"与中国学派"碎片化"坚守实为西方学术殖民所致的真相，在著书立说与建言献策中振兴中国丝路学，以"中国思想"为"中国方案"正名。通过以上品牌项目建设，助力由联合国教科文组织平台→上合等地区组织平台→中外双边机制平台所形成的丝路学术共同体的机制建设，使中国丝路学尽快融入百年显学的世界发展主流，以实现中外丝路学的"学术对接"。其中，应树立结伴走丝路做学问意识来深化丝路学术共同体合作的机制建设，如人大重阳倡导"一带一路"是脚底板走出来的学问，高度重视智库外交实践。该智库学者一方面开展扎实研究，另一方面一直"走在带路上"，将"一带一路"传播到他们脚步所及之处，将"中国故事"讲给沿线各国各界人士，促进了"一带一路"的"政策沟通"与"民心相通"，并以接地

---

[①] 王文：《"一带一路"需要全面系统研究》，《人民日报》，2017 年 1 月 23 日第 5 版。

气、高质量的咨政报告赢得外界高度关注[1]，表明打造丝路学术共同体也成为构建"一带一路"学的重要组成部分。因为，构建"一带一路学"，"一是要树立互利共赢的理念。研究成果必须体现互联互通、共建共享的价值理念。重大共性问题的研究成果应是开放的，要服务于'一带一路'的整体建设。二是要树立包容共生的理念。'一带一路'相关国家和地区有一些是历史上不同文明的发源地，文化差异大，研究中要树立包容共生、和而不同的理念。三是体现合作研究的理念。加强国内外智库机构的合作研究，培育'一带一路'研究的专业核心团队。四是理解对方的话语体系，用当地人研究当地事。五是树立长期性的眼光，多做有前瞻性的研究"[2]。

"一带一路"之于全球丝路学转型与中国丝路学振兴具有双重带动效应，中国学界唯有"用中国自己的理论范式和话语体系影响世界，'一带一路'才有可能获得更多国际社会认可和支持"[3]。因此，构建"一带一路学"，实为振兴中国丝路学的切实之举。

## 第三节　中外关系史视角下的中国丝路学学科体系探究

### 一、从中外关系史学科探讨中国丝路学学科体系建设的主要基础

事实上，"丝绸之路在更深的层次上提出的是一个中国文明如何起源、从何而来的大问题"，"以丝绸贸易为主要媒介的丝绸之路"，不仅反映了亚欧大陆的丝路经贸关系，更反映出"东西方文明之间的联系与交流"，

---

[1] 高望:《王文:在42国宣讲"一带一路"后的"三个没想到"》，环球网，2017年4月29日，https://opinion.huanqiu.com/article/9CaKrnK2iKx。（访问时间：2022年2月28日）

[2] 孙世芳:《加强"一带一路"中长期重大共性问题的研究》，中国经济网，2017年5年14日，http://www.ce.cn/xwzx/gnsz/gdxw/201705/14/t20170514_22791214.shtml。（访问时间：2022年2月28日）

[3] 王文:《"一带一路"需要全面系统研究》，《人民日报》，2017年1月23日第5版。

这才是"丝绸之路的文化价值所在,也是一个在世界范围内文明传播的重大命题。"[1] 因此,中外关系亦即中外丝路关系,"丝绸之路的研究范围是沿着丝路一个文明与另一个文明的交往问题,在涉及中外交往的时候,丝绸之路研究就是中外关系史研究"[2],"对古代丝绸之路的研究从根本上说属于中国中外关系史研究的范畴",且"长期以来丝绸之路研究是中外关系史研究的内核,已形成丰厚的学术传统。'一带一路'倡议为中国丝绸之路学术研究发展提供了前所未有的契机,同时中外关系史研究发挥中国学术优势,可为'一带一路'提供学术理论的支持,是'一带一路'国际合作模式的历史渊源与文化根据。"[3] 为此,成立于1981年的中国中外关系史学会就下设中外文化交流史、中日关系史、丝绸之路史等3个专业委员会,并持续举办丝路专题研讨会,如在2000年与西北民族学院等合办"丝绸之路与西北少数民族的历史"研讨会,2001年10月在昆明举办"西北、西南与海上三条丝路比较研究"研讨会,2001年12月在宁波举办"宁波与海上丝绸之路"研讨会,2005年12月在宁波举办"宁波海上丝绸之路"研讨会,2006年8月在新疆喀什举办"丝绸之路与文明的对话"研讨会,2008年10月在山东蓬莱举办"登州与海上丝绸之路"研讨会,2009年5月在陕西榆林举办"草原丝绸之路"研讨会,以及在2011年在海口举办"南海海上丝绸之路"研讨会与2013年在广东南澳县举办"'南澳一号'与海上陶瓷之路"研讨会等。"这些研讨会的成功召开,整体推进了中外关系史研究。多部论文集的出版与大量的论文发表,已经构建起自成一体、宏大开阔的丝绸之路研究知识谱系,无论从何种意义上说这些都是在新形势下中国学者的可贵探索,尽管每位作者关注的重点不同,甚至研究方法也不同,但他们对东方历史上海陆丝绸之路的作用、功能、意义以及向未来发展延伸的看法基本上是一致的,治史的重点已从孤立的单

---

[1] 沈福伟:《丝绸之路与丝路学研究》,《光明日报》,2009年12月30日第12版。

[2] 荣新江:《丝绸之路研究热与中外关系史学科建设》,《上海师范大学学报》,2021年第3期。

[3] 曾江、华夏:《万明:"通古今之变,融中外之学:合力构建中外关系史三大体系"》,中国社会科学网,2020年6月11日,http://ex.cssn.cn/lsx/ycsf/202006/t20200611_5141767_1.shtml。(访问时间:2022年2月28日)

## 第五章 多维度推进中国丝路学的学科体系建设

一的事件研究转变为概述群体,从单因单果的分析转向对事件的深层次考察与理论分析,整体把握了海陆丝绸之路的意义。"[1] 其中,2001年被称为"丝绸之路年",引发中外关系史学会时任会长耿昇专论此现象:"我国学术界对于中外关系史,特别是对于丝绸之路的研究,既轰轰烈烈,又扎扎实实。对于学术界长期争论的焦点,有了深入研究;对于过去从未涉及过的问题,已经逐渐有所触及。当然,这与2001年我国在外交上的几个突破有关,但更重要的却是学术自身发展的趋势、需要与后果。我们期待一个新的研究高潮在新世纪的出现。"[2] 为此,耿昇在2002年初又从"法国学者研究丝绸之路的背景与机构""法国学者对陆路丝绸之路的研究""法国学者对海上丝绸之路的研究"及"法国汉学界参与组织的以丝路为主题的其他科研活动及成果"四个维度,分类梳理了法国丝路学派,认为"法国学者对丝路研究的成果甚丰,始终居欧美之首位。其成果对于中国学者的研究,也颇有裨益"。[3] 2014年他又发现"'丝绸之路'研究早已经成为一门国际显学。法国汉学界以及法国的整个东方学界,始终在这一领域中占据优势地位。""我本人在与'丝绸之路'相关的领域中,共翻译出版了4部法文著作的中译本。这是我30多年来始终酷爱的一个领域,故而成果也算丰硕。"[4] 可以说,在中外关系史学会的主导下,从丝绸之路研究、丝路学经典译介到"国际显学"丝路学的介绍等方面,为中国丝路学学科体系建构奠定了较为坚实的基础,且今后将"开展整体丝绸之路研究"来"为中国的中外关系史研究贡献力量。"[5]

---

[1] 陈奉林:《中国中外关系史研究的兴起与学科体系创立》,《世界历史评论》,第3期。

[2] 耿昇:《2001年海上丝路研究在中国(下)》,《南洋问题研究》,2003年第2期。

[3] 耿昇:《法国汉学界对丝绸之路的研究》,《西北第二民族学院学报》,2002年第2期。

[4] 耿昇:《我与法国汉学》,《社会科学战线》,2014年第1期。

[5] 万明等:《扎根文献基础拓宽研究视野——万明教授访谈录》,《淮阴师范学院学报》,2019年第2期。

## 二、从中外关系史学科探讨中国丝路学学科体系建设的基本路径

丝路学是一个联通中外、包罗万象的交叉学科,"丝绸之路研究为中外关系史提供了新的阐述框架,也赋予了新的解释力"[①],故可从中外关系史学科探讨中国丝路学学科体系建设路径。具体而言,应以重释"中国与世界古今丝路关系"这一丝路学核心议题为抓手,形成从概念→理论→方法→范式的逻辑机理来推进实施:

首先,应确立以"丝绸之路"为元概念的开放型的概念阐释体系。从西北舆地学到中西交通史直至敦煌学,在关乎中外关系上都难以回避"丝绸之路"这一中外文明交往的实践场域,且其历经由点→线→网、由实→虚,以及由时空概念→国际公共产品→丝路精神→丝路遗产等的内涵演进,1877年李希霍芬首次提出"丝绸之路"概念后便开启了中外共研"丝绸之路"的学术态势,形成了丝路学的元概念阐释路径,故应以"丝绸之路"为元概念,不断拓展和丰富,助力形成开放型丝路学概念阐释体系,此为中国丝路学学科建构的路径之一。

其次,应构建以丝路学三大理论为基础的修正型的理论阐释体系。在百年未有之大变局下,丝路学三大理论对"一带一路"新实践的阐释乏力已成不争事实,中国所倡导的文明交往互鉴观、互利共赢的新型国际关系理念及共商共建共享的全球治理观,已对西方的"文明冲突论"、零和博弈的国际关系理论及单边主义的全球治理理念形成了某种修正作用,使得"研究今天的国际关系,我们需要合理汲取西方理论成果,更需要有历史的底蕴,在中国本土积累的历史经验中提炼理论成果,建立中国中外关系史学术体系"[②],故应以丝路学三大理论为基础,不断总结和提炼,形成修正型的丝路学理论阐释体系,此为中国丝路学学科建构的路径之二。

再次,应借鉴丝路学研究的贯通性方法来破解史学研究的割裂困窘。

---

① 黄纯艳:《近四十年宋代中外关系史研究评述》,《南开史学》,2020年第2期。

② 曾江、华夏:《万明:"通古今之变,融中外之学:合力构建中外关系史三大体系"》,中国社会科学网,2020年6月11日,http://ex.cssn.cn/lsx/ycsf/202006/t20200611_5141767_1.shtml。(访问时间:2022年2月28日)

第五章　多维度推进中国丝路学的学科体系建设

从 1877 年李希霍芬在《中国》中命名"丝绸之路"概念到 2015 年弗兰科潘在《丝绸之路：一部全新的世界史》中预判丝路复兴之际"中国和远邦近邻关系及其世界角色将对 21 世纪产生深远影响"，彰显中外丝路学家上百年坚守"中国与世界古今丝路关系"这一核心议题的事实，并形成丝路学发掘历史、关照现实、面向未来的贯通性研究方法，故应借鉴丝路学贯通性研究方法来"关注各条丝绸之路之间的互通互联互动的关系，进行新视野与新的综合性研究"①，以破解"中国史与世界史的学科分割对中外关系史发展产生的制约作用"②，此为中国丝路学学科建构的路径之三。

最后，应创建以丝路学研究范式为核心的包容型的研究体系。中外关系史有三大研究范式："第一，断代史范式，传统以中国古代断代史为中心，按照历代王朝对外关系，分阶段的研究；第二，专题史范式，以丝绸之路研究为中心，将传统的西域和南海研究，拓展到各条陆海丝绸之路研究；第三，世界史范式，是以国别和区域为中心。长期以来，中国中外关系史研究是以专题史范式，即丝绸之路研究（尤其是陆上丝绸之路）为内核，研究成果走在国际学术前列。"③ 因此，应遵循破立并举原则，以丝路学研究范式为核心来创建包容型的研究体系，此为中国丝路学科建构的路径之四。

## 三、从中外关系史学科探讨中国丝路学学科体系建设的重大意义

第一，将助力中国学界从避谈丝路学到必谈丝路学的心路转变。

作为"丝路学概念之父"，李希霍芬的学术成果实为"科学光芒与侵略野心互相影响下的产物"，使得中国学界对李希霍芬产生了"盖棺难定"的分歧性认知。面对斯坦因、伯希和等"盗墓贼"的文化殖民行径与学术贡献，中国学界产生了爱恨交加的复杂情感。尽管 1927 年中瑞西北科考察

---

① 曾江、华夏：《万明："通古今之变，融中外之学：合力构建中外关系史三大体系"》，中国社会科学网，2020 年 6 月 11 日，http: // ex. cssn. cn/lsx/ycsf/202006/t20200611_5141767_1. shtml。（访问时间：2022 年 2 月 28 日）

② 同上。

③ 万明：《通古今之变，融中外之学：合力构建中外关系史三大体系》，中国社会科学网，2020 年 06 月 11 日。

### 丝路学研究：形成、发展及其转型

团开启了中外丝路学术合作的新模式，但却在日本侵华的严酷背景下被迫中断，在战乱中诞生的中国丝路学存在理论建构的先天不足，使得黄文弼们因无力开展平等交流与合作而倍感无奈。以上诸多缘由造成中国精英夹裹着复杂民族主义情感来谈论丝路学，逐渐累积为"学术殖民创伤情结"，且形成避谈丝路学的一种集体潜意识。在百年丝路学变迁中，中国丝路学以敦煌学、西域学等碎片化形式存在，与欧洲学派的西方化、美国学派的政治化形成全球丝路学"三化现象"。但是，中国倡建"一带一路"，不仅激发了中外学者致力于丝路学研究的积极性，还在客观上形成了全球丝路学转型与中国丝路学振兴的双重新机遇，而"丝绸之路研究的热潮，对于中外关系史学科的发展是一个强大的促进，在各个方面推进了中外关系史研究的深入"[1]。因此，从中外关系史视角建构中国丝路学，将有助于中国精英从避谈丝路学到必谈丝路学的心路转变，以彰显"学术中国"的力量。

第二，将助力中外学界凿通丝路认知区间以实现平等学术对话。

"'中外交通史''中外关系史'这些学科名称，只是中国学者使用的学科称谓，似乎并不在国际上广泛通用。但'丝绸之路研究'就不同了，它早已形成了一门国际性学科。中国的中外交通史、中外关系史研究向丝绸之路研究聚焦，方得以进入'丝绸之路研究'这一国际性的学科领域，并有机会展现中国独特的学术资源与学科优势。"[2] 因此，当1979年季羡林发现"最近在国际上兴起"的新学科叫"丝绸之路学"[3] 后，就引发中国学界关注，《丝绸之路》杂志于1997年起设专栏讨论"丝绸之路学"并刊发多篇论文，沈福伟于2009年12月30日在《光明日报》发表《丝绸之路与丝路学研究》一文后，形成中国学界由研究丝绸之路与阐释"丝路学"并存的双轨态势，助力中外学界凿通"丝路学认知区间"以实现学术对接。共建"一带一路"的新实践，又向中外学者敞开了统一的"丝路学

---

[1] 荣新江：《丝绸之路研究热与中外关系史学科建设》，《上海师范大学学报》，2021年第3期。

[2] 王向远：《国史研究范围的延伸扩大与中国"东方学"的形成》，《学术界》（月刊）总第260期，2020年1期。

[3] 季羡林：《吐火罗语与尼雅俗语——1979年8月29日在乌鲁木齐学术报告会上的报告》，《新疆史学》，1979年创刊号。

## 第五章 多维度推进中国丝路学的学科体系建设

认识区间",可借丝路学传统话语体系展开修正性研究以"增加共识",并助力"丝路精神的话语传播提升中国国际话语权"[①]。因此,从中外关系史视角建构中国丝路学,将有助于推进中外学界凿通"丝路学认知区间",实现平等的学术对话。

第三,将助力构建以丝路同名刊群为基础的丝路学术共同体。

马克思、恩格斯以唯物史观为视角阐述了人必须在共同体中才能存在和发展的内在理论逻辑,在分析原始社会以来的社会形态后,提出"生产的一切阶段有某些共同标志,共同规定"[②],"只有维护公共秩序、公共安全、公共利益,才能有自己的利益"[③]。这一理论逻辑为学术共同体建设提供了重要依据和实践指导,马克思共同体理论的当代价值之一,就是论证了新时代构建学术共同体的必要性。目前,"全球化促进了价值观、知识和理念的传播,加强了兴趣相投的群体组建跨国组织的能力"[④]。随着科技发展和社交媒体的广泛使用,线上与线下学术共同体构建已成为新常态。为此,习总书记建议"要聚焦国际社会共同关注的问题,推出并牵头组织研究项目,增强我国哲学社会科学研究的国际影响力。要加强优秀外文学术网站和学术期刊建设,扶持面向国外推介高水平研究成果"[⑤] 等方式构建中外学术共同体。随着"一带一路"的深入推进,中外关系研究聚力中外丝路关系研究的热潮已成不争事实,以丝路命名的学术期刊数量不断增多即为明证。除西北师大于1992年创办的《丝绸之路》期刊外,近年来相继涌现出《丝路文明》《新丝路学刊》《丝绸之路研究集刊》《丝绸之路研究》及《丝绸之路考古》等新刊,且因"近年来国内学术界涌现了大量研究丝绸之路的新作,若能精心组织稿件,一定能办出好的刊物。从另一

---

① 段艳丰:《"一带一路"倡议下的丝路精神:理论逻辑和实践旨趣》,《特区经济》,2019年第10期。

② 中共中央马克思恩格斯列宁斯大林著作编译局编:《马克思恩格斯全集》(第46卷)上,人民出版社,1979年版,第22页。

③ 中共中央马克思恩格斯列宁斯大林著作编译局编:《马克思恩格斯全集》(第2卷),人民出版社,1957年版,第609页。

④ [英]安德鲁·赫里尔:《全球秩序与全球治理》,林曦译,中国人民大学出版社,2018年版,第20页。

⑤《习近平:在哲学社会科学工作座谈会上的讲话》,《人民日报》,2016年5月19日第2版要闻。

个方面来说，日本、欧美学界过去以丝绸之路为名的纯学术杂志，因资金短缺或其他原因，大多难以为继，如果能够把这些杂志的欧美、日本作者团队集结起来，一定能更大范围地推进丝绸之路的研究和中外关系史的学科发展。"① 因此，从中外关系史视角建构中国丝路学，将有助于加强中外丝路同名刊群间的交流与合作，切实推进丝路学术共同体的构建进程。

总之，中外学者从阐释"丝绸之路"元概念出发，围绕"中国与世界古今丝路关系"这一核心议题展开研究，旨在探索丝路多元文明的交往规律、丝路伙伴关系的相处之道，以及丝路难题的破解之策，故而形成了由文明交往理论、国际关系理论与全球治理理论组成的丝路学研究的学理基石。因此，从某种意义上讲，丝路学，既是文明交往学，也是国际关系学，还是全球治理学，归根结底是一门聚焦"中国与世界古今丝路关系"的百年显学。从中外关系史视角来探讨中国丝路学学科体系建设，旨在通过"研究古代的中外关系，选择丝绸之路为主线，展示自古以来中西经济文化沿丝路频频交流之情景与成果，正可挖掘民族文化的优秀传统，增强民族自尊心和自信心，弘扬开明、开放、开拓精神，以适应今天振兴民族，发展国家建设之需要"②，凸显从中外关系史学科探讨中国丝路学学科体系建设的重大意义。

---

① 纪宗安：《丝绸之路与中西经济文化交流》，《暨南学报》，1994年第3期。
② 纪宗安：《丝绸之路与中西经济文化交流》，《暨南学报》，1994年第3期。

# 第六章

# 三大学派历史演进与全球丝路学的发展

本章立足于丝路学百年嬗变学术史的基础文献,着力从丝路学发展中所形成的三大学派格局、特征及其话语博弈来展开研究,旨在还原全球丝路学发展的大体历程、比较三大丝路学派的异同、揭示西方大国主导丝路学话语体系的学术真相,以认清目前大国围绕"一带一路"的话语权争夺的历史缘由与现实影响,进而探讨中国丝路学派发展困境及其破解之策。

## 第一节 丝路学三大学派的形成及其影响

### 一、欧洲学派为丝路学奠定了跨学科基础

丝绸之路时空跨度大,其时间上可追溯至8000年前,东西全长8000多千米,空间上横跨亚、欧、非三大洲,且形成自中国出发辐射全球的一个有机整体,自1877年德国地理学家李希霍芬在《中国》一书中,把"从公元前114年到公元127年间中国与河中地区(指中亚的阿姆河与锡尔河之间的地带)以及中国与印度之间,以丝绸贸易为媒介的这条西域交通路线"命名为"丝绸之路"后,引发西方在以后半个世纪中对中国历史遗迹和珍贵文物的劫掠,数以万计的堪称国宝的珍贵文物从此流失海外,但也引起西方学界从历史学、民族学、考古学、宗教学等多学科开始考察和研究丝绸之路上的相关遗迹:德国历史学家赫尔曼于1910年出版的《中国和叙利亚之间的古代丝绸之路》一书中,确定了"丝绸之路"的基本内涵为:中国古代经由中亚通往南亚、西亚以及欧洲、北非的陆上贸易交往的通道,因为大量的中国丝织品经由此路西传,故称之为"丝绸之路",完成了对"丝绸之路"的学术认证。1936年,斯文·赫定《丝绸之路》一书的问世,标志着丝路学大体完成了由概念阐释衍化为学科的关键转型,此后吸引了越来越多不同国家和地区学者的持续关注,并逐渐形成了"丝路学",至今方兴未艾。其中,欧洲学派为丝路学奠定了跨学科基

础,并集中体现在德、法、英、瑞等国学者聚力探究"中国与世界古今丝路关系"的学术成果上:

德国对丝路学的贡献莫过于李希霍芬这一"丝绸之路"概念的诞生。李希霍芬不仅开创了"丝绸之路"这一概念阐释的基础研究范式,还开辟了"行走丝路"的实践调研先河:一方面,李希霍芬倾尽后半生撰写的五卷本巨著《中国》历时35载出齐(1877—1912年),首创了"丝绸之路"概念,也是首部系统阐述中国地质基础和自然地理特征的重要著作,并创立了中国黄土风成理论等,还出版了《当今地理学的任务和方法》(1883)、《研究旅行指南》(1886)、《19世纪地理学的动力与方向》(1903)等,奠定其丝路学研究的世界地位。另一方面,从1868—1872年,李希霍芬对中国进行了历时4年的7次考察,足迹踏遍中国18个省中的14个省,除记载矿产外,他的每次调研更注意运送这些物产的道路,故每到一地必先叙述各地水陆交通状况、记录在此交通基础上形成的市镇和商业路线,由此形成其调研报告主线,其对中国地矿勘查时间之久、范围之广、记录之详等在当时均为首屈一指,出版了《中国煤炭分布图》(1870)、《山东地理环境和矿产资源》(1877)及《李希霍芬中国旅行报告书》(1903)等。尽管李希霍芬最终沦为间接促使德国出兵胶州湾的帮凶之一,但其所开启的学术性与实践性相结合的治学模式,为丝路学双核特质的形成提供了宝贵经验。

法国在丝路学研究领域取得的成就位居欧洲之首,不仅建立了众多的学术团体,还拥有一批极具影响力的丝路学名家,如伯希和代表作有《摩尼教流行中国考》(与沙畹合著,1931)、《郑和下西洋》(1933)、《伯希和敦煌石窟笔记》(1993)、《敦煌千佛洞》(6卷,1920—1926)、《马可·波罗游记校注》(1938)、《元朝秘史》(1949)、《成吉思汗战役史》(1951)、《伯希和西域探险记》(2001)、《金帐汗国史札记》(1953)、《中国印刷术的起源》(1953)等。巴黎大学于1968年推出"法国汉学研究所丛书",成为法国丝路学研究的第一批标志性成果,带动了法国丝路学研究,并围绕以下几个议题开展持续性探讨:1. 有关丝路宗教研究的,有伯希和等《中国之旅行家:摩尼教流行中国考》(1925)、马伯乐《中国宗教历史杂考》(1950)、克里斯娜·里布《吉美博物馆所藏敦煌织物(13卷)》(1970)、康德谟《道教和中国宗教》(1971)、雅克·吉埃斯《敦煌

## 第六章 三大学派历史演进与全球丝路学的发展

的幡与画》(1974)、谢和耐《中国和基督教》(1982) 等。2. 丝路文明研究的，有格鲁塞《草原帝国》(1939)、《蒙古帝国》(1941)、《中国史》(1942) 及《从希腊到中国》(1948)、马伯乐《中国古代史》(1955)、玛雅尔《古代高昌王国物质文明史》(1973)、路易·巴赞《古代突厥历史纪年》(1974)、雅克·吉埃斯《西域的历史和文明》(1976)、阿里·马扎海里《丝绸之路，中国波斯文化交流史》(1983)、戴仁与埃米尔·毕勒《丝绸之路，风景与传说》 (1986)、戴仁《马克·波罗和丝绸之路》(1988)、鲁保罗《西域的历史与文明》 (1992)、让－诺埃尔·罗伯特《从罗马到中国——凯撒时代的丝绸之路》(1993)、雅克·昂克蒂尔《丝绸之路》(1992) 与《丝绸之路资料集》(1995) 等。3. 丝路经贸研究的，有谢和耐《中国 5～10 世纪的寺院经济》(1952)、布尔努瓦《丝绸之路》(1963) 等。4. 有关敦煌学研究的，除伯希和《敦煌经卷图录》和《敦煌石窟图录》等外，戴密微侧重敦煌佛学及变文俗讲等研究。1973 年法国国立研究中心和高等实验学院第四系联合组成的 483 研究小组是西方唯一的敦煌学专门机构，在 20 世纪 80 年代陆续出版《敦煌学论文集》。此外，法国还出版《巴黎国立图书馆所藏伯希和写本目录》《伯希和敦煌石窟笔记》《巴黎国立图书馆所藏伯希和敦煌写本丛书》等。自 20 世纪 80 年代以来，法国丝路学研究始终居欧洲之首。

英国的斯坦因于 1900—1931 年间四次赴中亚探险：1900～1901 年发掘和田地区、尼雅遗址等；1906—1908 年发掘古楼兰遗址，在敦煌莫高窟骗走大批敦煌文物而轰动整个欧洲；1913—1916 年重访尼雅、楼兰遗址、敦煌，再次卷走大量文物；1930～1931 年代表英美两国利益进行了第四次中亚考察等。其代表作有《古代和田》(1907)、《塞林底亚》(1921)、《亚洲腹地》(1928)、《斯坦因西域考古记》(1936) 等，形成英国学界研究丝路的学术传统，直至 2015 年英国学者弗兰科潘《丝绸之路：一部全新的世界史》的横空出世，标志着欧洲学派的重大转向，折射出欧洲学派对丝路学学科建设的重要作用。

瑞典的斯文·赫定于 1890—1907 年间四次赴中亚探险考察，包括 1900 年 3 月考察罗布泊并发现楼兰古城，1901 年、1907 年的考察西藏等。此外，由他组织的 1927—1935 年间的中瑞西北联合科学考察，培育了黄文弼等中国第一代丝路学者。1933 年，他提出"优先考虑新疆问题"的建

**丝路学研究：形成、发展及其转型**

议，为"一带一路"的互联互通建设提供了科学依据与历史基础。其代表作有《我的探险生涯》(1925)、《丝绸之路》(1936)及《亚洲腹地探险八年》(1944)等，这些论著与他的"发现楼兰古城"、"填补地图上西藏空白"、提出"优先考虑新疆问题"等研究报告，即为受其老师李希霍芬影响的明证，他不仅对全球丝路学发展与转型产生了深远影响，还在组织中瑞西北联合科考的国际丝路学合作中助力中国丝路学派的诞生。

来自德、法、英、瑞等国学者贡献的一批论著和调研报告，造就了欧洲学派成为丝路学领域的开拓者，且自德国学者提出并界定丝路学核心概念起，"丝绸之路的提出更深层次的问题是，欧洲人或者说欧洲的学术界想要指明东方文明源自西方"①，并形成"丝绸之路在中国、丝路学研究在西方"这一学科发展的基本征貌，直至弗兰科潘的《丝绸之路：一部全新的世界史》的问世，才开始正视丝路历史真相，在摒除"西方中心论"的阐释体系中助力丝路学发展进入转型期。

## 二、美国学派为丝路学赢得显学效应

美国的丝路学研究，也主要是在西方探险家于19世纪末20世纪初对丝路沿线考察挖掘所带回的相关实物与资料基础上起步的，并通过名家汇聚、跨国合作研究、发布智库报告等方式，为丝路学赢得显学效应。

20世纪中期以来，中、俄等国考古学家经过大量考古发掘后掌握了珍贵的第一手资料，所撰写的学术成果被美国丝绸之路基金会所创办的《丝绸之路》杂志译为英语介绍给西方学界，"使传统的丝绸之路研究与最新考古发展接轨"，逐渐成为全球丝路学研究的重要对话平台：创刊于2003年1月的《丝绸之路》杂志，致力于将丝路沿线国家在其纵横交错的网状线路上相关报告与著述，用英语译介给西方学界，力求使传统的丝绸之路研究与最新考古发展接轨，折射出兼顾丝路学双核特质的研究路径。其主编是美国华盛顿大学历史系的丹尼·沃教授，在每期前面的"编辑手记"中都对当期文章进行精简的评论，并介绍有关的研究背景，此刊物自身定位是"东西方文化的桥梁"，关注贯通欧亚的贸易与文化交流，以普及欧

---

① 沈福伟：《丝绸之路与丝路学研究》，《光明日报》，2009年12月30日第12版。

## 第六章 三大学派历史演进与全球丝路学的发展

亚大陆的历史与文化知识为己任。① 经过多年努力,《丝绸之路》已成为名副其实的全球丝路学研究名刊,具有广泛的学术影响力,成为丝路学派汇聚丝路学骨干力量、展示丝路学研究成果以及构建美国主导的丝路学话语体系的重要平台,也成为造就美国丝路学家国际声誉的重要传播平台,使得美国丝路学派拥有朋普利、华尔纳、拉铁摩尔、费正清、安特生、芮乐伟·韩森、黑尔佳·策普-拉鲁什及威廉·琼斯等丝路研究名家,其学术成果的国际影响力甚广,如芮乐伟·韩森《丝绸之路新史》(2015)一书,介绍了丝路上的楼兰、龟兹、高昌、撒马尔罕、长安、敦煌、于阗等"写在出土文书中的几个绿洲故事",旨在表明:对于丝绸之路上的交通流量较少的道路,其历史的真正价值在于"丝绸之路上穿行的人们把各自的文化像其带往远方的异国香料种子一样沿路撒播","丝绸之路在很大程度上并非一条商业道路,却有着重要的历史意义。这条路网是全球最著名的东西方宗教、艺术、语言和新技术交流的大动脉"。又如,黑尔佳·策普-拉鲁什和威廉·琼斯在《从丝绸之路到世界大陆桥》(2015)一书,从宏观视角入手、具体项目着眼,探讨了从丝绸之路经济带发展为世界大陆桥——即世界范围内的互联互通的重要问题等。此外,美国有一批学者侧重于丝路战略问题研究,美国主要的丝路研究机构有约翰斯·霍普金斯大学国际问题高级研究学院中亚—高加索研究所、约翰斯·霍普金斯国际问题高级研究学院和瑞典安全发展政策研究所联合成立的研究中心"丝绸之路项目组"、斯坦福大学国际问题研究所、美国战略与国际问题研究中心等。1996年美国约翰斯·霍普金斯大学成立了中亚—高加索研究所,旨在"提升中亚—高加索地区在美国对外政策中的重要地位,为美国政府提供有关区域的丰富、可靠的政策咨询"②。进入21世纪以来,美国学者F.斯塔尔、尼德斯的《新丝绸之路——阿富汗将是核心与否?》、库钦斯的《在阿富汗获得成功的关键——现代丝绸之路战略》、《为阿富汗"新丝绸之路"奠定基础——看华盛顿与喀布尔如何将愿景变为行动》等研究成果,具有一定国际影响力。

---

① 蒋小莉:《东西方文化的桥梁——美国丝路基金会英文刊物〈丝绸之路〉评介》,《吐鲁番学研究》,2009年第2期,第152—164页。
② 中国现代国际关系研究所:《美国思想库及其对华倾向》,时事出版社,2003年版,第450—458页。

**丝路学研究：形成、发展及其转型**

中亚-高加索研究所与丝绸之路项目联合中心（Central Asia – Caucasus Institute and Silk Road Studies Program，CACI – SRSP），是美国乃至世界丝路学研究的著名机构，旨在通过研究和分析中亚和高加索地区来满足西方对中央欧亚地区日益增长的知识需求。通过鼓励美国人和欧洲人与该地区进行活跃接触，也通过推动针对该地区严肃而专业的政策，帮助这一被忽视的地区重新在世界秩序上获得应有的位置。鉴于两者研究目标的互补性和一致性以及深入合作为研究、教学和出版物带来附加值，中亚-高加索研究所与丝绸之路项目研究中心于2005年决定制度化已有合作，并正式合并为联合的政策研究中心，旨在成为全球范围内中央欧亚区域公共政策研究的领军机构。为此，该中心主要通过客观公正的研究、出版物及其宣传、论坛和会议、教学活动、知识和信息的汇聚地五种方式予以落实。该中心特色研究包括继续从事美国和欧洲对于中亚-高加索地区的政策导向研究、欧亚大陆常年合作项目研究、毒品贸易研究，以及解决东北亚冲突研究等。[1] 此外，该联合中心还与丝路沿线国家地区研究机构建立了正式或非正式的合作伙伴关系，核心项目是当代丝绸之路研究。由于该中心实为美国研究中央欧亚地区的重要机构，其提出的"大中亚计划"建议对美国"新丝绸之路"计划的产生起到了巨大推动作用，进而也深刻影响了中亚地区的政治与发展。尤须指出的是，中亚-高加索研究所与丝绸之路项目联合中心还拥有一批享有国际声誉的学者，包括布热津斯基、F. 斯塔尔、E. 科尔内尔、P. 斯旺斯特罗姆等，如F. 斯塔尔是中亚-高加索研究院和丝绸之路项目联合中心的开山祖师，也是华盛顿凯南研究所的创始主席，是中亚区域研究的领军人物，也是俄罗斯政治与对外政策、美国欧亚政策和该地区石油政策的专家。他曾建议美国三任总统关注俄罗斯/欧亚问题，并主持了一个由美国政府资助的外部顾问小组。1999年，他组织并参与了了参谋长联席会议对中亚、高加索、阿富汗的第一份战略评估，参与起草了近年来美国对该地区的政策制定。其研究范围是大中亚诸国的历史、发展、内在动力以及美国对该地区的政策，尤其是其所领衔的"新疆

---

[1] 董雨编译：《约翰斯·霍普金斯大学中亚—高加索研究所和瑞典乌普萨拉大学丝绸之路研究项目联合中心简介》，http：//blog.sina.com.cn/s/blog_12e461f4f01011cua.html2014 – 04 – 25。

第六章　三大学派历史演进与全球丝路学的发展

工程"产出了一系列研究报告，程度不同地影响了美国政府的涉华战略，使得美国丝路学家的学术成果在西方霸权语境中得以传播、美国丝路学人在国际学术领域名声大噪，折射出美国丝路学派为丝路学所赢得的显学效应。

总之，作为全球丝路学三大学派之一，美国丝路学派主要通过名家汇聚、跨国合作研究、发布智库报告等方式，迅速成为全球丝路学话语强势的学术力量，并以涉华智库报告来影响丝路学核心议题的研究走向。但是，因受制于美国历届政府涉华战略程度不同的干扰，使得美国丝路学界大体呈现出理论研究与政策研究、历史研究与现实研究等明显割裂，形成学术与政治间的张力，并深刻影响了美、欧、日、印等丝路学术大国的涉华认知偏好与对华政策走向。

## 三、中国学派为丝路学注入现实动力

1927年中瑞西北科考团到中国西部进行综合考察，不仅首次实现了在中国政府监管下对丝路沿线埋藏的珍贵文物进行发掘、搜集并善加保管，还因斯文·赫定等丝路学名家在近10年间对黄文弼等中国学者直接而深刻的影响，在耳提面命中速成了兼顾著书立说与咨政建言的双重技能并成效显著，结果催生出中国丝路学诞生于战乱的客观事实。因此，在袁复礼看来，"丝绸之路考古探险始于李希霍芬的学生、瑞典探险家斯文·赫定，罗布泊西岸的楼兰古城就是他于1901年发现的。1926年冬，赫定再次来华，准备他的第四次中亚探险考察。由于中国学者的强烈反对，他不得不组建中瑞西北科学考察团，与徐炳昶、黄文弼、丁道衡、袁复礼等北大、清华师生联合考察；北大徐炳昶教授任考察团中方团长，赫定博士任外方团长。这是中国首次举办国际性、跨学科的科学调查，其中包括来自6个国家的37位科学家"。[①] 在长达近10年的中外丝路学术共同体实践中，不仅塑就了黄文弼等中国丝路学派开拓者从事丝路学研究的双重能力，还对中国丝路学派双轨并举的研究路径的形成起到了重要的框定作用，更为创建中国丝路学派、建设以中国为主体开展中外丝路学术合作平台，以及整

---

① 袁复礼：《三十年代中瑞合作的西北科学考察团》，《中国科学技术史》，1983年第3期，第12—25页。

## 丝路学研究：形成、发展及其转型

合丝路沿线学术资源打造丝路学术共同体等均产生了深远影响。"科学没有国界，在中亚考察活动中，赫定将现代地质学、地理学和考古学引入中国，为中国的现代化培养了许多人才"，科考队成员之一的黄文弼则是突出代表，且自他参加中瑞西北科考起，北大丝路考古研究90余载形成了由三代学者组成的中国丝路学研究重镇之一：第一代以黄文弼、向达为代表，将考古学引入丝路研究，为北大考古教学与科研奠定了坚实基础；第二代以宿白为代表，开创北大中外文化交流考古教学，编写讲义《考古发现与中西文化交流》（2012）；第三代以林梅村为代表，引入中亚死文字碑铭写卷研究，创立北大中外文化交流考古三级教学体系，编写讲义《丝绸之路考古十五讲》（2006），为中国乃至海外培养了大批丝路考古专门人才。[①] 尽管中瑞西北科考团从1927年起对内蒙古、甘肃、新疆等地区展开了近十年的考察活动，在历史、经济、民俗文化等方面产生了深远影响，甚至被称为"流动的大学"[②]，但可惜因日本入侵被迫中断了中瑞科考队的学术合作，科考队成员在战乱中或坚守或放弃，反映出中国丝路学在"生不逢时"的战乱中艰难起步及其第一次发展高潮被战乱碾碎后陷入碎片化窘境的历史真相。

1983年8月成立的中国敦煌吐鲁番学会，标志着中国丝路学迎来了第二个发展高潮：1983年8月15日，在兰州召开了中国敦煌吐鲁番学会成立大会暨"1983年全国敦煌学术讨论会"。来自全国22个省、直辖市、自治区和香港地区194名代表参会，收到论文85篇，并就历史、遗书、考古、语言文学、美术、音乐、舞蹈等学科和专业分为6个小组进行讨论。大会讨论通过了中国敦煌吐鲁番学会章程，聘请李一氓、周林、吴坚、姜亮夫等27人担任学会顾问，选举季羡林、段文杰、唐长儒、张锡厚、金维诺等60人组成学会理事会，推举季羡林为会长。中国敦煌吐鲁番学会成立后设址北京大学，下设语言文学、音乐、舞蹈、科技史、体育卫生、少数民族语言文字、敦煌古文献整理研究编辑委员会，并有浙江省敦煌学研究会、新疆吐鲁番学学会、西域艺术研究会、酒泉地区敦煌学学习研究会等

---

① 黄珊：《八千里路云和月：北京大学丝绸之路考古研究》，《北京大学学报（哲社版）》，2016年第1期。

② 陶继波：《中瑞西北科学考察团成立过程分析》，《边疆经济与文化》，2015年第4期。

第六章 三大学派历史演进与全球丝路学的发展

团体会员，合建了国家图书馆、新疆、兰州三个资料中心，多次举办了国际研讨会，编辑出版《中国敦煌吐鲁番学会研究通讯》《敦煌学大辞典》《英藏敦煌文献（佛经以外部分）》15 册等。尽管中国敦煌吐鲁番学会力求整合敦煌研究、吐鲁番研究、西域研究等不同学术队伍来打造中国丝路学学术共同体，终因主客观原因未能遂愿，却使中国丝路学派分支发展得以推进，经过中国学界的努力奋进，终于扭转了"丝绸之路在中国，丝路学中心在西方"的那种令中国人陷于丧失民族自尊的窘境"[1]。

引发中国丝路学迎来第三次发展高潮的标志性事件是 1997 年 8 月 28 日甘肃《丝绸之路》编辑部主办的"丝绸之路学理论研讨会"，认为古代丝绸之路的辉煌历史与现代丝绸之路的无限生机，使丝绸之路学成为当今一门世界性显学。但作为一门独立学科，丝绸之路学的理论建构问题的探讨，仍然显得比较薄弱。如它应是一门什么性质的学科？它的对象、范围、特点和方法是什么？它的各种类型的结构和功能有何异同？它与哪些相邻学科在什么阶段与范围内存在着交叉、重合、相似的中介环节？它本身发展和演变的规律是什么？等等。对这些问题如不能较好地加以解决，势必影响对丝绸之路的深入研究，故邀请在兰州有关专家 20 余人集中研讨以上问题并增开栏目刊发会议成果，使中国丝路学界的此次"集体补课"产生了深远影响，形成丝路研究与丝路学研究并举的中国丝路学发展新态势。2009 年新疆人民出版社推出王炳华等著"丝绸之路研究丛书"（20 册），成为中国丝路学第三次发展高潮的重要成果：该"丛书"包括《丝绸之路考古研究》《丝绸之路岩画研究》《丝绸之路古代种族研究》《丝绸之路宗教研究》《丝绸之路人口研究》《丝绸之路草原文化研究》《丝绸之路北庭研究》《丝绸之路屯垦研究》《丝绸之路吐鲁番研究》《丝绸之路艺术研究》《丝绸之路民间文学研究》《丝绸之路乐舞艺术研究》《丝绸之路龟兹研究》《丝绸之路佛教文化研究》《丝绸之路伊犁研究》《丝绸之路戏曲研究》《丝绸之路戏剧文化研究》《丝绸之路音乐研究》《丝绸之路服饰研究》等，汇集了中国学者自 20 世纪 90 年代至 21 世纪初的丝路各学科领域研究成果，是国内最权威、最全面、最系统的一批学术成果，且"这些

---

[1] 沈福伟：《丝绸之路与丝路学研究》，《光明日报》，2009 年 12 月 30 日第 12 版。

成果，以传统草原丝绸之路和绿洲丝绸之路为主线，注重学术观点的创新性和理论研究的系统性，内容涉及考古、历史、民族、宗教、人口、文化、艺术等多学科领域"，"以大量精确而具有说服力的文献和考古资料，大视野、多角度拓展了'丝绸之路'的内涵外延，很大程度上丰富和深化了以往'丝绸之路'探索范围。将'丝绸之路'学术研究向前推动了一大步"[1]。事实上，"丝绸之路"这一概念源自西方学者，且"得到国内外学者的一致认可，但是尔后相当一段时间内，学界对'丝绸之路'历史文化的探索研究主导权则为西方话语所控制。""新疆人民出版社适时推出的这20卷本'丝绸之路'研究的皇皇巨著即是该领域学术话语权转化的有力证明，整体上反映了我国学术界对'丝绸之路'的关注度和研究水准，其文化价值和现实意义值得充分肯定"，是"国内学术界关于'丝绸之路'专题研究的集大成之作"[2]。但是，本"丛书"的学术意义仅限于丝路历史研究范畴，尚缺乏关照丝路现实的研究报告，使得中国丝路学第三次发展高潮的影响力大打折扣。

2013年中国提出"一带一路"后，中国丝路学迎来了学术振兴的机遇期，中国丝路学也因此成为"一带一路"软力量建设的有机组成部分。但目前中国丝路学所呈现出的碎片化学术生态，亟待反思历史、正视问题，加强丝路学学科体系、学术体系、话语体系的统筹性建设，否则将因错失学术振兴机遇而影响"一带一路"的学术跟进。

## 四、欧美学派催生出丝路学研究重镇

在三大学派尤其是欧美丝路学派的影响下，全球丝路学发展中还形成了几个重要研究重镇，主要包括：

俄罗斯的丝路学研究。与斯坦因同样觊觎中国西域文明古迹的"丝绸之路上的外国魔鬼"还包括俄国的柯兹洛夫、奥布鲁切夫、克里门茨等，但并未形成特色鲜明的丝路学派。自"一带一路"提出后，俄罗斯学者多持质疑态度。2014年3月，俄罗斯科学院远东研究所副所长谢尔盖·卢贾

---

[1] 田卫疆：《探索中西文化交流史的学术长卷——〈丝绸之路研究丛书〉评述》，《中国出版》，2010第5期，第63—64页。
[2] 田卫疆：《探索中西文化交流史的学术长卷——〈丝绸之路研究丛书〉评述》，《中国出版》，2010第5期，第63—64页。

## 第六章 三大学派历史演进与全球丝路学的发展

宁认为,对俄罗斯而言,在乌克兰危机和西方对俄制裁的背景下,实现海关联盟的任务特别紧迫。莫斯科期待的不是北京的含蓄批评或者提出"一带一路"构想对其欧亚一体化项目进行刺激,而是实实在在的政治支持。莫斯科国际关系学院公共关系系讲师叶卡捷琳娜·阿拉波娃2014年4月指出,"21世纪海上丝绸之路"不符合俄罗斯的利益,因其对俄罗斯多年苦心经营的北方航线造成最大竞争与威胁。然而,随着乌克兰危机的持续以及俄罗斯与西方关系的恶化,国际油价暴跌和卢布急剧贬值导致俄罗斯面临的国内和国际形势都变得十分严峻,俄罗斯国内对"一带一路"质疑与批评的调门渐趋降低。随着俄罗斯将外交战略方向积极转向东方、中俄领导人在战略层面上积极深化两国合作以及中国就"一带一路"构想向俄方进行耐心地解释,俄罗斯方面对"一带一路"表示出理解。俄罗斯战略研究所经济研究中心高级研究员弗拉基米尔·米哈伊洛维奇·博林科夫认为,"丝绸之路经济带"使欧亚大陆国家的联系变得更加紧密,加深相互协作,扩大发展空间。莫斯科国际关系学院东亚和上合组织研究中心高级研究员伊戈尔·杰尼索夫从实现"中国梦"的角度阐释了中国领导人提出的"一带一路"战略……俄罗斯智库专家"一带一路"逐渐表达了理解、支持。目前,俄罗斯学者多支持欧亚联盟与"一带一路"的对接合作,莫斯科国际关系学院东亚与上合组织研究中心主任亚历山大·卢金认为,俄罗斯将中亚视为与自身文化十分亲密的地区,俄罗斯对"丝绸之路"的概念并无异议,但俄罗斯更喜欢使用"欧亚一体化"这一术语,并希望保留自己在中亚的传统影响力,在互利的基础上平等合作和自愿恢复政治经济联系。[①] 2017年5月北京"一带一路"国际合作高峰论坛后,俄罗斯智库学者认为"一带一路"倡议将使欧亚各国在参与地区一体化进程中获得更多机遇,"俄罗斯支持'一带一路'倡议,这绝非偶然。因为它与欧亚地区一体化进程,以及欧亚经济联盟内部的一体化进程相互强化","'一带一路'倡议将发达国家和发展中国家扭成一股绳,从全球范围来看,在南北和东西之间架起了'桥梁'","是一个开放的平台,各国加入其中是为

---

[①] 李秀蛟:《俄罗斯智库专家对"一带一路"的评析》,载《西伯利亚研究》,2015年第3期,第19—24页。

丝路学研究：形成、发展及其转型

了实现合作"并"对政治解决问题起到促进作用"[①]，等等。可以说，俄罗斯的丝路学研究历史悠久，但因诸多因素造成波折起伏的发展态势，包括对"一带一路"研究也受制于多种因素影响而显得较为复杂与波折，并对中亚、中东欧国家和地区的丝路学发展产生了深远影响。

中亚国家的丝路学研究。中亚国家也活跃着一批丝路学研究者，如2009年哈萨克斯坦三位学者发表了丝路学研究成果：安娜库里耶娃的《丝绸之路沿线的土库曼与哈萨克：交流与接触》一文指出，由于亚历山大帝国征服了中亚，希腊文化传入东方，阿拉伯及伊斯兰文化受到影响；阿布都罗的《丝绸之路上的粟特》一文，研究丝路上粟特人的商业活动和文化交往；阿萨巴耶娃《丝绸之路文化关系的历史延续》一文，研究丝路文化交流的历史意义和现实价值等。目前，中亚国家对"一带一路"倡议总体态度积极，至少官方都表示了积极支持与参与的态度。哈萨克斯坦的态度可以概括为实用主义的积极配合。哈萨克斯坦总统战略研究所认为，中国将继续实施大规模基础设施和能源项目，巩固其作为中亚关键伙伴国家的地位，将中亚加入创建亚太自由贸易区这一更雄心勃勃的倡议中去。中国的"丝绸之路经济带"倡议被其视为"2015年中亚十大最重要事件"之一，哈萨克斯坦是该倡议下的双边先行者，也因此产生了最早的合作成果。[②] 事实上，中亚国家和地区的丝路学研究传承于西方丝路学名家的西域研究，又始终难脱俄罗斯丝路学家的影响，并对"一带一路"的研究也受到西方涉华媒体负面炒作的影响，以上诸多因素共同塑就了中亚国家和地区丝路学研究的基本生态。

日本的丝路学研究。因对古代丝路研究一直比较重视，故日本的丝路学研究始于东洋史的塞外史研究，着力于东西交流史的研究，且更关注丝绸之路上的文化交流：1909年《朝日新闻》登出内藤虎次郎的《敦煌石室发见物》一文，被视为日本敦煌学第一篇历史性文献。但第二次世界大战前，日本敦煌学界主要是搜集、整理和刊布敦煌资料。20世纪50年代

---

[①] 孙娟：《俄罗斯智库专家："一带一路"与欧亚地区一体化进程相互强化》，国际在线，2017年5月18日，http: //news. cri. cn/uc - eco/20170518/91953fa3 - 4f5e - f1f9 - 7712 - db3652f8eb70. html。（访问时间：2022年3月1日）

[②] 袁胜育、汪伟民：《丝绸之路经济带与中国的中亚政策》，《世界经济与政治》，2015年第5期，第27页。

## 第六章 三大学派历史演进与全球丝路学的发展

中期进入研究阶段。1953 年成立以石滨纯太郎为首的西域研究会,整理研究大谷瑞光西域探察队留下的文献(大谷文书),成果是《西域文化研究》。1957 年组织以铃木俊美为代表的东洋文库敦煌文献研究委员会,该会整理出版《西域出土汉文文献分类目录》。日本敦煌学侧重文书研究,出版了一批高质量专著。"上世纪 60 年代,日本历史学家三杉隆敏更在专著《探索海上的丝绸之路》中指出,海上丝路实则是中国与东南亚、印度乃至阿拉伯半岛国家海上交通的联系网,不仅包括贵金属货币与丝绸、陶瓷与香料等货物的流通,更标志着艺术、宗教与科学知识在欧亚大陆不同文化中心之间的传递渠道。"[①] 此外还有一批学者致力于丝路学研究,如长泽和俊的《丝绸之路踏查记》《东西文化之交流——新丝绸之路论》《丝绸之路——过去与现在》《丝绸之路的终点站——赴正仓院之路》《丝绸之路文化史》《丝绸之路史》、羽田亨的《西域文化史》、林良一的《丝绸之路》、护雅夫、别枝达夫的《丝绸之路与香料之岛》、平野一郎的《丝绸之路行》、增田精一《为沙所埋的丝绸之路》、保柳睦美的《丝绸之路地带的自然变迁》、深田久弥的《丝绸之路之旅》、森丰的《丝绸之路史的考察》(12 卷本)、井上靖的《亚历山大之路》、并河万里的《丝绸之路》等。其中,石田干之助、羽田亨等成就显著。80 年代出版的《讲座敦煌》13 卷本著作集,是日本敦煌学界研究成果的集体展示。此外,在 1965—1975 年的 10 年时间,日本丝路研究走向大众化,因中日关系较为密切,日本组织许多考察团来华对丝路展开实地调研,并在日本国内出版了大量畅销的游记。1980 年、1983 年 NHK 的大型节目"丝绸之路"第 1、2 部的播放,在日本出现了大众"丝路热"甚至"丝路游",也带动了日本丝路学的发展,1992 年日本著名丝路学家长泽和俊在《丝绸之路研究的展望》一文中提出,丝绸之路上往来的东西分为"物质文化"和"精神文化",无论是经济交流还是文化交流,都是借助货品运输交换而推动繁荣发展的。日本"丝绸之路外交"由前首相桥本龙太郎于 1997 年首次提出,初衷是保障日本能源来源的多元化。桥本龙太郎倡议把中亚及高加索八国称为"丝绸之路地区",并将其置于日本新外交战略的重要位置。此后,日本对中亚的外交逐渐被称为"丝绸之路外交"。日本政府于 2004 年又重提"丝绸之路

---

① 朱步冲:《中国人的海洋之路》,《三联生活周刊》,2015 年第 30 期。

### 丝路学研究：形成、发展及其转型

外交"战略，并于 2012 年向"丝绸之路地区"提供了政府发展援助。2015 年 10 月，安倍晋三出访蒙古国和中亚五国，目的是要激活"日本与中亚对话"机制，表明日本"丝绸之路外交"的进一步推进，近年日本又参与"印太战略"而加入了唱衰"一带一路"的中美舆论战，日本丝路外交战略的推进又影响了日本丝路学家的涉华认知，并烙上了美国丝路学派影响的深刻烙印。

此外，韩国学界"也一直关注丝绸之路和东西方文化交流"，认为"丝绸之路的核心因素无疑是交流，那么，丝绸之路学也应该援用'交流'这个词，这就是丝绸之路学的基本原则"。[①] 韩国文明交流研究所所长郑守一就将东西文化交流命名为"丝绸之路学"，出版了《丝绸之路学》等成果，对韩国的丝路学研究产生了深远影响。此外，澳大利亚经济研究家贝哲民以观察者的目光扫视着这条贸易之路，2011 年撰写的《新丝绸之路——阿拉伯世界如何重新发现中国》一书被译介到了中国[②]等，表明丝路学研究热在全球的蔓延。

"整体来看，国外丝绸之路研究可分为三个阶段：1850 年以前、1850—1920 年、1920 年以后。在 1850 年以前，以史学研究为主，主要是丝绸之路沿线国家学者根据古籍和史料记载，集中研究过去丝绸之路的路线、演变和发展过程；1850—1920 年期间，以欧、美、日的汉学家、地理学家和考古学家为主体，以探险、考古和考查的方式对丝绸之路沿线的文化遗址、文物遗迹等进行挖掘及掠夺。1920 年以后，国外丝绸之路研究专题成果大量出现，在冷战结束的 20 世纪 90 年代初期中亚国家独立发展后，国外丝绸之路研究活跃起来，在 2013 年中国提出'一带一路'倡议后，世界上围绕丝绸之路与现实社会、经济、文化的研究成果频频问世。海外对丝绸之路的研究从冷门逐渐成为显学。"[③] 同时，国外智库也陆续推出了

---

① ［韩］郑广薰：《作为丝绸之路学的韩国敦煌学》，《丝绸之路》，2012 年第 22 期。

② 韩文慧：《20 世纪以来"丝绸之路"研究述评》，《渭南师范学院学报》，2014 年第 14 期，第 58 页。

③ 卢山冰：《丝路启示录："一带一路"促海外丝路研究成显学》，参考消息网，2017 年 5 月 11 日，http：//column.cankaoxiaoxi.com/2017/0511/1981818.shtml。（访问时间：2022 年 2 月 28 日）

"一带一路"研究报告,如俄罗斯对"一带一路"及其沿线国家的观察和态度,较为平和务实。欧洲对"一带一路"深感期待,也不讳言欧洲人的茫然和不知所措。印度对"一带一路"大体经历了抵触、犹疑、初步欢迎等几个阶段。美国智库对"一带一路"的反映负面思考多于正面思考、非理性思维多于理性思维、挑拨离间成分多于建设性因素,表明霸权政治干涉学术研究的实质。

总之,由欧、美、中三大丝路学派及俄、日、韩等丝路学研究重镇,共同构成了全球丝路学发展的基本格局,中国丝路学已成为全球丝路学不可或缺的重要组成部分,尤其是在迎遇"一带一路"这一重大学术机遇的当下,全球丝路学转型与中国丝路学振兴都将助推丝路学这一百年显学进入大发展的历史新阶段,"一带一路"对全球丝路学转型与中国丝路学振兴的双重带动效应已成不争的事实。

## 第二节 丝路学"三化现象"的产生及其影响

### 一、欧洲学派的"西方化"

贯通亚欧的丝绸之路,"由于频繁的使节往来、商品交换、宗教传播和文化交流形成的必不可少的交通要道,也有过足以令人刮目相看的繁荣历史。东方曾经有过的这种文明,本来足以使进入环球航行时代以来欧洲列强所标榜的'欧洲中心论'发生动摇。然而自从欧洲学术界提出丝绸之路之后,接下来就有'古巴比伦移民中国''腓尼基人航抵山东''中国人种西来''仰韶彩陶文化西来''中国青铜工艺西来'的学说接踵而来,似乎无论哪一样新发现、新材料都在显示中国文明的根在西方。足见丝绸之路的提出更深层次的问题是,欧洲人或者说欧洲的学术界想要指明东方文明源自西方。"[①] 因此,起步于欧洲学者西域探险与研究的丝路学,是在"西方中心论"阐释框架下探究"中国与世界古今丝路关系",并由李希霍芬、斯文·赫定、斯坦因及伯希和等学术权威,从不同方面塑造了丝路学

---

① 沈福伟:《丝绸之路与丝路学研究》,《光明日报》,2009年12月30日第12版。

丝路学研究：形成、发展及其转型

的最初样貌，如李希霍芬为丝路学"概念之父"、斯文·赫定为"丝路学术共同体"的发起者、斯坦因是国际敦煌学的"开山鼻祖"、伯希和是跨学科丝路研究范式的开创者，他们相继从概念、国别、区域、领域、问题乃至理论、方法等不同方面共同构建了丝路学的基本学科构架，尤其是伯希和的汉学研究精湛渊博，于中国目录版本、语言文字、考古艺术、宗教文化、东西交通，以及边疆史地等方面都有论著，后期致力于蒙元历史研究等，开创了丝路学跨学科研究的先河。而且，这四人开启了百年丝路学著书立说与咨政建言的双轨并举的研究范式，如李希霍芬有《中国》（1877—1912）与《李希霍芬中国旅行报告书》（1903）等。斯文·赫定有《我的探险生涯》（1925）、《丝绸之路》（1936）、《亚洲腹地探险八年》（1944）与发现"楼兰古城"、"填补地图上西藏空白"、提出"优先考虑新疆问题"报告等。斯坦因除有代表作《古代和田》（1907）、《塞林底亚》（1921）、《亚洲腹地》（1928）等外，其《在中亚古道上——在亚洲腹地和中国西北部三次考察活动简述》（1933）对推进中国敦煌学研究起到了非常重要的作用。伯希和有《摩尼教流行中国考》（与沙畹合著，1931）、《郑和下西洋》（1933）、《伯希和敦煌石窟笔记》（1993）等。这些丝路学创建者，以其学术论著与研究报告构建起西方化的阐释体系并影响了欧洲学派的涉华叙事。

在"西方中心论"阐释框架下结成的欧洲学派，既是丝路学学科领域的开拓者，也成为丝路学研究的核心力量，且形成"丝绸之路在中国、丝路学研究在西方"这一学科发展初期的基本征貌，并逐渐形成"西方化"的鲜明特征，集中体现为：

1. 欧洲学派实为全球丝路学的创建者与开拓者，并成为"一带一路"研究的重要力量，也对全球丝路学转型极具影响力；2. 因李希霍芬与斯文·赫定等学术权威的主导，使得欧洲学派实力强、影响大，且以德、法、英三国为欧洲学派的主力军，其学术成果极具国际影响力；3. 自"一带一路"提出后，欧洲学派的阐释框架正由"欧洲中心论"→"亚欧中心论"的转型，西方话语体系也遭遇了阐释瓶颈；4. 欧洲学界的丝路历史与丝路考古研究越来越热，与中国联合调研的愿望日趋强烈，中欧丝路遗产发掘保护利用的国际合作潜力可期；5. 欧洲智库对中国的"一带一路"倡议高度重视，陆续出版了一批较有积极意义的智库研究报告，对欧盟与中国在

"一带一路"框架下的战略合作具有切实的指导意义。

值得关注的是,受中欧关系波动的影响,欧洲丝路学派西方化特征将在相当一段时期内反复并趋于包容,终将成为助力丝路学转型的重要力量,在"一带一路"研究中涌现出的弗兰科潘、马丁·雅克、马克西姆·维瓦斯及罗思义等致力于重释"中国与世界古今丝路关系"的丝路学家即为明证。其中,2016年英国学者弗兰科潘推出的《丝绸之路:一部全新的世界史》,首次以世界历史和西方学者的视角分析中国政府打造"一带一路"的原因与背后的逻辑,颠覆性地提出"丝绸之路其实并不只是一条古代的贸易道路,而是一个两千年来始终主宰着人类文明的世界十字路口"。亦即,丝绸之路是人类诸文明展示其魅力的共同舞台,也是诸文明获取资源和文化的共有路径。漫长的人类历史中,在争夺丝绸之路的硝烟散去之后,是沿途文明接力传递、利益共享的常态。丝绸之路的历史就是一部浓缩的世界史,丝绸之路就是人类文明最耀眼的舞台。它不仅塑造了人类的过去,更将主宰世界的未来。透过这部包罗万象的史诗巨著,"一带一路"的战略价值将变得一目了然。[①] 弗兰科潘借丝路诠释"全新的世界史"的力作,标志着欧洲学派的重大转向,开始破除"西方中心论"的阐释框架、还原丝路文明的历史影响,以及彰显丝绸之路这一公共产品对全球治理的重要贡献。此外,法国学者马克西姆·维瓦斯的《维吾尔族假新闻的终结》一书,于2020年底由法国丝路出版社正式出版发行,折射出欧洲学派源自斯文·赫定坚守学术底线的可贵精神,这是中欧丝路学界开展交流与合作的坚实基础。

## 二、美国学派的"政治化"

美国丝路学也是在西方探险家从西域探险带回的文献与文物基础上起步的,与欧洲学派不同的是,配合美国历届政府的涉华战略而开展理论研究与政策研究,成为美国学派的基本生存法则,并在"地缘政治博弈论"阐释框架下开展研究,其"政治化"的特征日益凸显。

从朋普利、华尔纳、拉铁摩尔、费正清与安特生等人的丝路探险与丝

---

[①] 邹怡:《丝绸之路串起的世界史——评〈丝绸之路:一部全新的世界史〉》,《光明日报》,2016年11月1日。

**丝路学研究：形成、发展及其转型**

路研究乃至生命历程，都难以脱开美国对华政策与中美关系等国际政治风云的影响，塑就了美国丝路学派"政治化"的这一基本特征，形成了复杂难辨的涉华认知，并对美国学界研究"一带一路"产生了一定的塑造力，进而影响了美国政府与民间社会对于"一带一路"的基本认知。2010年5月，美国战略与国际问题研究中心与约翰斯·霍普金斯大学中亚—高加索研究所共同发布《阿富汗成功的关键——新丝绸之路战略》，主张利用逐渐恢复的东西方陆上贸易路线，利用现有条件复兴阿富汗的古老丝绸之路，以施加美国的领导能力来获取区域政策的成功，进而解决美国当前在阿富汗面临的战略困境等报告，表明美国以意识形态划界，带着有色眼镜看问题，在丝路学研究方面出现严重政治化倾向。2011年7月，美国国务卿希拉里·克林顿在印度首次对外宣布"新丝绸之路"计划后，被美国政府紧锣密鼓地摆上了国际议事日程，2011年9月在联合国大会期间召开"'新丝绸之路'部长会议"、2011年9月29日，在约翰斯·霍普金斯大学举行"新丝绸之路"计划讨论会，并在11月的阿富汗问题伊斯坦布尔会议、12月的阿富汗问题波恩会议和2012年5月的美国芝加哥北约峰会中，特设"新丝绸之路"计划为重要议题。2012年7月，美国还在日本东京召开了关于"新丝绸之路"计划的部长级会议，希望将日本拉进该计划……因此，"新丝绸之路"计划是美国对2014年后中亚和阿富汗的主要战略，其实质是奥巴马政府对小布什政府提出的"大中亚计划"的一种回归，其手法更巧妙，包括安全、能源、民主与一体化四个目标，以争取中亚各国的合作。但其意在将中亚国家引向南亚，力图排斥俄罗斯和中国，并绕开伊朗。[1]

如果说，美国"新丝绸之路"计划意在陆丝遏制中国，美、日、印、澳联手推出的"印太战略"则图谋围堵甚至替代"一带一路"。分析美国布鲁金斯学会、卡内基国际和平基金会、战略与国际研究中心、兰德公司、外交关系学会、伍德罗·威尔逊中心，英国皇家国际事务研究所、国际战略研究所，以及欧洲与全球经济治理实验室、斯德哥尔摩国际和平研

---

[1] Tracy L, *The United States and the New Silk Road Remarks at the Jamestown Foundation*, http://www.state.gov/p/sca/rls/rmks/2013/215906.htm. （访问时间：2014年8月30日）

究所等全球10大顶级智库发布的"一带一路"研究报告后发现，2015年1—6月，这十大智库共发布与"一带一路"相关研究报告54篇，数量排名前三位的分别是美国外交关系学会（14篇）、布鲁金斯学会（11篇）和卡内基国际和平基金会（11篇）。从对"一带一路"基本态度看，持积极态度的22篇、中性态度的28篇、消极态度的4篇。多数智库对"一带一路"的评价客观公正且整体看好实现前景。从话题分布看，24篇聚焦亚投行、23篇关注中国与"一带一路"沿线国关系、7篇分析"一带一路"决策背景和政策目标。智库报告的核心观点可归纳为：1. 对"一带一路"倡导合作互惠表示认可；2. 对亚投行完善内部管理与提升透明度抱有信心；3. 对美国"搅局"亚投行持批评态度。随着"印太战略"的推进，美国智库"一带一路"研究报告日趋负面。

随着中美战略博弈的日益趋紧与"一带一路"的高质量推进，美国丝路学学术论著与智库报告中也难免霸权政治干涉言论，表明美国丝路学派政治化倾向不断加剧的事实，且集中体现为：1. 美国的丝路学研究多在"地缘政治博弈论"的阐释框架下日趋政治化；2. 美国丝路学领域名人的力作、名智库的研究报告均产生了程度不同的政治效应，使得丝路学研究也因此成为美国名校、名人与名智库地位与身份的重要象征；3. 西域议题隶属美国丝路研究的重要组成部分，约翰斯·霍普金斯大学"新疆工程"所炮制的一系列论著与报告，旨在配合美国历届政府遏制中国的战略目的。

相比较而言，在美国丝路学日趋政治化的非学术倾向的影响下，凸显出美、欧洲丝路学派的明显不同，尤其是美国学派多忽视基础研究但重视对策研究、多忽视实证调研但重视战略宏论，以及多忽视丝路人文研究但重视丝路经贸与安全研究等即为明证。

## 三、中国学派的"碎片化"

自20世纪前、中期开始，中国学派的崛起又将全球丝路学研究带入历史新阶段，并历经1927年、1983年、1997年、2013年为节点的大体四个发展阶段，形成了碎片化的学术特征（见表6-1），坚守至今。

丝路学研究：形成、发展及其转型

表6-1 中国丝路学主要分支统计简表①

| 名称 | 时间 | 范畴 | 特点 | 平台或机构 |
| --- | --- | --- | --- | --- |
| 敦煌学 | 1930年陈寅恪界定 | 1. 敦煌石窟考证<br>2. 敦煌艺术研究<br>3. 敦煌遗书研究<br>4. 敦煌石窟文物保护<br>5. 敦煌学理论建构 | 1. 敦煌学是一门以地名学为基础，内容广泛，涉及多学科交叉的综合学科<br>2. 把敦煌遗书与石窟艺术的研究与整个丝绸之路联系起来以深化研究内涵 | 敦煌研究院主办：《敦煌研究》（1983年创刊） |
| 吐鲁番学 | 1998年季羡林界定 | "吐鲁番盆地的地上地下，蕴藏着极为丰富的历史文化遗产，上起石器时代至周、秦，下迄明、清，既有汉族的，也有北方各个民族留存下来的实物或文字记录" | 1. 对于这一特定地域历史文化遗产进行维护、整理和研究的学问<br>2. 是一门综合性学科，由于两者关系密不可分，有时合称敦煌吐鲁番学<br>3. 吐鲁番文书资料的不断发现又成为推动吐鲁番学发展的现实动力 | 新疆吐鲁番学研究院主办：《吐鲁番学研究》（2008年创刊） |
| 龟兹学 | 1983年穆舜英首次提出"龟兹学" | 龟兹学包括三要素：<br>1. 地域。以现今新疆库车为中心的区域，辖域面积<br>2. 时限。约当公元前3世纪－公元14世纪中叶<br>3. 内容。从龟兹国立亡的人文学科领域，有历史学、语言文字学、古币学及古币史、民族学及民族史、美术及美术史、音乐及音乐史、服饰学及服饰史、佛学、文物鉴定学等 | 1. 龟兹学是一门关于研究龟兹古国历史文化的学问<br>2. 对古龟兹地区（阿克苏地区库车、拜城、新和等县）已发现的佛教石窟进行科学的保护、管理和研究<br>3. 一批龟兹学研究人才脱颖而出，龟兹学研究硕果累累<br>4. 因龟兹学带有鲜明地域色彩和多民族文化交融特性，又鉴于它的兴起和19世纪下半叶以来东西方多国探险队对新疆考古发掘及相关研究密不可分，故又是一门国际性的学术，既和敦煌学、吐鲁番学密切相关，又有自己的独有特性 | 新疆龟兹研究院主办：《龟兹文化研究》（2006创刊） |

---

① 由笔者根据人民网、新华网等相关资料整理而成。

第六章 三大学派历史演进与全球丝路学的发展

续表

| 名称 | 时间 | 范畴 | 特点 | 平台或机构 |
|---|---|---|---|---|
| 西域学 | 西域研究在中国最初肇始于"西北舆地之学",兴起于清末中国受西方列强侵略,出现前所未有的边疆危机之时 | 1. 西域研究与丝绸之路研究、中外交通史研究的关系都很密切<br>2. 内容渗透于丝绸之路研究、中西交通研究、民族研究、历史地理、考古学、中外战争、专门史等 | 1. 狭义西域,主要指今中国境内葱岭以东地区,即今新疆一带<br>2. 广义西域,地理范围包括中亚、西亚、南亚次大陆,以至欧洲和非洲北部<br>3. 为确保领土完整,明确中国作为一个民族国家的地位,中国学者中间应时出现了一股研究"西北舆地之学"的热潮。但到嘉、道以后,因缺乏新材料和新方法,这门学问就渐失活力 | 新疆社会科学院主办:《西域研究》(1991年创刊) |
| 郑和学 | 1904年梁启超发表"祖国大航海家郑和传"为标志,开启了中国郑和研究序幕 | 1. 以史为鉴,具有服务于现实需要的鲜明时代特征<br>2. 首倡中西航海比较研究<br>3. 继承并坚持了中国治史的传统,高度重视考据问题<br>4. 从学科体系上探讨和构建"郑和学"的体系 | 1. 1936—1937年许道龄、吴晗等在《禹贡》上展开的"关于郑和下西洋性质之讨论"等,开创了郑和研究学术讨论风气<br>2. 1985年7月在南京召开的"纪念伟大航海家郑和下西洋580周年大会暨学术研讨会",标志着郑和研究进入新阶段<br>3. 作为一个研究领域或"郑和学"交叉学科,郑和研究都可置于"郑和文化"内涵中,从宽泛文化范畴探索郑和研究的发展方向 | 南京郑和研究会主办:《郑和研究》(1986年创刊) |

195

续表

| 名称 | 时间 | 范畴 | 特点 | 平台或机构 |
| --- | --- | --- | --- | --- |
| 喀什噶尔学 | 喀什噶尔学于2009年启动研究 | 1. 是研究喀什噶尔历史、现实、人文、经济、自然等的综合学科<br>2. 分裂势力对新疆历史与文化大肆歪曲和篡改,正确阐述喀什与新疆历史,旨在以铁的事实驳斥分裂势力编造的谰言<br>3. 是边疆学重要组成部分,是国学、新疆学等重要组成部分 | 1. 启动喀什噶尔学研究、编纂《喀什噶尔学研究》的条件已经成熟<br>2. 编纂《喀什噶尔学研究》是一项涉及多门学科的系统工程<br>3. 坚持多种民族、多种宗教、多元文化的原则开展喀什噶尔学研究 | 2014年11月,喀什地委组建了喀什噶尔学研究院 |
| 长安学 | 2005年李炳武提出长安学概念 | 1. 对以古代长安为中心的陕西历史文化进行全面研究的综合性学科<br>2. 涉及政治、经济、军事、外交、宗教等多学科领域<br>3. 丝路文明交往、对外政策等是其重要研究领域 | 1. 依托于文献资料和文物资源,具有其鲜明综合性、地缘性、跨时代特征和以盛世文化、时代关怀、开放包容、创新进取的研究特色<br>2. 彰显长安为起点的丝路在长达1000多年里将黄河文明、恒河文明、两河文明、希腊文明诸多人类文明最重要起源地串联在一起所形成的世界历史文明主轴的巨大贡献 | 陕西师范大学主办:《长安学术》(2010年创刊) |

造成中国丝路学派碎片化特征的原因是多方面的,且集中体现为两个方面:

一方面,对李希霍芬的分歧性认知,体现了中国精英对西方丝路学者爱恨交加的复杂的民族主义情感,且形成了避谈丝路学的一种集体潜意识。

## 第六章 三大学派历史演进与全球丝路学的发展

李希霍芬于1868—1872年间对中国进行了7次考察活动,出版了《中国》(1877—1912)与《李希霍芬中国旅行报告书》(1903)等代表作。"李希霍芬宿命般地将自己中国研究的学术生涯与德意志的海外扩张捆绑在一起":成就他学术和政治双重角色的重要原因则是他为德国侵占山东所提供的调研报告,然而一贯奉行"大陆政策"的俾斯麦却未置可否。1890年俾斯麦倒阁,在即位不久的威廉二世由"大陆政策"向"世界政策"演变的新进程中,李希霍芬的备忘录才重新浮出水面,为激发德国对远东的军事野心并进而攫取胶州湾作为殖民地的扩张政策作了重要提示,被海军上将梯尔匹茨誉为"德意志帝国主义理论的创立"者、被德国学者施丢科尔称为"是一个自觉的、有目的的代表外国资本、并且特别是代表德国在华资本利益的人,他将他的调查按照这个明确的目的去进行,使得外国资本容易侵入中国"。1897年,德国借口传教士被杀,出兵占领胶州湾,把山东划为其势力范围。在报请德皇威廉一世批准的军事计划中,德国海军司令梯尔皮茨多次引用了李希霍芬的考察结论,他的涉华调研报告为不少虎视眈眈的侵略者提供了相关信息,"他曾用各种颜色标注在地图上的山东矿产资源,源源不断输入到德意志海外扩张的血液和肌体中"。[1]

李希霍芬不仅在德国政坛上地位日隆,在德国乃至欧洲地理学界冠压群雄,曾任柏林国际地理学会会长、柏林大学校长、波恩大学地质学教授、莱比锡大学地理学教授等。他的学术贡献主要包括:创立了中国黄土风成理论,最早向世界介绍了都江堰工程,第一个发明了"震旦系""五台系"等地层术语,由他命名的高岭土已成为世界第一种以中国原产地为通用名称的矿物……在近代早期来华考察的地学家中,经历时间之长、搜集资料之丰富、发表著作分量之大,李希霍芬是极为突出的。他为中国地质、地理之研究作出了奠基性、开创性的贡献,尤其为当时的中国带来了近代西方地学甚至整个自然科学的思想和方法,他是近代中国和西方国家科学交流的重要先驱,对近代中国地质学、地理学的产生和发展具有重大影响。但是,李希霍芬的中国研究与考察,重在"矿产资源宝地和战略要地的重点描述",使其学术界研究成为"科学光芒与侵略野心互相影响下

---

[1] 孙保锋等:《李希霍芬带山东走进西方视野》,《大众日报》,2011年8月23日第11版"往事发现"。

的产物",在中国知识界便成为一个"盖棺难论"的现象,分歧性认知成为必然的结果。鲁迅认为:"一千八百七十一年,德人利忒何芬者……历时三年,其旅行线强于二万里,作报告书三册,于是世界第一石炭国之名,乃大噪于世界。其意曰:支那大陆均蓄石炭,而山西尤盛;然矿业盛衰,首关输运,惟扼胶州,则足制山西之矿业,故分割支那,以先得胶州为第一着。呜呼,今竟何如?毋曰一文弱之地质家,而眼光足迹间,实涵有无量刚劲善战之军队。盖自利氏游历以来,胶州早非我有矣。今也森林民族,复往来山西间,是皆利忒何芬之化身,而中国大陆沦陷之天使也,吾同胞其奈何。"[1] 民国地质学家翁文灏在肯定李希霍芬"对于中国主要地质构造及地文之观念,其伟大之贡献,实无其他地质学家,足与伦比"的同时,敦促民国政府成立了地质研究所,开始了全国范围的地质调查。在他看来:"中国地质学之巩固基础,实由德人李希霍芬氏奠之。兹值李氏诞生百周纪念之时,我全国地质学者对此地质学大师特欣然致其诚挚之敬意。""吾中国地质学者无不叹服李氏于数年之间而造成中国地质学之主要纲领。因李氏之成就,而节省吾人十年之工作时间。""李氏对于中国主要地质构造及地文之观念,其伟大之贡献,实无其他地质学家,足与伦比。李氏之功,不仅凌驾于时贤,抑且超轶其后学,盖李氏者,实最先明了中国地文之伟大科学家也,此亦决非予过甚其辞之歌功颂德也。"[2]

可见,"李希霍芬其人及其宏著《中国》在中国地质学界确有相当的历史影响,毕竟在我国地质事业萌芽时,曾起到了启蒙和借鉴作用,这是其不容抹杀的历史贡献。但是,他来华进行的地质考察,在德国侵占中国的主权、掠夺资源的过程中扮演了很不光彩的角色,这就是在特定历史时期和背景下的备受争议的李希霍芬与《中国》。在特定的历史境界中,李希霍芬的调查活动让他不可避免地握住了一把双刃剑,一面是开创性学术研究带来的崭新气象,一面是殖民者掠夺野心发出的闪闪寒光。"[3] 因此,如何认识李希霍芬,就在当时中国知识阶层产生了较大的分歧,进而在复杂

---

[1] 鲁迅:《中国地质略论》,《浙江潮》(日本东京出版),1903年第8期。
[2] 翁文灏:《李希霍芬与中国之地质工作》,《中国地质学会志》,1933年第3期。
[3] 孙保锋等:《李希霍芬带山东走进西方视野》,《大众日报》,2011年8月23日,第11版"往事发现"。

第六章 三大学派历史演进与全球丝路学的发展

难陈的民族主义情感中逐渐形成避谈丝路学的集体潜意识,且影响至今。

另一方面,受斯坦因、伯希和等"盗墓贼"所致"学术殖民创伤情结"的影响,中国学者抢救式研究中国境内丝路地段的历史与现实,进而形成了分支学派发展活跃的学术现状。

19世纪末至20世纪初的丝路西域地段"变成了盗宝者的乐园。俄国的科兹洛夫、奥布鲁切夫、克里门茨,德国的德兰、范莱考克,英国的斯坦因,瑞典的斯文·赫定,法国的伯希和,日本的大谷光瑞、桔瑞超、吉川小一郎,美国的华尔纳"等,"打着探险、考察、游历的牌子,到处发掘、盗取地下文物,剥取石窟壁画"①,成为"考古学上的贼"。"中国永远地失去了这些珍宝","中国人无不怨声载道","直到中国人最后加以阻止为止,他们从丝绸之路上湮没了的城市和石窟中搬走的壁画、手稿、塑像和其他珍宝,确实可以说是数亿吨计的。使中国人民感到万分愤怒",使"学者们怒不可遏的是,这一大量的中亚收集品,今天至少分散在世界上十三个不同国家的博物馆和文化机构里,而其中的一些由于不加注意或者缺乏经费已经糟蹋的不成样子","还有很多不是不知去向,便是遭受破坏。"② 其中,斯坦因到敦煌"偷盗"掘宝共三次:1900年第一次发掘简牍写本残片文物1500余件,1906年第二次发掘和向王道士买入24箱敦煌文书。1913—1916年第三次又以500两银子向千佛洞王道士买入570件/本与绘画等,斯坦因在其中亚考察过程中,从我国新疆、甘肃、宁夏等地发掘并劫走大量的珍贵文物,而且由于他的盲目挖掘,使许多原保存在流沙层中的文物毁于一旦,他的这些行为严重地损伤了中华民族的感情。相比较而言,因纯熟的汉语基础和中国历史知识,伯希和盗走了敦煌最有价值的经卷,如有关道教经典的卷子几乎全被伯希和盗走了,大约有六七十件全部收藏在巴黎;敦煌遗书最大的价值是保存了许多古代学说且保存了古注,如《论语》等。但现在读的只有一种何晏注的本子,藏经洞发现了皇侃注的本子,收录了两汉和魏晋之间所有人讲《论语》的要点,但都被伯希和盗走。伯希和也曾自诩说,他拿去的卷子在敦煌卷子里几乎都是最

---

① [英]彼得·霍普克林:《丝绸路上的外国魔鬼》,甘肃人民出版社,1983年版,段文杰作序,第1页。
② [英]彼得·霍普克林:《丝绸路上的外国魔鬼》,甘肃人民出版社,1983年版,第1—2页。

有价值的。他把斯坦因依靠翻译而忽略的更珍贵的经卷和语言学、考古学上极有价值的6000多卷写本和一些画卷,装满10辆大车,运往巴黎。伯希和从敦煌莫高窟劫走6000余种文书,此外还有200多幅唐代绘画与幡幢、织物、木制品、木制活字印刷字模和其他法器等。换言之,"斯坦因所得文书共约11000件。1908年,天才的法国汉学家伯希和买了7000件文书并将其运回巴黎。1910年,中国政府下令将余下的1000件汉文文书(不包括藏文文书)运回北京。王道士扣下了一些,运往北京的途中又遗失了一些。1912年俄国人奥登堡买走了大概10000件,1914年斯坦因最后一次回到敦煌又买了600卷。"[①] 斯坦因盗窃文物最多、伯希和盗走了最有价值的文物,北京大学的荣新江于2005年在《历史研究》上发文"对比了斯坦因和伯希和的做法。斯坦因没有告诉中国学者他的发现,而伯希和则把自己买走并运回巴黎的文书的照片给了他的中国同行","一个无可辩驳的事实:尽管二十世纪早期的中国学者呼吁要保护敦煌文书,但没人离开过自己舒适的家,没人效仿斯坦因和伯希和亲身造访敦煌。其结果就是敦煌文书被大量拿走。"[②] 导致产生了两个后果:一是这两人盗掘、骗购大量中国珍贵文物出境之后收获颇丰,且在西方世界尤其是考古学界声名鹊起,获取了各种殊荣;二是导致"敦煌在中国,但敦煌学却在欧洲"的屈辱后果。

为此,以樊锦诗为代表的中国丝路学人开始了抢救式的中国境内考古发掘、文献整理与文物保护研究等;现为敦煌研究院名誉院长、兼任中国敦煌吐鲁番学会副会长的樊锦诗,自1963年自北京大学毕业后已在敦煌研究所坚持工作40余年,被誉为"敦煌女儿",主要致力石窟考古、石窟科学保护和管理等。樊锦诗潜心于石窟考古研究工作。她运用考古类型学的方法,完成了敦煌莫高窟北朝、隋及唐代前期的分期断代,成为学术界公认的敦煌石窟分期排年成果。她撰写的《敦煌石窟研究百年回顾与瞻望》,是对20世纪敦煌石窟研究的总结和思考。由她主编、香港商务印书馆出版的26卷大型丛书《敦煌石窟全集》则是百年敦煌石窟研究的集中展示。

---

[①] [美]芮乐伟·韩森:《如何看待偷经"大盗"斯坦因?》,《青年与社会》,2016年第14期。

[②] [美]芮乐伟·韩森:《如何看待偷经"大盗"斯坦因?》,《青年与社会》,2016年第14期。

第六章　三大学派历史演进与全球丝路学的发展

从20世纪80年代中期开始，樊锦诗积极谋求敦煌石窟保护研究工作的国际合作。在联合国教科文组织的帮助下，敦煌研究院先后与日本、美国等国机构开展合作项目，使敦煌石窟的保护研究逐步与国际接轨。不仅如此，她还把文物保护与合理利用紧密结合起来，在充分调查研究的基础上，提出了"莫高窟治沙工程""数字敦煌馆工程"等十三项文物保护与利用工程，为21世纪敦煌文物的保护与利用构筑了宏伟蓝图。在她的倡导和推动下，《敦煌莫高窟保护条例》和《敦煌莫高窟保护总体规划》已先后公布实施，保护与利用的矛盾正在解决，一个全新的"数字敦煌"正向人们走来。亦即，将洞窟、壁画、彩塑及与敦煌相关的一切文物加工成高智能数字图像，同时也将分散在世界各地的敦煌文献、研究成果以及相关资料汇集成电子档案，最终实现借"数字化"将"壁画这个不可再生也不能永生"的文物永久性保存在敦煌信息空间的宏愿。

需要指出的是，中国丝路学界专题性研究惯例，不仅造成中国丝路学派的碎片化特征，还难以大历史观思维来研究"中国与世界古今丝路关系"。其中，"整理、归纳考古资料，厘清不同文化系属是一项艰巨的任务，而这项工作将是丝绸之路研究的重要成果。""沿着丝绸之路向外伸展自己的学术领域，把对于境外中亚地区的考古调查和发掘列上日程，把对于巴基斯坦、阿富汗、塔吉克斯坦、吉尔吉斯斯坦、乌兹别克斯坦等国境内的佛教遗址，甚至琐罗亚斯德教、景教遗址的考古调查作为努力的方向。""应当从丝绸之路研究的角度，对西域出土文书做一番全面的梳理。因为出土文书都是零碎的、无意保存下来的，所以往往反映的只是丝绸之路的局部情况，需要结合传世文献和出土文物，做出超越文书内容本身的解说。出土文献的发掘利用，是丝绸之路研究的一项看似容易，但颇有挑战性的工作。""这些西域的胡语资料，有不少本身就是沿丝绸之路传来的外来书本，比如和田、库车、吐鲁番发现的梵文、佉卢文所写的大量佛经，吐鲁番高昌故城和吐峪沟遗址发现的中古波斯文、帕提亚文、粟特文所写的大量摩尼教经典，吐鲁番葡萄沟水旁遗址发现的叙利亚文、波斯文所写的丰富基督教文书，还有其他由商人、使者带来的占卜星历、药方遗书、书信、账单等等，本身就是丝绸之路的遗产，对这些文献的译注，将大大丰富我们对西域地区丝绸之路的认识。这方面有许多基础工作都还没做，比如大多数已经翻译成现代语言的梵文佛典，我们还没有系统地研究

· 201 ·

它们来自印度、中亚的什么部派,也没有理清楚它们和当地胡语乃至中原汉文佛典译本的关系,这些是推动丝绸之路传来的中国佛教研究的核心问题。""伊斯兰时代的丝绸之路一直是国内学术界研究的弱项,这和日本的中亚研究团体相比较就可以明显地看出来。学术界往往有伊斯兰时代的中亚,丝绸之路基本断绝的观点,这是站在中原汉文史料的基础上来说的,其实丝绸之路在中亚地区一直通行,否则也没有马可·波罗的东方之旅了。其实,阿拉伯、波斯文中仍然有许多历史、地理、宗教著作记录里中亚地区丝绸之路的情况,而随着欧美殖民时代的过去,西方学者现在也很少有人来做像《世界境域志》《塔巴里年代记》这类书的翻译了,这些文献值得组织人力来翻译、注释。而整个伊斯兰时代中亚地区丝绸之路在贸易、文化上的作用,需要加大力度来做研究。"①

因此,中国丝路学专题性研究惯例,使得丝路学分支学科发展异常活跃,微观研究强于宏观研究,碎片化发展面临诸多问题,尤其影响形成跨学科的丝路学研究合力,这也成为"一带一路"国际学术前沿中国丝路学失语的重要原因之一。

## 四、丝路学"三化现象"的主要影响

丝路学"三化现象"的主要影响集中体现为"一带一路"国际学术前沿美欧领跑与中国失语上,且在如下三个方面得以具体显现:

第一,美欧学界大多分歧性认知"一带一路"。

自2013年倡建"一带一路"以来,引发美欧学界关注:2015年,英国学者弗兰科潘推出的《丝绸之路:一部全新的世界史》,首次以世界历史和西方学者的视角分析中国政府打造"一带一路"的原因与背后的逻辑,颠覆性地提出"丝绸之路其实并不只是一条古代的贸易道路,而是一个两千年来始终主宰着人类文明的世界十字路口。"亦即,丝绸之路是人类诸文明展示其魅力的共同舞台,也是诸文明获取资源和文化的共有路径。漫长的人类历史中,在争夺丝绸之路的硝烟散去之后,是沿途文明接力传递、利益共享的常态。丝绸之路的历史就是一部浓缩的世界史,丝绸

---

① 荣新江:《加强西域地区的丝绸之路研究》,《西域研究》,2015年第4期百期特刊。

第六章 三大学派历史演进与全球丝路学的发展

之路就是人类文明最耀眼的舞台。它不仅塑造了人类的过去,更将主宰世界的未来。透过这部包罗万象的史诗巨著,"一带一路"的战略价值将变得一目了然。①因此,弗兰科潘的《丝绸之路:一部全新的世界史》一书,标志着欧洲学派的重大转向,开始破除"欧洲中心论"的阐释框架、还原丝路文明的历史影响,以及彰显丝绸之路这一公共产品对全球治理的重要贡献。旅居德国的美国著名经济学家、地缘政治学家威廉·恩道尔于2016年出版的《"一带一路"共创欧亚新世纪》一书,也是"一带一路"倡议提出后欧美学界出版的重要著作之一,内容涉及"中俄全面战略协作与欧亚大陆的崛起""开启重构国际金融秩序之路""欧亚大陆防务战略的中流砥柱""失落的霸权与歇斯底里的华盛顿"等。恩道尔充分肯定了"铁路基础设施",认为"铁路基础设施是构建欧亚整体新经济市场的重要环节",断言世界新的金融秩序令人翘首以待。在他看来,"'一带一路'倡议大气磅礴,勾勒出一幅全球未来的崭新画面。它不但会再创奇迹,而且将惠及世界,未来10年全球将因此焕然一新——世界将告别霸权侵略、战火硝烟,各国将携手发展,共创辉煌"②。2016年,美国学者福山撰文认为,"一带一路"倡议标志着中国的政策发生了显著变化,"中国有史以来首次在设法向其他国家出口自己的发展模式"。"全球政治未来的重要问题很简单:那就是谁的模式会奏效?如果'一带一路'倡议达到中国策划组的预期,那么从印尼到波兰,整个欧亚大陆都将在未来二三十年内发生变化。中国模式将在国外盛行,为沿线国家增加收入并因此产生对中国产品的需求。"因此,"美国等发达国家应该扪心自问,为什么基建设施的修建在发展中国家乃至发达国家自身变得这么艰难。如果我们不行动起来,就有可能将欧亚大陆以及世界一些重要地方的未来拱手让给中国还有它的发展模式。"不过,"一带一路"倡议能否成功,"也存在一些重要的不确定因素。以基建为导向的增长模式在中国迄今为止之所以效果显著,是因为中国政府能掌控政治环境。在其他国家可不尽然,中国的计划会受到动

---

① 邹怡:《丝绸之路串起的世界史——评〈丝绸之路:一部全新的世界史〉》,《光明日报》,2016年11月1日第10版。

② 卢山冰:《丝路启示录:"一带一路"促海外丝路研究成显学》,参考消息网,2017年5月11日,http://column.cankaoxiaoxi.com/2017/0511/1981818.shtml。(访问时间:2022年2月28日)

· 203 ·

荡、冲突以及腐败的干扰。"① 2020 年，法国学者马克西姆·维瓦斯的《维吾尔族假新闻的终结》一书由法国丝路出版社正式出版发行，这是他两次赴新疆实地考察与历时四年潜心打磨的重要成果，用接地气的实证研究来澄清事实、揭露"西方关于新疆的大量谎言，都是那些从未去过新疆的人散布的"的实质。

梳理美欧研究"一带一路"的学术现状后发现，美欧学者日趋分歧性认知"一带一路"已成不争的事实，折射出欧洲丝路学"西方中心论"的深远影响。

第二，美欧智库较多负面性认知"一带一路"。

美国约翰斯·霍普金斯大学中亚—高加索研究所所长 F. 斯塔尔于 2005 年提出"大中亚"这一概念、于 2007 年在《新丝绸之路：大中亚的交通和贸易》一书中强调阿富汗在丝绸之路战略中的核心地位，美国便于 2009 年开辟了经波罗的海、高加索、俄罗斯和中亚通向阿富汗的北方运输网，随后他又提出可利用北方运输网来构建欧亚大陆经济桥梁的战略设想，2011 年美国"新丝绸之路"计划正式出台。但是，F. 斯塔尔反对将美国"新丝绸之路"计划上升为地缘政治经济战略，不赞成该计划带有牵制中国或排斥中国的色彩，也不赞成美国在这一地区的经济社会发展中谋求主导权，他并不清楚美国政府层面下一步将会在这个计划方面有什么新的动作。② 事实上，自中国提出"一带一路"倡议后，"美国的 110 多家智库"的"初步反映"是"负面思考多于正面思考、非理性思维多于理性思维、挑拨离间的成分多于建设性因素"③，并随着中美关系陷入低谷而加剧了此种负面解读"一带一路"的美国叙事。

作为丝路学的学科创建者，欧洲学派主要通过名家名著名刊引领着中外学者共研丝绸之路，并开始关注"一带一路"继续拓展丝路学研究内

---

① 《福山："一带一路"助中国模式走向世界》，观察者网，2016 年 1 月 4 日，https://www.guancha.cn/FuLangXiSi-FuShan/2016_01_04_346790.shtml。（访问时间：2022 年 2 月 24 日）

② 潘光：《美国"新丝绸之路计划"的缘起、演变和发展前景：对话"新丝绸之路"构想的提出人斯塔教授》，《当代世界》，2015 年第 4 期，第 25—27 页。

③ 王灵桂：《国外智库看"一带一路"》，社会科学文献出版社，2015 年版，第 4—5 页。

## 第六章 三大学派历史演进与全球丝路学的发展

涵,但也受制于中欧关系的波动而日趋复杂化,并成为全球"一带一路"学术走向的重要外力。其中,欧洲智库的"一带一路"研究报告也由复杂趋于负面,如英国的亨利·杰克逊协会认为:"当前的国际秩序受到俄罗斯、中国和伊朗这三个大国的挑战","中国实力最强却对现有国际秩序和地缘政治现实改变量少","中国能从现有秩序中获益,虽然实力与日俱增,但是其改变国际秩序的意愿不大"[1];英国查塔姆研究所不看好上合组织扩员,认为"印度和巴基斯坦给上合组织带来风险",但中俄关系友好"将使得上合组织国家仍然团结在一起。"[2] 英国国际战略研究所认为:"北京坚持声明,其'一带一路'倡议并不是为了确保中国在该地区的主导地位,因为中国十分清楚这可能会促使其邻国与美国结盟。"[3] 德国智库专家鲁道尔夫认为,"一带一路",旨在建设一个以中国为中心的跨地区基础建设网络,中国通过"新丝绸之路"倡议加大了将其政治和经济抱负转向海外的力度。如高亭亭认为,"一带一路"战略构想的出台标志着新一届中国政府的外交更加自信,并已做好准备,将其影响力扩大到欧亚区域,直达欧洲。拉鲁什指出,老丝绸之路为人类开启了一个相互理解的时代,新丝绸之路将携手现代科学技术,给人类带来更多的文明成果,是人类发展新纪元的开端,新丝绸之路有助于构建世界和平新秩序……但是,德国智库专家普遍认为地区稳定是实现"一带一路"战略构想的最大的不确定性因素,"一带一路"战略构想符合德国以及欧洲的利益,为中国与德国以及欧洲之间的合作创造了机会。韩博天指出,不管是从经济角度看,还是从安全政治角度看,"新丝绸之路"都是中国、德国以及欧洲的首要的共同利益。高亭亭指出,欧盟不仅需要发展与欧亚地区不同的战略,同时还特别需要与中国就"丝绸之路经济带"展开对话。为此,她建议欧洲的相关专家积极参与中国的"一轨半外交"或"二轨外交",这样不仅有利于欧洲专家更好理解中国的相关政策,同时也有利于推动中欧在中欧丝绸之

---

[1] 王灵桂:《国外智库看"一带一路"(Ⅱ)》,社会科学文献出版社,2015年版,第178页。

[2] 王灵桂:《国外智库看"一带一路"(Ⅱ)》,社会科学文献出版社,2015年版,第183—185页。

[3] 王灵桂:《国外智库看"一带一路"(Ⅱ)》,社会科学文献出版社,2015年版,第187页。

路对话框架内的正式合作。①

梳理美欧智库"一带一路"研究报告后发现,美欧智库日渐负面性认知"一带一路"已是不争的事实,折射出美国丝路学"地缘政治博弈论"的深远影响。

第三,中国尚未形成"一带一路"跨学科研究新态势。

中瑞西北科考团在动乱中开启了中外丝路学术合作的新模式,但却在日本侵华的严酷背景下被迫中断并诞生了中国丝路学这个"早产儿",且在碎片化守势中发展至今,成为目前无法形成中国"一带一路"研究合力的最大缘由。具体而言,1926年冬天,斯文·赫定带了一支由瑞典人、德国人及丹麦人组成的探险队再次踏上中国,但在筹备考察时就遭到北京学术界的一致反对。经过近6个月的谈判,1927年4月26日,他与中国学术团体协会达成《中国学术团体协会为组织西北科学考查团事与瑞典国斯文·赫定博士订定合作办法》,其主要内容为:本次考察由中国瑞典双方共同组成中瑞西北科学考察团;西北科学考察团由理事会委任中外团员若干人组成;理事会就团员中委任、中外团长各一人;凡直接或间接对于中国国防国权上有重要关系的事物,一概不得考察;不得有任何借口致毁损有关历史、美术等之建筑物;关于考古学,规定不作发掘的工作;收集或采掘所得之物件、考察所得各项成绩都按照《办法》规定处理;本《办法》附有英文译本一份,应以中文为准。② 1927年5月9日,以北大教务长徐炳昶与斯文·赫定为中、外方团长,由10名中国科学家和17名欧洲人组成的科学考察队前往中国西北开始科考活动。由于供给考察的后勤处于战争区域,考察队的研究区域的道路上也发生着激烈的军阀混战,整个考察活动从1927年开始到1935年结束,这八年当中的经历、甘苦、成败得失,都忠实地记录在斯文·赫定《亚洲腹地探险八年》当中……西北科考结束后,考查团所获考古物品全部留在中国,地质采集品只交与瑞方一份副本,但瑞典方面学者陆续发表了皇皇五十五巨卷的考察报告,而中方因经费、学者水平所限等原因,所发表的考察报告数量与质量均难与瑞方相比。考察结束以后,北京学术团体协会也于无形中停止工作,来自不同

---

① 吴江:《德国智库解读"一带一路"战略》,《学习时报》,2015年5月11日。
② 此档案资料现存于新疆维吾尔自治区档案馆。

## 第六章 三大学派历史演进与全球丝路学的发展

机构的学者各自回到原单位，采集的标本、文物等也分散各处，甚至毁于战火，后续工作难以进行。从1937年起，以《斯文·赫定博士领导的中国-瑞典考察团在中国西北各省科学考察的报告》为总标题，在斯德哥尔摩陆续出版，现已达50种。黄文弼负责撰写的《罗布淖尔考古记》《吐鲁番考古记》《塔里木盆地考古记》等在中国出版，尽管中国学者尽了极大的努力，但公开发表的成果与瑞方比较相形见绌。作为此次国际性、跨学科的丝路学术共同体的组织者与实践者，斯文·赫定不仅出版了《我的探险生涯》（1925）、《丝绸之路》（1936）及《亚洲腹地探险八年》（1944）等力作，还在丝路腹地实地考察中"发现楼兰古城"、"填补了地图上西藏空白"，提出"优先发展新疆交通"的对策建议等，他在著书立说和咨政建言两方面所取得的巨大成就，鼓舞黄文弼等"中国丝路学开拓者"练就从事丝路学的双重能力：参与此次科考活动的黄文弼不仅带回80余箱采集品回到北平，还出版代表作《罗布淖尔考古记》《吐鲁番考古记》《塔里木盆地考古记》《高昌砖集》《高昌陶集》等而备受学界瞩目，斯文·赫定在自己的《长征记》中评价黄文弼为"博大的学者"，甚至有人认为，自黄文弼起中国的考古学才"逐渐发展形成一门学科"，但因黄文弼考察日记对专业之外的事，无论"岩石土壤、山川气候"，还是宗教民俗等都不惜笔墨，后人高度评价了这些关于社会经济以及民族关系的史料，认为它们是"通过公共知识分子的视野、手笔"才得以留存下来[①]，黄文弼的考察与研究已超越考古学而涉及西域丝路学领域，且成为中国丝路学派创始人与奠基者之一。此次长达近10年之久的中外丝路学术合作，不仅首次实现了在中国政府监管下对丝路沿线埋藏的珍贵文物进行发掘、搜集并善加保管，还对中国丝路学派双轨并举的研究路径的形成起到了重要的框定作用，更为创建中国丝路学派、建设以中国为主体开展中外丝路学术合作平台，以及整合丝路沿线学术资源，打造丝路学术共同体等均产生了深远影响。

尽管中瑞西北科考团从1927年起对内蒙古、甘肃、新疆等地区展开了近十年的考察活动，在历史、经济、民俗文化等方面产生了深远影响，甚

---

① 郭红霞：《中国西北考古第一人——黄文弼》，《中国档案报》，2016年03月22日。

至被称为"流动的大学"①，但可惜因日本入侵被迫中断了中瑞科考队的学术合作，科考队成员在战乱中或坚守或放弃，反映出中国丝路学在"生不逢时"的战乱中艰难起步后陷入碎片化窘境的历史真相。敦煌学、吐鲁番学、龟兹学、西域学、郑和学、喀什噶尔学、长安学等已成为中国丝路学分支而切实存在，面临碎片化发展的诸多问题：存在既彼此区分又相互渗透、既聚焦丝路某段又得兼顾丝路、既聚焦丝路某个问题又得兼顾丝路问题，以及既想独立研究丝路某一领域又得兼顾丝路相关主要领域等，表明中国丝路学派亟待整合分支资源、尽快扭转碎片化的学术生态现状的必要性与紧迫性。此外，中国理论界长期受西方理论及其研究方法的影响，甚至有些学者将西方现实主义、理想主义及建构主义等理论奉为圭臬，使得中国特色理论体系建构难以落实，中国丝路学也因缺乏强有力的理论支撑而长期"碎片化"。

梳理中国研究"一带一路"学术现状后发现，中国学界尚未形成跨学科研究"一带一路"的学术生态，折射出中国丝路学碎片化特征的深远影响。

## 第三节 中国丝路学派发展困境及其破解意义

中国丝路学发展面临诸多困境，就外部困境而言，面临全球丝路学"西方中心论"的阐释框架与"中国学术议题政治化"的严峻挑战。就内部困境而言，主要包括以下几个方面：

第一，中国学界对丝路学学科认知有待从普及与提高两个层面予以加强。

目前，已有学者致力于丝路学内涵界定、学派梳理、中国阐释框架下的实证研究及中国话语体系建构等②，还有学者赓续20世纪90年代末中国

---

① 陶继波：《中瑞西北科学考察团成立过程分析》，《边疆经济与文化》，2015年第4期。
② 沈福伟：《丝绸之路与丝路学研究》，《光明日报》，2009年12月30日，第12版；马丽蓉：《丝路学研究：基于中国人文外交的阐释框架》，时事出版社，2014年版，导论；马丽蓉：《丝路学导论：基于人文外交的中国话语阐释》，《新疆师范大学学报（哲学社会科学版）》，2016年第2期。

## 第六章 三大学派历史演进与全球丝路学的发展

学界聚力"丝绸之路学"的"集体补课"精神,致力于"丝路学""一带一路学"等学科探讨,以深化中国学界对丝路学的学科认知。随着"各国政府、智库对'一带一路'倡议的关注度正在不断提升,凸显出对其进行全面、系统研究的必要,'一带一路'成为一门单独学科的条件也在逐步成熟"①,以助力中国丝路学振兴。但是,因受中国知识精英"避谈丝路学"这一集体潜意识的影响,使得中国社会缺乏丝路知识的应有普及,中国丝路学振兴也因此任重而道远。

第二,中国学界对丝路学双核特质的认知有待进一步落到实处。

起步于西域探险与研究的丝路学,具有学术性与实践性的双核特质,中国学界在敦煌学等基础研究方面取得了重大成就,但在"一带一路"对策研究方面尚需走实走深。为此,傅莹在《人民日报》发文指出:以"一带一路"为例,"研究界一窝蜂地做宏观诠释,而决策迫切需要有数据支撑的实在研究,包括物流、安全等具体问题和国别认识"。她呼吁中国学者应"以严谨、客观的方法进行课题研究,沉下去搞调研,静下心做数据,从实践中来到实践中去";中国智库应"增强大局观、历史观,面向全球化、面向未来,来一场'转型革命'"②。否则,中国丝路学研究机构尤其是丝路智库难免落入"有库(相关数据库)无智(资政育商能力)"的窘境。王文也发文指出:"'一带一路'是一门调研出真知的学问,是脚底板下走出来的学问,不是理论到理论、学术到学术、书本到书本、模型到模型的学问。"因此,"'一带一路'不仅仅是我们提供公共产品",还"需要用案例的研究,把它背后的复杂性探索出来"③。因此,中国学界对丝路学双核特质的认知有待进一步落到实处,加快中国丝路学人基础研究与政策研究双重能力建设则是关键一步。

第三,"一带一路"研究中的"学术运动化"倾向使得中国丝路学面临新一轮碎片化危机。

---

① 王文:《"一带一路"需要全面系统研究》,《人民日报》,2017年1月23日第5版。

② 傅莹:《国际战略智库期待"转型革命"》,《人民日报》,2015年4月15日,第5版评论。

③ 王文《"一带一路"提升了中国学者的身价》,环球网,https://m.huanqiu.com/r/MV8wXzEwNzgONTA wXaMwQV8xNDk2NaAyMilwg。

### 丝路学研究：形成、发展及其转型

在"一带一路"带动下，"振兴丝路学"已成为中国学界的学术担当与战略使命，中国学界要为"一带一路"提供扎实的学理支撑。但是，就目前中国"一带"研究现状而言，仍存在"重经、轻理、少文"的学科分布失衡、政策解读多于理论构建、学理性研究缺乏实地调研的支撑、区域宏观研究多于国别微观剖析、问题导向型研究难脱避重就轻的干扰、因国施策的智库报告亟待补进等问题，尤其存在着"打旗圈地者多、研究与调研者少"，"务虚式宏论多、务实性研究少"，"政策解读多、问题探究少"等"学术运动化"倾向，使得中国丝路学面临新一轮碎片化危机。因为，中国丝路学研究涵盖面较广，理论性、实证性以及政策性要求均极高，需要从立论、献策、构建丝路学术共同体等入手，切实推进中国丝路学振兴，避免出现以政策解读代替学术研究、以反恐研究遮蔽西域学全貌、以西方理论淹没中国理论、以动态报告否认静态研究的价值等不当之举，尤其不能以西方话语代替中国话语来开展中国丝路学研究。"一带一路"是关乎世界秩序的新哲学，也是关乎中国身份的新思考，更是中国学界勇于担当、敢为人先的历史新机遇，"历史是勇敢者创造的，抓住时代机遇，用中国自己的理论范式和话语体系影响世界，'一带一路'才有可能获得更多国际认可和支持"[①]。

在高质量推进"一带一路"发展之际，破解中国丝路学派发展困境已成为关涉全球丝路学转型的重要一环，故具有重大现实意义与学术价值：

首先，在融通古今中外学术资源的基础上进一步增强中国学术自信。

丝路学的现实形态是古今中外各种知识、观念、理论、方法等融会贯通而成的结果，故我们应在融通古今中外各种学术资源的基础上进一步增强中国学术自信，尤其要融通中华文明上千年和平成长于丝路所累积的"中国经验""中国智慧""中国思想"与"一带一路"对全球治理给予的"中国倡议""中国方案""中国贡献"的古今丝路中国意义上的学术资源、弘扬中外丝路学历史发展中有关学术现象、学术派别、学科体系等百年丝路学方法论意义上的学术资源，以及整合中外哲学社会科学为丝路学不同历史发展阶段所提供的跨学科的理论支撑，在古为今用、洋为中用的

---

[①] 王文：《"一带一路"需要全面系统研究》，《人民日报》，2017年1月23日第5版。

## 第六章 三大学派历史演进与全球丝路学的发展

原则指导下,不断推进知识、方法与理论的创新,在增强中国文化自信中增强中国学术自信。

其次,在去"西方中心论"的阐释框架中进一步完善中国丝路学话语体系。

丝路学研究涵盖面较广,理论性、实证性及政策性要求均极高,但不能以西方话语代替中国话语来开展中国丝路学研究。因为,上千年的中国丝路外交一直是中国外交理念与外交实践的重要组成部分,其包容型的人文观、互惠型的经济观及合作型的安全观等,亟待升至理性认识和理论高度予以总结和提炼,并做出"中国视角"的理论分析,故应从概念界定、理论构建及方法运用等着手,逐层剥离"西方中心论"的霸权阐释框架,在还原历史丝路真相、揭示丝路文明交往规律以及总结中华文明和平成长于丝路的历史经验基础上,进一步完善中国丝路学话语体系。

最后,在学术与实践双重能力培养中进一步巩固中国丝路学的话语权。

重塑"中国与世界古今丝路关系"的"一带一路"新实践,又使百年显学的丝路学勇立全球化时代之潮头。因此,"'一带一路'是一门调研出真知的学问,是脚底板下走出来的学问,不是理论到理论、学术到学术、书本到书本、模型到模型的学问","基于实践经验而设立'一带一路学',不仅可以重新总结中国与世界交往的历史经验,也能重新阐释中国与世界互动的发展现状,更能重新评估中国影响世界的未来前景,极大促进'一带一路'倡议在全球的推进步伐"[1],使得中国丝路学定能在为"一带一路"所推进的全球化时代"述学立论、建言献策,担负起历史赋予的光荣使命",在"通古今之变化、发思想之先声"[2]中,为全球丝路学发展注入"中国思想",以提升中国丝路学学术话语权。

---

[1] 王文《"一带一路"需要全面系统研究》,《人民日报》,2017年1月23日第5版。
[2]《习近平:在哲学社会科学工作座谈会上的讲话》,《人民日报》,2016年5月19日第2版要闻。

# 下 篇

## 中外研究"一带一路"与丝路学的转型

第七章

# "一带一路"与重释丝路学核心议题归因研究

本章尝试从丝路学核心议题研究框架下来研究"一带一路"新实践,通过分析"一带一路"重塑中拉丝路人文关系、"一带一路"重塑中俄丝路人文关系两个案例,揭示"一带一路"正在重塑"中国与世界古今丝路关系"的重大意义,力求探明"一带一路"新实践与重释丝路学核心议题间内在关联性,为丝路学包容性话语体系建构提供"中国思想"。

## 第一节 "一带一路"重塑中拉人文伙伴关系案例分析

### 一、中国与拉美人文伙伴关系发展历史与现状

16世纪初,葡萄牙舰队和西班牙舰队分别从不同方向经由海上航行到达东亚,由于西、葡两国正在美洲开拓殖民地,中国与美洲开始发生接触。葡萄牙绕过非洲南端好望角,东渡印度洋,占据印度果阿、马六甲、澳门,开辟了澳门-果阿-里斯本-巴西(或先到巴西再返回里斯本)航线,这条印度洋上的航线成为中国与拉丁美洲之间联系的第一条通道,是一条经由葡萄牙的间接通道。西班牙将殖民地扩张至美洲西海岸后,开辟跨越太平洋的美洲与中国之间的直接贸易通道,建立了塞维尔(西班牙)—阿卡普尔科(墨西哥)—马尼拉(菲律宾)—闽粤口岸航线,这条"大帆船贸易"航线便是中国与美洲的第二条渠道,也是主航线。借助这条航道,以丝绸为主的中国商品被源源不断地经由马尼拉运往墨西哥,行销于拉美各地并远销欧洲[1],表明中拉始于海上丝绸之路贸易交往的历史。

中国运往拉美的商品多种多样,有丰富的特产、工艺品和日用品,其

---

[1] 周一良主编:《中外文化交流史》,河南人民出版社,1987年版,第834—843页。

中包括生丝和各种丝织品、亚麻布、棉布等各类纺织品，以及陶瓷制品等。其中丝绸和瓷器极具中国特色且深受美洲人民的喜爱。中国也在拉美留下了重要的历史踪迹，如巴西传统花园中就有仿中国式的亭台和塔式建筑物，在墨西哥也流传着一位中国姑娘为墨西哥妇女设计连衣裙的故事。与此同时，17世纪以来，玉米、土豆、西红柿、番石榴等农作物与果品陆续从中、南美洲移植到中国[1]，形成中拉丝路贸易交往，使得丝绸、瓷器等富有中国传统文化风格的器物、技艺，以及中国审美思想得以传播，也使得往返于太平洋上的中拉两大文明体间实现了真正的人际交往，促进了双方的人文交流与合作。

随着拉丁美洲独立战争（1810—1826年）的爆发和拉美各国的独立，西、葡两国在美洲和中国之间的"大帆船贸易"消失，中国与拉丁美洲的联系也出现了停滞。自19世纪40年代西方列强依靠武力打开中国大门后，重启了"墨西哥—中国"的太平洋航线，并以美洲大规模输入"契约华工"为主要特色。

19世纪40—70年代，以华工流动为主的人际交流成为中拉人文交流的主要内容。自1847年起至1874年，大约有700万华工被运往世界各地，其中有30万从澳门和厦门商船前往拉丁美洲，其中古巴就招募了将近12.6万名华工，主要在甘蔗园劳动；其次为秘鲁，是11万人，从事开采鸟粪、修建高原铁路和大种植园的劳动；再次为巴拿马，是3.4万人，从事修建两洋铁路和开凿运河的工作，到英属、法属与荷属殖民地的华工合计为5万人。[2] 华工移民为拉美地区带去了中国的思想、观念、文化，部分华工也融入当地社会，在回国之后带回了拉美文化，促进了双方之间的人文交流。以在古巴的华工为例，据不完全统计，中国清末民初输入古巴的华工总计约15万人。[3] 华工群体生长在中国，自幼便受到中国传统生活方式和文化的熏陶，他们给拉美也带来了深刻的影响，不仅将语言文字、

---

[1] 周一良主编：《中外文化交流史》，河南人民出版社，1987年版，第834—843页。

[2] 杨金发：《拉美华侨华人的历史变迁与现状初探》，《华侨华人历史研究》，2015年第4期，第35页。

[3] 丁立福：《鲜有人问津之古巴华侨华人的历史性贡献》，《安徽理工大学学报（社会科学版）》，2019年第2期，第22页。

生活习惯等带到了拉美,其思维习惯与行为方式也对当地民众产生了潜移默化的影响。

1949年新中国成立之后,中拉关系发展进入了历史新阶段。20世纪50年代由于美国对华采取敌视和封锁的政策,拉美国家未正式与中国建交。但不少拉美文化艺术界著名人士和社会名流克服重重障碍来到中国,50年代时已有来自19个拉美国家的1200多名各界人士访华,而中国也相继派出文化艺术、新闻、医学等方面16个代表团和表演团访问了8个拉美国家。①

20世纪60年代,中国与拉丁美洲和加勒比地区国家开始建立外交关系,中国与拉美开始有了正式的、机制化的联系,民间和官方交流有了更多发展,中拉人文交流也日渐频繁,"1960年3月16日,中国53个人民团体联合成立中国拉丁美洲友好协会,1960年7月23日中古两国政府签订了文化合作协定,开创了中国与拉美国家开展政府间文化交流和合作的先河。1960—1965年间,中拉文化、贸易交流明显增加,应邀访华的拉美友好人士达3000多人,中国也派出了20多个代表团和演出团出访拉美国家。"②

20世纪70~90年代,随着中国经济的快速发展,我国的国际地位也有了大幅提高。1971年,中华人民共和国在联合国的合法权利得到恢复,陆续与很多国家实现关系正常化,促进了第三世界国家间的团结与合作。1978年,中国实行改革开放,促进经济发展,改变了国内原先封闭、陈旧的社会面貌,更进一步促进了中华民族在国际上的地位和影响力的提升。与此同时,中国也迎来了与拉美国家建交高峰期,在此期间共有17个拉美国家与中国建立外交关系,中拉双方的文化艺术交流也得到了空前发展。20世纪90年代,中国同拉美各国有25起艺术团组和著名表演家互访,双方在文学、影视广播、新闻出版等领域开展了十分广泛的交流。中国的艺术家还多次参加墨西哥、巴西、古巴、智利等国举办的国际艺术比赛和艺

---

① 中华人民共和国文化部对外文化联络局编:《中国对外文化交流概览(1949~1991)》,1993年版,第261页。

② 中华人民共和国文化部对外文化联络局编:《中国对外文化交流概览(1949~1991)》,1993年版,第261页。

术节。①20世纪90年代后，中拉文化关系进入一个新的发展时期，"1991年，中国先后派出了两个政府文化团访问了巴西、乌拉圭、委内瑞拉、哥伦比亚、智利和古巴，并在北京召开了中墨文化教育交流混委会第四次会议，签订了新的交流计划。在牙买加总理访华期间，与牙方签订了文化合作协定。同年，中国派出民族舞蹈团访问了阿根廷、厄瓜多尔、墨西哥、委内瑞拉、巴西、特立尼达和多巴哥以及牙买加七国。"②

从历史交往和近年高层互访来看，古巴、智利、巴西、阿根廷等国与中国交往密切：古巴是第一个与中国建交的拉美乃至西半球国家，1961年9月，古巴总统多尔蒂科斯访华，古巴重视并主动采取措施发展同中国的关系。20世纪60年代中期至80年代初，受中苏关系恶化影响，中古实质交往不多，双边关系陷于停顿。80年代初，中古在各领域交往陆续恢复，人文交流日益密切。长期以来，双方在经贸、文化、教育、科技等领域均有密切合作。自2001年起，每年6月，古巴文化部和中国驻古巴大使馆都合办"哈瓦那中国文化节"。此外，"欢乐春节"等品牌活动均受到古巴民众喜爱③，两国人文交流增进了两国人民间的互相了解。智利是第一个同中华人民共和国建交的南美国家，也是第一个承认中国完全市场经济地位、同中国签署双边自由贸易协定并实现升级的拉美国家，是共建"一带一路"的重要合作伙伴，中智关系也长期走在中拉关系前列，在教育、科技、文化等领域有广泛合作。两国首脑会晤频繁，在2016—2019年间，中智领导人以每年一次的频率会面。巴西与中国同为"金砖国家"成员，合作历史也很悠久。2012年中巴建成全面战略伙伴关系，2014年7月，习总书记访问巴西并出席中拉领导人首次会晤，以推动中拉整体合作，建立中拉全面合作伙伴关系。2016年，习总书记会见前来参加二十国集团领导人杭州峰会的巴西总统时指出："中巴友好得到两国历届政府和社会各界坚定支持，是成熟而牢固的国家间关系。中国对巴西发展前景充满信心，对

---

① 中华人民共和国文化部对外文化联络局编：《中国对外文化交流概览（1949~1991）》，1993年版，第261页。

② 中华人民共和国文化部对外文化联络局编：《中国对外文化交流概览（1949~1991）》，1993年版，第261页。

③ 《中古文化交流简况》，中国驻古巴大使馆网站，2012年11月21日，http://cu.china-embassy.org/chn/sbgx/whjls/。（访问时间：2022年3月2日）

## 第七章 "一带一路"与重释丝路学核心议题归因研究

中巴合作充满信心。中巴要继续坚定将对方视为自身发展机遇和伙伴,加强两国合作,推动中巴全面战略伙伴关系不断迈上新台阶。"① 阿根廷于 1972 年与中国建交,2014 年 7 月,习总书记访问阿根廷,中阿宣布建立全面战略伙伴关系。② 近年来,两国领导人会晤频繁,习总书记分别于 2013 年与 2018 年两访阿根廷,双方在经贸、文化、科技交流、军事交往等领域合作日益深化。2007 年"中美洲—中国友好联合会"在尼加拉瓜成立,由哥斯达黎加、萨尔瓦多、洪都拉斯、尼加拉瓜 4 个中美洲国家及包括南美洲国家巴拉圭等国在内的对华友好组织共同创立,致力于推动中美洲国家和巴拉圭与中国建立(恢复)外交关系,发展贸易和其他领域关系。中国人民对外友好协会也表示愿与该联合会共同努力,助力推进中国与中美洲间的民间交流与合作。③

中国提出共建"一带一路"倡议,也在一定程度上推动中拉论坛的成立与后续活动的开展。2017 年 5 月,北京召开"一带一路"国际合作高峰论坛,不仅有阿根廷总统马克里、智利总统巴切莱特等拉美领导人参会,还有 20 多个拉美国家高级别代表团出席,足见拉美国家对"一带一路"倡议的认同和支持,截至目前,拉美已有 23 个国家与中国签署了共建"一带一路"文件(见表 7-1)。

**表 7-1 中国与拉丁美洲签署共建"一带一路"文件统计表**

| 国家 | 相关新闻 |
| --- | --- |
| 智利 | 中国与智利签署共建"一带一路"合作谅解备忘录 |
| 圭亚那 | 中国与圭亚那签署"一带一路"合作文件 |
| 玻利维亚 | 中玻签署共建"一带一路"等双边合作文件 |
| 马拉圭 | 中国与马拉圭签署共建"一带一路"谅解备忘录 |

---

① 王正润:《中国与巴西关系进入新时期》,新华网,http://www.xinhuanet.com//world/2016-09/07/c_1119525538.htm。(访问时间:2022 年 3 月 2 日)

② 《中国同阿根廷关系》(最近更新时间:2021 年 7 月),外交部网站,https://www.mfa.gov.cn/web/gjhdq_676201/gj_676203/nmz_680924/1206_680926/sbgx_680930/。(访问时间:2022 年 3 月 2 日)

③ 杨文正:《中美洲—中国友好联合会在尼加拉瓜成立》,央视国际网,http://news.cctv.com/world/20070325/100700.shtml。(访问时间:2022 年 3 月 2 日)

续表

| 国家 | 相关新闻 |
|---|---|
| 委内瑞拉 | 中国同委内瑞拉签署共建"一带一路"合作文件 |
| 苏里南 | 中国与苏里南签署共建"一带一路"合作文件 |
| 厄瓜多尔 | 中厄签署"一带一路"合作文件 |
| 秘鲁 | 中国与秘鲁签署共建"一带一路"谅解备忘录 |
| 哥斯达黎加 | 中国同哥斯达黎加签署共建"一带一路"谅解备忘录 |
| 巴拿马 | 关于共同推进丝绸之路经济带和21世纪海上丝绸之路建设的谅解备忘录 |
| 萨尔瓦多 | 中国与萨尔瓦多签署共建"一带一路"合作谅解备忘录 |
| 多米尼加 | 中国与多米尼加签署共建"一带一路"合作谅解备忘录 |
| 特立尼达和多巴哥 | 中国与特立尼达和多巴哥签署共建"一带一路"合作文件 |
| 安提瓜和巴布达 | 关于共同推进丝绸之路经济带和21世纪海上丝绸之路建设的谅解备忘录 |
| 多米尼克 | 中华人民共和国政府与多米尼克政府关于共同推进丝绸之路经济带和21世纪海上丝绸之路建设的谅解备忘录 |
| 格林纳达 | 中国与格林纳达签署共建"一带一路"谅解备忘录 |
| 巴巴多斯 | 中国与巴巴多斯签署共建"一带一路"合作谅解备忘录 |
| 古巴 | 关于共同推进丝绸之路经济带和21世纪海上丝绸之路建设的谅解备忘录 |
| 牙买加 | 中国与牙买加签署共建"一带一路"谅解备忘录 |
| 尼加拉瓜 | 关于共同推进丝绸之路经济带和21世纪海上丝绸之路建设的谅解备忘录 |
| 阿根廷 | 中华人民共和国政府与阿根廷共和国政府关于共同推进丝绸之路经济带和21世纪海上丝绸之路建设的谅解备忘录 |

资料来源：根据中国外交部等相关网站资源自制。

近年来，中拉双方关系呈现全方位、多层次、宽领域发展的新局面。[①] 在此基础上成立的"中国—拉共体论坛"（中拉论坛），包括中国与拉共体33个成员国亦即拉丁美洲地区全部国家，已成为中国与拉丁美洲间重要交流与合作平台。2014年7月17日，习总书记访问巴西并出席中国—拉美和加勒比国家领导人首次会晤，双方发表《中国—拉美和加勒比国家领导人巴西利亚会晤联合声明》，宣布建立"中国—拉共体论坛"。该《联合声明》明确提出"我们高度重视加强双方社会人文领域的联系。为此，我们

---

① 《中国对拉丁美洲和加勒比政策文件》，中国政府网，http://www.gov.cn/jrzg/2008-11/05/content_1140287.htm。（访问时间：2022年3月2日）

## 第七章 "一带一路"与重释丝路学核心议题归因研究

决心促进旅游,通过增加大学交流项目、奖学金和学术对话等方式深化教育领域合作。我们欢迎中国在拉美和加勒比地区开办和增设孔子学院和孔子课堂。"[1] 习总书记还发表了题为《努力构建携手共进的命运共同体》的主旨演讲,强调中方愿同拉方充分利用中拉论坛这一合作平台开展多领域集体对话,以"实现优势互补,促进共同发展。"[2] 2015 年 1 月 8—9 日,中拉论坛首届部长级会议在北京举行,标志着论坛正式启动[3],发布了《中国与拉美和加勒比国家合作规划(2015—2019)》,提出合办 2016 中拉文化交流年等;2018 年中拉论坛第二届部长级会议达成了《中国—拉共体论坛第二届部长级会议关于"一带一路"倡议的特别声明》,认为"一带一路"可成为深化中拉经济、贸易、投资、文化、旅游等领域合作的重要途径。[4] 2021 年中拉论坛第三届部长级会议通过了《中国—拉共体论坛第三届部长级会议通过〈中国—拉共体论坛第三届部长级会议宣言〉》,重申了"一带一路"倡议"可以成为深化中国与拉美和加勒比国家经济、贸易、投资、文化、旅游等领域合作的重要途径"的基本立场。[5]

中拉论坛为中拉多边交流提供了广阔平台,也为中国与尚未建交的 9 个国家进行对话交流提供了重要机会。中拉论坛快速落实,中拉双方迅速形成整体合作的共识,推出彼此互助、对接的具体行动计划的根本原因是中国深化全方位对外开放、重视发展中国家的地位和作用。[6] 随着中拉整

---

[1] 《中国—拉美和加勒比国家领导人巴西利亚会晤联合声明》,中国政府网,http://www.gov.cn/xinwen/2014-07/18/content_2719810.htm。(访问时间:2022 年 3 月 2 日)

[2] 习近平:《努力构建携手共进的命运共同体》,《人民日报》,2014 年 7 月 19 日第 2 版要闻。

[3] 参见习近平:《共同谱写中拉全面合作伙伴关系新篇章——在中国—拉共体论坛首届部长级会议开幕式上的致辞(2015 年 1 月 8 日上午)》,《人民日报》,2015 年 1 月 9 日第 2 版要闻。

[4] 《中国—拉共体论坛第二届部长级会议关于"一带一路"倡议的特别声明》,中华人民共和国外交部网站,2018 年 2 月 2 日,https://www.mfa.gov.cn/web/zyxw/201802/t20180202_343154.shtml。(访问时间:2022 年 3 月 2 日)

[5] 《中国—拉共体论坛第三届部长级会议通过〈中国—拉共体论坛第三届部长级会议宣言〉》,《人民日报》,2021 年 12 月 9 日第 3 版要闻。

[6] 吴白乙:《中国—拉共体论坛:中国特色大国外交新的风景线》,《求是》,2015 年第 3 期,第 55 页。

体合作的不断推进，中拉全面合作伙伴关系也将翻开新的篇章，实现中拉关系更高水平的发展。

## 二、中国与拉美人文伙伴关系发展案例分析

### （一）以中拉论坛专业领域分论坛为核心的机制建设

目前，中拉论坛共有部长级会议、国家协调员会议、中国—拉共体"四驾马车"外交对话会、专业领域分论坛等四大机制，为中拉人文交流提供了坚实的制度基础和广阔的交流平台。专业领域分论坛共有八个，其中与人文交流直接相关的分论坛有四个：

1. 中拉科技创新论坛。2014年习总书记访问拉美时提出要"适时举办中拉科技创新论坛"[①]。2016年9月16–17日，首届中国—拉共体科技创新论坛在厄瓜多尔首都基多举行，是中方首次与拉共体轮值主席国合办中拉论坛框架下的分论坛。中方宣布启动"中拉科技伙伴计划"和"中拉青年科学家交流计划"，中厄共同为"中国科技创新成果展"剪彩、为TD–LTE联合实验室揭牌、中拉召开科技部长圆桌会议等。2017年中国启动"中拉青年科学家交流计划"，支持拉美和加勒比国家与中国有较好合作基础的科研机构或大学派出青年科学家，来华开展为期半年到一年的合作研究工作。[②] 近年来的中拉科技创新合作，自政策出台到发布项目再到项目落地，历时较短、成效显著，凸显中拉科技创新论坛机制建设的重要性。

2. 中拉智库交流论坛。为进一步加强中国同拉丁美洲和加勒比国家智库之间的经验交流与知识分享而搭建了中拉智库交流论坛机制：2010年11月，召开了首届中拉智库交流论坛；2013年7月，召开了第二届中拉智库论坛并发布《中拉智库北京共识》，共识中明确提出应早日建立中拉合作论坛，推进中拉整体合作，这符合双方的共同利益；2014年中拉论坛成立

---

① 李宇：《首届中拉论坛科技创新论坛在厄瓜多尔开幕》，中国政府门户网站，2015年9月17日，http://www.gov.cn/guowuyuan/2015 – 09/17/content_2934045.htm。（访问时间：2022年3月2日）

② 《"2017年中拉青年科学家交流计划"征集通知》，科技部，http://www.most.gov.cn/tztg/201708/t20170825_134615.html。（访问时间：2022年3月2日）

后，中拉智库交流论坛也被纳入论坛框架下，继续发挥着连接中拉思想界精英的桥梁作用。2016年11月召开了第三届中国拉美和加勒比智库论坛；2017年10月，召开了第一届拉共体—中国高级别学术论坛暨第四届中国—拉共体智库论坛。事实上，中拉智库交流论坛是中拉充实全方位关系的新尝试，为双方专家学者加强交流互鉴提供了重要平台，也带动了中拉双边科技论坛建设，如在2018年12月，中国巴拿马发展智库论坛在巴拿马大学举行。同时非政府间学术论坛蓬勃兴起，自2012年起，"中拉学术高层论坛"就在中国与拉美各地举行，论坛以每年一届的固定频率举行，至今已经举行8届，该届论坛于2019年10月19—20日在中国举行。[①]

3. 中拉青年政治家论坛。2013年5月共青团中央举办了第一届中拉青年政治家论坛。自2015年以来，论坛以每两年一届的频率举行。中拉青年政治家论坛参与国多、持续性强，探讨议题紧扣热点、极具针对性，论坛的设立与习近平主席强调青年重要性的理念十分契合。2014年7月，习总书记在中拉领导人会晤上提出要于2015年启动"未来之桥"中拉青年领导人千人培训计划。2015年7月，中国青年政治家论坛探讨了青年政治参与问题。随着"一带一路"倡议的推进，2017年与2018年的论坛主题又与"一带一路"密切相关。

4. 中国与拉丁美洲和加勒比地区民间友好论坛，简称"中拉民间友好论坛"，前身是"中国与拉丁美洲加勒比地区对华友好组织大会"。1998年"第一届中国与拉丁美洲加勒比地区对华友好组织大会"于牙买加召开，2003年与2005年在哥伦比亚和阿根廷举办了第二届和第三届大会。在第三届大会上，成立了拉美对华友好组织的联合组织——拉丁美洲和加勒比地区中国友好联合会，标志着该地区对华友好组织间建立了常设协调机构。据第三届大会决议，2007年在我国重庆召开了中国人民对外友好协会与拉美和加勒比地区对华友好组织间第四次会议，并将此次会议更名为"中国与拉丁美洲和加勒比地区民间友好论坛"[②]。2014年7月，中拉民间

---

[①] 鲁扬：《第八届中拉学术高层论坛暨中国拉美学会学术大会 聚焦"地区与全球大变局下的中拉关系"》，人民网，2019年10月21日，https://baijiahao.baidu.com/s?id=1647983843994587679&wfr=spider&for=pc.（访问时间：2022年3月2日）

[②] 华家广：《第五届中国与拉美和加勒比地区民间友好论坛在杭州举办》，《友声》，2015年第4期，第28—29页。

友好论坛被纳入中拉论坛框架下,为中拉民间友好工作提供了更大发展平台。中拉民间论坛是中拉人文交流机制中开始举办最早的专业领域分论坛,论坛正式更名前的第一届相关会议在 1998 年就已召开,自 2007 年更名后也以每两年一届的频率在拉美和中国轮流开展,为中拉开展民间交往提供了重要平台。

中拉论坛框架下的人文交流机制,加快了中拉人文交流进程,尤其是专业领域分论坛中人文交流分论坛的设立,使长期落后于中拉经贸交流的中拉人文交流取得显著成效,其内容和形式的愈加丰富,中拉人民的相互理解持续加深。①

## (二)以孔子学院为主的中拉教育交流与合作

目前,中拉教育交流合作主要通过教育高层互访以及包括中拉智库交流论坛、中拉学术高层论坛等在内的交流合作机制进行,以签署协议、教师交流、合作办学、留学生交流等形式开展。目前我国教育部与秘鲁、巴巴多斯、厄瓜多尔、多米尼加、哥伦比亚、古巴、委内瑞拉、乌拉圭、牙买加和智利等国签署了教育领域的合作协议,与秘鲁、古巴和墨西哥签署了学历学位互认协议。② 中国迄今已向 31 个拉美国家提供政府奖学金名额,共有约 3200 名拉美国家的留学生接受中国政府奖学金来华学习,其中 1000 多名留学生正在中国学习。2014 年,拉美国家享受在华奖学金的总人数是 1634 人。2015 年 7 月,在出国留学方面,我国在拉美地区的留学人员有 700 多人,其中多数为公派留学。墨西哥、哥伦比亚、秘鲁、委内瑞拉、阿根廷等国向我国提供奖学金资助留学。③ 在未来 5 年内,中方将向拉美和加勒比国家提供 6000 个政府奖学金名额、6000 个赴华培训名额以及 400 个在职硕士名额,邀请 1000 名拉美和加勒比国家政党领导人赴华访

---

① 王慧芝:《中拉论坛建设成就、问题及前景》,《当代世界》,2018 年第 9 期,第 54 页。

② 何霖俐:《中国与拉丁美洲留学人员交流与培养:回顾、现状与展望》,中国社会科学出版社,2018 年版,第 32 页。

③ 何霖俐:《中国与拉丁美洲留学人员交流与培养:回顾、现状与展望》,中国社会科学出版社,2018 年版,第 32—33 页。

问交流，并于 2015 年启动"未来之桥"中拉青年领导人千人培训计划。[1]随着中拉整体合作更加机制化、中拉关系快速发展，双方在教育领域的交流合作也逐步扩大。

从全球范围来看，孔子学院在拉美的发展相对缓慢，无论从整体数量还是分布密度来看，都明显少于其他地区，还有很大发展空间。巴西是拉美开设孔子学院最多的国家，共有 10 所。墨西哥以 5 所位居第二，绝大多数拉美国家（如哥斯达黎加、牙买加、巴哈马、玻利维亚、厄瓜多尔、特立尼达和多巴哥、圭亚那、巴巴多斯、委内瑞拉）只有 1 所孔子学院。但自 2006 年第一所孔子学院在拉美建成后，拉美孔子学院数量逐年稳定增长。拉美孔子学院主要开展汉语教学、培训汉语教师与提供汉语教学资源、汉语考试和汉语教师资格认证、提供中国教育与文化等信息咨询，以及开展中外语言文化交流活动等。但是，拉美孔子学院发展面临两大主要挑战：一是拉美孔院西语汉语的双语教材匮乏，教师团队对当地语言和文化也了解不深。目前，拉美地区孔院教师招募采取的方式是在中国广泛招收优秀的大学毕业生，给他们一年的时间学习葡萄牙语或者西班牙语，然后把他们派去孔院任教。[2] 这就直接导致了孔院汉语教师与当地人语言上的脱节，甚至出现双方以英语为媒介进行交流的情况。二是"美国因素"在拉美的影响依旧很大，拉美地区在政治、军事、文化等各方面长期受到以美国为首的西方大国的影响，尤其是西方媒体在拉美影响更是根深蒂固，这不利于中国与拉美之间的互相了解，也对中国语言文化在拉美传播产生了不利影响，甚至使某些拉美国家民众对孔子学院产生了一定抵触情绪。为此，拉美孔院一方面可通过借鉴歌德学院、塞万提斯学院的国际经验，广泛开展中拉民间文化交流与合作。另一方面以哈瓦那大学孔子学院中国文化推广的成功经验为借鉴，探索对冲"美国因素"负面影响孔院发展的切实路径。

---

[1] 习近平：《努力构建携手共进的命运共同体》，《人民日报》，2014 年 7 月 19 日第 2 版要闻。

[2] 《国家汉办主任：拉美国家孔子学院未来之路任重道远》，《海外华文教育动态》，2012 年第 8 期，第 150—151 页。

## （三）以友好城市为代表的中拉民间往来

伴随全球化的深入发展，国际组织、非政府组织、城市等非国家或次国家行为体开始越来越多地参与到国际事务中，并因其具有灵活性、非官方性、受众广泛性等特点，有时反而比国家行为体可以更为有效地达到增进了解与互信、促进友谊和合作的目的。友好城市便以增进相互友谊、促进共同发展为目的，为地区间人文交流提供了广阔平台。2015年3月国家发改委等发布的《推动共建丝绸之路经济带和21世纪海上丝绸之路的愿景与行动》中明确提出要"开展城市交流合作，欢迎沿线国家重要城市之间互结友好城市，以人文交流为重点，突出务实合作，形成更多鲜活的合作范例"。

在中拉人文交流中，友好城市因其"官方之下、民间之上"的特点发挥着越来越重要的作用。目前，中国与137个国家结成2653对友城，与拉美17个国家间已结成179对友城。中方与拉美国家结成友城最多的省市是北京与河南。北京分别与布宜诺斯艾利斯市、里约热内卢市、圣何塞市、哈瓦那市、利马市、墨西哥城等建成友城关系，河南与恩特雷里奥斯省、圣卡塔琳娜州、瓜亚斯省、哈瓦那市、伊达尔戈州、玻利瓦尔州、科金博区等建成友城关系。广州与上海以6对位居其后。在拉美与中国结成友城的国家中，巴西以57对排在首位，墨西哥以32对排第2位，阿根廷以25对排第3位。从整体来看，拉美友城建设数量多于非洲与大洋洲。但由于非洲国家多，因此从分布密度来看，中国与拉美结成友城的分布仅高于非洲，在全球属于较为落后的，但中国与个别拉美国家的结对情况排在前列。在137个与中国结成友城的国家中，巴西以总数57个排在第11位、墨西哥以32对排在第21位、阿根廷以25对排在第24位、智利以18对排在第39位。作为与中国结成友城对子数量较多的拉美国家，巴西与阿根廷发挥了示范作用，尤其是中国与巴西间友城合作凸显如下鲜明特色：首先，中巴双方城市经济结构具有相似性和互补性，如宜昌市与伊瓜苏市；其次，双方城市在地理位置上具有相似性，如陕西省与马托格罗索州；再次，城市在各自国内的地位具有对等性，如江苏省与米纳斯吉拉斯州；最后,双方城市在历史文化方面具有相似性,如西安市与巴西利亚州。① 因此,巴西主要与中国东部沿海城市结对合作,这符合结交友好城市拉动双方经济的基本宗旨,中巴友好城市结对的经验值得中国与其他拉美国家借鉴,但这种不平衡的分布也为中巴留有较大合作空间,值得期待。

## 三、"一带一路"下深化中拉人文伙伴关系的主要对策

中国与拉美地区由于距离遥远、语言不通,双方人文交流与合作尚需提速与转型。尽管中国与古巴、智利、阿根廷等国关系密切,但中拉整体合作仍有待加强。加之以美国为首的西方国家对拉美地区的长期价值观输出,导致拉美地区对中国认知产生了一定偏差。当前,中拉应在共建"一带一路"中进一步深化中拉人文伙伴关系,主要包括:

首先,中拉在非物质文化遗产保护与传承领域的交流合作值得期待。

为保护以传统、口头表述、节庆礼仪、手工技能、音乐、舞蹈等为代表的非物质文化遗产,联合国教科文组织于 2003 年 10 月通过《保护非物质文化遗产公约》,我国于 2004 年 8 月加入该公约。非物质文化遗产保护最初起源于拉美国家。印第安文明的悠久历史、漫长的殖民历史形塑了拉美诸国多样性的文化传统。"19 世纪至 20 世纪,拉美多国先后摆脱了殖民者的统治,建立了独立的民族国家。20 世纪 50 年代后,处于发展边缘的拉美各国遭遇了全球化的猛烈冲击,本土多样性的文化传统遭到严重破坏。拉美多国掀起了轰轰烈烈的保护文化多样性的运动。正是在玻利维亚、墨西哥等国的呼吁下,联合国教科文组织才开始对全球文明的多样性予以关注,最终促成了《公约》的诞生。"② 因此,拉美对非物质文化遗产保护有着深刻理解和丰富经验。其中,墨西哥对非物质文化遗产保护有独特的认知,"其对遗产的属性认知是多元的,除了认同将遗产视为文明发展的静态实践之外,他们亦强调遗产作为标志族群身份的差异性文明形态

---

① 雷瑞虹、车翔宇:《城市外交之中国与巴西友城合作分析与展望》,《科教文汇》,2018 年第 8 期,第 189 页。

② 张青仁:《社会动员、民族志方法及全球社会的重建———墨西哥非物质文化遗产保护的经验与启示》,《民族文学研究》,2018 年第 3 期,第 30 页。

的属性特征,并在此基础上赋予遗产概念相当意义上的权力属性"。因此,"拉美国家非物质文化遗产保护的兴起有着旗帜鲜明地反对霸权、关注弱者、尊重他者、强调多元的立场"。在保护路径上,墨西哥强调用民族志方法实现族群政治动员与遗产传承的融合。智利的非物质文化遗产保护,以"文化多样性"为出发点,设立专门机构,形成"一点统筹、多面协同、全民参与"的态势。与此同时,智利政府不断更新法律与政策。反观中国,非物质文化遗产的保护工作主要由文化部统筹,政府也设有非物质文化遗产保护中心、中国文化遗产研究院等专业机构,但中国民间团体在非物质文化遗产的保护中力量单薄。我国也可向智利学习,在相关法律体系上需要根据现实情况的发展不断加以完善,与时俱进。① 总之,拉美国家在非物质文化遗产保护与传承方面的成功经验极为丰富,值得中国学习与借鉴,双方应开展双多边交流与合作,以深化中拉文明交流互鉴。

其次,中拉拥有的"红色记忆"能够成为双方增强价值观沟通的建构因素。

历史上,中国与拉美一些国家拥有同为社会主义阵营的"红色记忆",古巴是第一个与中国建交的拉美国家,也是西半球唯一的社会主义国家。自1960年两国建交以来,同为社会主义国家的相同政治体制和对社会主义制度的选择把两国紧紧联系在了一起,中古两党两国交往时间长、联系密切,是名副其实的"好朋友、好同志、好兄弟"。智利是第一个与中国建交的南美洲国家,也一直与中国保持友好关系,1954年阿连德率领"智利—中国文化协会"访问中国,与我国第一代国家领导人建立了亲密关系,在担任智利—中国文化协会主席期间,阿连德做了大量工作,并多次在议会中呼吁智利政府与中国台湾当局断交,承认中华人民共和国。② 1959年古巴革命胜利后,阿连德出访古巴会见了菲德尔·卡斯特罗,1965年他再访古巴后又访部分欧洲国家;1967年阿连德赴莫斯科出席纪念十月革命50周年的红场大阅兵活动。1970年11月,阿连德就任总统后推行独立自主的对外政策,率先同古巴恢复外交关系。1971年,电影《力量与理

---

① 周杰:《智利非物质文化遗产保护政策与法律对中国的启示》,《新丝路学刊》,2018年第4期。
② 黄士康:《阿连德让台湾当局又气又怕》,国际在线,http://news.cri.cn/gb/2201/2004/11/25/401@371410.htm。(访问时间:2022年3月2日)

性：采访萨尔瓦多·阿连德》上映，该片还原历史，讲述了阿连德执政的坎坷历程。2005 年 11 月，智利上映电影《萨尔瓦多·阿连德》予以纪念。2008 年智利上映纪录片《萨尔瓦多·阿连德（来自瓦尔帕莱索）》等，多部有关萨尔瓦多·阿连德的影视作品，已成为中国与智利共同拥有的"红色记忆"的重要组成部分。除古巴一如既往地坚持社会主义外，左翼政党或力量至今仍在委内瑞拉、玻利维亚、尼加拉瓜、厄瓜多尔、萨尔瓦多和乌拉圭等国执政。除了委内瑞拉，在阿根廷、智利，左翼也有相当大的实力，在国会中仍占有一定的优势。在墨西哥、巴西、哥伦比亚、秘鲁等一些不是左翼执政的国家，左翼力量也不可小觑。[①] 因此，在拉美左翼兴起的时代背景下，中拉双方对"红色记忆"的追寻，有助于进一步夯实中拉价值观沟通的社会民意基础。

最后，中拉创新开展"足球外交"可切实推进"民心相通"。

体育外交在人文交流中所发挥的作用有目共睹，尤其素有"世界第一运动"美称的足球，其普及程度之广、受欢迎程度之高、影响之深远是任何其他单项体育运动所难以企及的，且集中体现为：政治上，足球是提升国家形象、促进对外交流的良好媒介；经济上，商业化程度不断提高的足球运动有力刺激着各国经济发展与基础设施完善；文化上，足球也可成为一国名片和象征，代表国民精神与文化传统。因此，足球外交已成为助力中外人文交流与合作的重要途径之一。自 2015 年中国政府公布《中国足球改革发展总体方案》《中国足球中长期发展规划（2016—2050 年）》以来，中国足球正处于历史上最重要的变革时期。作为推进中拉关系前行、促进中拉友好的催化剂，足球一直扮演着重要角色。2014 年 7 月，山东鲁能足球俱乐部在巴西圣保罗州费利斯港市成立了中国足球首个海外青训基地——鲁能巴西体育中心。2016 年第四届中国（北京）国际服务贸易交易会上，中国、巴西企业签署多项合作协议，其中巴西格雷米奥足球俱乐部与拉美北京国际体育文化有限公司，将实施"足球幼苗——中国地区统一战略联盟计划"[②]。2017 年伊始，鲁能青训新型国际化战略迈出重要一步，

---

[①] 徐世澄：《拉美四国左翼新情况与对拉美政坛"左退右进"的看法》，《当代社会主义问题》，2018 年第 1 期，第 80 页。

[②] 《巴西足球名校"进军"中国》，中新网，http：//www.chinanews.com/ty/2016/06 – 01/7891034.shtml。（访问时间：2022 年 3 月 2 日）

一支鲁能16岁以下（U16）梯队整队在巴西体育中心展开为期9个月的培训。[①] 2018年11月，来自中国的青少年足球运动员与教练员正式进驻阿根廷国家足球训练基地，接受30天高水平训练。[②] 2018年11月，在中国-拉美企业家高峰会议期间，中拉足球合作论坛开幕。[③] 习总书记曾多次表达自己对足球运动的关注和喜爱，在其拉美首脑外交中也融入了足球外交元素。中拉足球交往，不仅促进了足球技术的提高，也促进了中拉民间交往尤其是青年交往，更使中拉民众在切磋球技中弘扬了积极向上的体育精神，将成为中拉人文交流与合作的创新动力。

## 第二节 "一带一路"重塑中俄人文伙伴关系案例分析

### 一、中国与俄罗斯人文伙伴关系发展历史与现状

中国与俄罗斯交往历史可溯至草原丝绸之路上的茶叶贸易，中俄两国外交关系最早可追溯到17世纪中叶，1618年俄罗斯使团来到中国，双方建立了直接联系。中俄第一次正面碰撞是1685—1686年的两次雅克萨之战。1689年中俄签订《尼布楚条约》，这是中俄第一个边界条约，也是第一个经过对等谈判签订的中国外交协定。1728年与1792年中俄分别签订了《恰克图条约》和《恰克图市约》，使得中俄经贸活动日益活跃，并逐渐形成举世闻名的"万里茶道"。

1917年俄国十月革命一声炮响，给灾难深重的中国指明了方向。新文化运动中李大钊等开始宣传马克思主义。新民主主义革命时期，在共产国际的帮助下成立了中国共产党。北伐战争时期，苏联促成了国共两党合

---

① 《探访中国足球首个海外青训基地——鲁能巴西体育中心》，新华网，http://www.xinhuanet.com//photo/2017-08/20/c_1121512318.htm。（访问时间：2022年3月2日）

② 《潘帕斯的中国雄鹰丨中国足球运动学院青训队员进驻阿根廷国足基地》，搜狐网，http://www.sohu.com/a/278883143_525888。（访问时间：2022年3月2日）

③ 《中拉足球合作论坛——足球推动中拉民心相通》，搜狐网，http://www.sohu.com/a/273109649_423710。（访问时间：2022年3月2日）

## 第七章 "一带一路"与重释丝路学核心议题归因研究

作,与中国共产党一起帮助孙中山建立黄埔军校,掀起了国民革命运动。20世纪二三十年代的留苏教育对中国产生了深远影响。第一次国共合作实现后,国共两党干部需求量激增,苏联政府在莫斯科成立的东方大学中国班及黄埔军官学校已不能满足实际需要。[①] 为支持中国国民革命运动与纪念孙中山先生,1925年苏联建立了莫斯科中山大学,在1925—1930年间,总共接收了859名国共两党留学生。

1950—1958年是中苏人文交流的高潮期,1950年两国签订的《中苏友好同盟互助条约》中规定:"双方保证以友好合作精神,并遵照平等、互利、互相尊重主权和领土完整及不干涉对方内政的原则,发展和巩固中苏两国之间的经济和文化联系。"在中苏友好的良好氛围下,"以俄为师"成为共识。毛泽东、刘少奇、周恩来等人特别强调向苏联学习的必要性,中国青年赴苏留学与苏联专家来华工作,形成中苏人文交流相向而行的良好态势,从1951年首次派出留学生到1966年后中俄教育交流中断,中国共向苏联派遣大学生6655人、研究生2142人、进修生740人、实习生1531人、团干部150人、部队干部800人,合计12018人。[②] 同时,苏联也向中国派出了大量技术专家,仅1954—1957年间来华苏联专家就有5000人。截至1956年底,在华苏联专家为3113人。1949—1960年间,苏联专家帮助培养了1.9万名中国讲师(1.7万名在中国,约1700名在苏联),约占中国大学教学人员的1/4。[③] 中苏人员交流进入历史最好时期[④],也带动了文学互译。仅以老舍为例,他曾在1954年、1957年、1959年三次出访苏联,与苏联诸多翻译家结下了深厚友谊。截至1986年,老舍12部长篇小说的近60%有了俄译本,老舍小说、剧作、散文及学术论文的精

---

① 贾晓明:《军校选送学生赴莫斯科中山大学留学》,《黄埔》,2013年第5期,第86—87页。

② 黄利群:《中国人留苏(俄)百年史》,中国文史出版社,2000年版,第163页。

③ [加]许美德等:《中外比较教育史》,朱维铮译,上海人民出版社,1990年版,第300页。

④ 沈志华:《对在华苏联专家问题的历史考察:基本状况及政策变化》,《当代中国史研究》,2002年第1期。

华大多被译成了俄文。①此外，苏联的音乐、歌曲甚至穿戴都成了中国时尚，《喀秋莎》在大江南北传唱、《这里的黎明静悄悄》成为民众耳熟能详的歌曲和影视作品、"布拉吉"是女孩们最喜欢的衣服、"达瓦里希"是中俄两国同志情谊的表达。

20世纪60年代，中苏关系陷入紧张，人文交流也陷入停滞，但中苏民间友好的感情却沉淀下来并成为中俄关系复苏的强大动力之一。1991年苏联解体，中俄关系进入新时期。自1992年以来，中俄关系大体经历了从"友好国家"到"建设性伙伴关系"，再到"战略协作伙伴关系"，继而"全面战略协作伙伴关系"，直到今天的"新时代全面战略协作伙伴关系"四个不同历史阶段，双方对人文交流的重视逐步加强，人文交流实践也日益活跃而深入，尤其是"中俄联合声明"中人文交流的内容逐渐扩展，从2004年人文交流正式进入中俄联合声明、2010年人文领域内容开始显著增加，自2017年起人文交流单独成为一大专项，中俄人文交流从最初五个领域逐渐拓展到了目前八个领域、数十个分议题；人文交流原属中俄交流合作中的普通领域，但自2005年开始两国政府成为中俄人文交流主体并提出合办"主题年"、2006年首次成为总理会晤机制中需要讨论的内容、2014年地方政府也成为中俄人文交流主体之一并提出机制化与长期化的新要求、2018年中俄地方政府的主体地位得到进一步强化、2019年人文交流被列为中俄全面战略协作伙伴的重点领域；2010年"中俄联合声明"的人文领域中首次出现具体统计数据，随后每年的联合声明中，具体提出的项目和统计数据越来越多，提出的目标每年也进行审核，如对"2020年前留学交流人员规模扩大到10万"的年度评估、中俄"主题年"绩效评估等。

300多年的中俄关系史表明，中俄只能友好，不能交恶；中俄合则两利，斗则两伤。如何在风云诡谲的国际环境中保障中俄两国的永久和平与长久合作，是一个重要的战略问题，唯有不断深化中俄人文伙伴关系发展，才能为中俄战略互信提供不竭动力。新时代中俄人文伙伴关系已成为大国人文交流与合作的典范，中俄人文交流与合作中所蕴藏的宝贵经验与共处法则，彰显中俄人文伙伴关系发展对于世界的重要意义。

---

① 李逸津：《1990年代以来俄罗斯的老舍研究》，《天津师范大学学报（社会科学版）》，2016年第1期，第20页。

第七章 "一带一路"与重释丝路学核心议题归因研究

二、中国与俄罗斯人文伙伴关系发展案例分析

## （一）中俄"主题年"活动

2001年7月，中俄签署《中俄睦邻友好合作条约》，两国外交部按照条约精神制定了《〈中俄睦邻友好合作条约〉实施纲要》，确定将举办"国家年"作为推进中俄人文交流的一个重要渠道，首次将"主题年"概念纳入中俄人文伙伴关系发展的实践，并在2004—2019年期间，中俄多次开展"主题年"活动。

历经15年的发展，中俄"主题年"活动逐渐走向体系化和机制化，最具代表性的是2006—2007年中俄"国家年"与2006年中国"俄罗斯年"，约400个俄罗斯代表团访华，其中120多个代表团为副部级以上级别，落实约207个项目，涵盖政治、经济、科技、文化、体育、教育、军事、地方等领域[1]，中方参加人数超过50万，观众达几亿人次。[2] 2007年俄罗斯"中国年"开展了近200项活动，丰富了中俄人文交流内涵。2006—2007年中俄"国家年"主要通过文化展示类活动、形象传播类活动、特色庆祝类活动、民间交往类活动等助力中俄人文交流，并以举办活动多、涉及领域广、活动特色鲜明而影响甚广，已积累了推动国家与民间双轨人文交流的成功经验，将人文交流的触角从官方延展到了民间，对新时代的中俄人文交流极具借鉴意义。

## （二）中俄"万里茶道"合作项目

17世纪后半期至1920年间兴盛的中俄"万里茶道"是古丝绸之路上重要的国际性亚欧商道。2013年习总书记访俄期间将"万里茶道"和中俄油气管道比作"世纪动脉"[3]，表明"万里茶道"对中俄关系的重要性。

---

[1] 《李辉："俄罗斯年"200多项活动涵盖方方面面》，新浪网，https：//news.sina.com.cn/w/2006-07-14/10399459324s.shtml。（访问时间：2022年3月3日）

[2] 《俄驻华大使预祝俄罗斯"中国年"取得圆满成功》，新浪网，https：//news.sina.com.cn/o/2006-10-25/113510322864s.shtml。（访问时间：2022年3月3日）

[3] 习近平：《顺应时代前进潮流 促进世界和平发展——在莫斯科国际关系学院的演讲》，《人民日报》，2013年3月23日，第2版要闻。

"万里茶道",是指从17世纪后半叶起至20世纪二三十年代间中蒙俄主导的茶叶贸易之路,中国茶叶转运至当时中俄边境的恰克图,再由俄商贩至中亚和俄罗斯的欧洲部分,最远到达圣彼得堡。其中,水路运输长达2900余里、陆路运输长达6600里,中蒙境内全程共计约9500里。如果将俄国境内5000千米的茶道一并计算,"万里茶道"的全长将达到9000千米以上。[①] 其中,1638年俄国使臣首次给沙皇带回中国茶叶,开启了俄国从中国进口茶叶的历史,饮茶习惯也在俄国逐渐普及,中国砖茶备受俄国民众喜爱,茶文化蔚然成风。1689年中俄《尼布楚条约》的签订,为双方边境贸易奠定了基础。《恰克图条约》又使中俄边境贸易蓬勃发展,使"万里茶道"从民间贸易通道变为政府支持、商人主导的贸易路线。"万里茶道"的经商主体是中国的晋商,最繁荣时有多达120家商行[②],助力中俄茶叶贸易往来。从1755—1848年间,中俄茶叶贸易量增长了二十几倍,极大满足了俄国人民对茶叶的需求。[③] 马克思在其《俄国的对华贸易》中写道:"这种一年一度的集市贸易,由12名代理商管理,其中6名俄国人,6名中国人;他们在恰克图会商并规定双方商品交换的比率,因为贸易完全是用以货易货的方式进行的……近年来,这种贸易似乎有很大增长。"[④] 俄罗斯"伟大的茶叶之路"研究会会长尼古拉·费利申认为,普通俄国民众饮茶习惯的养成,源自汉口开埠后,大量俄商在汉设茶厂,砖茶源源不断输入俄国所至。[⑤] 对中国而言,"万里茶道"的兴起也促进了一大批贸易城市的兴起,其中就包括汉口。对中俄来说,"万里茶道"具有丰富的历史意

---

① 程光、李绳庆:《晋商茶路》,山西经济出版社,2008年版,第1页。如果将"万里茶道"的起点定为中国福建武夷山,终点定为俄罗斯圣彼得堡,那么其全长将达到1.3万千米。蔡锦生、徐斌:《"万里茶道"申遗加快推进》,凤凰网,https://ishare.ifeng.com/c/s/7s5OZbSyFfc。(访问时间:2022年3月3日)

② 韩小雄:《晋商万里茶路探寻》,山西人民出版社,2012年版,第9页。

③ 张宁:《"万里茶道"茶源地的形成与发展》,中国社会科学网,2020年5月12日,http://www.cssn.cn/zx/bwyc/202005/t20200512_5127436.shtml。(访问时间:2022年3月3日)

④ 马克思:《俄国的对华贸易》,《马克思恩格斯全集》(第12卷),人民出版社,2014年版,第166—168页。

⑤ 蒋太旭:《中俄万里茶道的前世今生》,《武汉文史资料》,2015年第1期,第58页。

义与现实价值,不仅是两国共有的历史文化遗产、丝路文化记忆、旅游专题路线,还是两国促进经贸往来的有力支点,中俄两国因"万里茶道"而形成的人文精神与经商理念更得到了发扬光大,这些都成为中俄联合申遗"万里茶道"的重要动因。

  2012年中俄开始对"万里茶道"展开学术研究与申遗工作,如2012年赤壁"中国万里茶路文化遗产保护研讨会",标志着省际合作正式启动。[1] 2013年蒙古国加入"重走茶叶之路联盟",拉开了中蒙俄联合开发"万里茶道"的序幕。2013年9月在河南召开的"中国万里茶路文化遗产保护研讨会"上发布《赊店共识》,首次提出"以文化线路为理念""早日将万里茶路这一文化线路列入申报世界文化遗产预备名录"[2] 的倡议,2013年三国发布《"万里茶道"共同申遗倡议书》。此后,建成"万里茶道"论坛和市长峰会等机制,每年一办,中国主导,俄蒙协助,成为讨论申遗、经贸、旅游等问题的主要平台。借助"万里茶道"的凝聚作用,中蒙俄实现了一些地区合作和项目对接,并建立了许多长效沟通机制,如"中蒙俄三国五地旅游联席会议机制""中蒙俄三国旅游部长会议"等。在"万里茶道"项目申请的同时,又在旅游、商业、文化等多领域实现了突破,在2017年第五届中蒙俄"万里茶道"市长峰会上,确立"文化旅游业"是复兴"万里茶道"突破口的思路,在"万里茶道"旅游联盟内达成协议,以协助三国培养旅游领域专业人才。2019年3月,"万里茶道"申遗工作有了突破性进展,"万里茶道"列入中国世界文化遗产预备名录。在2019年"万里茶道"国际旅游联盟工作会议上,将"万里茶道"精品旅游线路开发、青少年交流互访、自驾旅游和旅游专列等产品开发、共同完成编制《"万里茶道"旅游经典案例》、推动建设"万里茶道"旅游网

---

[1] 刘菲:《联合申遗续茶缘 万里齐心共行卷——万里茶道大事记》,湖北日报网, http://news.cnhubei.com/content/2020-11/12/content_13444355.html。(访问时间:2022年3月3日)

[2] 《中国"万里茶路"文化遗产保护研讨会在南阳社旗召开》,印象河南网, http://www.yxhenan.com/info/ny/xwzx_13138_2086.html。(访问时间:2022年3月3日)

站列入重点工作。① 其中，青少年交流互访、自驾旅游和旅游专列开发等都属于和民众息息相关项目，旨在将"万里茶道"打造成深化中蒙俄三国人文伙伴关系发展的品牌项目。

### （三）中俄"红色旅游"合作项目

中俄两国都很重视"红色旅游"。对中国而言，红色旅游是传播中国共产党的革命理念、展现光辉历史、传播中国社会主义核心价值观的重要渠道之一。对俄罗斯而言，"红色旅游"是唤醒俄罗斯人民历史骄傲感、维护俄罗斯大国地位，以及通过红色遗产加强与前社会主义阵营国家关系的重要方式之一。因此，中俄两国在"红色旅游"上通力合作成为必然，使得"红色认同"成为中俄丝路人文关系发展的新动力。其中，中俄已积淀了深厚的"红色记忆"：中共大量高层领导人有访苏、留苏经历，在苏联留下了大量中国共产党早期奋斗遗产，如中共六大纪念馆等；中苏在很多政治思想、政治理念上拥有相似和一致性，马列主义思想成为两国政治文化的重要基础之一；中国当下很多人还保留着对苏联的美好记忆，"苏联老大哥"在中国社会至今流传。在中国也有大量纪念苏联在抗日战争中与中国并肩作战的历史遗迹。习总书记于2013年访俄期间说过："抗日战争时期，苏联飞行大队长库里申科来华同中国人民并肩作战，他动情地说：'我像体验我的祖国的灾难一样，体验着中国劳动人民正在遭受的灾难。'他英勇牺牲在中国大地上。中国人民没有忘记这位英雄，一对普通的中国母子已为他守陵半个多世纪。"② 2018年9月，俄罗斯驻华大使馆参赞基先科专程到重庆石州，为库里申科烈士敬献花圈，并听取了以谭忠慧、魏映祥为代表的万州人民守护陵园的故事。③ 在南京也设有南京抗日航空烈士纪念馆，2015年10月，俄罗斯联邦驻华大使馆公使衔参赞陶米

---

① 张玮：《中俄蒙加强文旅合作打造"万里茶道"旅游项目》，中国新闻网，http://www.chinanews.com/cj/2019/04-08/8802823.shtml。（访问时间：2022年3月3日）

② 习近平：《顺应时代前进潮流 促进世界和平发展——在莫斯科国际关系学院的演讲》，《人民日报》，2013年3月23日第2版要闻。

③ 《俄罗斯驻华大使馆参赞一行到库里申科烈士陵园祭奠》，上游新闻网，https://www.cqcb.com/county/wanzhou/wanzhounews/2018-09-29/1124947.html。（访问时间：2022年3月3日）

### 第七章 "一带一路"与重释丝路学核心议题归因研究

恒在南京将"伟大卫国战争胜利 70 周年"纪念奖章颁发给南京抗日航空烈士纪念馆。该银色圆形纪念奖章上刻有"70"字样，意指纪念世界反法西斯战争胜利 70 周年。在同时颁发的纪念证书上，用俄文写有"授予'1941—1945 伟大的卫国战争胜利 70 周年'纪念奖章"的字样，并有俄罗斯联邦总统普京的签名。[①] 同时，在中国境内也有吸引俄罗斯民众前来参观的红色旅游资源，例如内蒙古满洲里红色国际秘密交通线、黑龙江省绥芬河秘密交通线、辽宁沈阳苏联红军阵亡将士纪念碑等。此外，俄罗斯民众对改革开放后中国奋发图强、走向复兴的经历也有浓厚兴趣。因此，从 2015 年首届中俄红色旅游合作交流活动开始后，"红色旅游"的内涵不断扩大，除革命故居、将军县等"红色景点"外，小岗村等以改革开放为主题的一批新的"红色旅游"景点也涌现出来。

尽管中俄"红色旅游"合作起步较晚，但两国红色旅游产业基础扎实，为后续合作奠定了坚实基础。自 2015 年后，中俄"红色旅游"合作进入快车道，所签署的大量合作文件得以落实、具体项目数量逐年增加，以及加快了机制化建设的合作进程。而且，中俄"红色旅游"合作不再局限于旅游产业，还向文化研究、体育交流等多方面拓展。

总之，中俄"红色旅游"合作，旨在唤起中俄双方共有的"红色记忆"，包括执政理念上的政治认同、政党交往中的价值认同，以及民间交往中的美好历史记忆等，这些都为中俄人文伙伴关系发展提供了价值沟通基础与社会民意保障，其合作前景值得期待。

### 三、"一带一路"下深化中俄人文伙伴关系的重大意义

首先，中俄人文外交因积极履行战略使命并出色践行三大任务而极具典范意义。

价值沟通是中俄人文交流的基本任务。共同价值观的培养是中俄永久和平、中俄人民友谊长存的重要保障。中俄在政治文化、执政理念、民族

---

[①] 聂可：《俄罗斯联邦总统签发授予南京抗日航空烈士纪念馆纪念奖章》，人民网，http://dangshi.people.com.cn/n/2015/1015/c85037-27702789.html。（访问时间：2022 年 3 月 3 日）

性格等方面有大量可以互学互鉴、兼容并包的"共有认知",中国提出的"人类命运共同体""新型大国关系""一带一路",与俄罗斯提出的"欧亚主义""欧亚经济联盟""大欧亚伙伴关系""多元世界"等,有相通之处。增信释疑是中俄人文交流的重要任务。在总结中俄人文外交成功经验的基础上,应探索增进人与人、民众与民众、民族与民族间友好情谊的"喜闻乐见的形式",深化国家与国家间互信、合作的内涵,从内外双向构建国家形象以提高国家美誉度。中俄已建立了高度的政治互信、完备的高层交往和各领域合作机制,但还需进一步促进两国关系的长远发展,2019年6月签署的《中华人民共和国和俄罗斯联邦关于发展新时代全面战略协作伙伴关系的联合声明》中强调,中俄在"相互给予更加坚定有力的战略支持,支持对方走自身发展道路和维护本国核心利益,保障两国各自安全、主权和领土完整"上尚需加强互信合作。[1] 培育反恐共识是中国人文外交的迫切任务。推动中俄人文外交是从根本上解决中国周边"三股势力"问题的重要途径之一,中国人文外交在综合根治恐怖主义问题上可以"有所作为",包括中俄应加强对"共同安全、综合安全、合作安全和可持续安全的新安全观"的深入沟通与协作落实,两国政界、学界与媒体应继续深化交流合作以加强去极端化话语体系建设,以及创新反恐合作模式等。通过以上三方面的不断努力,进一步彰显中俄人文外交的典范意义。

其次,中俄首脑外交中人文外交的重要性日益显现且具创新与务实意义。

目前,人文外交已成为中俄首脑外交的重要组成部分。2019年4月27日,普京总统被清华大学授予名誉博士学位。2019年6月6日,习近平总书记在圣彼得堡出席接受圣彼得堡国立大学名誉博士学位仪式。清华大学和圣彼得堡国立大学分别向对方国家元首颁授名誉博士学位,既是中俄教育领域交流与合作的重要成果,也是中俄人文外交的创新之举,更是中俄关系高水平发展的重要体现。此外,"熊猫外交"也大显身手。大熊猫是中国的"国宝",有着增进与世界各国人民友谊与感情的"友好使者"的美誉。1957年,中国政府以北京市市长彭真的名义将大熊猫"平平"和

---

[1] 《中华人民共和国和俄罗斯联邦关于发展新时代全面战略协作伙伴关系的联合声明(全文)》,《人民日报》,2019年6月6日第2版要闻。

## 第七章 "一带一路"与重释丝路学核心议题归因研究

"碛碛"以"国礼"的形式赠送给苏联政府和人民,这是中俄之间的第一次"熊猫外交"。1959年,中国再次赠送苏联政府大熊猫。直到2019年,中俄终于再次通过"熊猫外交"增进了双方的友谊。2019年6月5日,来自中国的大熊猫"丁丁"和"如意"落户莫斯科动物园,成为俄罗斯全国人民瞩目的明星,中俄两国元首也共同出席了与大熊猫有关的活动。可以说,憨厚可爱的大熊猫已成为增进两国人民友谊的桥梁和纽带,"熊猫外交"使中俄人文外交产生了务实成效是不争的事实,意义深远。

最后,"万里茶道"申遗成为深化中俄丝路人文共同体建设的抓手且具引领意义。

"万里茶道"是一个以古代商业路线为基础、以"文化路线"为理念、以成功申遗为目标,通过开发旅游、历史、商业等资源实现地区合作的人文交流项目。相比其他中俄人文交流与合作的品牌项目,"万里茶道"负有通过跨境联合申遗来弘扬"丝路精神"以助力中俄共建"一带一路"战略互信的重大使命。因此,"万里茶道"项目被视为中俄人文交流与合作中的重点项目,中俄联手蒙古国共同推进联合申遗工作。相比较而言,"丝绸之路:长安—天山廊道路网"项目从1988年联合国提出"对话之路:丝绸之路整体性研究"开始,直到2014年才申遗成功,其间跨越了20多年。如果以2006年丝绸之路申报世界文化遗产国际协调会为确定丝路申遗项目机制为节点,仅确定"丝绸之路"概念、申遗方式等就花费了18年。"万里茶道"项目从2012年中国首先提出国内申遗保护以来,历经7年的不懈努力,在2019年列入中国世界文化遗产预备名单,表明"万里茶道"项目在国内的申遗准备就绪,跨境联合申遗工作成为"万里茶道"成功申遗的关键一步。目前,中蒙俄三国联合申遗协调机制已经开启并有序运作。在吸收"丝绸之路"申遗经验和教训的基础上,"万里茶道"在国际合作和国内准备方面体现出更高的成熟性和更强的行动力,不仅发掘了新时代中俄丝路伙伴关系发展的历史基础,还为"一带一路"共建国家落实"民心相通"举措提供了借鉴意义,更为中国人文外交助力构建人类命运共同体提供了动力与信心,中蒙俄跨境合作推进"万里茶道"联合申遗,在助力打造品牌性丝路人文项目中凸显中俄人文伙伴关系发展的引领意义。

## 第三节 "一带一路"与重释丝路学核心议题关联性探究

研究发现：中国与拉美地区始于海上丝绸之路贸易交往所形成的丝路历史关系，在"一带一路"国际交流与合作新平台上，正借助多层级的人文交流合作机制体系助力重塑中拉人文伙伴关系；中国与俄罗斯始于草原丝绸之路贸易交往所形成的丝路历史关系，在"一带一路"国际交流与合作新平台上，正借助"万里茶道"联合申遗助力重塑中俄人文伙伴关系。以上两大案例再次确证丝绸之路塑造了"中国与世界古今关系"的实践规律与科学结论，使得"一带一路"新实践与丝路学核心议题研究间的关联性凸显，这既是学术问题，也是现实问题。

### 一、美欧日印等丝路学术大国绞杀"一带一路"的实质

1877年李希霍芬在《中国》一书中首次命名"丝绸之路"概念，2015年弗兰科潘借《丝绸之路：一部全新的世界史》一书预判，"在丝绸之路复兴之际，中国和远邦近邻的关系及其世界角色必将对21世纪产生深远的影响"[1]，表明丝路学人上百年聚焦"中国与世界古今丝路关系"这一核心议题的学术传统，原因在于：第一，中国是丝绸之路凿通国，相继开凿了海上丝绸之路与陆上丝绸之路，使得丝路文明交往具有山水相连、人文相通的地缘优势，张骞、郑和与马可·波罗等"丝路人"的相向而行架起了东西方合作的纽带、和平的桥梁[2]；第二，中华文明是丝路文明的核心组成部分，丝绸之路在更深层次上提出的是一个"中国文明如何起源、从何而来"的大问题[3]，在以汉文化圈、西域文化圈、地中海文化圈为代

---

[1] [英]彼得·弗兰科潘：《丝绸之路：一部全新的世界史》，邵旭东、孙芳译，浙江大学出版社，2016年版，第447页。

[2] 习近平：《携手推进"一带一路"建设——在"一带一路"国际合作高峰论坛开幕式上的演讲》，《人民日报》，2017年5月15日第3版要闻。

[3] 沈福伟：《丝绸之路与丝路学研究》，《光明日报》，2009年12月30日，第12版。

## 第七章 "一带一路"与重释丝路学核心议题归因研究

表的丝路文明多元一体内,中华文明是其核心组成部分;第三,中国是古丝绸之路全球化的重要贡献者,陆上"使者相望于道,商旅不绝于途"的盛况,海上"舶交海中,不知其数"的繁华,表明资金、技术、人员等生产要素自由流动,商品、资源、成果等实现共享[①]的古丝路全球化在 2000 年前就已出现[②]。经丝绸之路远播,中国的造纸术、火药、印刷术、指南针、天文历法、哲学思想、民本理念等在世界上影响深远,有力推动了人类文明的发展进程[③],彰显了古丝绸之路全球化中的"中国贡献"。

在中外共研丝绸之路中,"中国与世界古今丝路关系"成为核心议题,且在美欧主导下形成丝路学核心议题研究范式,并凸显出三个鲜明特征:1. "西方中心论"的阐释框架。美欧学者将"西方中心论"渗透在丝路学核心议题叙事中,使"中国与世界关系"变异为"西方与中国关系",导致出现中国"被阐释"与"失语"的学术殖民现象,造成丝路学核心议题研究中存在学术与政治间的内在张力;2. 霸权政治的学术干涉。安东尼·葛兰西认为,西方"无非是创建了一个霸权工具,因为它创建了一个新的意识形态领域,导致了一种对意识和知识方法的改造"[④],丝路学起步于西方列强掠取的西域文献,烙有西方霸权政治的印记,形成了西方霸权政治干涉丝路学的历史惯性,使丝路学先沦为欧洲殖民侵略的工具,后成为美国霸权政治的工具,欧美学者攫取丝路学核心议题研究话语权则成其重要"战绩";3. 西方主导丝路学话语体系。马克思强调,"占统治地位的思想不过是占统治地位的物质关系在观念上的表现,不过是以思想形式表现出来的占统治地位的物质关系"[⑤]。基于西方经验与西方利益偏好所生成的概念、理论及方法,形成了西方化的丝路学话语体系,使丝路学核心议题研

---

[①] [英]彼得·弗兰科潘:《丝绸之路:一部全新的世界史》,邵旭东、孙芳译,浙江大学出版社,2016 年版,第 447 页。

[②] [英]彼得·弗兰科潘:《丝绸之路:一部全新的世界史》,邵旭东、孙芳译,浙江大学出版社,2016 年版,第 447 页。

[③] 习近平:《深化文明交流互鉴 共建亚洲命运共同体——在亚洲文明对话大会开幕式上的主旨演讲》,《人民日报》,2017 年 5 月 16 日第 2 版要闻。

[④] Antonio A Santucci., Antonio Gramsci, Le opere. La prima antologia di tutti gli scritti, Rome. Editori Riuniti, 1997.

[⑤] 中共中央马克思恩格斯列宁斯大林著作编译局编:《马克思恩格斯文集》(第 1 卷),人民出版社,2009 年版,第 550—551 页。

究偏离学术轨道,更使丝路学学科发展渐失全球性。其中,美国学者 F. 斯塔尔等人不仅提出了"大中亚"概念,还发布《阿富汗成功的关键:新丝绸之路战略》等报告,为美国出台"新丝绸之路"计划提供了学理支撑,表明美国丝路学研究日趋政治化的倾向。

自从中国倡建"一带一路"以来,引发美欧学界持续关注并形成分歧性认知现状:2017年6月,约瑟夫·奈撰文称"一带一路"展现了"中国宏大目标","中国并不是单纯为了做慈善。将中国庞大的外汇资产从低收益率的美国国债重新分配到高收益率的基础设施投资上是讲得通的,同时这还能给中国产品开发替代市场。在中国的钢铁和水泥厂产能过剩的情况下,中国的建筑公司将从这些新的投资中获利。而且,随着中国的制造业向交通不太方便的省份转移,改善与国际市场的基础设施联通也符合中国的发展需要"。这篇诋毁"一带一路"的檄文暴露出西方学术霸权主义的真实嘴脸,并对全球丝路学研究产生了消极影响,如英国《经济学人》杂志用封面文章描述中国"锐实力"、美国《外交事务》杂志刊登约瑟夫·奈的文章重点探讨如何用软实力来对抗中俄的"锐实力"、印度学者臆造"债权帝国主义"一词,勾勒中国借用主权债务强迫他国"臣服"的"帝国主义形象",构陷中国正在使"从阿根廷到纳米比亚再到老挝等多国陷入债务陷阱",迫使这些国家为避免债务违约,痛苦地选择让中国控制本国资源,并丧失本国主权""'一带一路'本质上是一个旨在实现神话般中国帝国主义的野心计划"等,均为西方政治霸权主义与学术霸权主义共同影响的产物。但是,英国的弗兰科潘、美国的芮乐伟·韩森等人一改"西方中心主义"阐释框架而重审丝路、还原真相,以科学严谨的治学态度致力于丝路学基础研究,借丝路视角发现了"一部全新的世界史",尤其是弗兰科潘在《丝绸之路:一部全新的世界史》中强调"中国是丝路开拓者与规则制订者","一带一路"是为造福天下而提出的一个"深度合作的黄金机遇",这些观念对欧美丝路学"西方中心主义"阐释框架产生了巨大的冲击,标志着在必须重估"中国与世界关系"的新时代,美欧丝路学阵营的分化已成必然。

近年来,由美欧日印等丝路学术大国主导的围剿"一带一路"舆论战,再次确证了丝路学研究大国实为此次舆论战的"急先锋"的事实,越懂丝绸之路之于中华文明成长的意义,就越怕"一带一路"之于中国和平崛起的意义，折射出美欧丝路学派把持丝路学百年的霸权地位岌岌可危的事实。其中，美欧学界对"一带一路"分歧性认知凸显了这场舆论战的复杂性，表明美欧主导的丝路学话语体系开始发生裂变的现实，折射出大国围绕"一带一路"话语博弈中学术话语权的日益重要，全球丝路学已然进入话语权博弈的新阶段，包容性话语体系建设已成为全球丝路学转型的首要任务，揭示出美欧日印等丝路学术大国联手绞杀"一带一路"的政治霸权主义与学术霸权主义的实质。

## 二、在丝路学核心议题阐释框架下研究"一带一路"的"中国机遇"

习总书记分别于 2013 年 9 月 7 日在哈萨克斯坦纳扎尔巴耶夫大学的演讲、2013 年 10 月 3 日在印度尼西亚国会上的演讲、2013 年 10 月 25 日在周边外交工作座谈会上的讲话，绘就了"一带一路"政治话语体系的大体轮廓，形成不断深化、逐步完善的开放型话语体系，其弘扬"丝路精神"共建"一带一路"以构建"人类命运共同体"的核心思想，向世界表明"一带一路"是重塑"中国与世界古今丝路关系"的伟大实践。亦即，"当今世界正处于大发展大变革大调整时期，要具备战略眼光，树立全球视野，既要有风险忧患意识，又要有历史机遇意识，努力在百年未有之大变局中把握航向。以共建'一带一路'为实践平台推动构建人类命运共同体，坚持对话协商、共建共享、合作共赢、交流互鉴，同沿线国家谋求合作的最大公约数，推动各国加强政治互信、经济互融、人文互通，一步一个脚印推进实施，一点一滴抓出成果，推动共建'一带一路'走深走实，造福沿线国家人民"。表明习近平总书记用中国话语表达中国自我情感、价值追求和对外立场、是构建新时代中国特色社会主义国际话语体系的重要内容[①]，为中国丝路学界重释丝路学核心议题注入了新动力，能否尽快确立中国学术的主体意识则是关键所在，具体表现在两个方面：

一方面，在"中国与世界的关系"认知中，中国与世界由主客体不对等关系正在衍化为两个平等互动的行为主体，这是破解西方话语体系垄断

---

① 余思新、蔡育楠、石本惠：《人类命运共同体意识与新时代中国特色社会主义国际话语体系的构建》，《党政研究》，2018 年第 2 期。

的前提。自 1840 年至今，中国人的世界观大体有四次实质性的拓展，每一次拓展伴随着下一轮进步须汲取的教训，与此同时，中国进步也助推了中国社会的自信。在 2013 年以前，中国与世界的互动尚未呈现真正的"全球性""对等性"，而"一带一路"的进展使中国的世界观从此前"向西方学习"逐渐开始"向世界分享中国经验"。在"一带一路"倡议之前，近两百年来中国对世界的态度，有一条可循的、螺旋上升的轨迹：由简单学习到全部照抄，再逐渐走向有效学习；由狭隘学习技术到全面复制体制，再逐渐走上中国道路；由极度自负坠入极度自卑，然后逐渐恢复自信。对外学习的有效进程与国力复苏的进程基本吻合，也随之积聚反向输出的力量与蕴能。从思想交流与知识互动的层面看，中国长期处于"逆差"与"赤字"阶段，中国向世界学习的多，输出的少；"请进来"的多，"走出去"的少，知识与思想的失衡现象非常明显。这种对发达国家的"世界观"偏好虽体现了中国人"见贤思齐"的民族性格，造成了长期"世界观"的巨大盲区。当中国成为第二大全球经济体，并呈现出全球最大经济体的预期时，这种失衡状态是不可能继续维系的。于是，历史选择了"一带一路"倡议，使中国第一次在对外政策与全球治理观念上实现了知识与思想的全球输出，开始逆转此前被动的状态。如何向世界全面开放，如何平等地与世界交往，既学习世界，也与世界分享经验，直到 2013 年"一带一路"倡议提出后，才算是正式破了题，中国社会也正式步入"全球公民"时代。这不只是意味着中国人逐渐完整化了自己内心的全球观，更重要的是，在心理上，中国人与整体世界（而不只是西方）正在全面融合，正在全球层面上（而不只是部分区域）被正视、被接纳与被认可。[1] 也正因为如此，在"中国与世界的关系"认知中，中国与世界由主客体不对等关系正在衍化为两个平等互动的行为主体，"一带一路"赋予中国学生与老师的双重身份并"提升了中国思想竞争力。在这个大好机遇下，中国学术界、智库界应更有信心与底气，完善中国特色的哲学社会科学体系，敢于在全球思想与知识竞争中脱颖而出"[2]，中国学界在开展丝路

---

[1] 王文：《"一带一路"重塑中国人的世界观》，《参考消息》，2017 年 06 月 20 日。

[2] 王文：《"一带一路"重塑中国人的世界观》，《参考消息》，2017 年 06 月 20 日。

## 第七章 "一带一路"与重释丝路学核心议题归因研究

学研究中深受西方霸权主义话语体系束缚,以碎片化守势之态坚守至今,但"一带一路"重塑了中国人的世界观,也正在消除中国学界在关于"中国与世界的关系"问题上的认知盲区,这是破解西方话语体系垄断丝路学研究的前提。

另一方面,"一带一路"这一"中国方案"引发国际知识市场供需新变化,中国特色大国外交理念更成为中国学者增强学术自信的内驱力。近年来,国际知识与思想市场的需求表明,"一带一路"造就了一个全球的思想市场,中国知识与思想实现了史上罕见的输出状态。"一带一路"让中国崛起造就了中国新知识,中国知识的国际普及化造就了中国学者的身价。因此,"一带一路"提升了中国学者的身价,中国学者崛起,代表中国思想和中国知识的崛起。[1] 第七十一届联合国大会首次将"一带一路"倡议写入决议,得到193个会员国的一致赞同。这体现了国际社会对"一带一路"倡议的普遍支持与接纳,也在一定程度上折射了世界对中国提供全球治理方案的热衷程度与学术偏好。[2] 可以说,"在全球知识与思想竞争激烈的今天,'一带一路'提升了中国思想竞争力。在这个大好机遇下,中国学术界、智库界应更有信心与底气,完善中国特色的哲学社会科学体系,敢于在全球思想与知识竞争中脱颖而出"。[3]

需要强调的是,"一带一路"确系重塑"中国与世界古今丝路关系"的伟大新实践,在向国际社会阐释"一带一路"核心思想中,中国政府不仅重视"丝路精神"等一系列旧丝绸之路公共产品的现实意义,还重视"人类命运共同体"等一系列新丝绸之路公共产品的国际传播,十九大报告廓清了新时代"中国与世界关系"的内涵与特征,提出了"三个超越"的文明交往观、互利共赢的新型国际关系理念、共商共建共享的全球治理观,以及推进构建以"人类命运共同体"为目标的中国特色大国外交思想等,在2021年11月第三次"一带一路"建设座谈会上更强调要深入阐释共建"一带一路"的理念、原则、方式等,加快讲好"一带一路"故事的能力建设。可以说,"一带一路"已由合作倡议→联合国决议→国际公共

---

[1] 王文:《"一带一路"提升了中国学者的身价》,环球网,2017年6月6日。
[2] 王文:《"一带一路"需要全面系统研究》,《人民日报》,2017年1月23日。
[3] 王文:《"一带一路"重塑中国人的世界观》,《参考消息》,2017年6月20日。

产品→国际合作平台→国际传播话语，凸显"中国在'一带一路'上的善意、真诚与奉献，将使西方教科书中的国际关系理论中'大国兴衰'相关章节的逻辑重写"[①]，表明"过去我们对世界的了解和世界对中国的认知，存在着巨大的认识失衡或者说差距，也表明实际上连中国人自己都低估了我们正在为世界做出这样巨大的贡献。换句话说，我们都应该重新认识中国的崛起，重新认识中国对于世界的贡献，重新发现中国自己的优势。"亦即，"一带一路"是近年来中国大范围引领世界学术风尚、设置全球议程的话语概念。基于实践经验而设立"一带一路学"，不仅可以重新总结中国与世界交往的历史经验，也能重新阐释中国与世界互动的发展现状，更能重新评估中国影响世界的未来前景，极大促进"一带一路"倡议在全球的推进步伐。应鼓励更多海内外学者为"一带一路"研究的理论化、学术化做出贡献，假以时日，"一带一路"倡议肯定会在完善决策支撑体系、改进舆论引导方式、提升制度性国际话语权等多个方面体现出更强大的推动力[②]，这一切都将不断增强中国学者在重释"中国与世界古今丝路关系"中的学术自信。

总之，中国丝路学振兴，既要聚焦"中国与世界古今丝路关系"这一核心议题展开深入研究，也要立足重塑"中国与世界古今丝路关系"的"一带一路"新实践展开全新阐释，在破解由欧洲的"西方中心论"与美国的"地缘政治博弈论"所致的西方话语体系垄断的实践中，逐渐形成丝路学包容性话语体系，使得在丝路学核心议题阐释框架下研究"一带一路"的"中国机遇"务实走深，以推进中国丝路学振兴的系统工程建设。

## 三、重释丝路学核心议题来构建"一带一路"学术话语的意义

随着第三世界国家群体性崛起与中国日益走近世界舞台中央，西方话语阐释力日渐乏力，在阐释"中国与世界关系"上尤为捉襟见肘。中国提出"一带一路"倡议，就是要在多元文化的背景下找到民族文化的自我，

---

① 王文：《在42国宣讲"一带一路"后的"三个没想到"》，环球网，2017年4月30日。

② 王文：《"一带一路"需要全面系统研究》，《人民日报》，2017年1月23日。

## 第七章 "一带一路"与重释丝路学核心议题归因研究

知道新语境里中华文化存在的意义,了解中华文化可能为世界的未来发展做出哪些贡献①。学术自信是文化自信的要义,解构丝路学议题研究范式,是增强中国学术自信的突破口。习总书记对"中国与世界关系"的新阐释,对丝路学核心议题研究具有突破性价值,也对丝路学霸权话语体系具有解构意义,更为重释丝路学核心议题来构建"一带一路"学术话语提供了典型案例,引领意义深远,并集中体现在三个方面:

第一,习总书记从三个维度思考"中国与世界古今丝路关系"。

习总书记强调"了解历史、尊重历史才能更好把握当下"并"更好走向未来"②,从历史、现实、未来三个维度思考"中国与世界关系",深化丝路学核心议题研究:在历史维度上,习近平总书记界定了"中国与世界历史关系"内涵,指出中华民族的先辈开辟了"联通亚欧非的"陆上丝绸之路与"连接东西方的"海上丝绸之路,打开了各国友好交往的新窗口,书写了人类发展进步的新篇章③。中外"丝路天然伙伴"坚信,只要相向而行,就能走出一条相遇相知、共同发展之路④。由中外文明求同存异发展的"开放包容"、通商易货与知识交流带来观念创新的"互学互鉴",以及资金、技术、人员流动与商品、资源、成果共享的"互利共赢"⑤,共同构成了"丝路精神",成为塑造"中国与世界历史关系"的行为准则。在现实维度上,习近平总书记重释了"中国与世界现实关系",直面"世界怎么了、我们怎么办"这一时代之问,提出中国的答案是"构建人类命运共同体",是深化"中国与世界现实关系"的新动力。习近平总书记指出,中国人始终认为,世界好,中国才能好;中国好,世界才更好,通过提倡创新、协调、绿色、开放、共享的发展观,践行共同、综合、合作、可持

---

① 乐黛云:《文化自觉与中国文化的可能贡献》,《新华月报》,2011 年第 16 期,第 58—58 页。

② 习近平:《携手共创丝绸之路新辉煌——在乌兹别克斯坦最高会议立法院的演讲》,《人民日报》,2016 年 6 月 23 日第 2 版要闻。

③ 习近平:《携手推进"一带一路"建设——在"一带一路"国际合作高峰论坛开幕式上的演讲》,《人民日报》,2017 年 5 月 15 日第 3 版要闻。

④ 习近平:《携手共创丝绸之路新辉煌——在乌兹别克斯坦最高会议立法院的演讲》,《人民日报》,2016 年 6 月 23 日第 2 版要闻。

⑤ 习近平:《携手共创丝绸之路新辉煌——在乌兹别克斯坦最高会议立法院的演讲》,《人民日报》,2016 年 6 月 23 日第 2 版要闻。

## 丝路学研究：形成、发展及其转型

续的安全观，秉持开放、融通、互利、共赢的合作观，树立平等、互鉴、对话、包容的文明观，坚持共商共建共享的全球治理观[①]，以构建新型"中国与世界现实关系"，主张从伙伴关系、安全格局、经济发展、文明交流、生态建设等方面构建"人类命运共同体"[②]，并付诸共建"一带一路"新实践。在未来维度上，习总书记做出"我国处于近代以来最好的发展时期，世界处于百年未有之大变局"[③]的时势判断，强调在我国同世界的关系中看问题，弄清楚在世界格局演变中我国的地位和作用，科学制定我国对外方针政策[④]。为此，《新时代的中国与世界》白皮书宣示重估"中国与世界关系"的"中国立场"及对外政策：重申中美关系是"世界上最重要的双边关系之一"、中俄是"全面战略协作伙伴关系"、中欧是"全面战略伙伴关系"的大国外交方针；践行"亲诚惠容"的外交理念和与邻为善、以邻为伴的外交方针，以中巴"全天候战略合作伙伴关系"为引领构建"周边命运共同体"；秉持"真实亲诚"的外交理念和"正确义利观"，通过构建中非、中阿、中拉等"命运共同体"，加强与发展中国家的伙伴关系。[⑤]

第二，习总书记从百年未有之大变局下重审"中国与世界关系"。

事实上，"中国在国际上扮演什么角色、发挥什么作用、履行什么作用备受国际社会关注。习近平外交思想就是对这些问题的回答，其理论创新也主要集中在这些问题上，从坚持统筹国内国际两个大局到坚持以维护世界和平、促进共同发展为宗旨推动构建人类命运共同体，从倡导构建新型国际关系到打造全球伙伴关系，从坚持以共商共建共享为原则推动'一带一路'建设到坚持以公平正义为理念引领全球治理体系改革，从服务民

---

[①] 习近平：《弘扬"上海精神"构建命运共同体——在上海合作组织成员国元首理事会第十八次会议上的讲话》，《人民日报》，2018年6月11日，第3版要闻。

[②] 习近平：《共同构建人类命运共同体——在联合国日内瓦总部的演讲》，（2017年1月18日，日内瓦）《人民日报》，2017年1月20日，第2版要闻。

[③] 习近平：《坚持以新时代中国特色社会主义外交思想为指导 努力开创中国特色大国外交新局面》，《人民日报》，2018年6月24日，第1版。

[④] 习近平：《共同构建人类命运共同体——在联合国日内瓦总部的演讲》，（2017年1月18日，日内瓦）《人民日报》，2017年1月20日，第2版要闻。

[⑤] 中华人民共和国国务院新闻办公室：《新时代的中国与世界（2019年9月）》，《人民日报》，2019年9月28日，第11版。

## 第七章 "一带一路"与重释丝路学核心议题归因研究

族复兴到促进人类进步,从向世界承诺坚持走和平发展道路到呼吁其他国家也走和平发展道路等,这一系列思想都是着眼于把中国的发展与世界的共同发展结合起来,把中国人民的根本利益与人类社会的长远利益统一起来,把实现中国梦与实现世界梦联系起来,努力在中国与世界的良性互动中实现自身发展,推动形成一种新型的中国与世界关系"[①]。其中,弘扬"丝路精神"共建"一带一路"以构建"人类命运共同体",是习近平总书记对"中国与世界关系"的创新性阐释,并对丝路学霸权话语体系产生了深刻的解构意义。

第三,习总书记从三个概念切入引领构建丝路学包容性话语体系。

习总书记借"丝路精神""一带一路""人类命运共同体"等引领型概念,阐释以"一带一路"国际合作平台来构建"中国与世界关系"的新立场、新途径、新目标,"超越西方国际关系中的大国兴衰循环论和大国对抗宿命论,强调在中国与世界的互联互通和良性互动中去分析问题和解决问题"[②],并在大国外交、周边外交、发展中国家外交及党际外交中,深化"中国与世界关系"的良性互动,形成从被动应对到主动经营的中国外交成长话语体系,有助于解构丝路学霸权话语体系。丝路学史表明,欧洲学派在"西方中心论"阐释框架下论述"地中海文明是人类文明的中心"、美国学派在"地缘政治博弈论"阐释框架下论述"亚欧大陆这一心脏地带的美国战略利益"、中国学派在碎片化坚守中沦为美欧学派的"被叙者"。在美欧学派主导的丝路学霸权话语体系中,"中国与世界关系"议题研究备受西方霸权主义干扰,丝路学霸权话语体系的成因,实为"中国与世界关系"的霸权性阐释所致。但是,中国的"一带一路"话语体系,不仅阐释了中国倡建"一带一路"的历史逻辑与现实必然,还阐释了共建"一带一路"的方案和路径、目标和愿景、机遇和挑战、原则和诉求等,使"一带一路"国际合作平台成为中国主动经营"中国与世界关系"的外交成长平台,在共商共建共享中推动"中国与世界关系"的良性互动,以构建"人类命运共同体"。因此,习总书记重释"中国与世界关系",为纠偏丝

---

① 栾建章:《深入理解习近平外交思想的五个维度》,《光明日报》,2018年8月15日第6版。

② 习近平:《共同构建人类命运共同体——在联合国日内瓦总部的演讲》(2017年1月18日,日内瓦),《人民日报》,2017年1月20日,第2版要闻。

路学核心议题研究、解构丝路学霸权话语体系、助力西化丝路学向全球丝路学蜕变具有深远影响。

总之,"一带一路"与重释丝路学核心议题归因研究,旨在揭示"一带一路"带来丝路学核心议题重释机遇、丝路学话语体系重构中的"中国贡献",以及中外共研丝绸之路带动中外共研"一带一路"的可能性。

# 第八章

## 西方操弄西域议题抹黑"一带一路"学术溯源

本章尝试从丝路学西域议题研究视角,分析全球安全治理视阈与中美战略博弈视阈下西域议题的不同内涵、成因、表现及其影响,在此背景下剖析美欧日印等丝路学术大国联手绞杀"一带一路"学术现象背后的西方霸权政治本质,并通过溯源丝路学西域议题学术惯例中的两种研究范式,力求探明中外学界排除政治干扰、开展学术对话的切实路径。

### 第一节 全球安全治理视阈中的西域议题研究

#### 一、"中东因素"在涉疆暴恐事件中的主要表现

"萨拉菲"源于阿拉伯文 al—Salafi yyah 一词,意为"纯洁的先辈",劝诫穆斯林回到伊斯兰原典,严守穆圣时代、再传弟子时代及三传弟子时代的伊斯兰教。但因其极度强调教义纯洁性和文本经典的字面意义,故具有延展性、歧义性及超强认同建构能力等,且派生出传统的、政治的、"圣战"的三类萨拉菲主义("圣战"萨拉菲主义又分出暴力与非暴力两派),受暴力"圣战"萨拉菲主义影响的极端、恐怖团伙表现最为活跃,如"基地"、部分阿拉伯国家的"伊斯兰教法支持者"组织、叙利亚反对派中被美列为恐怖组织的"救国阵线"、也门的"阿拉伯半岛基地组织"、北非的"伊斯兰马格里布基地组织"、哈萨克斯坦的"哈里发斗士"等,经由中亚国家、阿富汗和巴基斯坦等向中国扩散,如"东伊运",竭力将其在新疆的分裂、恐怖活动纳入全球"圣战"之中。[1]

"希吉拉"是阿拉伯语"迁徙"之意的音译,因公元 622 年先知穆罕

---

[1] 潘光:《国内多位中东问题专家就中东地区局势接受采访》,载《新民晚报》,2012 年 12 月 31 日。

丝路学研究：形成、发展及其转型

默德从麦加迁往麦地那后建立了伊斯兰政权，使得"迁徙"成为伊斯兰历元年，并形成穆斯林的"迁徙情结"，更因"吉哈德"常被译作"圣战"而使"迁徙"也成为"圣战"的重要组成部分。在当代伊斯兰复兴运动中，出现了三次"迁徙"浪潮（埃及穆兄会成立的"赎罪与迁徙组织"由埃及向也门、沙特和伊拉克等"迁徙"开展"圣战"；始于阿富汗抗苏"圣战"，兴于"9·11"并引发"基地"网络化，且以阿富汗、伊拉克为主战场的第二次迁徙浪潮；中东剧变尤其是埃及穆兄会遭挫后，引发全球伊斯兰势力更趋激进、极端与恐怖化，叙利亚、伊拉克等成为第三次"迁徙"浪潮的主战场），受此影响且活跃在西部地区的恐怖组织包括"乌伊运""伊扎布特""哈里发斗士"及"东伊运"等，不仅制造了西部地区"圣战者"，还力图开辟"西部地区圣战场"。

总部设在阿富汗的"东伊运"，建立了多处训练基地，挑选、招募从新疆外逃的分裂分子、刑事犯罪分子和暴力恐怖分子，秘密接受军事训练，策划、指挥在新疆制造多起暴力恐怖事件。"东突"资金来源主要包括：一是"基地"、塔利班等的资助约占80%以上；二是"东突"组织几乎都参与了西亚和境内的毒品交易，贩毒所得成为第二大收入；三是在海外开办企业；四是黄金交易；五是直接的暴力抢劫；六是直接或间接地参与内地黑社会性质集团取得的收入；七是利用其他关系接受捐助。"基地"等对"东突"势力的资助形式主要有直接经费资助、武器等物资补给和人员训练等。[①] 曾先后有来自10个"东突"恐怖组织的1000多名骨干分子在"基地"组织设在阿富汗坎大哈、马扎里沙里夫、霍斯特、呼苏提等地的恐怖主义训练营中接受过诸如爆炸、暗杀、投毒等恐怖活动训练，在西部地区发生的一系列爆炸暗杀恐怖事件，大多与这些组织有着千丝万缕联系。

19世纪末，在西亚和俄国先后产生了"泛伊斯兰主义"和"泛突厥主义"两种思潮，后被土耳其奥斯曼帝国接手并篡改为具有强烈宗教狂热和民族沙文主义的思潮，背离了原有的反殖民统治、谋求民族国家发展的初衷，土耳其也成为"双泛"大本营。在一战前后，"双泛"思潮入华后

---

① 田毅：《"东突"恐怖组织资金来源独家调查》，《21世纪经济报道》，2003年2月22日。

## 第八章　西方操弄西域议题抹黑"一带一路"学术溯源

成为西部地区分裂主义的思想源头，形成了以麦斯武德等为首的一小撮分裂势力，1933年11月沙比提大毛拉等在喀什建立了所谓"东突厥斯坦伊斯兰国"，但不到三个月就瓦解了。1944年11月，艾力汗·吐烈（原苏联乌兹别克人）成立了"东突厥斯坦共和国"，1945年1月5日宣布"东突厥斯坦共和国"脱离中国而独立。新中国成立后，"东突"势力在国际反华势力的支持下伺机从事分裂破坏活动。20世纪90年代，在中亚"三股势力"的影响下，境内外"东突"组织相互勾结、"以武促独"，制造了一系列暴恐事件。其中，土耳其成了"东突"培养"精神领袖"和骨干分子的大本营。土耳其同情和支持"东突"组织的社会势力主要包括三类：一是某些政治宗教势力，其中有貌似温和的教派组织甚至直接帮助"东突"恐怖分子成立组织；二是作为支持和参与"东突"反华分裂活动的传统社会力量"泛突厥主义"势力，如"民族主义行动党""大团结党"及"理想主义之家"等组织的激进分子，他们对凡操突厥语的民族国家或地区发生的事件都表现出极大关注，曾有不少成员参与车臣和科索沃战争；三是某些民间组织，如近年来十分活跃的"人权、自由与人道援助基金会"等等。[1]

20世纪90年代的苏东剧变，使亚非欧卷起了民族分离主义浪潮，产生了车臣问题、库尔德问题等。分布在土耳其、伊朗、伊拉克和叙利亚的库尔德人要求建立独立国家的主张以及行为给有关国家带来的政治和安全问题，被称为"库尔德问题"。而且，无论是库尔德人的自治还是独立，都要以是否符合美国利益为前提。一旦中东局势发生改变，美国人对库尔德人问题的态度就可能会发生逆转。[2] 中东剧变尤其是美欧联合打击"伊斯兰国"的反恐同盟的建立，使得库尔德人的民族分离意识再次被刺醒且军事抵抗能力日益增强，中东库尔德人分离主义倾向再次抬头，对"东突"势力产生了直接影响。

以上诸多"中东因素"不同程度地影响了"东突"势力的发展，反映

---

[1] 《"东突"势力祸乱新疆 西方和日本充当幕后黑手》，《环球时报》，http://www.guancha.cn/HuanQiuShiBao/2013_07_04_155687.shtml.（访问时间：2022年3月4日）

[2] 于福坚：《库尔德人问题：一场"新伊拉克战争"？》，《中国民族报》，2010年9月10日。

出涉疆暴恐事件与中东恐怖主义之间存在源流关系的这一实质。

## 二、涉疆暴恐事件中"中东因素"凸显的主要原因

第一,"9·11"事件后阿拉伯—伊斯兰国家的政治动荡引发中东伊斯兰极端主义泛起,使得"东突"势力与中东伊斯兰极端组织产生了实质性联系。

事实上,中东伊斯兰极端主义泛起的原因,"不是伊斯兰教的问题",而是"阿拉伯国家的政治腐败"问题。因为,"政治停滞是阿拉伯世界产生狂热和圣战的根本原因",且"随着阿拉伯世界西化的世俗独裁者在政治、经济和社会方面陷入失败,原教旨主义者告诉大家:'伊斯兰教才是解决之道。'"故"伊斯兰教成为政治的语言。"① "9·11"事件后阿拉伯—伊斯兰国家持续的政治动荡,使得中东伊斯兰极端势力的政治诉求日益膨胀,从本·拉登时代的"基地"组织的"3+1"抵抗模式(用"圣战"这1种方式抵抗美国、以色列及亲美阿拉伯政府等3个敌人)到穆兄会的欲将埃及伊斯兰化直至"伊斯兰国"宣布建立跨境伊斯兰国等,表明其探求"伊斯兰之道"来解决"阿拉伯国家的政治腐败"问题的共同目标,使得伊斯兰极端主义政治化倾向日益增强。

"东突"势力采用"以武求独"的伎俩与中东伊斯兰极端主义政治化发展倾向不谋而合,且与中东伊斯兰极端组织产生了实质性联系:1. 支持埃及穆兄会所孵化的"伊吉拉特"和"伊扎布特"等恐怖组织在西部地区建立分支机构、传播暴力的"圣战"萨拉菲主义并策划暴恐事件,"东突"势力借此建立了与中东伊斯兰势力的组织联系。2. "东突"不仅向叙利亚派出了"圣战"小组参战,还曾在车臣、阿富汗等"练兵"以扩大自己影响,叙利亚成为全球圣战者集结的主要战场,"东突"势力借此巩固了与中东动荡国家间的宗教联系。3. 在 2011 年 10 月、2012 年 2 月及 2013 年 5 月,中、俄三次否决了联大有关叙利亚危机的决议草案,但中国的立场令西方哗然,从教派分歧来解读中国立场、离间中阿关系成为西方媒体炒作

---

① 《法里德·扎卡里亚:13 年后,他们为什么仍然憎恨我们?》,观察者网,2014 年 9 月 7 日, https://www.guancha.cn/FaLiDe% C2% B7ZhaKaLiYa/2014_09_07_264690.shtml.(访问时间:2022 年 3 月 4 日)

第八章　西方操弄西域议题抹黑"一带一路"学术溯源

的"题中之义"。这种对中国涉叙立场的"教派化的偏激性"解读,既误导了国际舆论,又影响了中国穆斯林正确解读中国中东政策,更为"东突"分子赴叙参加"圣战"制造了"借口",使其借此构建了与中东热点问题的现实联系。

第二,"中东变局"后中东伊斯兰极端主义向全球蔓延,"东突"分子借参与中东"圣战"而投身"圣战运动",妄图在西部地区建立"伊斯兰酋长国"。

叙利亚危机后,中东伊斯兰极端主义向全球蔓延已成为不争的事实,主要表现为:一是伊斯兰教义被歪曲,使得民间伊斯兰复兴运动被引向极端主义泥潭。因伊斯兰文明阐释主体的多元且复杂化,使得伊斯兰核心概念易被误读而歪曲了教义,尤其是"乌玛"概念内涵边界的模糊化、"吉哈德"概念的暴力化后,形成借暴力"圣战"捷径"进天园"、建"伊斯兰国"并回到"先知的乌玛时代"的极端主义思想,对中国穆斯林也产生了较大影响。二是伊斯兰"圣战"思想被误读,使得伊斯兰复兴思潮被导入极端化与政治化的歧途。事实上,哈桑·班纳的"建立伊斯兰国家"的主张、赛义德·库特布的伊斯兰极端主义思想以及赛义德·毛杜迪的"圣战"观等均对全球伊斯兰复兴思潮产生了深远影响,尤其是霍梅尼的"伊斯兰革命"理论及其治国理念、本·拉登的"3+1"抵抗模式等已成为从政府与非政府两个层面凸显伊斯兰政治化与极端化相结合的影响产物,被包括中亚等地"三股势力"在内的世界各地伊斯兰极端势力所效仿,作为"三股势力"代表的"东突"势力便打着民族、宗教幌子,煽动民族仇视、鼓吹暴力"圣战",妄图将新疆地区分裂出去以建立所谓的"东突厥斯坦伊斯兰国"甚至"伊斯兰酋长国"。三是中东伊斯兰极端组织发展呈现分支机构扩散全球的新态势,使得伊斯兰复兴从民间、精英层面的行为、思想影响进入组织化机制建设新阶段,如"基地"组织发展出现"主体结构萎缩、分支机构活跃"的新态势,使其组织运作更具独立性与有效性,吸引了其他极端组织借此纳入全球"圣战运动",如活跃在中国、南亚的"乌伊运""伊扎布特""哈里发斗士""东伊运"及其改头换面的"突厥斯坦伊斯兰党"(TIP)等。因此,在全球化时代,"伊斯兰世界也出现了泛伊斯兰的团结意识和国际合作等现象,有的蜕变为伊斯兰极端主义",

且"伊斯兰极端主义的发展,与当今盛行的伊斯兰复兴思潮和运动有关"①。"宗教极端主义者在布道宣教名义的掩盖、庇护下,利用宗教从事暴力恐怖、分裂国家等极端主义活动,就不是什么宗教问题而是政治问题了。"②

第三,美国等西方大国在反恐问题上所持的双重标准与巴以问题上的"袒以压巴"立场,使得"基地"、"伊斯兰国"等迅速坐大并将伊斯兰极端主义浪潮引向全球。

伊斯兰教异化为伊斯兰极端主义的原因极为复杂,内因主要包括:一是极端化在世界几大宗教均存在,但因伊斯兰教的"两世吉庆"而使其成为更具明显政治特点的宗教,"它的政治化、异化、蜕变为宗教极端主义尤为明显"③;二是自伊斯兰教建立以来,伊斯兰世界就存在着因解经分歧而引发的话语权的激烈争夺,并出现刺杀哈里发或伊玛目的极端行为,以"圣战"为名的极端主义组织以及在日常生活中排斥异己、封闭保守的极端主义思想等;三是在解决"伊斯兰公共事业"的"巴勒斯坦问题"上,哈马斯为首的暴力"圣战"者成为抵抗伊斯兰共同敌人——以色列的"急先锋",使得伊斯兰极端主义行为具有某种"合法性"与"道义性",在一定意义上默许甚至助长了全球伊斯兰极端主义势力的发展。外因主要包括:1. 美欧等西方大国既与阿拉伯—伊斯兰世界有着历史上的创伤记忆,又有着现实中的矛盾冲突,使得中东伊斯兰国家视西方大国为"撒旦"和"异教徒",故"圣战"概念易被泛化和滥用,并最终沦为圣战主义,致使伊斯兰滑向极端主义。2. "基地"、"伊斯兰国"等伊斯兰极端主义势力,均因美国等在反恐问题上所持双重标准而使其成为"先养后弃"的仇美主义的骨干力量,结果造成美国"搬起石头砸自己的脚"的尴尬境地,尤其是"基地"及其分支机构等在全球迅速壮大,美欧已成为伊斯兰极端主义

---

① 杨子岩:《伊斯兰极端主义是怎么"发达"的》,《人民日报(海外版)》,2014年6月21日。

② 金宜久:《伊斯兰与国际政治》,中国社会科学出版社,2013年版,第223、197页。

③ 金宜久:《伊斯兰与国际政治》,中国社会科学出版社,2013年版,第260页。

## 第八章 西方操弄西域议题抹黑"一带一路"学术溯源

势力坐大的外部推手①。3. 美国历届政府以军事侵略、经济制裁、政权更迭等方式粗暴干涉阿拉伯—伊斯兰地区与国家事务,造成仇美情绪在全球蔓延与叙利亚、伊拉克等国境内反政府力量迅速壮大,其中像"伊斯兰国"等伊斯兰极端组织借此招兵买马、迅速发迹,成为伊斯兰教异化为伊斯兰极端主义的助推器。4. 由美国大兵的虐囚、亵渎《古兰经》到丹麦、法国、德国发生的诋毁伊斯兰先知的漫画事件等,使得仇美情绪演化为仇美主义,西方打着言论自由的幌子而肆意亵渎伊斯兰教,又成为刺激穆斯林仇视西方、鼓舞美欧本土"圣战者"投奔"伊斯兰国"的导火索,"反恐战争正在变成一场永久战争。"②

尤须强调的是,"东突"在境外各种反华、遏华势力助推下与伊斯兰极端主义相结合,使得"疆独"问题已成为美国等西方大国遏制中国的战略工具。自"9·11"以来,美军进驻中亚后,中亚地区变成了美对我国实施"西化""分化"战略的前沿地区,且美国在涉疆问题上的政策立场充满矛盾:一方面,就实施全球反恐战略以维护自身安全利益所需,美国需要与中国密切合作,应对国际恐怖主义在中亚和新疆地区的恐怖活动。另一方面,美国又打着反恐旗号以实现其控制中亚的战略目标,并防范和遏制中俄在中亚的影响力。因此,"美国既需要借助新疆的战略位置配合美国在阿富汗和中亚地区的反恐活动,又不愿意全力支持中国打击'东突'恐怖组织的恐怖主义和分裂主义活动,不愿意放弃利用所谓新疆的民族和人权问题干涉中国内政的企图。"③ 因此,美国与"东突"组织形成暧昧关系,使得"世维会"得以公开为"东伊运"所策动的涉疆暴恐事件作辩护,形成"一文一武、两线策应"的舆论战与恐怖战,对中国软硬实力产生了极大冲击。

---

① [美]本·雷诺滋:《造就"伊斯兰国"的不是伊朗,而是我们》,日本外交学者网站,2014年8月31日。

② 《外媒:越反越恐 美国陷入中东反恐"死循环"?》,参考消息网,2014年9月13日,http://world.cankaoxiaoxi.com/2014/0913/494882.shtml。(访问时间:2022年3月4日)

③ 顾国良等:《美国对华政策中的涉疆问题》,社会科学文献出版社,2012年版,第74页。

## 三、全球安全治理中"中国路径"的应对

全球治理面临传统与非传统安全的严峻挑战，既包括百年不遇的新冠肺炎疫情的全球肆虐，也包括全球反恐与去极端化的严重威胁，中国也不例外，且因"中国体系""中国方式"及"中国机遇"而形成了具有中国特色的国际反恐合作新路径，主要体现为：

首先，中国在形成"多层级国际反恐合作体系"基础上加强安全合作机制建设，力求在全球安全治理中发挥更大作用。

目前，中国已逐步形成了"多层级国际反恐合作体系"：1. 参与联合国平台上的国际反恐：通过执行安理会反恐决议、斡旋国际热点问题、参与国际维和行动等发挥常任理事国在全球安全治理中的作用；2. 参与上合、东盟、海合会等地区与次区域国际组织平台上的国际反恐：通过联合军演、情报共享、边境管控等发挥地区大国在安全合作领域中的作用；3. 开展与巴基斯坦、阿富汗、哈萨克斯坦、马来西亚等重要邻国间双边平台的国际反恐，从引渡嫌犯、跨境追逃、金融监控等共同维护与周边邻国间的安全环境；4. 在借鉴中俄成功开展反恐合作经验的基础上，探索深化与地区大国关系中进一步开展中土、中沙、中埃等反恐合作新路径；5. 通过倡导共同安全、综合安全、合作安全和可持续安全的"合作型的安全观"、成立国安委，以及采取严打与综合治理相结合的举措等，以探索"治疆反恐"的新路径。

尽管美国也在构建"反恐合作体系"，但其目的在于维护美国及其盟国的利益，中国则要"推动建立以合作共赢为核心的新型国际关系"，且"把合作共赢理念体现到政治、经济、安全、文化等对外合作的方方面面。"[1] 而且，中美反恐合作体系的区别不仅体现在目标诉求上，还体现于方式手段上，美国主要以经济援助、军事制裁乃至政权更迭等方式推进美国主导下的结盟安全体系，中国秉持"不干涉内政"原则，在打造命运共同体、利益共同体、责任共同体的实践中结成中国倡导下的伙伴安全体系，且注重国际安全合作的机制建设。中国与上合组织、东盟等成员国间

---

[1] 《中央外事工作会议在京举行——习近平发表重要讲话 李克强主持 张德江 俞正声 刘云山 王岐山 张高丽出席》，《人民日报》，2014年11月30日。

## 第八章 西方操弄西域议题抹黑"一带一路"学术溯源

的安全合作机制建设成效较为显著,如上合组织已在签订协定、设立专门机构、定期会晤和联合军演等方面凸显其安全合作机制的建设成就,中老缅泰湄公河联合巡逻执法机制的有效运作又反映了这一次区域安全合作机制对东盟安全合作机制建设所发挥的示范效应。相比较而言,中国与中东地区安全合作机制建设亟待进一步加强与完善,如"中阿合作论坛"框架下建立了部长级会议、能源合作大会及文明对话研讨会等13个机制,旨在"大力推进政治、经贸、文化诸多领域的多边交流合作"[1],安全机制建设有待补进;中国与海合会着力于以自贸区谈判与能源合作为主的经贸合作机制建设,尚未形成具体的安全合作机制;中国已在伊朗核问题六方会谈机制上发挥了越来越重要的促和作用,但与阿拉伯马格里布联盟、伊斯兰合作组织及伊斯兰世界联盟等的安全合作机制建设尚需尽快跟进,以切实开展中国与阿拉伯-伊斯兰世界的安全合作,切实防止极端主义在中阿文明之间制造断层线,并使中国在全球安全治理中发挥更大作用。

其次,中国立足于中东和平问题上的道义优势,用"中国方式"进一步推动解决国际热点问题,力争在根除伊斯兰极端主义问题上发挥重要作用。

自20世纪50年代周恩来总理在万隆会议上首次向世界宣示中国坚定支持巴勒斯坦人民正义的解放事业的基本立场以来,便逐渐形成了"三个一贯"的中国式的外交运作模式,即"一贯支持巴勒斯坦的建国事业、一贯坚持'和平共处五项原则'的正确方向、一贯无私推进'劝和促谈'的外交实践"[2],并由此构塑了中国在中东和平问题上的"道义感召力",通过"诚信原则、道德实践和权威话语"[3]等要素予以体现,以及中国中东问题特使机制得以落实的。此外,中国与伊斯兰世界间"既无历史恩怨,又无现实冲突",使得中国在解决巴以冲突问题上能够"有所作为"且易被当事各方所接受,进而赢得了包括伊斯兰国家在内的国际社会广泛的民

---

[1] 中华人民共和国外交部亚非司编:《"中国-阿拉伯国家合作论坛"文件汇编》(2004年9月-2010年5月),世界知识出版社,2010年版,第1页。

[2] 侯宇翔:《中国在巴以问题上的角色调整》,《阿拉伯世界研究》,2014年第1期。

[3] 徐进:《世界政治中的感召力及中国的选择》,《世界政治与经济》,2011年第3期,第125页。

意支持，与美国在中东和平问题上所持的"祖以压巴"的立场形成鲜明对比，彰显了中国作为重要国际政治力量在公正与和平解决中东问题上真正发挥"建设性作用"的现实可能性。

中国在发掘并利用其在中东和平问题上的道义优势而逐渐形成了解决国际热点问题的"中国方式"。亦即，"首先坚定维护联合国宪章宗旨和国际关系基本准则，尤其是不干涉内政为原则；第二坚持在联合国框架下，包括根据联合国相关决议推进地区热点问题的解决；第三坚持通过和平手段解决争端。我们反对动辄使用武力，不赞成用不合法方式颠覆合法的政权；第四从事情本身的是非曲直决定中方立场，主持公道正义，注意客观平衡，决不利用热点问题谋取自己的私利；第五尊重当事国人民的意愿，尽可能引导当事各方找到彼此能够接受的解决方案。"① 这种具有中国特色的解决国际热点问题的方式因"更注重可持续性，注重循序渐进，注重从根本上解决问题"② 而成效显著，且有助于根除伊斯兰极端主义。从某种程度上看，"基地"、"伊斯兰国"等伊斯兰极端组织"剑指西方"的根源在于"9·11"后不断泛起的仇美反西方抗议浪潮蔓延全球，西方大国多发性地亵渎伊斯兰教的事端与美国在巴以问题上所坚持的不公正立场成为此种抗议浪潮的核心诱因，巴黎《沙尔利周刊》被袭事件即为明证。换言之，伊斯兰极端组织连续施暴，美欧难辞其咎。因为，尊重并包容异质文明、公正和平解决巴以冲突，才是根除伊斯兰极端主义不可或缺的重要途径。为此，中国应贡献更多的"中国智慧"与"中国方案"，力争在根除伊斯兰极端主义问题上发挥重要作用。

最后，中国抓住"一带一路"这一重要机遇，在落实"五通"举措中培育反恐共识、增强合作互信，努力在丝路安全合作中深化全球伙伴关系。

中国"一带一路"的核心区在亚欧，但因"东突"势力与中亚、中东的极端主义势力有着千丝万缕的联系，使得我国的这一"西进"战略，既有机遇，也有风险："风险一，西部远非一片阳光灿烂的净土。不少国家

---

① 《外交部长王毅：以"中国方式"推动解决热点问题》，中国政府门户网站，2014年1月23日，http://www.gov.cn/gzdt/2014-01/23/content_2574119.htm。（访问时间：2022年3月4日）

② 同上。

## 第八章　西方操弄西域议题抹黑"一带一路"学术溯源

的政治不够稳定，相对贫困，民族教派冲突积重难返。一旦像某些西方国家那样深深卷入其中，想要抽身就难了。中国既要敢于'创造性介入'，又必须有危机处理的方案和手段。风险二，西部各国之间的关系错综复杂，中东有伊朗、沙特、土耳其、埃及、以色列等地区强国相互角力，南亚有印巴之间纠葛难解。中国在任何具体问题上采取外交立场，都会得罪某些国家，需要保持微妙的平衡。风险三，中国'西进'不可能不引起其他大国的疑虑和防范。要尽力避免它们联手排挤中国，不能以争霸、争权、争利的面目出现，动辄做出'突破美国围堵'之类的姿态，视正常竞争为零和格局，将经济问题政治化。风险四，容易被戴上'攫取资源''新殖民主义'的帽子。须关注投资所在地的环保、民生和就业。应抓紧完善领事法规，对当地华人华侨既要关心保护，又要管理教育。"[1] 就中国所推进的"五通"举措而言，实为基础设施的硬联通、金融政策的软联通与各国民众间的心相通，前"四通"将会扩大丝路沿线国家间人流、物流、资金流与信息流等的规模及其进程，且难免会带来安全隐患，但第五通则能为丝路安全合作夯实互信基础。因此，应以落实"五通"举措为"中国机遇"，既要与丝路沿线国积极开展硬联通、软联通等经贸合作，也要进一步加强边境管控、金融监管、人员与货物入关盘查等防范力度；既要全方位、多渠道地与丝路沿线各国民众开展人文交流，也要防堵人际交往中宗教极端主义的思想传播与组织渗透，以及附加政治条件的所谓"宗教善款"的流入等。其中，培育"反恐共识"则成为中国应对"五通"所致安全隐患、深化国际安全合作的关键。

事实上，中国"一带一路"大大提升了中国人文外交的战略地位，使其在致力于"价值沟通"与"增信释疑"外，还肩负着培育"反恐共识"的战略新使命。因为，在丝路沿线地区，"若干国家的政治动荡和跨国界的民族、宗教、教派冲突，将对未来全球秩序和大国关系造成严重冲击，也必将对中国在该地区迅速拓展的经济利益和政治影响造成严重冲击。"[2] 其中，"三股势力"与"基地"等宗教极端组织所致暴恐事件由境外向境

---

[1] 王缉思：《"西进"——中国地缘战略的再平衡》，《环球时报》，2012年10月17日。

[2] 王缉思：《"西进"——中国地缘战略的再平衡》，《环球时报》，2012年10月17日。

内蔓延，甚至"基地"组织分支机构在东南亚一带的活动日渐活跃，"东突"势力也随之由西向东扩展。因此，中国人文外交在优化"一带一路"安全软环境方面优势明显，可与丝路沿线国家的政界、学界与媒体开展人文交流，并就"恐怖主义是人类社会公敌，是国际社会共同面临的威胁""国际社会凭借现有国际关系模式难以挫败 IS"、"国际社会应该加强安全和反恐领域的合作与协调行动，实现全方位遏制恐怖主义溢出效应的目的"[①] 等达成"反恐共识"、增强合作互信，力争在不结盟、非对抗性的反恐合作中维护"丝路安全共同体"利益，进而深化全球伙伴关系。

## 第二节 中美战略博弈视阈中的西域议题研究

### 一、美西方助推"疆独"问题国际化的主要表现

"7·5"事件后，"东突"势力竭力将"疆独"问题臆造成"维吾尔问题"以达到使其国际化的目的，且主要表现在以下几个方面：

#### （一）"世维会"等在美西方国家蓄意炒作"维吾尔问题"

"世维会"头目热比娅主要采取窜访、议会作证、声援"东伊运"、策动"7·5"事件及组织研讨会等方式，竭力将"疆独"问题臆造成"维吾尔问题"。如 2013 年 12 月 17 日，由欧洲议会和无代表国家及民族组织（UNPO）共同举办题为"中国新领导人是否需要在维吾尔问题上进行改革"的研讨会，呼吁世界各国关注"维吾尔问题"。[②] 2013 年 12 月 31 日，在瑞典伊斯兰联盟第 33 届大会上，"维吾尔问题"首次被作为"伊斯兰世界的重要问题"的单元研讨议题，使"维吾尔问题与叙利亚危机成为会议重点讨论的四大问题之一"[③]。在昆明"3·1"事件后，热比娅在加拿大议会作证时宣称该事件更像是"一群对政府失去希望的人的绝望行动"。在

---

[①] 陈序等：《现有国际关系模式下，谁来挫败"伊斯兰国"》，《新华每日电讯》，2015 年 1 月 14 日。

[②] 《欧洲议会举行有关维吾尔问题的国际研讨会》，http://www.uighurbiz.net/archives/22829。

[③] 《北欧穆斯林代表讨论维吾尔问题》，http://www.uighurbiz.net/archives/23214。

第八章 西方操弄西域议题抹黑"一带一路"学术溯源

美国政府已承认"3·1"事件为"恐怖主义行为"的背景下,西方舆论对热比娅此番言论的处理相当低调且未加批驳。路透社以"热比娅担心中国政府动用'铁拳'"为题发文,刊发热比娅谎话连篇、颠倒黑白、混淆是非的采访报道,再次显示了西方媒体颠倒黑白的超强能力。[1] 此外,尽管中国外交部发言人洪磊已在例行记者会上明确宣布维吾尔学者伊力哈木"涉嫌违法犯罪,公安机关已对其进行依法刑事拘留,有关部门将对其进行依法审理",但"世维会"负责人却借BBC等西方媒体的采访,肆意炒作"人权问题",引发美欧社会对维吾尔学者遭扣查表示"深切关注"。

### (二)土耳其一些民间组织与个人肆意助推"维吾尔问题"

事实上,在土耳其同情和支持"东突"组织的三类社会势力影响下,也形成了土耳其境内助推"维吾尔问题"的社会土壤,甚至有土耳其媒体都开始关注"维吾尔问题",且向学界、政界等扩散,最具代表性的当属库尔夏提·佐尔鲁于2013年12月21日在土耳其《新时代》杂志发表的题为"为了东突厥斯坦"的评论文章,首次提出"维吾尔区"概念、论及"维吾尔区的战略意义",认为"维吾尔区是满足中国日益增长的资源需求的重要基地……如今维吾尔问题已不仅是中国的内部问题……维吾尔区成为了对中国而言极具战略意义且不可放弃的地区。"在他看来,尽管"维吾尔问题在土耳其外交部的工作中排在最后,外交部试图以'视而不见'或'临时政策'来对待此问题","但土耳其还是能在国际上为解决这一问题做些工作,例如可以通过为维吾尔公共组织的活动提供场地来引起国际社会对这一问题的关注"[2]。2014年1月1日,土耳其的维吾尔人在安卡拉成立了"楼兰语言培训中心",为前往土耳其的留学生提供英语、日语、阿拉伯语、维吾尔语等培训,为维吾尔留学生及其他突厥语系留学生开设土耳其语培训班,为国内外突厥学研究人员提供维吾尔语言文化培训,以

---

[1] 《热比娅在加拿大议会为在昆明作案暴徒狡辩》,载《环球时报》,2014年3月7日。

[2] 《土耳其评论人士:维吾尔问题在土耳其外交部的工作中排在最后》,http://www.uighurbiz.net/archives/23013。

及为有意前往土耳其留学的学生提供咨询服务等。①

## (三)"东突"势力的活动空间由特定区域向全球拓展

一方面,"世维会"等的活动重心由欧洲向美国、日本等国转移,且随着中国与日本、菲律宾、越南等国因岛礁问题所引发的紧张关系而向东南亚地区拓展活动空间,并与当地的反华、遏华势力沆瀣一气,力图在西方媒体炒作"中国威胁论"的舆论推动下为"疆独"问题国际化造势。其中,美国常打着"民主""人权"旗号粗暴干涉中国内政,如美国总统多次接见热比娅等"东突"头目,美国国会多次召开有关"新疆问题"的听证会并要求联合国讨论所谓"维吾尔问题","美国国家民主基金会"等已成"世维会"的重要资助者且为其提供境外活动资金与发展平台,美国国会持续关注热比娅及其在疆亲属的近况等。这些都为热比娅窜访特定国家、拓展活动空间等提供了有力支持。另一方面,"东伊运"等的活动重心由中亚向南亚、西亚、东南亚等地转移,且受到宗教极端主义全球泛起的影响,在新疆境内外的恐怖组织包括"乌伊运""伊扎布特""哈里发斗士"及"东伊运"等,乘势搭上了伊斯兰极端组织的"全球圣战"便车,竭力将涉疆暴恐事件纳入全球"圣战"中,不仅制造了新疆"圣战者",还力图制造"新疆圣战场",向全球拓展活动空间,且对"一带一路"安全环境形成直接冲击。

## (四)"东突"势力的政治诉求日益复杂多元化

冷战后,民族分离主义成为世纪末的一种重要现象,苏东剧变更使亚非欧卷起了民族分离主义浪潮,从巴尔干半岛起,经小亚细亚、南北高加索、两河流域、伊朗高原、中亚细亚、南亚次大陆、中南半岛、南洋群岛,直至南太平洋的一条斜线上,集中了当代世界诸多最突出的民族分离主义势力,且多打着宗教旗号鼓动和争取国际支持,产生了一系列国际热点问题等。其中,中东剧变中美国采取借伊拉克与叙利亚的库尔德武装力量来打击"伊斯兰国"的反恐策略,又在一定程度上又鼓舞和刺激了库尔

---

① "维吾尔人在安卡拉开设语言培训中心", http://www.uighurbiz.net/archives/23214.

## 第八章 西方操弄西域议题抹黑"一带一路"学术溯源

德人的民族分离意识,并对"东突"势力产生了直接影响,如"东伊运"改为"突厥斯坦伊斯兰党"后,其内部分裂为主张将西部地区纳入全球"圣战"的宗教极端主义的"全球派"和主张将西部地区独立出去的世俗极端主义的"新疆派"。前者受萨拉菲主义的影响,后者受中东库尔德分离主义的影响,反映出"东突"势力政治诉求日益复杂多元化的发展趋势。但他们在土耳其接受培训,赴叙利亚、伊拉克、利比亚等"圣战场"获得实战经验后回国施暴等做法上却易达成共识,揭示出"东伊运"等打着"圣战"旗号来达到"以武求独"目的的实质。

总之,随着中美战略博弈的日趋激烈,"疆独"问题被国际化已成不争的事实,并使"一带一路"的行稳致远面临巨大安全风险。

### 二、"疆独"问题国际化对"一带一路"的主要冲击

事实上,通过恐怖活动来破坏新疆社会稳定以分裂新疆是"东突"组织的政治图谋,而将"疆独"问题国际化一直是其获取外部支持的重要手段。目前,"东突"恐怖势力在德国、土耳其获得了合法地位,在加拿大、瑞士等十多个国家建立了组织或派驻机构,并与几十个国际非政府组织建立了联系,但其也意识到自身在西亚、欧洲的发展已接近极限,且始终影响有限。"[1] 为此,"东突"势力采取不同方式策动暴恐事件,对"一带一路"高质量发展形成冲击,主要包括:

### (一)在两条战线相互策应

"9·11"事件后,中国政府要求美国将中国公安部认定的"东伊运""东突解放组织""世维会""东突信息中心"等四个"东突"组织列为恐怖组织,却遭美方拒绝。2002年1月21日,中国国务院新闻办发文指出,"东突"恐怖组织与国际恐怖组织势力有着密切的联系,得到了国际恐怖组织给予的军事和财政上的援助,包括接受"基地"组织提供的活动经费和人员培训,一些"东突"组织的骨干分子还参与了在车臣和中亚的恐怖

---

[1] 顾国良等:《美国对华政策中的涉疆问题》,北京:社会科学文献出版社,2012年版,第222页。

主义活动。① 2002 年 8 月 30 日，美方因发现"东伊运"曾图谋攻击美驻吉尔吉斯坦大使馆而宣布将其列为恐怖组织。② 2002 年 9 月 11 日，联合国安理会通过决议将"东伊运"列为恐怖组织并冻结其资产。2004 年 4 月 29 日，美国宣布将"东伊运"正式列为国际恐怖组织。2020 年 11 月 5 日，美方宣布撤销将"东伊运"定性为恐怖组织。事实上，美方作为"东伊运"在联合国安理会 1267 委员会列名的共提国，在"东伊运"恐怖主义定性问题上的出尔反尔，暴露了美国当权派在反恐问题上的"双重标准"和对恐怖组织"合则用，不合则弃"的丑恶面目，默许甚至纵容国会支持"世维会"等在美从事分裂活动，包括允许"东突流亡政府"于 2004 年 9 月 14 日在华盛顿宣布成立，美国总统与副总统秘密或公开接见"东突"头目，将热比娅打造成"东突"组织"唯一领袖"等。美国与"东突"分子的暧昧关系，造成"世维会"等极力结交讨好美国政府和社会。即使美国反对在本土安置关塔那摩监狱 17 名"东突"囚犯，"维吾尔美国协会"还致信鲍威尔："在中东和南亚弥漫着反美情绪的时候，维吾尔人是世界上最亲美的穆斯林，将美国视为希望的灯塔"③。同时，因"世维会"迫于国际社会压力而在表面上竭力撇清与"东伊运"的关系，暗里却相互勾结、彼此策应。尽管"东伊运"在境外建立基地，培训暴力恐怖分子，不断派人潜入中国境内策划、指挥恐怖破坏活动④，但"世维会"却为"东伊运"的恐怖主义行经作辩解，误导西方舆论，抹黑中国形象，企图用舆论战去策应"东伊运"的恐怖战。

总之，"东突"采取"一文一武、两线作战"的方式，也是为了用"两条腿走路"谋生存与发展：一方面在美西方大国塑造非暴力的"受害者"嘴脸，甚至与境外各种反华势力相勾结，诋毁中国的民族宗教政策，混淆视听涉疆暴恐事件，以博取西方某些大国的支持。另一方面又与"基

---

① 顾国良等：《美国对华政策中的涉疆问题》，第 343 页。
② 同上，第 355 页。
③ "UAA Letter to Sec Powell on Uyghur detainees at Guantanamo," Uyghur American Association, December8, 2003.
④ 《公安部查清"东突"资金来源：拉登资助数百万》，凤凰网，2008 年 10 月 21 日，https://news.ifeng.com/mil/2/200810/1021_340_839683_1.shtml。（访问时间：2022 年 3 月 4 日）

地"、"伊斯兰国"等在叙利亚、伊拉克等"圣战战场"并肩作战,"伊斯兰国"头目还宣称要在几年内占领包括中国新疆在内的广大地区,表明"东突"用两线作战来破坏"一带一路"安全环境的事实。

## (二) 借地区动荡乘势作乱

美国于 2005 年推出的"大中东民主改造计划",旨在"铲除中东地区滋生恐怖主义的土壤",但结果却使美深陷恐怖泥潭而难以自拔。2006 年的美国《国家安全战略》报告中强调美国在南亚和中亚"具有前所未有的利益与价值"[1],并推出"大中亚战略"以维护美国在中亚的霸权利益。因此,中东、中亚爆发的中东变局与"颜色革命"均有美国新干涉主义烙印,并鼓舞"东突"势力将工作重心从土耳其、德国等转向美国,希望美国能像支持中亚国家搞"颜色革命"那样支持"东突"组织,"7·5"事件就可看到美国在中亚鼓动"颜色革命"的影子[2]。所不同的是,前者以示威游行方式推翻现政权,后者用打砸抢等方式"以武求独"。事实上,借中东变局来改善生存处境已成"东突"主要求生之道:除与"基地"组织等关系密切外,还通过"赴叙利亚和伊拉克直接加入 IS 武装""到东南亚参加 IS 在当地的分支"等途径,以"扩展国际恐怖组织人脉,为其升级在中国境内的暴恐活动争取资金等"[3];"东突"不仅向叙利亚派出"圣战"小组参战,还出入伊拉克等"圣战战场"练兵;西方媒体对中国涉叙立场作了"教派化的偏激性"解读,为"东突"分子赴叙利亚参加"圣战"制造了"借口"等。

可见,"东突"分子采取"借势作乱"的求生之道,使得一波又一波来自周边及大周边的恐怖主义浪潮程度不同地向中国"外溢",且在中国出现了"洼地效应",不同程度地恶化了共建"一带一路"的安全环境。

---

[1] "The National Security Strategy of the United States of America", Washington, D. C. September2006, p. 1.

[2] 顾国良等:《美国对华政策中的涉疆问题》,第 84 页。

[3] 《"东突"分子投奔 ISIS 路线图曝光 最终目标打回中国》,《中老年时报》,2014 年 9 月 26 日。

### （三）搭全球"圣战"便车"练兵"

公元622年先知穆罕默德从麦加迁往麦地那后建立了伊斯兰政权，使得"迁徙"成为令穆斯林引以为荣的重大事件并由此形成"迁徙情结"。又因"吉哈德"常被外界狭义地解读为"圣战"，目标是建立伊斯兰政权，"迁徙"便与"圣战"有了密切关联，"迁徙"成了"圣战"的重要组成部分。在当代伊斯兰复兴运动中，"迁徙"作为一种理念被再度付诸实践，并在埃及、阿富汗、车臣、叙利亚和伊拉克等国先后出现三次"迁徙"浪潮，"基地"等伊斯兰极端组织多搭"圣战"便车而发迹。2014年9月24日，联合国安理会通过了一项阻止外国"圣战者"涌向叙利亚和伊拉克后对原籍国构成威胁的决议，旨在防止"伊斯兰国"等以招募"圣战者"方式将其纳入全球"圣战运动"资金链、信息链与组织链。"9·11"后，"东伊运"搭上"基地"所主导的全球"圣战"便车，将其人员派至阿富汗、巴基斯坦等"基地"训练地参加军事训练后潜入新疆地区建立暴力团伙，策动暴恐活动。"伊斯兰国"头目关于未来"伊斯兰国"的涉华甚至涉疆言论，不仅确证了其与"东突"存在联系的事实，还反映出"东突"势力为获取更多武器装备与活动资金而转投"伊斯兰国"的投机事实，表明"东突"势力不仅危害了"一带一路"安全环境，还将对全球安全治理带来负面影响。

### （四）随伊斯兰极端主义全球泛起

伊斯兰教主张和平、中正，但自伊斯兰教诞生以来就存在极端主义思想、行为及其派别，尤其是"9·11"后在美国全球反恐威压下，伊斯兰极端主义又沉渣泛起，主要表现为：一是伊斯兰教义被歪曲，使民间伊斯兰复兴运动被引向极端主义泥潭，尤其是伊斯兰核心概念被误读（如"乌玛"内涵边界的模糊化、"吉哈德"概念的暴力化等），导致伊斯兰教义被歪曲。二是伊斯兰圣战思想被误读，使伊斯兰复兴思潮滑向政治化与极端化深渊。如哈桑·班纳认为"伊斯兰是信仰与领导、宗教与国家、精神与

## 第八章 西方操弄西域议题抹黑"一带一路"学术溯源

行动、祈祷与圣战、顺从与统治、《古兰经》与宝剑的统一体"[1]。又如被誉为"伊斯兰极端主义鼻祖"的赛义德·库特布在《路标》中赋予伊斯兰极端势力"解放全人类"的使命并号召穆斯林参加"迁徙圣战"。此外,赛义德·毛杜迪在《伊斯兰圣战》中全面阐述了具有自卫性和进攻性双重特性的伊斯兰圣战观,这些都"在一定程度上为现代伊斯兰极端主义组织的恐怖行动提供了行动方式上的理论支持。"[2]"9·11"后,萨义德·库特布等人的圣战思想被"基地"、IS 等作了极端主义的解读与运用,伊斯兰复兴思潮滑向了政治化与极端化的深渊。三是"基地"、IS 等迅速坐大,使伊斯兰极端组织分支在全球施暴活动频发,"东伊运"在参与叙利亚、伊拉克"圣战"中与"基地"等密切了组织联系。可见,伊斯兰极端主义从民间、精英与组织等不同层面向外蔓延,使"三股势力"日趋极端化。因此,治疆须先治极端主义,须先"去极端化"。

对伊斯兰极端主义进行溯源性梳理,旨在认清"疆独"问题被国际化背后"东突"势力已随伊斯兰极端主义全球泛起的事实。其歪曲教义、屠杀无辜等反文明、反人类的极端之举,破坏了伊斯兰教的中正形象与和平本质,并使"一带一路"建设面临传统与非传统安全的严峻挑战。

### 三、美西方助推"疆独"问题国际化的主要原因

"疆独"问题国际化已对"一带一路"安全环境产生了深远影响,究其根源主要包括"美国因素""中东因素"和"日本因素"。

首先,"美国因素"主要表现为:1. 美国"大中东民主改造"计划引发中东变局。美国于 2005 年推出"大中东民主改造"计划,结果却是哈马斯等伊斯兰激进主义的"劫持民主"与反美主义情绪的全球蔓延,直至中东变局发生,中东出现了伊斯兰极端主义反弹,使得"基地"、"伊斯兰国"坐大,令"东伊运"备受鼓舞。2. 美国"大中亚战略"引发"颜色革命"所致。2006 年的美国《国家安全战略》报告强调美国在南亚和中

---

[1] 转引自钟山:《埃及穆斯林兄弟会的产生与发展》,《西亚非洲》,1982 年第 1 期,第 39 页。

[2] 王旭:《毛杜迪的圣战观念和伊斯兰革命理论》,《南亚研究》,2012 年第 2 期,第 8、12 页。

亚"具有前所未有的利益与价值"①,故推出"大中亚战略"。其中,"颜色革命"鼓舞"世维会"等将工作重心从土耳其、德国转向美国,且从"7·5"事件可看到美国在中亚鼓动"颜色革命"的影子。② 3. 美国将伊斯兰极端主义"祸水东引"所致。"9·11"事件以来,美国面临蔓延全球的仇美主义和以中国为主的新兴大国对传统大国所带来的挑战等,把由中东变局复燃的伊斯兰极端主义"祸水东引"也成为美国破解"越反越恐"困窘、遏制中国崛起之策。"基地"、IS 的全球性扩张,将伊斯兰极端主义引入中国,并使"东突"成为西方"祸水东引"的工具之一。4. 美国在"疆独"问题上的人权外交所致。在"疆独"问题上,美国打着"人权"旗号粗暴干涉中国内政,尤其是美国国务院每年发表"年度国别人权报告"来诋毁中国的民族宗教政策"压制新疆维吾尔地区的人权活动",美国学界借"新疆工程"对维吾尔族历史、语言文化传承、宗教信仰、就业和流动等展开研究,旨在将"维吾尔议题"政治化等,表明美国人权外交破坏了"一带一路"建设软环境的现实。

"中东因素"主要表现为:1. 源发于沙特的萨拉菲主义。因极度强调教义纯洁性和文本经典的字面意义,萨拉菲派具有延展性、歧义性及超强认同建构能力等,且派生出传统的、政治的、圣战的三派萨拉菲主义("圣战"萨拉菲主义又分出暴力与非暴力两派),如"基地"、IS、"东伊运"等均烙有暴力"圣战"萨拉菲主义影响之印。2. 源发于埃及的"希吉拉运动"。在当代伊斯兰复兴运动中,"圣战迁徙"浪潮影响至今,使"东伊运"等以培植新疆"圣战者"、开辟新疆"圣战场"的方式竭力将涉疆暴恐事件纳入全球"圣战"浪潮。3. 源发于埃及穆兄会的极端组织。埃及穆兄会衍生出"伊扎布特""伊吉拉特"等极端组织,前者被俄罗斯、中亚国家、德国和所有阿拉伯国家视为恐怖组织,后者被俄罗斯定为非法宗教极端组织,中国也对这两个渗透新疆地区的极端组织予以防范和打击。4. 源发于"基地"组织等的资助与培训。"东伊运"的活动资金主要来源于"基地"资助、走私贩运毒品、抢劫等方式筹集,且"'基地'与

---

① "The National Security Strategy of the United States of America", Washington, D. C. September2006, p. 1.
② 顾国良等:《美国对华政策中的涉疆问题》,第84页。

## 第八章　西方操弄西域议题抹黑"一带一路"学术溯源

塔利班等国际恐怖主义组织是'东突'分裂恐怖主义活动的幕后推手"①，"基地"所创建的"维吾尔训练营"多由"东伊运"分子组成，并被派往阿富汗等地参加实战，或潜入新疆地区进行施暴、建立暴力团伙、煽动骚乱等。② 5. 源发于土耳其的"双泛"思潮。兴于19世纪末的"双泛"思潮被土耳其奥斯曼帝国篡改为具有强烈宗教狂热和民族沙文主义的思潮，并成为"东突"的思想源头与行动指南，"7·5"事件后，土耳其更成为"东突"培养"精神领袖"和骨干分子的大本营③，凸显"双泛"思潮对"东突"的持久影响。6. 源发于中东的库尔德分离主义。分布在土耳其、伊朗、伊拉克和叙利亚的库尔德人要求建立独立国家的分离主义影响波及全球，且在中东变局中再次抬头，而美国采取"借库尔德人剿灭IS"的反恐新策略，又助长了库尔德分离主义意识，并进一步刺激了"东突"势力的分离主义气焰。

"日本因素"主要表现为："7·5"事件后，日本也从后台跳到前台与"东突"势力相勾结，如"世维会"头目热比娅于2009年窜访日本，2012年上演捐款购岛闹剧，2012年4月日本自民党为配合"世维会"在日本举行大会，公然在其党部成立"日本支持维吾尔国会议员联盟"，由该党议员古屋圭司任会长、安倍晋三任顾问等。随着美日同盟关系的升级，"日本因素"也将相应趋强，并使中泰、中菲、中越等安全合作充满更多不确定性，导致中国与东南亚国家在东盟这一多边安全合作平台上的国际反恐合作成效大打折扣，使得危害陆、海丝路安全的国际因素间彼此牵制，异常复杂。

总之，在美西方助推"疆独"问题国际化的主要原因中，"美国因素"是主导性的诱因，牵制着"中东因素"与"日本因素"，尤其是在中美战略博弈日增之际，西域议题由全球安全治理难题转向大国战略博弈的工

---

① 王茜:《"东突"问题发展演变与中东恐怖主义相关性透视》，《阿拉伯世界研究》，2008年第6期。
② 《关于联合国安理会制裁阿富汗委员会将"东突厥斯坦伊斯兰运动"列入受制裁实体名单的通知——2002年第31号国务院公报》，中国政府网，http://www.gov.cn/gongbao/content/2002/content_61790.htm。（访问时间：2022年3月4日）
③ 邱永峥等:《谁在帮"东突"势力祸乱新疆》，《环球时报》，2013年7月4日。

具，已成不争的事实。

## 四、中美战略博弈视阈中的西域议题研究重要性凸显

在中美战略博弈日益趋紧之际，西域议题研究重要性凸显，并主要体现在以下三方面：

第一，中国新疆在高质量推进"一带一路"发展中的战略价值凸显。

习总书记在新疆考察工作时强调，新疆的稳定关系到全国的大局，新疆工作在党和国家工作全局中具有特殊重要的战略地位。随着亚欧成为大国博弈的新舞台，新疆作为"亚欧桥头堡"的地缘战略价值凸显，并成为美国牵制中国崛起的一枚重要战略棋子。新疆在"一带一路"中的战略价值内涵主要包括：1. 新疆与中亚五国、阿富汗、伊朗等同处"亚欧大陆心脏地带"，是古丝绸之路的枢纽，也具有国际体系转型中新的世界政治经济中心地带的区位优势。2. 新疆是中国边境线最长、毗邻国家最多的地区，特别是跨境民族与宗教问题引发诸多事端，使其在历史上多成为诸多政治势力关注和争夺的焦点，极易卷入各种形式的国内外争端中。[1] 3. 新疆极为丰富的油气等资源优势决定其"将成为中国可持续发展的战略接替区"[2]，并对中国—中东、中国—中亚等能源管道安全提供重要保障。4. 新疆地处全球恐怖主义地带，使得"东突"势力既对陆上丝路构成安全挑战，还因"东伊运"随着"基地"组织正向东南亚国家转移而对海上丝路造成安全隐患。因此，涉疆暴恐事件对"一带一路"的实施及其成效具有重大影响。

第二，"疆独"问题国际化对构建新型大国关系的负面影响凸显。

主要体现在如下三方面：1. 丝路安全合作已成为成功构建中俄新型大国关系的重要基础。从某种意义上说，中俄面临共同的反恐难题（俄罗斯的"车臣问题"、中国的"疆独"问题）、拥有共同的反恐主战场（中亚、西亚、南亚等）与共同的反恐合作机制（上合组织）等，故中俄联手反恐来推动构建新型大国关系成为可能。2. 丝路安全合作已成为中美能否构建

---

[1] 顾国良等：《美国对华政策中的涉疆问题》，第61页。
[2] 蒋新卫：《冷战后中亚地缘政治格局变迁与新疆安全和发展》，社会科学文献出版社，2009年版，第119页。

## 第八章　西方操弄西域议题抹黑"一带一路"学术溯源

新型大国关系的关键。2011年10月，美国提出"新丝绸之路"计划。2013年9月，中国提出"一带一路"倡议，前者旨在维护美国霸权利益，后者意在构建人类命运共同体，这是中美丝路战略根本区别所在。因中美缺乏战略互信，使得"美国因素"在"一带一路"安全环境中的销蚀力渐现，也使得被国际化了的"疆独"问题已成为美国"以疆制华"的战略筹码，美国不仅在"东伊运"定性问题上出尔反尔，隶属美国国会的"国家民主基金会"（NED）还一直在资助"东突"势力，且"资助的组织逐步增多，金额越来越大。"[①] 反恐合作已成为关乎构建中美新型大国关系的关键领域之一。3. 丝路安全合作已成为构建中国与中东地区大国间新型伙伴关系的抓手。事实上，中国与沙特、埃及、伊朗、土耳其等中东地区大国均属丝路上的"天然合作伙伴"，故应以丝路安全合作为抓手来构建中国与中东地区大国间的新型伙伴关系。以经贸、人文促和平已成为儒、伊文明上千年和平交往于丝路上的最成功经验。在"一带一路"框架下，中国与中东伊斯兰国家应拓展经贸合作领域、深化人文交流内涵，共同维护丝路和平。

第三，"疆独"问题国际化对中国周边外交的负面影响凸显。

"疆独"问题被国际化后不断"外溢"，危及了中国的核心利益，还对"一带一路"实施进程及其成效构成重大挑战，其在中国周边外交中的负面影响进一步凸显：1. 自"7·5"事件以来，涉疆暴恐事件中的国际因素日益显现。"疆独"问题国际化是境内外反华、遏华势力合力所为的结果，"疆独"问题已由最初的"三股势力"分裂中国的核心关切扩散为伊斯兰极端主义渗入后对中国传统与非传统安全的威胁，并对中国周边外交形成重大冲击，其中关涉中美、中日等双边关系，中国与上合、东盟、海合会等区域和次区域国际组织间的多边关系等，必须予以高度重视。2. "世维会"等"东突"分子惯以"受难者"面目在美欧搭台唱戏，搞舆论战，竭力将"疆独"问题国际化，并在土耳其、德国、美国乃至日本等不断寻找靠山，开辟生存空间。尤其是在热比娅上演"购岛闹剧"后，"世维会"与"藏独"等反华势力、日本政坛的遏华势力等相勾结，炒作"中国威胁

---

[①] 刘强等：《美国国家民主基金会及其对"疆独"组织的资助》，《国际资料信息》，2009年第9期。

论",诋毁中国民族宗教政策,渲染"中国军力崛起",并对涉疆暴恐事件妄加臆断,这些混淆视听的议题炒作,使得日本社会自上而下弥漫着厌华情绪,并向菲律宾、越南等国扩散,也使得这些国家的华人华侨、华资企业乃至中国游客等被冲击、遭绑架的恶性事件时有发生,凸显中国周边外交中"疆独"问题的负面影响。3. 随着"基地"向印度次大陆的拓展,"东伊运"的活动也将随之由陆上丝路向海上丝路发展,即由中国的大周边向小周边发展。宗教极端主义由外至内、自西向东渗入中国周边邻国,中国周边外交面临越来越严峻的安全挑战。尽管"疆独"问题已对中国周边外交构成新挑战,但也成为"一带一路"框架下进一步深化双、多边安全合作关系的"生长点",故应抓住这一重要合作机遇,在强化中国与周边国家"命运共同体"意识的前提下进一步开展国际反恐合作,使中国周边外交在历史与现实的对接中能够"大有作为"。

总之,在中美战略博弈的现实背景下,"疆独"问题因渗入复杂的国际因素而对中国内政外交产生了掣肘,甚至关乎"一带一路"的实施进程及其成效。在反华、遏华势力联手推进"疆独"问题国际化的现实背景下,如何充分发挥新疆处于"一带一路"核心带的区位优势、地缘战略优势与深化改革的"战略替代区"的资源优势等,在进一步提高治疆成效的前提下积极开展国际反恐合作,这将是优化"一带一路"安全环境的当务之急,也是中美战略博弈视阈中西域议题研究的重心之一。

## 第三节 西方丝路学术大国操弄西域议题学术惯例演进

### 一、西方丝路学名家操弄西域议题学术惯例的演进

在近年的美西方大国污名化"一带一路"的舆论战中,其政客、媒体及学者联手炒作西域议题,不断捏造新疆存在所谓"强迫劳动""种族灭绝"等谎言,试图借此加大对华施压。相关反华政客对西域议题进行政治操弄的同时,西方一些"新疆问题专家"则趁机为这种对华抹黑提供所谓"学理依据"。从某种意义上讲,廓清美西方大国炒作西域议题来抹黑"一带一路"现象本质,既是现实问题,也是学术问题。

## 第八章　西方操弄西域议题抹黑"一带一路"学术溯源

研究美国对华政策文献后发现，打"新疆牌"并非特朗普政府或拜登政府的新伎俩。美国历届政府在遏制中国发展过程中，都曾以"新疆牌"作为一个重要选项。从民族、宗教到人权，西域议题屡次被美国政界、媒体、学者三方不止一次联手操弄，与美国政府的"以疆制华"战略形成千丝万缕的联系。拜登政府上台以来，美欧加紧操弄西域议题，这也被华盛顿当作与欧洲盟友重修旧好的抓手之一。从目前态势看，拜登政府不仅延续了特朗普政府的"以疆制华"战略，还试图通过"单边制裁"与"伙同盟友"两种手段双管齐下。在此过程中，美欧一些涉疆研究机构或智库成为反华政客们的倚重对象，这些机构及其"学者"成为西方反华势力调遣的棋子。

事实上，美欧大国学界早就形成了研究西域的学术传统。自1877年李希霍芬提出"丝绸之路"概念起，丝路腹地就成为丝路学研究的核心，并形成中外丝路学研究的学术惯例。其中，美欧丝路学权威多借西域探险研究涉足丝路学领域并成就了学术盛名。除李希霍芬外，其他三位丝路学创建者都远赴西域探险，并在西域议题研究领域赢得国际声誉：斯文·赫定因"发现楼兰古城"与"填补地图上西藏空白"而名满天下，代表作为《我的探险生涯》《亚洲腹地探险八年》《丝绸之路》等，提出借公路与铁路"加强内地与新疆联系"、主张保护新疆水资源等建议；斯坦因凭借三次丝路腹地的亚洲探险与骗走大批敦煌文物而轰动欧洲学界，形成了对中国西域周边地区与国家的毕生考察足迹，代表作为《古代和田》《亚洲腹地》等，至今仍属敦煌西域学必备文献；伯希和从跨学科视角研究丝路腹地多元文明交往的历史与现实，代表作为《伯希和西域探险记》《伯希和库车地区考古笔记》等，由这些开创者所形成的丝路学西域议题研究惯例影响至今。

在西方大国丝路学界研究西域议题上百年历史上，西域研究的丝路学名家几乎成了"大学者"的代名词，美欧西域议题研究也成了一个名利双收的"美差"。但也正因如此，这个研究领域变得鱼龙混杂。不可否认，美欧丝路学领域坚守"学术本分"的研究者大有人在，其中一个典型就是瑞典的斯文·赫定。他在40多年间5次勘察西域，结下了毕生的丝路情缘，并"真诚地想要以自己游历中亚所取得的若干经验，来给中国做点实实在在的好事"。但另外一些所谓西域研究机构或"学者"，则沦为西方大国政客政治操弄西域议题的帮凶，比如美国约翰斯·霍普金斯大学的所谓"新疆工程"团队所产出的西域论著与报告，就因"为新疆分裂提供理论依据"而沦为美国干涉中国内政的工具。再如近年来以"新疆问题专家"自居但从未到访过新疆的郑国恩，通过炮制所谓"涉疆报告"迅速蹿红，成为配合美欧"人权外交"的跳梁小丑，西方大国西域学术研究的霸权本质可见一斑。

当前，西域议题也因政治霸权与学术霸权的双重干涉，成为美欧联手"以疆制华"的倚重之一。通过臆造概念、炮制理论乃至栽赃陷害等各种污名化方式，西方丝路学相关机构和所谓"学者"已在美欧大国实施"以疆制华"战略中扮演了帮凶角色，甚至通过臆造"强迫劳动"的"涉疆报告"来为美欧政客政治操弄西域议题提供借口。种种事实表明，西方在政治操弄西域议题中已经作了长期"学术准备"。我们对此应有清醒认识，重视学术研究在破解西方大国涉华意识形态围剿中的重要作用，切实推进西域议题学术化，以形成政治、经济、外交、媒体、学术、民间等全方位、联动性的斗争策略。不少分析认为，未来中美将通过对立、冲突、合作三种方式，展开相当长一段时间的博弈。而就当前形势看，西域议题可能持续成为中美博弈的重点领域之一，西方反华政客不会轻易放弃在这个问题上的抹黑和政治操弄。就此而言，加强西域议题研究也将在中美博弈和关系塑造中扮演一定角色。就研究路径而言，应将西域议题纳入丝路学视域，聚焦"中国与世界古今丝路关系"这一核心议题，从理论与实践的双重维度开展跨学科研究，并从文明交往、国际关系、全球治理等不同进路，深入研究西域议题所包含的学理旨趣，力争在统一的丝路学话语体系内开展中外西域议题对话或博弈。

总之，西域议题的学术化是一个系统工程，这是中国学界的责任和应有的担当，也亟待中外学者尤其中美丝路学界展开平等交流与对话，而非在人文交流被人为阻断后政治操弄西域议题。在拜登政府"以疆制华"与"联欧遏华"并施之际，中美乃至中外丝路学界展开西域议题学术对话刻不容缓。

## 二、"新疆工程"与美国"新丝绸之路"计划的出台

1996年，美国约翰斯·霍普金斯大学成立了中亚－高加索研究所，旨

## 第八章　西方操弄西域议题抹黑"一带一路"学术溯源

在"提升中亚与高加索地区在美国对外政策中的重要地位，为美国政府提供有关区域的丰富、可靠的政策咨询"①，助力形成了"新疆工程"，并聚拢了一批美国丝路学家加入其中，这些学者不仅为"三股势力"肢解中国摇旗呐喊，还为2011年美国出台"新丝绸之路"计划提供了学理依据，如今更沦为美国臆造"一带一路"涉疆"黑洞"的帮凶。2005年，中亚-高加索研究所设立了"丝绸之路研究项目中心"，所长F. 斯塔尔提出了"大中亚"这一概念，2007年他主编的《新丝绸之路：大中亚的交通和贸易》一书出版，强调阿富汗在丝绸之路战略中的核心地位。2009年，美国开辟了经波罗的海、高加索、俄罗斯和中亚通向阿富汗的北方运输网，随后，F. 斯塔尔提出可利用北方运输网，使它成为欧亚大陆的经济桥梁。2010年5月，美国战略与国际问题研究中心与约翰斯·霍普金斯大学中亚-高加索研究所共同发布《阿富汗成功的关键——新丝绸之路战略》报告，主张利用逐渐恢复的东西方陆上贸易路线，利用现有条件复兴阿富汗的古老丝绸之路，以施加美国领导力来获取区域政策的成功，进而解决美国当前在阿富汗面临的战略困境等，表明美国丝路学研究出现了政治化倾向，F. 斯塔尔等人也借西域议题研究而"名利双收"，如所长F. 斯塔尔与尼德斯合著的《新丝绸之路——阿富汗将是核心与否？》、库钦斯的《在阿富汗获得成功的关键——现代丝绸之路战略》与《为阿富汗"新丝绸之路"奠定基础——看华盛顿与喀布尔如何将愿景变为行动》等，均产生了一定的战略影响力。2011年7月，美国国务卿希拉里·克林顿在印度首次对外宣布"新丝绸之路"计划后，被美国政府紧锣密鼓地摆上了国际议事日程，2011年9月在联合国大会期间召开"'新丝绸之路'部长会议"、2011年9月29日，在约翰斯·霍普金斯大学举行了"新丝绸之路"计划讨论会，并在11月的阿富汗问题伊斯坦布尔会议、12月的阿富汗问题波恩会议和2012年5月的美国芝加哥北约峰会中，特设"新丝绸之路"计划为重要议题。2012年7月，美国还在日本东京召开了关于"新丝绸之路"计划的部长级会议，希望将日本拉进该计划……因此，"新丝绸之路"计划是美国对2014年后中亚和阿富汗的主要战略，其实质是奥巴马政府对

---

① 中国现代国际关系研究所：《美国思想库及其对华倾向》，时事出版社，2003年版，第450—458页。

小布什政府提出的"大中亚计划"的一种回归,其手法更巧妙,包括安全、能源、民主与一体化四个目标,以争取中亚各国的合作。但其意在将中亚国家引向南亚,力图排斥俄罗斯和中国,并绕开伊朗。[①]具体而言,这一计划旨在推动以阿富汗为核心、连接南亚与中亚的经济一体化和跨地区贸易,且逐渐显现出美国遏制中俄等国丝路影响力的基本战略轮廓:1.强化丝路核心区的主导权已成为美国"新丝绸之路"计划的重要战略目标。美国打着帮助阿富汗维稳的旗号,旨在巩固"9·11"以来开辟的中亚、南亚乃至中东的美国全球反恐"主战场",强化美国在这些"主战场"的主导权,其最终目标是在丝绸之路核心区建立美国主导的政治、经济、安全新秩序。2.排斥中国、俄罗斯和伊朗已成为美国"新丝绸之路"计划的主要地缘政治考量。中亚是中国和俄罗斯的近邻,伊朗与阿富汗则是穆斯林兄弟国家。将中国、俄罗斯等排斥在美国欲构建的中南亚地区体系之外,其意不言自明;3.重构"亚欧核心同盟阵营"已成为美国"新丝绸之路"计划的基本战略举措。为防止中亚国家对中、俄形成政治、经济依赖,以致美国失去中亚主导权,美国欲利用阿富汗与中亚、南亚地理接近的优势,通过设立军事基地、兜售 TPP(跨太平洋伙伴关系协定)等方式进一步加强与印度、菲律宾、越南、澳大利亚、日本等国的同盟关系,但在中国的结伴体系和美国的结盟体系面前,丝路沿线国家举棋不定与难以取舍成为美国"新丝绸之路"计划最终无疾而终的重要原因。

事实上,美国的"新丝绸之路"计划欲排斥中俄是不切实际的战略臆想,主要原因在于:一是美、中、俄都在借各自的丝路战略以不同方式、从不同路向将中亚与周边国家和地区相连接,力争早日实现亚欧大区域联通,而基础设施的"硬联通"、金融政策的"软联通"和民心相通的"心联通"又是大区域联通的重要支撑。同时,只有在区域合作中结成"命运共同体""责任共同体"和"利益共同体",才能在平等、合作中实现亚欧区域一体化。但美国"新丝绸之路"计划的战略动机却与之南辕北辙,其目标在于争夺中亚地区主导权、维护一己战略私利。二是美国的"新丝

---

① Tracy L. *The United States and the New Silk Road Remarks at the Jamestown Foundation*, http://www.state.gov/p/sca/rls/rmks/2013/215906.htm. (访问时间:2014 年 8 月 30 日)

## 第八章　西方操弄西域议题抹黑"一带一路"学术溯源

绸之路"计划立足阿富汗却以印度为中心，希望借印度对中国和伊斯兰世界形成战略牵制，但这也会导致阿富汗、巴基斯坦、印度等难以形成合力，尤其是巴基斯坦一方面因克什米尔问题与印度之间缺乏互信，另一方面与阿富汗的政治关系并未明显改善，还要担心印度借此坐大后挤压自身战略空间，以上诸多问题使巴基斯坦加深了对美国的疑虑。三是中俄致力于"一带一路"与欧亚联盟的对接，并在中巴经济走廊、中欧班列及中蒙俄经济走廊等示范性项目建设中成效凸显。美国却在阿富汗内乱、哈萨克斯坦动荡、俄欧冲突等中国西部周边地区与国家发展中扮演了破坏者的角色，与中俄主导下的多边主义丝路战略合作形成鲜明对比，表明地缘政治版的美国"新丝绸之路"计划旨在维护美国霸权利益的本质。

目前，在中美战略博弈趋紧的现实背景下，美国的"新丝绸之路"计划虽然搁浅，但其政治霸权主义的战略思想仍在诱导美国加紧遏制中国的战略部署，2022年2月12日，拜登政府公布了长达19页的《印太战略文件》，成为美国"新丝绸之路"计划由陆丝向海丝演进的产物，宣称"在拜登总统的领导下，美国决心加强在印太地区的长期地位和投入。美国将关注印太地区的每个角落：从东北亚和东南亚，到南亚和大洋洲，也包括太平洋岛屿。在美国向印太地区追加投入的时候，美国许多盟友和伙伴，包括欧洲的盟友和伙伴，正日益将其注意力转向这一地区。同时，美国民主共和两党已在国会就这一问题达成广泛共识：美国必须更加重视印太。在快速变化的全球战略格局中，美国充分认识到：只有美国将自身牢牢锚定在印太地区，并与区域内最亲密的盟友和伙伴一起加强域内合作，才能更好促进美国利益。"因此，"美国务必借鉴域内盟友的视角，并努力与其保持一致。与日本一样，美国认为，成功的印太愿景必须推进自由和开放，并提供'自主和选择'。同时，美国支持一个强大的印度作为印太愿景的合作伙伴。美国与澳大利亚一道寻求维护稳定、拒绝胁迫。美国像韩国一样，目标是以建设促进地区安全。美国也与东盟达成共识，承认东南亚是印太区域的核心。像新西兰和英国一样，美国寻求在基于规则的区域秩序中建立韧性。与法国一样，美国肯定欧盟在印太地区日益增长的作用具备战略价值。与欧盟《印太合作战略》推出的战略方针保持一致，美国奉行恪守原则的、立意长远的，并立足于民主的韧性。"①

剖析了"新疆工程"与美国"新丝绸之路"计划间关联性后发现：美国政府一方面在中国西部周边地区和国家制造危机和战争，并打着"人权"旗号抹黑治疆方略，妄图达到"以疆制华"的战略野心。另一方面，美国政府打着"民主"旗号干涉台海问题与涉港问题，并出台《印太合作战略》来"塑造中国所处的战略环境"，形成从陆丝与海丝两面包抄"一带一路"的遏制中国战略，凸显西域议题研究所具复杂而重大的战略意涵，再次确证了西域议题学术传统在丝路学研究领域的至关重要性。

## 三、"一带一路"建设中加强西域议题研究的重大意义

研究美国对华政策文献后发现：美国历届政府在遏制中国问题上多以"新疆牌"作为重要选项，从民族、宗教到人权，西域议题屡次被美国政界、媒体、学者三方联手、共同操弄，形成了"以疆遏华"战略，如特朗普政府一方面对华打"经济牌"，另一方面也打"新疆牌"，尤其是以蓬佩奥为首的美国政客们，做尽了操弄西域议题的所有伎俩。尽管在特朗普执政期间，美欧盟友关系遭到较大破坏，利益分歧越来越明显。但在西域议题上，这几年却依然成为美欧对华战略的重要默契，这是一个比较突出的现象，值得研究。

2020年5月18日，国务院发布《关于新时代推进西部大开发形成新格局的指导意见》，作出强化举措推进西部大开发形成新格局的重大决策部署，"支持新疆加快丝绸之路经济带核心区建设，形成西向交通枢纽和商贸物流、文化科教、医疗服务中心。"2020年9月25日，中央召开第三次新疆工作座谈会，习总书记在此次会议上强调"坚持依法治疆、团结稳疆、文化润疆、富民兴疆、长期建疆，努力建设新时代中国特色社会主义新疆。"在近4个月内中央完成了治疆方略升级版，对此美欧便加紧操弄西域议题，成为特朗普政府与欧盟少有的默契点，也成为拜登政府与欧洲盟友重修旧好的重要抓手。拜登政府不仅延续了特朗普政府的"以疆遏华"战略而继续操弄西域议题，还以西域议题作为实施"联欧制华"战略

---

① 南亚研究小组全文编译白宫最新《印太战略文件》，https://new.qq.com/rain/a/20220215a0b7yd00。（访问时间：2022年3月27日）

## 第八章 西方操弄西域议题抹黑"一带一路"学术溯源

的新抓手。亦即,拜登政府联手欧洲盟友,通过政客、媒体、学者来进一步抹黑攻击中国治疆方略,通过抹黑攻击来操弄西域议题,加剧西方大国对中国在意识形态上的围堵。此外,拜登政府还继续采用单边制裁来操弄西域议题,对涉疆人员、政府、机构、企业、产业等实施单边制裁,推进西方大国的反华势力操弄连坐性涉疆制裁,进一步加大反华势力对中国在高质量推进"一带一路"建设上的围堵。总之,拜登政府在抹黑攻击与单边制裁两方面,与美国盟友联手操弄西域议题,美国欲以西域议题为突破口促成"联欧遏华"的新战略正在成型,值得警惕。

自倡建"一带一路"倡议至今,中国西域议题研究迎来重大学术机遇,"新疆问题"成为全球关注中国内政外交的热点问题并饱受争议。中国的治疆方略,不仅为多民族、多宗教国家和地区面临的难题治理提供了"中国方案",还为高质量共建"一带一路"注入了新动力。西域议题不仅关涉国家核心利益,还成为关乎中国参与全球治理的能力与信誉的大问题。作为丝路凿通国,中国以助力互联互通的"驿站"、巧治水资源的"坎儿井",以及戍边屯田的西域治理模式等为丝路治理作出了历史贡献。同时,由我们的国家体制、国家制度带来了新疆治理体系的优势,新疆治理体系的优势如何变成新疆治理的效能,是需要我们研究的问题。新疆能否实现有效治理,很大程度上影响和决定着丝绸之路核心区建设和"一带一路"的成败。因此,中国丝路学界应以"文化润疆"为契机,进一步发掘新疆处于丝路腹地的史地优势、亚欧核心带的地缘优势、深化改革的"战略替代区"的资源优势以及"一带一路"交汇区的战略优势等,考虑如何将这些涉疆优势转化为西域议题研究动力则是关键,凸显了西域议题研究的重大战略意义,且集中体现在以下三方面:

首先,西域议题仍是中美战略博弈中一个无法回避的难题。未来中美可能是通过对立、冲突、合作三种方式在相当长一段时间内展开战略博弈,西域议题恐怕是在最重要的对立形态下易被政客所操弄。因此,在中美战略博弈的新阶段,西域议题研究也将在中美战略互信共构中扮演越来越重要的角色,尤其是在高质量推进"一带一路"发展之际,因为中国新疆实际处在"一带一路"核心区、风险区及示范区,具有非常重要的地缘战略地位,国务院发布《关于新时代推进西部大开发形成新格局的指导意见》,旨在强化举措推进西部大开发形成新格局,以治疆新成就助力高质量共建"一带一路"。因此,在中美战略博弈日益紧张的背景下,西域议题仍是一个无法回避的难题,在"一带一路"软环境建设中的重要性不容置疑。

其次,西域议题研究仍是构建西方大国精英涉华认知的重点。在全球抗疫中,中国倡导的"人类命运共同体"理念渐被国际社会体认并接受。但在西方大国看来,这是要颠覆西方主导的国际旧秩序,故由其政客、媒体、学界联手操弄西域议题来消解"人类命运共同体"理念。西域议题,既是美欧丝路学派持久关注的热点,也是西方政客和媒体炒作"中国威胁论"的抓手,更是构建西方大国精英涉华认知的重点。因此,美欧大国政治操弄西域议题,不仅干扰了西域议题学术化进程,也殃及构建"人类命运共同体"理念,更影响西方大国精英形成客观并全面的涉华认知。可以肯定的是,西域议题研究将助力中美构建新型大国关系,在拜登政府"以疆遏华"与"联欧遏华"双战略并施之际,中美欧三大丝路学派展开西域议题学术对话刻不容缓,以助力优化西方大国精英的涉华认知。

最后,中外丝路学家亟待进一步推进西域议题学术化进程。"一带一路"新实践为全球丝路学转型与中国丝路学振兴带来双重学术机遇,中外丝路学家应将西域议题纳入丝路学视阈展开深入研究,聚焦"中国与世界古今丝路关系"这一核心议题、从理论与实践的双重维度开展跨学科探讨,并从文明交往、国际关系、全球治理等不同方面深入研究西域议题所包含的学理意涵,力争在统一的丝路学话语体系内开展中外西域议题学术对话。为此,中国丝路学界负有不可推卸的使命与担当,故应通过切实的努力产出有影响力的学术成果,为西域议题研究注入"中国思想"并做出"中国贡献",这才是彰显"学术中国"力量的关键。

第九章

# 共建"一带一路"
# 新实践与全球丝路学的转型

本章尝试从丝路学话语体系视角展开研究,通过分析"一带一路"与"中国叙事"的时代之遇、"一带一路"与中国丝路学话语体系的构建,以及"一带一路"与全球丝路学转型的路径选择,旨在阐明共建"一带一路"这一伟大实践亟待"中国叙事"、"一带一路"学术话语体系构建才是中国丝路学振兴之策,以及丝路学由西方化向全球性蜕变中包容性话语体系构建的至关重要性。

## 第一节 "一带一路"与"中国叙事"的时代之遇

在倡建"一带一路"新实践中,中国领导人强调要构建中国特色的学术话语体系,早在2016年的"5·17"讲话中习总书记就指出,"在解读中国实践、构建中国理论上,我们应该最有发言权,但实际上我国哲学社会科学在国际上的声音还比较小,还处于有理说不出、说了传不开的境地。要善于提炼标识性概念,打造易于为国际社会所理解和接受的新概念、新范畴、新表述,引导国际学术界展开研究和讨论。"[1] 在有关"一带一路"一系列重要讲话中,习总书记多次强调构建中国特色学科话语体系、学术话语体系、理论话语体系及教材话语体系的重要性,如2016年8月17日,习总书记在"全国推进'一带一路'建设工作座谈会"上强调要"积极宣传'一带一路'建设的实实在在成果,加强'一带一路'建设学术研究、理论支撑、话语体系建设"。2016年12月5日,中央全面深化改革领导小组第三十次会议,通过了《关于加强"一带一路"软力量建设的指导意见》强调,软力量是"一带一路"建设的"重要助推器",要

---

[1] 《习近平:在哲学社会科学工作座谈会上的讲话》,《人民日报》,2016年5月18日第2版要闻。

丝路学研究：形成、发展及其转型

"加强理论研究和话语体系建设，推进舆论宣传和舆论引导工作，加强国际传播能力建设，为'一带一路'建设提供有力理论支撑、舆论支持、文化条件"。又如，2021年11月19日，习总书记在第三次"一带一路"建设座谈会上强调要"深入阐释共建'一带一路'的理念、原则、方式等，共同讲好共建'一带一路'故事"[①]，旨在向国际社会阐明"一带一路"这一源于中国惠及世界的全球治理的"中国方案"，为中国丝路学以构建"一带一路"学术话语体系为突破口的振兴之策，提供了理论依循与行动指南。

## 一、"一带一路"为"中国叙事"提供了时代之遇

弘扬"丝路精神"共建"一带一路"以构建人类命运共同体，这是中国所倡建的"一带一路"的核心思想，需要从政治话语、民间话语、学术话语三个维度对外传播，亟待中国政界、媒体、学界三方合作共同推进。目前，尽管中国政府提出的"一带一路"倡议已取得明显成效、中国媒体讲述的"一带一路"故事也愈发生动，但中国视角的"一带一路"学术话语体系缺失已成为影响"一带一路"国际认知的重要障碍，凸显"中国叙事"的迫在眉睫。

"话语"（Discourse）一词源于语言学范畴，自20世纪20年代以来逐渐向其他领域拓展，1970年，米歇尔·福柯在"话语的秩序"演讲中提出"话语即权力"的命题[②]，"话语"和"话语权"开始被广泛运用。按语类划分话语构建方式，可分为政治、学术及民间等不同话语，政治话语更加庄重、严肃，但往往比较生硬，与听众或读者之间的权力距离较大。学术话语比较严谨、客观，但不大容易为普通听众或普通读者理解并接受。民间话语贴近普通民众，容易为他们所接受，但往往不够严谨[③]。就"一带一路"倡议的国际传播而言，政治话语重在政策宣示、学术话语重在理论

---

① 《习近平在第三次"一带一路"建设座谈会上强调以高标准可持续惠民生为目标继续推动共建"一带一路"高质量发展》，《人民日报》，2021年11月20日第1版。

② [美] 米歇尔·福柯：《话语的秩序》，许宝强等编：《语言与翻译的政治》，北京：中央编译出版社，2001年版，第7页。

③ 胡开宝：《中国特色大国外交话语的构建研究：内涵与意义》，《山东外语教学》，2019年第4期。

## 第九章 共建"一带一路"新实践与全球丝路学的转型

阐释、民间话语重在故事叙述,不同话语分工不同,但需要形成合力,共同提升中国话语权。而外交领域的学术话语构建不仅有助于外交理论与实践的有机结合,而且通过学术话语体系平台将有利于外交思想的国际传播,研究习近平外交思想亟待构建相应的学术话语体系,以推动学术界从政策阐释向学理化研究转化,进而为中国外交政策和实践提供更坚实的理论基础[①]。

研究"一带一路"学术话语,需要厘清两个基本前提:

一方面,必须要廓清"一带一路"政策话语与"一带一路"学术话语间的模糊边界。目前,学界对"一带一路"话语的研究,仍存在政策话语与学术话语混淆的现象,理论性研究的目的在于知识体系的更新与积累,而非直接体现在政策影响方面[②]。研究"一带一路"话语,应正确区分学术问题和政治问题,反对把学术问题和政治问题混淆起来、用解决政治问题的办法对待学术问题的简单化做法[③]。因为,外交话语和学术话语是指在特定历史时期内一国在外交战略政策或学术研究中所持有的特定思维方式和所使用、产生的各种语言表述[④]的两套话语,学术含量高的外交话语更具内在逻辑关联和对外感召力,在国内国际拥有更加广泛的基础,并且有利于不断推进中国外交理论建设、丰富中国外交实践[⑤]。此外,二战后美国霸权地位及其主导建立的国际制度体系之所以能够保持稳定,一定程度上得益于西方国家在国际学术话语体系中不可动摇的主导地位[⑥]。自中国提出"一带一路"倡议以来,以美国为首的

---

① 刘昌明、孙通:《习近平外交思想的创新发展与学术话语体系建构》,《当代世界社会主义问题》,2019年第1期。

② 孙吉胜、何伟:《跨学科借鉴与国际关系理论的发展和创新》,《国际关系研究》,2019年第4期。

③ 《习近平:在哲学社会科学工作座谈会上的讲话》,http://www.xinhuanet.com/politics/2016-05/18/c_111-8891128.htm。(访问时间:2020年5月2日)

④ Ken Hyland, "Academic Discourse," In Hyland, K. &Partridge, B. (eds.) Continuum Companion to DiscourseAnalysis, London: Continuum, 2011, pp. 171-184;金正昆:《现代外交学概论》,北京:中国人民大学出版社,1999年版,第114页。

⑤ 杨洁勉:《中国特色大国外交和话语权的使命与挑战》,《国际问题研究》,2016年第5期。

⑥ 刘昌明、孙通:《习近平外交思想的创新发展与学术话语体系建构》,《当代世界社会主义问题》,2019年第1期。

丝路学研究：形成、发展及其转型

西方国家蓄意将"一带一路"话语体系与丝路学作切割，以"锐实力""投资陷阱"等概念抹黑"一带一路"倡议，此种打着学术旗号的政治性操弄，实为美日印澳等国欲用"印太战略"取代"一带一路"的造势之举，此类模糊"一带一路"政策话语与学术话语之行径，需要警惕。

另一方面，必须要确立是照搬西方话语体系还是创建中国特色话语体系的基本立场。目前，中国尚未形成一套不同于西方话语却拥有广泛影响力的"中国话语"体系，中国学界大量输入了西方的学科话语及其概念、范畴、表述，中国鲜有原创性的学术概念和话语可供输出或在西方学界被普遍接受使用[1]，对西方概念、理论及方法的照搬而形成的路径依赖，造成我国哲学社会科学还处于有数量缺质量、有专家缺大师的状况，作用没有充分发挥出来[2]。以西方经验为基础、以西方思维方式为导向、以解决西方所遇到的问题为指向的西方学术话语，难以准确地解释中国特色社会主义实践。因此，在缺乏有竞争力的中国学术话语的情况下，"单向度"地采用某些西方话语来解释中国问题[3]，不利于中国学术话语的建构和传播。其中，学术话语"西方化"倾向成为阻碍中国学界进行学术话语创新、构建中国特色外交学术话语体系的重要因素之一[4]，面对中外共建"一带一路"这一伟大新实践，中国学者如果不能及时研究、提出、运用新思想、新理念、新办法，理论就会苍白无力，哲学社会科学就会"肌无力"[5]，甚至陷入"看着苹果（依赖西方分析框架和学术话语）来描述橘子

---

[1] 张志洲：《提升学术话语权与中国的话语体系构建》，《红旗文稿》，2012年第13期。

[2] 《习近平：在哲学社会科学工作座谈会上的讲话》，http：//www.xinhuanet.com/politics/2016-05/18/c_111-8891128.htm。（访问时间：2020年5月2日）

[3] 刘昌明、孙通：《习近平外交思想的创新发展与学术话语体系建构》，《当代世界社会主义问题》，2019年第1期。

[4] 《习近平：在哲学社会科学工作座谈会上的讲话》，http：//www.xinhuanet.com/politics/2016-05/18/c_111-8891128.htm。（访问时间：2020年5月2日）

[5] 《习近平：在哲学社会科学工作座谈会上的讲话》，http：//www.xinhuanet.com/politics/2016-05/18/c_11-18891128.htm。（访问时间：2020年5月2日）

## 第九章　共建"一带一路"新实践与全球丝路学的转型

(中国外交理念与实践)"的怪圈[1]。因此,中国学者应在既有的西方话语体系内开展修正性研究,以提升中国学者"去西方化"的话语修正力:1. 要通过精准的概念、科学的范畴和严谨的逻辑,科学地表达出话语体系的内容,即中国特色社会主义理论成果和实践探索;2. 要更加系统地总结已有的话语建设,形成较为完整的话语体系,用以指导未来的外交话语;3. 要积极推进理论研究,增强中国外交话语的逻辑性和说服力,提高中国设置国际议题和制定国际规则的话语能力,努力把中国外交话语的"潜在优势"转化为"现实优势"[2]。

德国历史学家奥斯瓦尔德·斯宾格勒在《西方的没落:世界历史的透视》一书中指出:"民族彼此之间的了解也像人与人之间的了解一样是很少的。每一方面都只能按自己所创造的关于对方的图景去理解对方,具有深入观察眼力的个人是很少的。"[3] 亦即,在缺乏共同的规范、制度以及身份认同的情况下[4],要让国际社会普遍理解"一带一路"倡议并非易事。梳理近年来国外学界"一带一路"研究现状后发现,"注重以问题为导向的多学科介入"[5],肯定"一带一路"倡议对全球经济一体化的贡献,例如,韩国学者杨平燮[6]、英国学者克里斯汀·普洛伯格[7]等,也有印度学者

---

[1] 郑永年:《通往大国之路:中国的知识重建和文明复兴》,北京:东方出版社,2012年版,第9页。

[2] 孙吉胜:《传统文化与十八大以来中国外交话语体系构建》,《外交评论》,2017年第4期。

[3] [德]奥斯瓦尔德·斯宾格勒:《西方的没落:世界历史的透视》,齐世荣等译,北京:商务印书馆,1963年版,第308页。

[4] Peter Loftus, "How China's Community of Common Destiny Will Change Asia," http://www.dukenex.us/peter-loftushow-chinarsquos-community-of-common-destiny-will-change-asia.Html, 2020-5-3.

[5] 焦佩:《海外习近平新时代中国特色社会主义思想研究:观点比较及其启示》,《探索》,2020年第1期。

[6] YANG P. S., et al. "Emerging Countries Strategy for China: Focusing on BRI," *World Economy Brief*, 2019 (5): 1-8.

[7] CHRISTIAN P. "One Belt. One Road—China's New Grand Strategy," *Journal of Chinese Economic and Business Studies*, 2017 (3): 289-305.

## 丝路学研究：形成、发展及其转型

普利特·库拉纳[①]、美国学者杰弗里·里夫斯[②]等从地缘政治的角度解读"一带一路"倡议。美国战略与国际问题研究中心（CSIS）于 2019 年 12 月 19 日发布威廉·帕卡特的题为《竞争获胜：联手应对"一带一路"》一文，反映了美国智库负面性认知"一带一路"的基本倾向[③]。但是，也有弗兰科潘、马丁·雅克、罗思义等美欧学者能够客观并积极认知"一带一路"，尤其是弗兰科潘在《丝绸之路：一部全新的世界史》一书中，对"一带一路"的研究极具转型意义：他在解构欧洲丝路学"西方中心论"的话语体系中，还原了自汉代就已在亚非欧间所形成的商贸往来的全球化，揭示中国凿通丝路并对丝路全球化做出贡献的历史真相，并强调中国倡建"一带一路"是为人类未来谋划[④]的重大现实意义。研究发现，美欧丝路学界分歧性认知"一带一路"的现状已成国际舆论场的主流叙事，表明中国学界构建"一带一路"学术话语体系的紧迫性，且引发国内学者致力于"一带一路"的话语研究，如杨洁勉的《中国特色大国外交和话语权的使命与挑战》（《国际问题研究》2016 年第 5 期）、刘立华等的《习近平"一带一路"话语创新实践》（《北京第二外国语学院学报》2016 年第 3 期）、席军良等的《人类命运共同体视域下新时代外交话语体系构建》（《社会科学家》2017 年第 11 期）、刘水静的《丝路精神与"一带一路"倡议》（《文化软实力研究》2019 年第 5 期）、翟丽丽的《习近平足球外交话语分析》（《体育研究与教育》2019 年第 6 期）、汪树民的《习近平提升中国国际话语权方略——以施政战略为视角》（《湖南科技大学学报》2019 年第 1 期）、熊杰等的《习近平人类命运共同体理念的思想来源、发展逻辑和理论贡献》（《国际观察》2019 年第 2 期）、胡开宝的《中国特色大国

---

[①] GURPREETS. K., "India as a Challenge to China's Belt and Road Initiative," *Asia Policy*, 2019（2）：27－33.

[②] JEFFREYR, "Imperialism and the Middle Kingdom: The Xi Jinping Administrations Peripheral Diplomacy with Developing States," *Third World Quarterly*, 2018（5）：976－998.

[③] William Pacatte, "Competing to Win: A Coalition Approach to Countering the BRI," https：//www.csis.org/analysis/competing－win－coalition－approach－countering－bri, 2020－05－02.

[④] ［英］彼得·弗兰科潘：《丝绸之路：一部全新的世界史》，邵旭东、孙芳译，徐文堪审校，杭州：浙江大学出版社，2016 年版，第 447 页。

## 第九章 共建"一带一路"新实践与全球丝路学的转型

外交话语的构建研究：内涵与意义》(《山东外语教学》2019 年第 4 期)、孙吉胜的《中国国际话语权的塑造与提升路径——以党的十八大以来的中国外交实践为例》(《世界经济与政治》2019 年第 3 期)、刘昌明等的《习近平外交思想的创新发展与学术话语体系建构》(《当代世界社会主义问题》2019 年第 1 期)及段艳丰的《"一带一路"倡议下丝路精神影响的理论逻辑和实践旨趣》(《特区经济》2019 年第 10 期)等。

中国在百年大变局下高质量推进"一带一路"发展之举，不仅引发包括联合国在内的国际社会的积极响应，还引发国内外"井喷"般的丝路研究热，使得"一带一路"为"中国叙事"提供了时代之遇。为此，应遵循习总书记相关论述，从以下三方面入手构建"一带一路"学术话语体系以助力"中国叙事"：1. 应从"提炼标识性概念"入手，打造易于为国际社会所理解和接受的新概念、新范畴、新表述，引导国际学术界展开研究和讨论，强调这项工作要从学科建设做起，每个学科都要构建成体系的学科理论和概念[①]。2. 要"在我国同世界的关系中看问题"，提出我国处于近代以来最好的发展时期，世界处于百年未有之大变局[②]的时势判断。随着中国前所未有地走近世界舞台的中央，前所未有地接近实现中华民族伟大复兴的中国梦，中国与世界的关系发生前所未有的历史性变化[③]，这为重释"中国与世界古今丝路关系"提供了学术新机遇。3. 要在破立并举中"用发展的理论指导发展的实践"，对国外的理论、概念、话语、方法进行鉴别，适用的就拿来用，不适用的就不要生搬硬套，坚持古为今用、洋为中用，融通各种资源，不断推进知识创新、理论创新、方法创新[④]，以加强对党中央治国理政新理念新思想新战略的研究阐释，提炼出有学理性的新理论，概括出有规律性的新实践。这是构建中国特色哲学社会科学的着

---

[①]《习近平：在哲学社会科学工作座谈会上的讲话》，http://www.xinhuanet.com/politics/2016-05/18/c_11-18891128.htm。(访问时间：2020 年 5 月 2 日)

[②] 同上。

[③] 栾建章：《深入理解习近平外交思想的五个维度》，http://theory.people.com.cn/n1/2018/0815/c40531-30230-108.html。(访问时间：2020 年 5 月 2 日)

[④]《习近平：在哲学社会科学工作座谈会上的讲话》，http://www.xinhuanet.com/politics/2016-05/18/c_11-18891128.htm。(访问时间：2020 年 5 月 2 日)

力点、着重点①。

通过以上三方面的不懈努力,尤其要在汲取马克思主义资源、中华优秀传统文化资源、共建"一带一路"现实资源以及国外哲学社会科学资源中,着力打造融通中外的新概念、新范畴、新表述②,以构建中国特色的"一带一路"学术话语体系。

## 二、从提炼丝路标识性新概念来助力"中国叙事"的范例

在一个学科的理论发展中,概念是构成知识的基本单位,是构建理论框架和知识体系的基本材料,而概念的具体内涵和在理论体系中的具体体现则集中反映在该学科理论的最新研究成果上③。丝路学衍生于中外学者对"丝绸之路"概念持续不断的探究,并形成丝路学概念研究范式。自2013年提出"一带一路"倡议以来,习总书记通过提炼丝路标识性新概念,不仅丰富了丝路学概念阐释体系,还提升了"一带一路"学术话语的认同度。亦即,习总书记提炼出"丝绸之路""丝路精神""丝路文明""丝路人""丝路伙伴""伙伴精神"与"一带一路""中国梦""共商共建共享""新型国际关系""文明交往互鉴""人类命运共同体"等一系列丝路标识性概念,从以下三方面丰富了丝路学概念阐释体系:

首先,采用互文策略解读概念,打通了古今中外认知壁垒。

互文是古代汉语中一种互文见义的修辞手法,是话语传播的一种策略,旨在相互借意,使表达更为透彻。习总书记从语义学互文性出发,阐释丝绸之路与"一带一路"的古今"中国与世界关系",在充分解释其成因背后的文化传统以及与现实之间的逻辑关联、对当前国际秩序的影响,阐明其世界意义④中,助力"一带一路"话语转变为世界话语。为此,习

---

① 《习近平:在哲学社会科学工作座谈会上的讲话》,http://www.xinhuanet.com/politics/2016-05/18/c_11-18891128.htm。(访问时间:2020年5月2日)

② 习近平:《胸怀大局把握大势 着眼大事 努力把宣传思想工作做得更好》,《人民日报》,2013年8月21日。

③ 孙吉胜、孙通:《跨学科借鉴与国际关系理论的发展和创新》,《国际关系研究》,2019年第4期。

④ 孙吉胜:《中国国际话语权的塑造与提升路径——以党的十八大以来的中国外交实践为例》,《世界经济与政治》,2019年第3期。

## 第九章 共建"一带一路"新实践与全球丝路学的转型

总书记于 2014 年 6 月首次提出"丝路精神"① 概念后,又多次提及"丝路精神"②,强调其对共建"一带一路"的价值引领作用,明确"一带一路""向所有朋友开放"③ 的态度及"五通"举措,从丝路历史"汲取智慧"以"发展全球伙伴关系"④,通过"五路"建设助力"一带一路"消除"四大赤字"。其中,"文明之路"尤为重要,要携手打造"四路"⑤ 促进"民心相通",建成"新时代丝绸之路"⑥ 以构建"人类命运共同体",使得"一带一路"话语体系在历史与现实双重维度上得以构建,打通了古今中外的认知壁垒,有助于"一带一路"学术话语的远播世界。

其次,在逻辑演进中诠释概念,形成了逻辑自洽的概念群。

在"丝绸之路"历史维度上,习总书记明确中国是"丝绸之路"凿通国、是"丝路文明"重要建构者,中外"丝路人"是结成"丝路伙伴"与构建"丝路命运共同体"的中坚力量,平等合作的"伙伴精神"实为"丝路精神"的重要组成部分,凸显在凿通丝绸之路、建构"丝路文明"、结成"丝路命运共同体"历史中的"中国贡献";在"一带一路"现实维度上,习总书记回应"一带一路"共建中的重大关切,以"五通"与"中国梦"阐释"一带一路"共建内涵、以"共商共建共享"阐释"一带一路"共建原则、以"五路"阐释"一带一路"共建路径、以"伙伴精神"⑦ 阐释"一带一路"共建初心、以"人类命运共同体"阐释"一带一

---

① 习近平:《弘扬丝路精神 深化中阿合作——在中阿合作论坛第六届部长级会议开幕式上的讲话》,《人民日报》,2014 年 6 月 6 日第 2 版要闻。

② 包括习近平总书记在 2015 年 10 月 15 日会见出席亚洲政党丝路专题会议外方代表讲话、2016 年 4 月 29 日中共十八届中央政治局第三十一次集体学习讲话、2016 年 6 月 20 日在波兰华沙出席丝路国际论坛暨中波地方与经贸合作论坛开幕式讲话及两届"一带一路"国际合作高峰论坛讲话,等等。

③ 同上。

④ 习近平:《携手推进"一带一路"建设——在"一带一路"国际合作高峰论坛开幕式上的演讲》,《人民日报》,2017 年 5 月 15 日第 3 版要闻。

⑤ 习近平:《在第二届"一带一路"国际合作高峰论坛欢迎宴会上的祝酒辞(二〇一九年四月二十六日,北京)》,《人民日报》,2019 年 4 月 27 日第 2 版要闻。

⑥ 习近平《携手共创丝绸之路新辉煌——在乌兹别克斯坦最高会议立法院的演讲(2016 年 6 月 22 日,塔什干)》,《人民日报》,2016 年 6 月 23 日第 2 版要闻。

⑦ 习近平:《在第二届"一带一路"国际合作高峰论坛记者会上的讲话(二〇一九年四月二十七日,北京)》,《人民日报》,2019 年 4 月 28 日第 2 版要闻。

路"共建目标,凸显在共建"一带一路"、发展"伙伴关系"、构建"人类命运共同体"现实中的"中国贡献"。由此,"丝路精神"贯通了历史与现实双重维度,逐层剖析了"中国与世界古今丝路关系",并彰显了"中国与世界丝路关系"的未来前景,形成了逻辑自洽的丝路标识性概念群。

最后,以"丝路精神"为元概念,深化了丝路学概念阐释体系。

李希霍芬等人以"丝绸之路"为元概念,构建了丝路学概念阐释体系。习总书记以"丝路精神"为元概念,进一步深化了丝路学概念阐释体系。自 2014 年 6 月 5 日习总书记首次界定"丝路精神"后,以此为元概念,不断阐释"一带一路",并逐步生发而成了"一带一路"核心思想:弘扬"丝路精神"共建"一带一路"以构建"人类命运共同体",表明丝绸之路是历史留给我们的伟大财富,"一带一路"倡议是中国根据古丝绸之路留下的宝贵启示,着眼于各国人民追求和平与发展的共同梦想,为世界提供的一项充满东方智慧的共同繁荣发展的方案[1]。2019 年 8 月,习总书记在敦煌研究院座谈时明确了"丝路精神"是中华文明与"域外优秀文明"对话的结晶[2],是千百年丝路所"承载的和平合作、开放包容、互学互鉴、互利共赢精神薪火相传"[3],形成了共商共建共享的"一带一路"建设原则,进而助力构建"人类命运共同体"。面对 2020 年突发的全球性的新冠肺炎疫情挑战,中国以共建"健康丝绸之路"为抓手,践行了"人类命运共同体"理念,再次彰显了"丝路精神"的现实影响。

习总书记提炼的一系列丝路标识性概念,不仅助力共建"一带一路"新实践,还在应对全球性挑战中被世界认可而成为国际公共产品,表明中国不仅能够提供传统的物质性和制度性的国际公共产品,还具有创新性地

---

[1] 习近平:《携手推进"一带一路"建设——在"一带一路"国际合作高峰论坛开幕式上的演讲》,《人民日报》,2017 年 5 月 15 日第 3 版要闻。

[2] 习近平:《携手共创丝绸之路新辉煌——在乌兹别克斯坦最高会议立法院的演讲(二〇一六年六月二十二日,塔什干)》,《人民日报》,2016 年 6 月 23 日第 2 版要闻。

[3] 习近平:《在中阿合作论坛第六届部长级会议开幕式上的讲话(2014 年 6 月 5 日)》,《人民日报》,2014 年 6 月 6 日第 2 版要闻。

提供观念性和理念性的国际公共产品①的潜力,例如,"人类命运共同体"概念初见于党的十八大报告、后被写入党的十九大报告,2018年3月被写入宪法,引发国际社会关注。2017年2月10日,联合国社会发展委员会第55届会议将"人类命运共同体"写入决议。2017年3月1日,联合国人权理事会第34次会议提出构建"人类命运共同体"。2017年3月17日,联合国安理会第2344号决议强调构建"人类命运共同体"。2017年11月2日,第72届联合国大会第一委员会将构建"人类命运共同体"写入两份安全决议,等等。2020年新冠肺炎疫情肆虐全球,习总书记多次呼吁构建"人类命运共同体"的现实紧迫性,中国举国抗疫的成效与积极参与国际援助的努力,是践行构建"人类命运共同体"的有力佐证,"人类命运共同体"已成为继"一带一路"倡议后中国提供给国际社会的又一公共产品。

总之,习总书记通过以上三方面的丝路标识性概念提炼,尤其通过"丝路精神""一带一路""人类命运共同体"三个关乎"一带一路"核心思想的概念群阐释,不仅助力"一带一路"国际传播,还丰富了丝路学概念阐释体系,进而成为立足"一带一路"话语传播来助力"中国叙事"的成功典范。为此,中国学界应从丝路标识性概念入手,深入研究源于丝路历史经验与"一带一路"共建实践、预判人类发展大势的新概念,在丰富丝路学概念阐释体系中提升"一带一路"学术话语的国际认同度,以增强"丝路精神"的价值认同基础提供学理性支撑。

## 三、从"中国与世界古今丝路关系"开展"中国叙事"的对策

从"中国与世界古今丝路关系"的视域开展"中国叙事",旨在通过跨文化传播使中国文化融入世界主导文化结构内,成为其整个意义系统的有机组成部分,或直接扩散为世界主流文化,或促成民族"私有知识"(观念)上升为"公有知识"(观念),促发本国获得国际社会及他国的积极认同,达到营造良好国际舆论环境的目的。亦即,将"丝路精神"升为

---

① 邢丽菊:《习近平外交思想的中华传统文化内涵》,《东北亚论坛》,2018年第6期。

全球"共同价值"以优化"一带一路"软环境，进而提供更多的丝路公共产品。因为，公共产品实为人文价值观成功传播的产物，人文价值观又程度不同地影响着国际关系基本建构，进而影响全球治理的未来走向，故中国应构建多元、民主的国际话语体系、以贡献公共产品的方式深化文明交往中的价值沟通，要通过"丝绸之路""丝路文明""丝路伙伴""丝路命运共同体""丝路精神"与"一带一路""共商共建共享""五通""一带一路朋友圈""人类命运共同体"等两套丝路公共产品的提供，从历史—现实—未来三个维度上向国际社会阐释"中国方案"成为全球治理中不可或缺的重要组成部分，并通过高质量推进"一带一路"发展的现实成效，全方位彰显中国提供丝路公共产品的能力。为此，应从以下两方面入手来确立"中国叙事"的新对策：

一方面，应进一步加强中国丝路国家形象传播的系统工程建设。国家形象是一个国家对自我的认知以及国际体系中其他行为体对其认知的结合，是一系列信息输入和输出产生的结果。作为反映在媒介和人们心理上对于一个国家及其民众的历史、现实、政治、经济、文化、生活方式以及价值观的综合印象，国家形象是国家外部公众和内部公众对国家本身、国家行为、国家的各项活动及其成果所给予的总的评价和认定。中国国家形象传播是个系统工程，从辉煌的"丝路古国"到崛起的"丝路大国"，再到复兴的"丝路强国"，应作为总体传播战略，并以此为主线创建中国国家形象在历史、现实与未来的三维传播机制，打造古今丝路中国国家形象传播的特色项目，以及评估"一带一路"沿线国家与辐射国家"中国形象"传播成效，进而形成中国丝路国家形象传播的系统工程，这是"中国叙事"的重中之重，应从以下三方面予以落实：首先，应以"郑和符号"为抓手进一步加强中国的"丝路古国"形象国际传播。郑和在近30年间出访30多个亚非国家的出色外交实践影响深远，并逐渐形成了由"郑和崇拜"、"郑和文化"及"郑和精神"所组成的"郑和符号"，使丝路沿线的人们共享了和合、仁爱、协和万邦等儒家文化观，劝善、戒恶、普慈的多元宗教文化信息，以及互惠、包容、合作的"丝路精神"等，参与塑造了丝路沿线国家与地区的涉华认知，在中国的"丝路古国"形象传播中发挥了重要作用："郑和符号"在东南亚主要通过"郑和崇拜"（以伊、佛、道为主的混合型信仰崇拜）来传播"中国形象"，包括有关郑和的寺庙、

### 第九章 共建"一带一路"新实践与全球丝路学的转型

郑和的遗迹与传说、郑和布施的寺碑及郑和传教的相关史实等,如现存于斯里兰卡国立博物馆的《布施锡兰山佛寺碑》,成为"郑和和平宽容精神的体现和象征","表明中国当时已经有世界性的眼光";"郑和符号"在中东主要通过"郑和文化"(经济互惠、文化包容、安全合作)来传播"中国形象",包括以经促文的丝路相处模式、以朝觐为主的宗教外交、双向宗教交流所催发的非传统安全观等;"郑和符号"在非洲主要通过"郑和精神"(和平与发展精神)来传播"中国形象",且以"文献记载""传说与遗迹"及"后裔归祖"等方式"残存"至今,对非洲的影响远远超越了宗教社会层面。其次,应正视宗教交流在中国的"丝路大国"形象国际传播中的特殊作用。宗教交流不仅是丝路文明交往的重要组成部分,还在国家形象传播中发挥了特殊作用。早在7世纪,伊斯兰教"学问虽远在中国,亦当求之"的圣训,折射出作为"丝路古国"的中国不仅是和平、富裕、文明之所,更是崇智、尚知、学习的对象,"大唐盛世"的软实力所及高度即可略见一斑。但自"9·11"事件以来,我国周边外交中的宗教变量已成为传播中国国家形象的新挑战。在"一带一路"沿线国家,穆斯林人口占比超半数以上的有37个国家,天主教、东正教与基督教三大信仰群体人口占比超半数以上国家分别是9个、7个、2个,表明基督教在中东欧影响力仍不容忽视;佛教徒占比超过半数国家有7个,除蒙古国外,其他6国均属东南亚地区,佛教在东南亚影响力依然强大,华人华侨中信仰道教及佛教的居多,但也有信仰伊斯兰教、基督教的……多元信仰结构已成"一带一路"沿线国家的普遍现象。据皮尤研究中心预测统计表明,截至2050年印度将成为全球穆斯林人数最多、印度教信徒最多亦即全球宗教信仰人数最多的宗教型大国……这些值得深究的现象,既是我国与丝路沿线国家开展"民心相通"面临的教情现状,也是在"一带一路"沿线国家传播中国国家形象面临的新课题。美西方常借宗教话题蓄意炒作、常对治疆方略说三道四,以及常对中国发展挥舞"人权"大棒,这些都不同程度地误导了国际舆论并对中国国家形象构塑产生了销蚀力。因此,中国人文外交应在切实履行"价值沟通""增信释疑"及"培育反恐共识"三大使命中,加强我国与丝路沿线国家间宗教交流,着力修复我国的民族宗教政策形象以助力国家形象传播。最后,应通过提升国际公共产品供给力来助力中国的"丝路强国"形象国际传播。中国提供国际公共产品的能力有限，影响了"丝路大国"形象的传播，也对"丝路强国"形象传播产生了掣肘。全球化时代需要对话多于对抗，霸权话语与非霸权话语需要走出压制与抵制的恶性循环，在多重语境中开展文明对话，在求同存异中进行价值观沟通。后冷战时代的发展现状是，有话语权却正在衰落的发达国家与没有话语权却正在崛起的新兴大国集团的并存。"一带一路"软力量建设的关键之一是扩大中国价值观的影响力，进而在全球治理的相关议题设定中拥有更大的话语权，更多地发出中国"自己的声音"。因此，应在弘扬"丝路精神"、构建"人类命运共同体"实践中消泯中外话语体系间的隔阂，既要传播"协和万邦""求同存异""丝绸之路""丝路精神"等丝路历史公共产品，还要传播"一带一路""五通""共商共建共享""人类命运共同体"等丝路现实公共产品，在统筹传播中增强丝路公共产品供给力。唯有向世界不断提供公共产品，才能最终实现"国强语盛"。总之，加强中国丝路国家形象传播的系统工程建设，旨在增强中国国家形象的系统传播效应，以服务于"一带一路"软环境建设。

另一方面，在百年不遇的疫情肆虐全球之际，中外共建"健康丝绸之路"的新实践助力"中国叙事"的探索之旅。在全球抗疫中，美英等国少数政客和媒体频频对中国发出"甩锅""清算"等言论，试图围绕全球抗疫问题挖设话语陷阱，诋毁中国国内抗疫的努力和对世界抗疫所做的贡献，抹黑中国在国际上的负责任大国形象。在这种情况下，主动加强抗疫话语中的"中国叙事"变得极为重要。西方一些人蓄意制造杂音原因复杂，既有为本国抗疫不力转移视线和推卸责任的考虑，也有"救世主"情结和对华傲慢偏见作祟，甚至还受到"文明冲突论"等执念影响。这些伎俩已对全球抗疫造成混淆视听、消解共识等干扰，比如世卫组织肯定中国贡献和中国经验、反对将抗疫政治化，却被指责偏袒中国。全球抗疫很大程度上取决于那些形势最严峻的国家和地区能否在防控理念和措施上及时跟上。美欧一些力量忙着"甩锅"而不及时反省和扭转抗疫不力的局面，只会进一步丧失机遇窗、遭受更大损失并拖累全球抗疫进程。

全球抗疫将是一场持久战，匡正抗疫话语层面的那些歪曲声音，也是促进全球抗疫合作的一部分。我们在这方面已经有所行动，比如2020年4月6日中国发布"新冠肺炎疫情信息、推进疫情防控国际合作纪事"，梳理了自2019年12月30日至2020年3月31日期间中国及时发布疫情信

## 第九章　共建"一带一路"新实践与全球丝路学的转型

息、推进国际合作抗疫等方面的主要事实。2020年6月7日，中国发布《抗击新冠肺炎疫情的中国行动》白皮书，旨在"记录中国人民抗击疫情的伟大历程，与国际社会分享中国抗疫的经验做法，阐明全球抗疫的中国理念、中国主张"，尤其是"中国始终秉持人类命运共同体理念，肩负大国担当，同其他国家并肩作战、共克时艰。中国本着依法、公开、透明、负责任态度，第一时间向国际社会通报疫情信息，毫无保留同各方分享防控和救治经验。中国对疫情给各国人民带来的苦难感同身受，尽已所能向国际社会提供人道主义援助，支持全球抗击疫情"[①]的切实努力，为驳斥西方一些势力对中国抗疫的攻击和抹黑提供了坚实的实践支撑。

尽管目前西方大国仍在污名化中外共建"健康丝绸之路"，但事实经得起验证。一个最直观的表现，就是新冠肺炎疫情是一场突发的全球性公共卫生危机，中国充分认识到这场危机对本已漏洞频出的全球治理也将带来严峻挑战。因此在应对疫情过程中，中国在国内采取果断措施的同时，始终致力于推动抗疫国际合作，避免各国在灾难面前各自为战，以致政治、互信等壁垒都被加深，进一步冲击对全球治理的信心。于是，中国一直积极借助联合国与世卫组织平台开展国内防疫、参与国际合作，通过首脑通话、相关部委信息发布与通报、全球专家视频会诊以及力所能及地对外援助等，助力形成共商、共防、共治的全球公共卫生治理秩序。中国的这些努力已在国际社会上赢得了普遍肯定，把中国在抗疫中的言行和理念对外讲明讲透，就能有效压缩西方毁谤中国的空间，同时中国话语供给能力也将得到提升，中国的国家形象才能得到正面彰显。因此，中外共建"健康丝绸之路"的新实践，正在助力"中国叙事"的探索之旅，我们还需做得更多。

总之，"话语权"实为控制国际舆论的权力，葛兰西的"领导权"、福柯的"权力话语"、哈贝马斯的"合法化"、罗兰·巴特的"泛符号化"及鲍德里亚"仿像"等话语理论，均强调了话语具有一种信息传播主体的潜在现实影响力。高质量推进"一带一路"发展的历程，实为增强"丝路精神"国际共识度的历程，也是中国提升丝路国际公共产品供给力的历

---

[①] 中华人民共和国国务院新闻办公室：《抗击新冠肺炎疫情的中国行动》，《人民日报》，2020年6月8日第10版。

程,更是中国提高在丝路沿线国家和地区国际舆论话语权的历程。因此,加强中国丝路国家形象传播的系统工程建设与中外共建"健康丝绸之路"中的"中国叙事"新探索,着力从话语权的他塑与自塑两个进路予以探讨,确证掌握"丝路话语权"是扩大中国价值观传播、提升国家软实力的关键举措,也是中国能在全球治理相关议题设定中拥有更大话语权的战略保障,故形成"一带一路"为"中国叙事"所提供的时代之遇。

## 第二节 "一带一路"与中国丝路学话语体系的构建

研究发现,习总书记关于"一带一路"重要论述所阐发的相关新理念,是对丝路学三大理论的某种修正,增强了"一带一路"学术话语的阐释力,成为依托"一带一路"新实践来构建中国丝路学话语体系的典范,且主要体现在以下三方面:

### 一、中国特色的文明交往观助力修正丝路学文明交往理论

习总书记指出,"要认识今天的中国、今天的中国人,就要深入了解中国的文化血脉,准确把握滋养中国人的文化土壤"[1]。他从丝绸之路这一中华文明成长兴衰的"文化土壤"入手,形成由丝路亚洲文明→丝路文明→人类文明的递进式文明阐释体系:第一,丝路亚洲文明奠定了丝路文明的基础,亚洲各国借丝绸之路开展"文明对话"、借"一带一路"拓展文明交流互鉴的途径,亚洲因提供了丰富的文明选择而奠定了丝路文明基础[2]。第二,丝路文明系多元文明共同体,因丝路跨越埃及文明、古巴比伦文明、印度文明、中华文明的发祥地,跨越佛教、基督教、伊斯兰教信众的汇集地,跨越不同国度和肤色人民的聚居地而形成文明在开放中发

---

[1] 习近平:《在纪念孔子诞辰 2565 周年国际学术研讨会暨国际儒学联合会第五届会员大会开幕上的讲话(2014 年 9 月 24 日)》,《人民日报》,2014 年 9 月 25 日第 2 版要闻。

[2] 习近平:《携手推进"一带一路"建设——在"一带一路"国际合作高峰论坛开幕式上的演讲(2017 年 5 月 14 日,北京)》,《人民日报》,2017 年 5 月 15 日。

## 第九章 共建"一带一路"新实践与全球丝路学的转型

展,民族在融合中共存的丝路文明①。第三,人类文明是多彩、平等、包容的,应秉持维护世界文明多样性②的立场,正视世界上有 200 多个国家和地区、2500 多个民族、多种宗教③的事实,坚持人类文明因多样才有交流互鉴的价值,因平等才有交流互鉴的前提,因包容才有交流互鉴的动力④的基本立场。

在论述了"文明问题"后,习总书记论及"文明交往问题"并形成"文明交往观":第一,提出"三个超越"的文明交往原则,主张在"文明交流超越文明隔阂、文明互鉴超越文明冲突、文明共存超越文明优越"⑤的指导下,倡导尊重世界文明多样性⑥,提出文明差异应成为人类文明进步的动力,并推动不同文明交流对话、和谐共生⑦,同时提出相互尊重、美人之美、开放包容、与时俱进的四点主张。第二,从正反两方面探索文明交往路径,肯定故宫、卢浮宫等陈列的藏品所展现的多样文明成果,反对文明优劣论⑧;揭示傲慢和偏见是文明交流互鉴的最大障碍;阐释中华文明是同其他文明不断交流互鉴而形成的文明,反对文明霸权论⑨;提出

---

① 习近平:《携手推进"一带一路"建设——在"一带一路"国际合作高峰论坛开幕式上的演讲(2017 年 5 月 14 日,北京)》,《人民日报》,2017 年 5 月 15 日。
② 习近平:《在纪念孔子诞辰 2565 周年国际学术研讨会暨国际儒学联合会第五届会员大会开幕会上的讲话(2014 年 9 月 24 日)》,《人民日报》,2014 年 9 月 25 日第 2 版要闻。
③ 习近平:《共同构建人类命运共同体——在联合国日内瓦总部的演讲(2017 年 1 月 18 日,日内瓦)》,《人民日报》,2017 年 1 月 20 日第 2 版要闻。
④ 同上。
⑤ 习近平:《在纪念孔子诞辰 2565 周年国际学术研讨会暨国际儒学联合会第五届会员大会开幕会上的讲话(2014 年 9 月 24 日)》,《人民日报》,2014 年 9 月 25 日第 2 版要闻。
⑥ 习近平:《决胜全面建成小康社会 夺取新时代中国特色社会主义伟大胜利——在中国共产党第十九次全国代表大会的报告(2017 年 10 月 18 日)》,《人民日报》,2017 年 10 月 28 日。
⑦ 习近平:《在纪念孔子诞辰 2565 周年国际学术研讨会暨国际儒学联合会第五届会员大会开幕会上的讲话(2014 年 9 月 24 日)》,《人民日报》,2014 年 9 月 25 日第 2 版要闻。
⑧ 同上。
⑨ 习近平:《共同构建人类命运共同体——在联合国日内瓦总部的演讲(2017 年 1 月 18 日,日内瓦)》,《人民日报》,2017 年 1 月 20 日第 2 版要闻。

## 丝路学研究：形成、发展及其转型

只要秉持包容精神，就不存在什么"文明冲突"[1]，各种文明本没有冲突，只是要有欣赏所有文明之美的眼睛[2]；倡导文明宽容，反对一切针对特定民族和宗教的歧视和偏见以防止极端势力和思想在不同文明之间制造断层线[3]。第三，揭示了文明交往的基本规律，指出交流互鉴是文明发展的本质要求，且应是对等的、平等的与多元的、多向的，是消除隔阂和误解、促进民心相知相通的重要途径[4]，也是增进各国人民友谊的桥梁、推动人类社会进步的动力、维护世界和平的纽带[5]。文明因交流而多彩，文明因互鉴而丰富，文明因多样而交流，因交流而互鉴，因互鉴而发展，要在多元文明交流互鉴中夯实构建"人类命运共同体的人文基础"[6]。

在思考了"文明问题"与"文明交往问题"后，习总书记进一步思考"中华文明交往问题"，最终形成具有中国特色的文明交往理念：第一，中华文明是在同其他文明不断交流互鉴中形成的开放体系，并在兼收并蓄中历久弥新[7]，凸显其连续型文明[8]的本质。究其根源，在于中华文明在引领建构丝路文明中形成的求同存异的开放体系与善于化解异质文明矛盾的弹性结构，使其成为丝路文明的典型代表，丝绸之路促成了中外文明时空双维的交流互鉴。在时间维度上，实现了中华文明与不同时代文明在丝绸之

---

[1] 习近平：《共同构建人类命运共同体——在联合国日内瓦总部的演讲（2017年1月18日，日内瓦）》，《人民日报》，2017年1月20日第2版要闻。

[2] 习近平：《在纪念孔子诞辰2565周年国际学术研讨会暨国际儒学联合会第五届会员大会开幕式上的讲话（2014年9月24日）》，《人民日报》，2014年9月25日第2版要闻。

[3] 习近平：《弘扬丝路精神 深化中阿合作——在中阿合作论坛第六届部长级会议开幕式上的讲话（2014年6月5日）》，《人民日报》，2014年6月6日。

[4] 习近平：《深化文明交流互鉴 共建亚洲命运共同体——在亚洲文明对话大会开幕式上的主旨演讲（2019年5月15日，北京）》，《人民日报》，2019年5月16日第2版要闻。

[5] 习近平：《在联合国教科文组织总部的演讲（2014年3月27日，巴黎）》，《人民日报》，2014年3月28日第3版要闻。

[6] 习近平：《深化文明交流互鉴 共建亚洲命运共同体——在亚洲文明对话大会开幕式上的主旨演讲（2019年5月15日，北京）》，《人民日报》，2019年5月16日第2版要闻。

[7] 习近平：《在联合国教科文组织总部的演讲（2014年3月27日，巴黎）》，《人民日报》，2014年3月28日第3版要闻。

[8] 彭树智：《文明交往论》，陕西人民出版社，2002年版，第14—15页。

## 第九章 共建"一带一路"新实践与全球丝路学的转型

路上实现物质、制度、精神、心理上的相互影响,显现出成长文明所特有的"多样性和分化趋势"①。在空间维度上,呈现出中华文明与同时代异质文明在丝绸之路上开展经贸、人文、安全等官方和民间并举的交流合作,为中外文明交往提供了重要动力。第二,中华文明造就了"丝路精神",认为中华文明以海纳百川、开放包容的广阔胸襟,不断吸收借鉴域外优秀文明成果,造就了独具特色的敦煌文化和丝路精神②,后者体现在"张骞通西域""玄奘赴天竺取经""鉴真东渡日本""郑和七下西洋",促进了中西文化交流和中外贸易发展③的丝路外交中,也体现在中国作为丝路凿通国惠及世界的历史贡献上,中国"四大发明带动了世界变革,推动了欧洲文艺复兴。中国哲学、文学、医药、丝绸、瓷器、茶叶等传入西方",惠及世界,中华文明在"吸收外来文明"与传播自身"辉煌灿烂"④中造就了"丝路精神"。第三,用"文明力量"应对全球性挑战以构建"人类命运共同体",认为在全球化时代人类面临的全球性挑战更加严峻,既需要经济科技力量,也需要文化文明力量共同应对⑤。即通过文明交流互鉴"形成防止和反对战争、推动共同发展的强大力量"⑥,以破解全球化面临的文明困境。为此,习近平总书记强调"文物的力量",建议积极主动地学习借鉴世界一切优秀文明成果⑦,让收藏在博物馆里的文物、陈列在广阔大地上的遗产、书写在古籍里的文字都活起来,让中华文明同世界各国人民创造的丰富多彩的文明一道,为人类提供正确的精神指引和强大的精神动力。用"文明力量"应对全球性挑战,是助力构建"人类命运共同

---

① [英]阿诺德·汤因比:《历史研究》,郭小凌等译,上海世纪出版集团,2005年版,第872页。
② 习近平:《在敦煌研究院座谈时的讲话》,《求是》,2020年第3期。
③ 邢丽菊:《习近平外交思想的中华传统文化内涵》,《东北亚论坛》,2018年第6期。
④ 同上。
⑤ 习近平:《深化文明交流互鉴 共建亚洲命运共同体——在亚洲文明对话大会开幕式上的主旨演讲(2019年5月15日,北京)》,《人民日报》,2019年5月16日第2版要闻。
⑥ 习近平:《在中国国际友好大会暨中国人民对外友好协会成立60周年纪念活动上的讲话(2014年5月15日)》,《人民日报》,2014年5月16日,第2版。
⑦ 习近平:《在敦煌研究院座谈时的讲话(2019年8月19日)》,《求是》,2020年第3期;《中国文物科学研究》,2020年第1期,第2—3页。

体"的正道。

习总书记立足人类文明交往的历史与现实，深刻阐明了多彩、平等、包容的文明观，交流互鉴是推动文明进步与世界和平重要动力的文明交往观，以及用"文明力量"应对全球性挑战以助力构建"人类命运共同体"的中国特色文明理念，进而形成具有中国特色的文明交往观，彰显了中国作为丝绸之路凿通国的历史贡献与"一带一路"首倡国的国际担当，为世界和平发展进步开辟了新路径，为构建"人类命运共同体"凝聚了新共识，对西方"文明冲突论"具有修正意义，进而提升了中国文化自信，"今日之中国"已成为"世界之中国"，"未来之中国，必将以更加开放的姿态拥抱世界、以更有活力的文明成就贡献世界"[1]。

## 二、中国特色的国际关系理念助力修正丝路学国际关系理论

国际关系理论的西化现象由来已久，但近年在西方的前沿理论中，学术的创新出现了摆脱西方中心主义的倾向，包括对中国古代经验的再思考[2]，习总书记基于丝路外交经验所提出的新理念，也成为去西方化理论探索的新动向之一，且主要体现为以下几方面：第一，肯定"丝路始于中国但惠及世界"的历史贡献，提出"丝路精神"助力形成"丝路命运共同体"的新见解。中国通过商品、技术、制度、思想等全方位影响了古丝路全球化并惠及世界，马克思认为"火药、指南针、印刷术——这是预告资产阶级社会到来的三大发明。火药把骑士阶层炸得粉碎，指南针打开了世界市场并建立了殖民地，而印刷术则变成新教的工具，总的来说变成科学复兴的手段，变成对精神发展创造必要前提的最强大的杠杆"[3]。弗兰科潘

---

[1] 习近平：《共同构建人类命运共同体——在联合国日内瓦总部的演讲（2017年1月18日，日内瓦）》，《人民日报》，2017年1月20日第2版要闻。

[2] 漆海霞：《当前国际关系理论创新的途径》，《国际关系研究》，2019年第4期。

[3] 中共中央马克思恩格斯列宁斯大林著作编译局编：《马克思恩格斯文集》（第8卷），人民出版社，2009年版，第338页

## 第九章 共建"一带一路"新实践与全球丝路学的转型

证实了古丝绸之路全球化网络的存在,并肯定了中国的历史贡献①,"中国有大量文明成果被教科文组织列入世界文化遗产、世界非物质文化遗产、世界记忆遗产名录"②即为明证。为此,习总书记指出,"古代中国曾经长期是世界强国,但中国对外传播的是和平理念"③,并体现为"敦亲睦邻、讲信修睦、协和万邦"的友好原则,"以和为贵、和而不同、化干戈为玉帛"的柔远策略,以及"世界大同,天下一家"的共同体意识,塑造了中国丝绸之路外交。张骞"从长安出发的和平使团",实为丝绸之路外交诞生之举;唐宋元时期,陆路丝绸之路与海上丝绸之路同步发展,中外"丝路人"维系着丝路外交;明代"郑和七次远洋航海"又一次繁荣了丝绸之路外交,创造了"万国来朝"的国际关系盛况,是"驼队和善意""宝船和友谊"所致的外交成效,"沿途各国互通有无、互学互鉴",结成"丝路经济共同体""丝路人文共同体""丝路安全共同体",蕴含了中华优秀传统文化"以和为贵""有容乃大""和而不同"的大智慧大格局,体现了"天下为公""万邦和谐""万国咸宁"的中国政治理念④,表明"丝路精神"助力形成"丝路命运共同体"的历史事实,为提出"人类命运共同体"新理念奠定了话语基础。第二,确立"一带一路源于中国但惠及世界"的共建立场,提出在"一带一路"国际合作中构建"人类命运共同体"的新理念。在确立这一共建立场后,习总书记提出"命运共同体"⑤概念,强调在不同文化、种族、宗教、社会制度中构建"命运共同体"⑥,

---

① [英]彼得·弗兰科潘:《丝绸之路:一部全新的世界史》,邵旭东、孙芳译,浙江大学出版社,2016年版,第447页。
② 中共中央马克思恩格斯列宁斯大林著作编译局编:《马克思恩格斯文集》(第8卷),人民出版社,2009年版,第338页。
③ 习近平:《携手追寻民族复兴之梦——在印度世界事务委员会的演讲(2014年9月18日,新德里)》,《人民日报》,2014年9月19日第3版要闻。
④ 叶书宏、郑汉根:《变局中凝聚世界的思想引领——记习近平主席在瑞士发表人类命运共同体演讲三周年》,http://www.xinhuanet.com/politics/leaders/2020-01/15/c_1125466436.htm。(访问时间:2022年3月5日)
⑤ 习近平:《顺应时代前进潮流 促进世界和平发展——在莫斯科国际关系学院的演讲(2013年3月23日,莫斯科)》,《人民日报》,2013年3月24日第2版要闻。
⑥ 习近平:《在联合国教科文组织总部的演讲(2014年3月27日,巴黎)》,《人民日报》,2014年3月28日第3版要闻。

呼吁共建"网络空间命运共同体"[1],号召从五方面"构建人类命运共同体"[2],诠释"人类命运共同体"内涵[3],提出走"国与国交往新路"来"构建人类命运共同体"[4],表明人类命运共同体理念贯穿着中国外交逻辑,是中国与世界互动的核心理念与最高目标[5]。其中,丝路伙伴是构建"人类命运共同体"的主体,强调中国率先把建立伙伴关系确定为国家间交往的指导原则,同90多个国家和区域组织建立了不同形式的伙伴关系。中国将进一步扩展遍布全球的"朋友圈"[6]。中国与丝路沿线国家在弘扬"丝路精神"中共建"一带一路",在共建"一带一路"中实现了"丝路天然合作伙伴"向"丝路战略合作伙伴"的转化,并在形式多样、内涵丰富的伙伴合作关系中形成全球"朋友圈"以构建"人类命运共同体"。这是习近平总书记站在人类进步高度,把握世界发展格局变化趋势,高屋建瓴地提出来的一份超越民族、国家和意识形态的中国方略,赢得了国际社会广泛认同,表明"丝路命运共同体"之于"人类命运共同体"的塑造意义。第三,习总书记以"一带一路"国际合作观修正西方零和博弈论,提出构建互利共赢的新型国际关系新理念。2013年3月,习近平总书记在莫斯科国立国际关系学院演讲时首次提出"建立以合作共赢为核心的新型国际关

---

[1] 《第六届世界互联网大会开幕习近平历届大会金句一览》,人民网,2019年10月21日,http://media.people.com.cn/n1/2019/1021/c120837-31411127.html。(访问时间:2022年3月5日)

[2] 《习近平提出,坚持和平发展道路,推动构建人类命运共同体》,新华网,2017年10月18日,http://www.xinhuanet.com//politics/2017-10/18/c_1121821003.htm。(访问时间:2022年3月5日)

[3] 习近平:《携手建设更加美好的世界——在中国共产党与世界政党高层对话会上的主旨讲话(2017年12月1日,北京)》,《人民日报》,2017年12月2日第2版要闻。

[4] 习近平:《携手共命运 同心促发展——在二〇一八年中非合作论坛北京峰会开幕式上的主旨讲话(二〇一八年九月三日,北京)》,《人民日报》,2018年9月4日,第2版要闻。

[5] 同上。

[6] 习近平:《共同构建人类命运共同体——在联合国日内瓦总部的演讲(2017年1月18日,日内瓦)》,《人民日报》,2017年1月20日第2版要闻。

## 第九章 共建"一带一路"新实践与全球丝路学的转型

系"①,且不断诠释:一是用伙伴关系修正西方同盟关系,强调"伙伴"的"志同道合"与"求同存异"的基本内涵,划分"对话不对抗、结伴不结盟""平等相待、互商互谅""互联互通"等不同类型的"伙伴关系",表明中国特色的伙伴观已由点对点逐渐发展为线对线、面对面的关系,甚至由点线面构成开放性网络,其"朋友圈"的思想原则是海纳百川并具有全球视野,也超脱了过去以某个国家马首是瞻的不对等、不公平的国际关系体系②,修正了西方结盟理论,并深化了我国"结伴不结盟"外交原则;二是推动国际关系内涵发展,指出"万隆精神"已经成为国与国相处的重要准则③,为和平解决国家间历史遗留问题开辟了崭新道路④,中国参与成就了国际关系史上的一个创举⑤,为国际关系理论增添了"和平共处"新质。因古代丝绸之路是由大国发挥引领和推动作用、其他国家和地区积极参与协同的交流互鉴之路,中国等国家发挥了重要的引领和推动作用⑥,在共建"一带一路"之际,欢迎各国搭乘中国发展的"快车"与"便车"共同发展⑦,中国将弘扬万隆精神,不断赋予其新的时代内涵,推动构建以合作共赢为核心的新型国际关系⑧,为国际关系理论增添"合作共赢新质";三是坚定捍卫多边主义,强调中国要维护以《联合国宪章》宗旨和

---

① 习近平:《弘扬人民友谊 共创美好未来——在纳扎尔巴耶夫大学的演讲(2013年9月7日,阿斯塔纳)》,《人民日报》,2013年9月8日第3版要闻。

② 蒋红、朱静雅:《习近平外交思想的人类情怀与世界意义》,《印度洋经济体研究》,2019年第6期。

③ 习近平:《携手建设中国—东盟命运共同体——在印度尼西亚国会的演讲(二〇一三年十月三日,雅加达)》,《人民日报》,2013年10月4日。

④ 习近平:《弘扬和平共处五项原则 建设合作共赢美好世界——在和平共处五项原则发表60周年纪念大会上的讲话(2014年6月28日)》,《人民日报》,2014年6月29日。

⑤ 习近平:《携手追寻民族复兴之梦——在印度世界事务委员会的演讲(2014年9月18日,新德里)》,《人民日报》,2014年9月19日第3版要闻。

⑥ 滕文生:《古丝绸之路与共建"一带一路"》,《区域治理》,2019年第21期,第77—82页。

⑦ 习近平:《共担时代责任 共促全球发展——在世界经济论坛2017年年会开幕式上的主旨演讲(2017年1月17日,达沃斯)》,《人民日报》,2017年1月18日第3版要闻。

⑧ 习近平:《弘扬万隆精神 推进合作共赢——在亚非领导人会议上的讲话(二〇一五年四月二十二日,雅加达)》,《人民日报》,2015年4月23日第2版要闻。

原则为基石的国际关系基本准则①、在联合国平台上开展维和行动、同教科文组织的合作②、与世卫组织共建"健康丝绸之路"等，提出国际关系演变积累了一系列公认的原则，应成为构建人类命运共同体的基本遵循③，引发国际社会广泛关注。美国《全球策略信息》杂志社负责人威廉·琼斯认为，越来越多的国家意识到"中国领导人提出的人类命运共同体理念，符合人类社会发展趋势"④。美国外交学者网站刊文称，"人类命运共同体"描述的是一个相互合作的世界，它以共赢为前提，是一种取代过去零和思维模式的新型国际关系。巴基斯坦中巴经济走廊能力建设中心副主任亚西尔·马苏德认为："通过推动构建人类命运共同体，中国正在为国际关系赋予新意义和新内涵。"⑤

事实上，西方国际关系理论构建的实质和目的主要是为霸权护持、维护自身国家利益服务，因而在解释国际问题时带有西方国家的价值偏好和理论局限⑥。面对当前不确定性和不稳定性更为鲜明的国际关系事实，倚靠西方经验支撑的传统国际关系理论日益凸显解释力不足的困境，尤其是新兴国家群体性崛起引发国际格局的深度调整，使得世界对更具普适性国际关系理论⑦的需求趋强。习总书记提出的中国特色新型国际关系理念，是"和平共处"与"互利共赢"两大核心理念的集大成者，以合作共赢的"新型国际关系"为路径、以构建"人类命运共同体"为目标的中国特色

---

① 习近平：《共同构建人类命运共同体——在联合国日内瓦总部的演讲（2017年1月18日，日内瓦）》，《人民日报》，2017年1月20日第2版要闻。
② 习近平：《在联合国教科文组织总部的演讲（2014年3月27日，巴黎）》，《人民日报》，2014年3月28日第3版要闻。
③ 刘昌明、孙通：《习近平外交思想的创新发展与学术话语体系建构》，《当代世界社会主义问题》，2019年第1期。
④ 李嘉宝：《命运共同体：为世界谋大同》，《人民日报（海外版）》，2019年12月19日第6版外媒看中国。
⑤ 习近平：《弘扬万隆精神 推进合作共赢——在亚非领导人会议上的讲话（二〇一五年四月二十二日，雅加达）》，《人民日报》，2015年4月23日第2版要闻。
⑥ 吉尔平、克莱斯纳等现实主义学者主要从霸权体系与国际秩序稳定、国际规则与霸权护持角度为美国霸权合法性提供学理性支撑。[美]罗伯特·吉尔：《国际关系政治经济学》，上海人民出版社，2006年版。
⑦ 刘昌明、孙通：《习近平外交思想的创新发展与学术话语体系建构》，《当代世界社会主义问题》，2019年第1期，第22—32页。

的国际关系新理念，吸收和借鉴了西方国际关系理论的合理因素，又融入了中国特色的东方智慧，表现出对西方国际关系理论的扬弃和超越①。

## 三、中国特色的全球治理观助力修正丝路学全球治理理论

亚非欧作为"一带一路"的重点地区，也是全球治理的难点地区。中国提出共商共建共享的全球治理观，包括开放、包容、普惠、平衡、共赢的新经济观，共同、综合、合作、可持续的新安全观，以及多元文明交流互鉴的新人文观，对西方全球治理理论具有如下修正意义：一是强化中国角色意识，推动全球治理体系变革。作为丝路凿通国，中国以助力互联互通的驿站、巧治水资源的坎儿井，以及戍边屯田的西域治理模式等为丝路治理做出了历史贡献。作为"一带一路"首倡国，习总书记提出中国以世界和平的建设者、全球发展的贡献者、国际秩序的维护者的角色，支持补强全球治理体系中的南方短板，支持汇聚南南合作的力量，推动全球治理体系更加平衡地反映大多数国家特别是发展中国家的意愿和利益②，助力全球治理体系向多边主义转型，并形成以经济发展为中心，集中力量办好自己的事情，不断增强在国际上说话办事的实力。要积极参与全球治理，主动承担国际责任，但也要尽力而为、量力而行的"中国路径"。习总书记宣示"一带一路源于中国属于世界"的共建立场，旨在用国际合作新实践修正全球治理体系的单边主义弊端，在推动构建"人类命运共同体"的过程中重塑全球治理体系。二是发掘"文明力量"，构建全球治理的多元化价值体系。事实上，全球治理本身是一个协商过程，是一个参与和身份重塑的过程③，是各种文化的自在、共在、融合和共同进化④，西方"文明

---

① 刘昌明、孙通：《习近平外交思想的创新发展与学术话语体系建构》，《当代世界社会主义问题》，2019年第1期，第22—32页。

② 习近平：《携手共命运 同心促发展——在二〇一八年中非合作论坛北京峰会开幕式上的主旨讲话（二〇一八年九月三日，北京）》，《人民日报》，2018年9月4日第2版要闻。

③ 秦亚青：《全球治理失灵与秩序理念的重建》，《世界经济与政治》，2013年第4期。

④ 同上。

冲突论"与"种族优劣论"诱发全球难题激增即为明证。习总书记指出，在丝路文明交往史上有冲突、矛盾、疑惑、拒绝，但更多是学习、消化、融合、创新①，应反对极端势力和思想在不同文明之间制造断层线、倡导文明宽容②，呼吁位于古丝绸之路沿线的上海合作组织成员国，有责任弘扬"丝路精神"以加强维稳能力建设，强调要办好中阿文明对话暨去极端化圆桌会议③，同欧洲发展和平、增长、改革、文明伙伴关系④，以及中国提供的"援非医疗队精神""对非维和精神""坦赞铁路精神"等国际公共产品，表明中国发掘"文明力量"修正全球治理价值体系的切实努力及其成效。三是参与建章立制，修正全球治理的制度体系。在世界处于百年未有之大变局之际，发展中国家群体性崛起所取得的国际影响力与其在全球治理中制度性话语缺失间落差激增，建立符合现实的全球治理的制度体系迫在眉睫。2015年10月，习总书记在十八届中央政治局第27次集体学习时，指出要推动全球治理体制向着更加公正合理方向发展，为我国发展和世界和平创造有利条件。为此，习总书记提出，"在联合国、世界贸易组织、世界卫生组织、世界知识产权组织、世界气象组织、国际电信联盟、万国邮政联盟、国际移民组织、国际劳工组织等机构，各国平等参与决策，构成了完善全球治理的重要力量"⑤，表明以联合国为引领推动全球治理制度体系变革的"中国主张"，并将其付诸实践。维护联合国引领的全球治理机制、与G20、金砖组织、上合组织、伊合组织、东盟、阿盟、非盟、欧盟等维系区域合作机制，成立"中非论坛""中阿论坛""中拉

---

① 习近平：《在联合国教科文组织总部的演讲（2014年3月27日，巴黎）》，《人民日报》，2014年3月28日第3版要闻。

② 习近平：《弘扬丝路精神 深化中阿合作——在中阿合作论坛第六届部长级会议开幕式上的讲话》，《人民日报》，2014年6月6日，第2版要闻。

③ 习近平：《弘扬"上海精神" 促进共同发展——在上海合作组织成员国元首理事会第十三次会议上的讲话（2013年9月13日，比什凯克）》，《人民日报》，2013年9月14日第2版要闻。

④ 习近平：《弘扬和平共处五项原则 建设合作共赢美好世界——在和平共处五项原则发表60周年纪念大会上的讲话（2014年6月28日）》，2014年6月29日第2版要闻。

⑤ 习近平：《共同构建人类命运共同体——在联合国日内瓦总部的演讲（2017年1月18日，日内瓦）》，《人民日报》，2017年1月20日第2版要闻。

第九章　共建"一带一路"新实践与全球丝路学的转型

论坛"来打造中国-亚非拉合作机制,以及创办亚投行与丝路基金、引入"第三方合作"等倡建"一带一路"国际合作新机制,旨在推动全球治理体制向日趋公正、合理方向发展。

研究发现,习总书记提出的中国特色的文明交往观、国际关系理念及全球治理观,是马克思主义思想、中国倡建的"一带一路"伟大实践,以及包容互惠合作的"丝路精神"相结合的产物,也是从"中国视角"对"中国与世界古今丝路关系"这一重大课题所作的系统性阐释,不仅对共建"一带一路"新实践极具指导意义,也对丝路学理论基石极具修正价值,更为中国丝路学话语体系构建提供了理论依循与探索范例。

## 第三节　"一带一路"与全球丝路学转型的路径探索

习总书记于2013年9月7日在哈萨克斯坦纳扎尔巴耶夫大学的演讲、2013年10月3日在印度尼西亚国会上的演讲、2013年10月25日在周边外交工作座谈会上的讲话,绘就了"一带一路"政策话语的大体轮廓,形成不断深化、逐步完善的开放型话语体系,其弘扬"丝路精神"共建"一带一路"以构建"人类命运共同体"的核心思想,需要通过政治话语、民间话语、学术话语三个维度开展国际传播。目前,在"一带一路"国际学术前沿存在着美欧领跑与中国失语的话语窘境,折射出亟待增强中国"一带一路"国际学术影响力的重大现实需求。其中,从丝路学视角研究"一带一路"学术话语,力求在百年显学的对话平台上形成中外学者平等对话、催生共研与共建"一带一路"的联动态势,以及助力丝路学向全球性的学科蜕变,使丝路学切实助力"一带一路"行稳致远,进而提升"一带一路"首倡国学术话语权。

### 一、"一带一路"为全球丝路学转型注入新动力

当今世界正处于大发展大变革大调整时期,要具备战略眼光,树立全球视野,既要有风险忧患意识,又要有历史机遇意识,努力在百年未有之大变局中把握航向。以共建"一带一路"为实践平台推动构建人类命运共同体,坚持对话协商、共建共享、合作共赢、交流互鉴,同沿线国家谋求合作的最大公约数,推动各国加强政治互信、经济互融、人文互通,一步

·309·

**丝路学研究：形成、发展及其转型**

一个脚印推进实施，一点一滴抓出成果，推动共建"一带一路"走深走实，造福沿线国家人民。表明习总书记用中国话语表达中国自我情感、价值追求和对外立场，是构建新时代中国特色社会主义国际话语体系的重要内容[①]，不仅引发了全球丝路研究热，还为丝路学由西方化向全球性蜕变注入新动力，并集中体现在以下三个方面：

第一，在"一带一路"的带动下，丝路学显学品格不断凸显。

梳理近年来美欧日印等丝路学术大国的"一带一路"研究现状后发现，一批极具国际影响力的丝路学家新作的陆续问世，使得丝路学显学品格不断凸显。如，丝路学名家、美国耶鲁大学的芮乐伟·韩森撰写的《丝绸之路新史》一书的章节目录安排为：楼兰——中亚的十字路口；龟兹——丝路诸语之门；高昌——胡汉交融之所；撒马尔罕——粟特胡商的故乡；长安——丝路终点的国际都会；敦煌藏经阁——丝路历史的凝固瞬间；于阗——佛教、伊斯兰教的入疆通道；结论——中亚陆路的历史。在她看来，对于丝绸之路上的交通流量较少的道路，其历史的真正价值在于"丝绸之路上穿行的人们把各自的文化像其带往远方的异国香料种子一样沿路撒播"，"丝绸之路在很大程度上并非一条商业道路，却有着重要的历史意义。这条路网是全球最著名的东西方宗教、艺术、语言和新技术交流的大动脉"。又如，美国丝路学家黑尔佳·策普－拉鲁什与威廉·琼斯于2014年合作出版的《从丝绸之路到世界大陆桥》一书指出：地缘政治思维如果得到延续，必将导致人类的灭亡，故应"摈弃地缘政治思维"，我们"不能将中国的崛起看作是对西方所谓地缘政治利益的威胁""中俄印在科技领域的合作对于人类的新时代来说具有范式意义"。再如，2015年8月，英国牛津大学伍斯特学院高级研究员、牛津大学拜占庭研究中心主任彼得·弗兰科潘的《丝绸之路：一部全新的世界史》正式出版，立刻引发国际社会极大反响，席卷英国、美国、德国、意大利、荷兰、西班牙、波兰、土耳其、印度、韩国等23个国家，荣登英国电商世界历史类榜首、美国电商历史地理类榜首、印度非虚构榜榜首，成为《纽约时报》《泰晤士报》《卫报》《每日邮报》《观察者》《彭博商业》《历史今日》等2015年

---

① 余思新等：《人类命运共同体意识与新时代中国特色社会主义国际话语体系的构建》，《党政研究》，2018年第2期。

## 第九章 共建"一带一路"新实践与全球丝路学的转型

度图书。中文译本出版后，又成为新浪2016年度十大好书、豆瓣2016年度十大历史书、《21世纪经济报》2016年度十大书，《光明日报》《解放日报》《环球时报》《文汇报》《国际先驱导报》等发文高度肯定，成为"轰动全球的现象级畅销书"，迸发出丝路学显学品格的巨大魅力。

第二，在"一带一路"的带动下，丝路学核心议题备受关注。

美欧学界不仅掀起丝路研究热，还借"一带一路"研究来深入发掘丝路学核心议题的新内涵，如弗兰科潘《丝绸之路：一部全新的世界史》的章节目录为：第一章丝绸之路的诞生；第二章宗教之路；第三章基督之路；第四章变革之路；第五章和睦之路；第六章皮毛之路；第七章奴隶之路；第八章天堂之路；第九章铁蹄之路；第十章重生之路；第十一章黄金之路；第十二章白银之路；第十三章西欧之路；第十四章帝国之路；第十五章危机之路；第十六章战争之路；第十七章黑金之路；第十八章妥协之路；第十九章小麦之路；第二十章纳粹之路；第二十一章冷战之路；第二十二章美国之路；第二十三章争霸之路；第二十四章中东之路；第二十五章伊战之路；结语新丝绸之路。以丝绸之路为视角勾勒出了一部全新的世界历史，认为丝绸之路是"世界的中枢神经"，将各民族各地区联系在一起。丝路上的文化、城市、居民的进步和发展都是基于人们在从事贸易交流时的思想沟通，在相互学习中相互借鉴，"在哲学与科学、语言与宗教等的交流中得到启发和拓展"，在数千年里连接着欧洲和太平洋、坐落在东西方之间的那块区域"才是地球运转的轴心"，这个地带"构成东西方之间的桥梁"，形成"文明的交汇点"。在他看来，以往的"欧洲中心论"强调"地中海是人类文明的摇篮"，而事实上地中海很明显就不是人类文明真正的诞生地，真正的"地球的中央恰恰位于亚洲的心脏"，即丝绸之路核心区。因此，中国所倡建的"一带一路"，实为人类未来的谋划之举，并已成为"丝绸之路正在复兴"的重要组成部分，表明"世界旋转的轴心正在转移——移回到那个让它旋转千年的初始之地——丝绸之路"，由此形成弗兰科潘重释"中国与世界古今丝路关系"的全新话语体系，他的这部《丝绸之路·一部全新的世界史》也因此成为丝路学转型的扛鼎力作，引发中外学者高度关注丝路学核心议题。又如，英国剑桥大学政治和国际研究系高级研究员马丁·雅克强调："中国的巨大转变意味着我们必须注意到中国，理解中国，与中国保持良好的关系，保持建设性的关系。我认为,中国在全球舞台大显身手的时代已不可抗拒地到来了","中国是一个非常特别的国家。我们不应该把它看作是一个威胁,我们应该去了解它。要有好奇心,要欣赏它,因为它不仅会变得非常重要,极其重要,实际上它在这个世界上已经是极其重要了,而且它还很迷人。它是我们在了解人类历史和人类未来时取之不尽的宝贵财富。"[1] 再如,英国学者罗思义也认为:"从古老的丝绸之路走来,'一带一路'倡议携带着文明智慧的基因与沿线国家的友谊,充分彰显了互联互通、共享共赢的本质",故"符合时代发展潮流和世界各国人民的心愿,必然会吸引沿线国家加入,共同勾画合作发展新蓝图。"[2] 可见,"一带一路"为丝路学核心议题重释注入强劲动力,并正在推动丝路学包容性话语体系构建进程。

第三,在"一带一路"的带动下,丝路学话语体系日渐包容。

在中外共研丝绸之路的百年历史上,已形成由概念、核心议题、三大理论及其方法等组成的丝路学话语体系,并通过欧洲学派"西方中心论"的阐释框架与美国学派"地缘政治博弈论"的阐释框架得以维系,折射出美欧主导的丝路学话语体系的霸权本质。但是,近年来的中外研究"一带一路"学术现状表明,由美欧主导的西方化的丝路学话语体系开始松动,且渐趋包容。其中,从丝路学视角研究"一带一路"学术话语,旨在借助丝路学百年显学的影响力,为"一带一路"话语争取国际传播的学术前沿阵地、推动"中国思想"向"世界话语"的策略性转化,以及重建丝路学语境中"一带一路"的知识体系,为中外共建"一带一路"提供切实的学理支撑。亦即,"一带一路"是中华文明复兴的重要抓手,中国文明复兴的关键在于重建知识体系[3]。"一带一路"话语体系所包含的新概念、新主张、新理念的国际传播,既需要国家实力为依托,又需要与之相应的学术话语体系做支撑,并以学术话语体系为抓手助力构建"一带一路"知识体系:一是从提炼"一带一路"这一标识性概念入手,构建由丝绸之路、丝

---

[1] [英]马丁·雅克:《中国已是极其重要,而且还很迷人》,《人民日报》,2020年11月24日。

[2] [英]罗思义:《"一带一路"倡议更具独特性和先进性》,《光明日报》,2017年12月5日。

[3] 郑永年:《通往大国之路:中国的知识重建和文明复兴》,东方出版社,2012年版,第1—133页。

第九章　共建"一带一路"新实践与全球丝路学的转型

路精神、伙伴关系、"一带一路"倡议、人类命运共同体等组成的丝路标识性概念阐释体系；二是借鉴丝路学"中国与世界古今丝路关系"核心议题的研究成果，分析破除美欧丝路学霸权话语及其俯视性核心议题研究惯例的案例，在重释"中国与世界古今丝路关系"中立足新实践、发掘中国问题中的世界意义与世界问题中的中国意义，形成中外学者包容、平等性议题研究新模式；三是按照立足中国、借鉴国外，挖掘历史、把握当代，关怀人类、面向未来的思路，着力构建中国特色哲学社会科学[①]，在修正西方文明观、国际关系理论及全球治理理论等过程中，助力推进"一带一路"知识体系构建进程。总之，从丝路学视域研究"一带一路"学术话语后发现，借助丝路学概念研究范式，从中国视角展开研究，进一步丰富了丝路学概念阐释体系；借助丝路学核心议题研究范式，从中国视角重释"中国与世界古今丝路关系"，有助于解构丝路学话语体系的霸权思想；借助丝路学理论基石研究范式，从中国视角修正了西方的"文明冲突论"、零和博弈的国际关系论、单边主义的全球治理观等，有助于修正丝路学话语体系的理论基础，在具有更广泛的解释力、适用性和认同度[②]中，彰显中国外交思想学术话语体系所具有的逻辑自洽力与理论说服力[③]，进而助力解构丝路学话语体系的霸权本质。因此，习总书记通过丰富概念、重释议题、修正理论等方式所构建的"一带一路"话语体系，不仅成为中国丝路学振兴的重要学术现象，还在助力丝路学话语体系由西方化向全球性蜕变中极具示范意义。

## 二、中国丝路学助力全球丝路学转型的主要路径

第一，应在丝路学话语体系内构建"一带一路"学术话语。

如何使"一带一路"话语体系所包含的概念、议题、理论等学术话语要素，既具有中国话语特色，又能对接国际学术话语体系，使中外学者通

---

[①] 习近平：《在哲学社会科学工作座谈会上的讲话（2016年5月17日）》，《人民日报》，2016年5月18日第2版要闻。

[②] 刘昌明等：《习近平外交思想的创新发展与学术话语体系建构》，《当代世界社会主义问题》，2019年第1期，第22—32页。

[③] 同上。

过一个统一的时间标准，进而提供下一个可供讨论的认识区间①，这是提升中国"一带一路"研究的学理化程度并推动其学术话语体系建构的关键。

"一带一路"是中华文明复兴的重要抓手，中国文明复兴的关键在于重建知识体系②。"一带一路"话语体系所包含的新概念、新主张、新理念的国际传播，既需要国家实力为依托，又需要与之相应的学术话语体系做支撑。研究发现，在美欧智库发布的"一带一路"报告中，歪曲和误读主要源自价值判断和研究方法的不同，用别人的语言讲好"中国故事"，有助于澄清误会、增加共识。因此，从丝路学视角研究"一带一路"学术话语，既向中外学者敞开统一的丝路学"认识区间"，又能够借丝路学传统话语体系展开修正性研究以"增加共识"，更因助力"丝路精神的话语传播"提升中国国际话语权③。1877年德国学者李希霍芬提出"丝绸之路"概念后，由"丝绸之路"元概念的跨学科研究而生成的丝路学，表明引入一个概念的同时也会把相关知识带入到研究者的研究视野，概念创新会引发新的概念关联、变量关系和理论逻辑，通过学科间知识的结合产生系列新的知识④的事实。因此，丝路学不仅由"丝绸之路"这一命名生发出丝路概念研究范式、形成聚焦"中国与世界古今丝路关系"的核心议题，而且因中外学者不断探索丝路多元文明的交往规律、丝路伙伴关系的相处之道以及丝路难题的破解之策生发出文明交往理论、国际关系理论及全球治理理论等，形成由丝路概念界定、"中国与世界古今丝路关系"核心议题阐释，以及三大理论及其方法所组成的丝路学话语体系。

弘扬"丝路精神"共建"一带一路"以构建"人类命运共同体"，是"一带一路"的核心思想，其所包含的基本概念、核心议题、理论主张等与丝路学话语体系建构要素高度契合，且在"丝路精神"这一核心价值观

---

① 刘昌明等：《习近平外交思想的创新发展与学术话语体系建构》，《当代世界社会主义问题》，2019年第1期。

② 郑永年：《通往大国之路：中国的知识重建和文明复兴》，北京：东方出版社，2012年版，第1—133页。

③ 段艳丰：《"一带一路"倡议下的丝路精神：理论逻辑和实践旨趣》，《特区经济》，2019年第10期。

④ 孙吉胜等：《跨学科借鉴与国际关系理论的发展和创新》，《国际关系研究》，2019年第4期。

## 第九章　共建"一带一路"新实践与全球丝路学的转型

指导下完成了系统性、结构性整合,"一带一路"学术话语研究也因此被纳入丝路学话语体系。但是,欧洲学派的"西方中心论"与美国学派的"地缘政治博弈论"形成了丝路学霸权话语体系。对此,既要解构丝路学话语体系的霸权主义杂质,也要在丝路学话语体系内构建"一带一路"学术话语,在助力重构丝路学话语体系实践中实现"西化丝路学"向"全球丝路学"的蜕变,为全球丝路学转型做出"中国贡献"。因此,中国学者要加强对既有中国学派理论、路径的创新、融合和体系化建设,形成能够吸纳中国国际关系各学派具有共性特征、呼应时代需求的体系化、结构化理论范式,也需要构建能够支撑习近平外交思想研究的具有科学性、且兼备中国特性的体系化理论(知识体系和理论体系),以中国特色新型国际规范、观念实证研究为着力点,在中国学派与西方国际关系理论的融合与扬弃过程中推进习近平外交思想研究的系统化、结构化和理论化[1]。借鉴丝路学传统话语体系,搭建"一带一路"学术话语研究的阐释框架,旨在通过融通中西方研究方法拓宽解释问题的视角,提升思想的解释力[2],进而为重构丝路学话语体系贡献了"中国思想"。

第二,应在构建包容性话语体系中解构丝路学霸权话语本质。

"一带一路"不仅为中国丝路学振兴带来新机遇,也为全球丝路学转型带来新机遇,中国丝路学界应以构建包容性话语体系为抓手,努力解构丝路学霸权话语本质,以形成助力丝路学由西方化向全球性蜕变的切实路径:一是遵循破立结合原则但绝不简单地"破西立中",而是要在逐步修正美欧把控上百年的丝路学单一话语体系霸权现状的同时,不断融入包括中国在内的非西方国家、发展中国家的多元话语体系,其中包括非西方国家"去西方化"的理论重构,也包括"一带一路"沿线国家本土化的原创性话语体系建构过程。二是立足百年大变局的时代大势与共建"一带一路"的伟大实践,从重估"中国与世界古今丝路关系"这一核心议题出发,确立包容性话语体系建设的逻辑起点,从以西方视角看"中国与世界古今丝路关系"转向以中国视角看"中国与世界古今丝路关系",从西方

---

[1] 刘昌明等:《习近平外交思想的创新发展与学术话语体系建构》,《当代世界社会主义问题》,2019年第1期。

[2] 刘昌明等:《习近平外交思想的创新发展与学术话语体系建构》,《当代世界社会主义问题》,2019年第1期。

### 丝路学研究：形成、发展及其转型

关于中外关系研究的阐释框架转向基于中国外交实践的阐释框架，力争在丝路学核心议题阐释体系内发掘"一带一路"所蕴含的重塑"中国与世界古今丝路关系"的新质，助力解构丝路学核心议题研究中的话语霸权。三是继续将包容性话语体系建设作为"一带一路"软力量建设的核心目标。围绕"一带一路"的"井喷"式丝路研究热和相关学科构建，表明中国学界的现实自省与理论自觉日益增强，但要在解构丝路学西方霸权话语体系影响的实践中构建包容性话语体系，尚需从三方面着手落实：1. 从提炼标识性概念入手，形成由"丝绸之路""丝路文明""丝路伙伴""丝路命运共同体""丝路精神""一带一路"及"人类命运共同体"等组成的丝路标识性概念阐释体系；2. 从聚力丝路学核心议题研究成果入手，结合必须重估"中国与世界关系"的百年大变局与正在重塑"中国与世界关系"的"一带一路"新实践，发掘中国问题研究中的世界意义与世界问题研究中的中国意义，形成中外学者包容、平等的丝路学核心议题研究新模式，以解构美欧丝路学话语霸权及俯视性核心议题研究惯例。3. 按照习总书记关于立足中国、借鉴国外，挖掘历史、把握当代，关怀人类、面向未来的思路，着力构建中国特色哲学社会科学[①]的重要指示，在修正西方的文明交往理论、国际关系理论及全球治理理论中，助力重构丝路学理论阐释体系。综上，借丝路学概念研究范式来丰富丝路学概念阐释体系、借丝路学核心议题研究范式来重释"中国与世界古今丝路关系"，以及借丝路学理论基石研究范式来修正西方的"文明冲突论"、零和博弈的国际关系论、单边主义的全球治理观等，助力解构丝路学话语体系的霸权思想，进而构建起更有广泛解释力、适用性和认同度并更具逻辑自洽力及理论说服力的丝路学包容性话语体系，逐渐解构丝路学霸权话语本质，实现丝路学由西方化向全球性蜕变。

第三，应在事半功倍的阐释策略中加快推进全球丝路学转型进程。

对已提出9年多的"一带一路"倡议，沿线国家和地区仍然渴求来自"中国视角"的深刻解读和学理阐释。但现实情况并不尽如人意，中国学界尚未形成研究"一带一路"的跨学科的学术合力，尚不能给高质量推进

---

[①] 《习近平：在哲学社会科学工作座谈会上的讲话》，http：//www.xinhuanet.com/politics/2016-05/18/c_111-8891128.htm。（访问时间：2020年5月2日）

## 第九章 共建"一带一路"新实践与全球丝路学的转型

"一带一路"发展提供扎实的学理性支撑,造成了"一带一路"国际学术前沿美欧领跑与中国失语的窘境。但最近两年,越来越多中国学者致力于在诠释这一"中国方案"时注入"中国思想",学界还出现丝路历史与丝路考古研究、中国特色理论和学科构建等热潮,这些都表明"一带一路"的学术跟进正在加速。在此过程中,加强学术话语体系建设,无疑是提升"一带一路"阐释能力的关键。但是,加快推进中国丝路学振兴与全球丝路学转型,也需要制定出事半功倍的"一带一路"阐释策略:首先,应精细化研究丝路腹地与"一带一路"核心区的"中国西部周边地区与国家"。因为"共享丝路"的这种历史能在当下共建"一带一路"的合作、信任和贸易形式上发挥重要促进作用,"西域治理"之于当今世界的全球治理等学术命题也具有历史与现实双重意义。其次,应联动性研究"丝路天然伙伴"关系与"一带一路"战略合作伙伴关系。过去上千年的丝路经贸往来与丝路人文交流,结成了"地通、路联、人相交"的"丝路天然伙伴"关系,使丝路沿线国家与地区累积了深厚的"丝路情谊",形成了持久的"丝路共有认知"。这些都成为现在共建"一带一路"战略合作伙伴关系的历史资源与现实动力,另外也能使中国"结伴不结盟"的外交原则,在国际体系转型中彰显更大建设性作用。最后,应包容性推进"一带一路"学科建设。阐释"一带一路"是一个系统工程。其中,敦煌学的引领学界、丝路学的美欧再盛以及代表丝路学未来的"一带一路学"的蓄势发轫等,均表明中外学界对"一带一路"的积极态度与切实努力,这也使中外学者在统一的话语体系内开展学术对话成为可能。这是阐释"一带一路"的对话策略,也是助力构建丝路学包容性话语体系的应有之义。

习总书记强调"要加快构建中国话语和中国叙事体系,用中国理论阐释中国实践,用中国实践升华中国理论,打造融通中外的新概念、新范畴、新表述,更加充分、更加鲜明地展现中国故事及其背后的思想力量和精神力量",尤其"要采用贴近不同区域、不同国家、不同群体受众的精准传播方式,推进中国故事和中国声音的全球化表达、区域化表达、分众化表达,增强国际传播的亲和力和实效性。要广交朋友、团结和争取大多数,不断扩大知华友华的国际舆论朋友圈。要讲究舆论斗争的策略和艺术,提升重大问题对外发声能力。"[①] 因此,通过采取事半功倍的"一带一路"阐释策略,旨在借助丝路学百年显学的国际影响力,为"一带一路"话语争取国际传播的学术前沿阵地、推动"中国思想"向"世界话语"的策略性转化,在丝路学话语体系内构建"一带一路"学术话语,以重建丝路学语境中"一带一路"的知识体系,为中外共建"一带一路"提供切实的学理支撑,加快推进全球丝路学转型进程。

### 三、中国丝路学助力全球丝路学转型的重大意义

首先,借丝路学全球对话平台,破解"一带一路"国际学术前沿"中国失语"窘境,进而助力提升"一带一路"首倡国学术话语权。

自中国倡建"一带一路"至今,美欧日印等丝路学术大国出现了丝路研究热与"一带一路"研究报告热,并妄图继续把控丝路学话语权。尽管"一带一路"外交话语已赢得广泛的国际影响力,但在"一带一路"国际学术前沿,中国还处于话语不足甚至"失语"窘境,主要表现为:概念提炼能力弱,输出观念性国际公共产品少,尚未形成中国特色的概念阐释体系;议题设置能力弱,因话语权意识淡漠与国际洞察力不足等,尚未形成中国特色的议题阐释体系;多用西方理论治学,对"一带一路"新实践缺乏"中国视角"的学理支撑,尚未形成中国特色的理论阐释体系。由此,导致"一带一路"首倡国话语权缺失。"话语权不仅是字面上的说话权力或者讲故事能力,也是一种通过建构概念体系、理论体系来影响人心的观念性力量。"[②] "对国际社会的'思想建构'和'知识建构'是大国在走向世界过程中必不可少的内容,也是一国提升国际话语权的关键举措。因为,一国对'观念型'国际公共产品的提供,不仅需要外交工作者的努力,更离不开广大社会科学工作者的科研支撑,而且学术含量高的外交话语一般更具内在逻辑关联和对外感召力,更能引起国际社会的关注和认

---

[①] 《习近平在中共中央政治局第三十次集体学习时的讲话》,新华社,2021 年 6 月 1 日。

[②] 杨光斌:《思想话语权事关国家安全》,《理论与当代》,2018 年第 5 期,第 57—58 页。

第九章　共建"一带一路"新实践与全球丝路学的转型

可。"① 因此,"学界成为争夺国家话语权的'前沿阵地',西方国家往往首先通过国际学术平台传播其外交话语,从而占据学术领域的话语制高点"②,如西方用"文明冲突论""历史终结论"等学术话语为其霸权主义政治摇旗呐喊,且西方国家的社会科学理论几乎主导了国际学术领域,诸多政治、经济和社会问题都被套用西方理论解读,西方国家的政治外交话语也往往首先通过学术平台进行国际传播③。因此,习总书记指出,目前中国学界"在学术命题、学术思想、学术观点、学术标准、学术话语上的能力和水平同我国综合国力和国际地位还不太相称",要"提高我国在国际上的话语权,迫切需要哲学社会科学更好发挥作用"④。

共建"一带一路"新实践,对全球丝路学转型与中国丝路学振兴的双重带动效应已凸显,但也面临西方霸权话语叙事的严峻挑战。我们批驳的"最好方式不是道德审判和价值的谴责,也非政策宣示性的否定,而是学术上的回应"⑤。习总书记鼓励学者应"立时代之潮头、通古今之变化、发思想之先声,积极为党和人民述学立论、建言献策,担负起历史赋予的光荣使命","让世界知道'学术中的中国''理论中的中国''哲学社会科学中的中国'"⑥。作为丝路学基石的敦煌学,也在"一带一路"倡议带动下出现转型势头,中国敦煌学引领世界敦煌学备受瞩目。究其成因,在于敦煌学借丝路学全球对话平台,开展学术研究与文物保护,完成"思想输入"向"思想输出"的转型,增强了学术话语供给力,改写了"敦煌在中国、敦煌学在世界"的历史,提升了中国敦煌学话语权。为此,习总书记在敦煌研究院座谈时的讲话中专论敦煌学如何服务于"一带一路"倡议的

---

① 刘昌明等:《构建人类命运共同体:从外交话语到外交话语权》,《理论学刊》,2019年第4期。
② 同上。
③ 同上。
④ 习近平:《在哲学社会科学工作座谈会上的讲话(2016年5月17日)》,《人民日报》,2016年5月18日第2版要闻。
⑤ 张志洲:《提升学术话语权与中国的话语体系构建》,《红旗文稿》,2012年第13期。
⑥ 刘昌明等:《构建人类命运共同体:从外交话语到外交话语权》,《理论学刊》,2019年第4期;习近平:《在敦煌研究院座谈时的讲话》,《求是》,2020年第3期。

### 丝路学研究：形成、发展及其转型

问题：肯定敦煌学是当今一门国际性显学，应努力把研究院建设成为世界文化遗产保护的典范和敦煌学研究的高地以"掌握敦煌学研究的话语权"①，进而助力提升"一带一路"首倡国学术话语权。

其次，应在丝路学霸权话语体系内开展修正性研究，构建中外共研"一带一路"学术生态，进而助力"一带一路"行稳致远。

面对我国哲学社会科学在国际上处于"有理说不出、说了传不开"的窘境，习总书记强调："在解读中国实践、构建中国理论上，我们应该最有发言权，打造易于为国际社会所理解和接受的新概念、新范畴、新表述，引导国际学术界展开研究和讨论"②。即应从三方面着手加强中国"一带一路"研究：一是中外共建"一带一路"的这一前无古人的伟大实践，必将给理论创造、学术繁荣提供强大动力和广阔空间。这是一个需要理论而且一定能够产生理论的时代，这是一个需要思想而且一定能够产生思想的时代③，"一带一路"亟待"中国思想"的深入诠释；二是统摄性核心价值观的缺失，使得中国的学术话语难以凝结为强势的国际话语，要凝聚新的社会共识和中国的国际观念共识重构统摄性核心价值观。④"一带一路"话语体系的核心是弘扬"丝路精神"来共建"一带一路"，以构建"人类命运共同体"，"丝路精神"成为"一带一路"学术话语体系的统摄性核心价值观，必须研究"丝路精神"的国际话语传播，提升中国国际话语权⑤；三是在丝路学霸权话语体系内开展有关丝路学概念、议题、理论的修正性研究，有助于在与世界交流和对话的过程中，建构中国特色的学术

---

① 习近平：《在敦煌研究院座谈时的讲话》，《求是》，2020年第3期。
② 习近平：《在哲学社会科学工作座谈会上的讲话（2016年5月17日）》，《人民日报》，2016年5月18日第2版要闻。
③ 周新原：《新时代构建学术共同体的理论逻辑与现实路径》，《教育评论》，2019年第6期；张志洲：《提升学术话语权与中国的话语体系构建》，《红旗文稿》，2012年第13期。
④ 张志洲：《提升学术话语权与中国的话语体系构建》，《红旗文稿》，2012年第13期。
⑤ 段艳丰：《"一带一路"倡议下的丝路精神：理论逻辑和实践旨趣》，《特区经济》，2019年第10期。

## 第九章 共建"一带一路"新实践与全球丝路学的转型

话语体系,掌握学术话语权①,助力形成中外共研"一带一路"的学术生态,使"一带一路"的"源于中国属于世界"的共建立场早日成为国际新共识。

在丝路学霸权话语体系内开展"一带一路"学术话语研究,旨在提升中国学者破解西方霸权话语体系的修正力,以构建兼具中国特色与国际影响力的学术话语体系,亦即"既重视中国文化传统的价值基底,又开放吸收西方现代话语的合理成分;既具有科学的严谨性和逻辑的说服力,又具有道义上的国际感召力;既能使理论话语解释现实的国际问题,又能够为人类社会的持久和平和共同繁荣指明方向"②的学术话语体系。一个有竞争力与影响力的中国特色的话语体系,才是提升"一带一路"首倡国学术话语权的有力保障。

最后,发掘马克思共同体理论的现实意义,借鉴中外缔结"学术共同体"的成功经验,助力构建"丝路学术共同体"。

马克思、恩格斯以唯物史观为视角阐述了人必须在共同体中才能存在和发展的内在理论逻辑,在分析原始社会以来的社会形态后,提出"生产的一切阶段有某些共同标志,共同规定"③,"只有维护公共秩序、公共安全、公共利益,才能有自己的利益"④。这一理论逻辑为学术共同体建设提供了依据和指导,马克思共同体理论的当代价值之一,是论证了新时代构建学术共同体的必要性⑤。目前,"全球化促进了价值观、知识和理念的传播,加强了兴趣相投的群体组建跨国组织的能力"⑥。随着科技发展和社交

---

① 周新原:《新时代构建学术共同体的理论逻辑与现实路径》,《教育评论》,2019年第6期。

② 张志洲:《提升学术话语权与中国的话语体系构建》,《红旗文稿》,2012年第13期。

③ 中共中央马克思恩格斯列宁斯大林著作编译局编:《马克思恩格斯全集》(第46卷)上,人民出版社,1979年版,第22页。

④ 中共中央马克思恩格斯列宁斯大林著作编译局编:《马克思恩格斯全集》(第2卷),人民出版社,1957年版,第609页。

⑤ 周新原:《新时代构建学术共同体的理论逻辑与现实路径》,《教育评论》,2019年第6期。

⑥ [英]安德鲁·赫里尔:《全球秩序与全球治理》,林曦译,中国人民大学出版社,2018年版,第20页。

媒体的广泛使用，线上与线下"学术共同体"构建成为新常态。

中国不仅积极参与了在联合国教科文组织平台上开展的"对话之路：丝绸之路整体性研究"项目、参与创建联合国教科文组织"丝绸之路"在线平台、积极开展陆路丝绸之路与海上丝绸之路联合申遗活动、大力推进丝路跨境游、主导构建丝绸之路文博艺术影视共同体、鼓励丝绸之路沿线国家开展跨境考古合作等，为构建"丝路学术共同体"奠定了基础。敦煌文献和文物分散世界各地，敦煌学涉及内容丰富且广泛，这一客观事实要求中外学者合作推进学科发展，"数字敦煌"的网络传播使得中外学者在共享网络资源中加速了国际合作进程，为构建"丝路学术共同体"提供了成功经验。随着"一带一路"的不断推进，亟需中外学者共同研究"一带一路"。以中外共研"一带一路"带动中外共建"一带一路"，这就需要构建"丝路学术共同体"。为此，习总书记建议通过参与和设立国际性学术组织、推出并牵头组织研究项目、加强优秀外文学术网站和学术期刊建设，以及支持学者参加国际学术会议、发表学术文章[①]等多种方式加快构建中外学术共同体，指示"敦煌研究院要坚持'引进来'和'走出去'相结合，开展多种形式的国际性展陈活动和文化交流对话，通过数字化、信息化等高技术手段，推动流散海外的敦煌遗书等文物的数字化回归，实现敦煌文化艺术资源在全球范围内的数字化共享，引导支持各国学者讲好敦煌故事，传播中国声音"[②]。这些重要论述，对于构建"丝路学术共同体"具有理念创新与现实借鉴的双重意义。

总之，共建"一带一路"新实践为全球丝路学转型注入现实动力，并使中国丝路学振兴也成为其重要组成部分。因为，增强中国"一带一路"学术话语供给力，有助于提升"一带一路"首倡国的学术话语权；增强中国破解丝路学霸权话语体系的修正力，有助于形成中外共研"一带一路"的学术生态；增强"一带一路"学术号召力，有助于构建"丝路学术共同体"，中国丝路学也在不断提升话语供给力、理论修正力及学术号召力中，切实为全球丝路学转型做出了"中国贡献"。

---

① 习近平：《在哲学社会科学工作座谈会上的讲话（2016年5月17日）》，《人民日报》，2016年5月18日第2版要闻。

② 习近平：《在敦煌研究院座谈时的讲话》，《求是》，2020年第3期。

# 附　　录

## 附录1：全球丝路学主要经典著作多语种文献目录辑成（1877年—）

### 一、国内主要著作

1. 芮传明：《丝绸之路研究入门》，复旦大学出版社，2009年版。
2. 国家文物局：《丝绸之路》，文物出版社，2014年版。
3. 刘迎胜：《丝绸之路》，江苏人民出版社，2014年版。
4. 周伟洲、丁景泰：《丝绸之路大辞典》，陕西人民出版社，2006年版。
5. 郑彭年：《丝绸之路全史》，天津人民出版社，2016年版。
6. 武斌：《丝绸之路全史》，辽宁教育出版社，2018年版。
7. 赵丰：《锦程 中国丝绸与丝绸之路》，黄山书社，2016年版。
8. 荣新江：《丝绸之路与东西文化交流》，北京大学出版社，2015年版。
9. 马丽蓉等：《丝路学研究》，北京：时事出版社，2014年版。
10. 李伟：《穿越丝路——发现中国的方式》，中信出版社，2016年版。
11. 张一平：《丝绸之路》（中外文化交流丛书），五洲传播出版社，2015年版。
12. 雪犁：《中国丝绸之路辞典》，新疆人民出版社，1994年版。
13. 王尚寿：《丝绸之路文化大辞典》，红旗出版社，1995年版。
14. 周伟洲、王欣：《丝绸之路辞典》，陕西人民出版社，2018年版。
15. 张国刚：《文明的边疆：从远古到近世》，中信出版社，2020年版。

16. 王小甫：《古代中外文化交流史》，高等教育出版社，2006年版。

17. 向达：《中西交通史》，岳麓出版社，2012年版。

18. 荣新江：《中古中国与外来文明》，三联书店，2021年版。

19. 王强：《刺桐风华录——泉州与海上丝绸之路》，上海交通大学出版社，2020年版。

20. 梁二平：《海上丝绸之路2000年》，上海交通大学出版社，2016年版。

21. 刘淼、胡舒扬：《沉船、瓷器与海上丝绸之路》，社会科学文献出版社，2016年版。

22. 龚缨晏：《中国海上丝绸之路研究百年回顾》（宁波博物馆"海上丝绸之路"研究丛书），浙江大学出版社，2009年版。

23. 苏文菁：《海上看中国》（海上丝绸之路与中国海洋强国战略丛书），社会科学文献出版社，2016年版。

24. 丹增：《海上丝路与郑和》（丝绸之路名家精选文库系列），华文出版社，2017年版。

25. 刘义杰：《中国古代海上丝绸之路》，海天出版社，2019年版。

26. 骆昭东：《朝贡贸易与仗剑经商：全球经济视角下的明清外贸政策》（海上丝绸之路与中国海洋强国战略丛书），社会科学文献出版社，2016年版。

27. 董经胜、李伯重：《海上丝绸之路：全球史视野下的考察》（北京大学海上丝路与区域历史研究丛书），社会科学文献出版社，2021年版。

28. 陈炎：《海上丝绸之路与中外文化交流》，北京大学出版社，1996年版。

29. 李庆新：《海上丝绸之路》，黄山书社，2016年版。

30. 杨允中主编：《郑和与海上丝绸之路》，复旦大学出版社，2009年版。

31. 冯承钧：《中国南洋交通史》，商务印书馆，2017年版。

32. 陈达生：《郑和与东南亚伊斯兰》，海洋出版社，2008年版。

33. 刘作奎：《欧洲与"一带一路"倡议：回应与风险》，中国社会科学出版社，2019年版。

34. 黄平，赵晨主编：《"一带一路"与欧洲》，时事出版社，2017

年版。

35. 席平、刘文杰：《古今丝绸之路——"一带一路"全景地图》，中国地图出版社，2017年版。

36. 赵江林：《中美丝绸之路战略比较研究：兼议美国新丝绸之路战略对中国的特殊意义（中国社会科学院"一带一路"研究系列·智库报告）》，社会科学文献出版社，2015年版。

37. 曹卫东主编：《外国人眼中的"一带一路"》，人民出版社，2016年版。

38. 范晓玲：《"一带一路"沿线国家哈萨克斯坦的中国认同》，光明日报出版社，2017年版。

39. 李军主编：《"一带一路"研究文选》，当代世界出版社，2017年版。

40. 宋国友：《"一带一路"倡议与国际关系》，上海人民出版社，2017年版。

41. 李希光等：《中巴经济走廊：中国"一带一路"战略旗舰项目研究》，文津出版社，2016年版。

42. 卓新平等：《"一带一路"战略与宗教对外交流》，社会科学文献出版社，2016年版。

43. 薛力：《"一带一路"：中外学者的剖析》，中国社会科学出版社，2017年版。

44. 王贵国等主编：《"一带一路"争端解决机制》，浙江大学出版社，2017年版。

45. 郭霞等：《日本与我国的"一带一路"倡议》，社会科学文献出版社，2016年版。

46. 刘伟，王文：《"一带一路"大百科》，崇文书局，2019年版。

47. 郑炳林：《敦煌与丝绸之路文明》，江苏人民出版社，2018年版。

48. 柴剑虹：《丝绸之路与敦煌学》，浙江大学出版社，2016年版。

49. 郑炳林编，耿昇译：《法国敦煌学精粹》，甘肃人民出版社，2009年版。

50. 陆庆夫等：《中外敦煌学家平转变》，甘肃教育出版社，2002年版。

51. 荣新江：《敦煌学新论》，甘肃教育出版社，2021年版。

52. 邰惠莉：《俄藏敦煌文献叙录》，甘肃教育出版社，2019年版。

53. 荣新江：《敦煌学十八讲》，北京大学出版社，2001年版。

54. 荣新江：《海外敦煌吐鲁番文献知见录》，江西人民出版社，1996年版。

55. 张涌泉编：《敦煌经部文献合集》，中华书局，2008年版。

56. 张云：《吐蕃丝绸之路》，江苏人民出版社，2017年版。

57. 杨蕤：《回鹘时代：10-13世纪陆上丝绸之路贸易研究》，中国社会科学出版社，2015年版。

58. 杨铭、李锋：《丝绸之路与吐蕃文明》，商务印书馆，2017年版。

59. 康风琴、仇安鲁：《新疆塔城草原丝绸之路贸易史》，江苏人民出版社，2016年版。

60. 沈福伟：《丝绸之路中国与非洲文化交流研究》，新疆人民出版社，2010年版。

61. 李刚：《丝路帝国情感：长安与罗马的巅峰比对》，西安交通大学出版社，2016年版。

62. 杨军等：《怛罗斯之战：唐与阿拉伯帝国的交锋》，商务印书馆，2016年版。

63. 沈福伟：《丝绸之路中国与西亚文化交流研究》，新疆人民出版社，2010年版。

64. 王小甫：《唐、吐蕃、大食政治关系史》，三联书店，2022年版。

65. 荣新江：《从撒马尔干到长安：粟特人在中国的文化遗迹》，北京图书馆出版社，2004年版。

66. 荣新江：《中古中国与粟特文明》，三联书店，2014年版。

67. 《法国汉学》丛书编辑委员会编：《粟特人在中国：历史、考古、语言的新探索》，中华书局，2005年版。

68. 幸晓峰等：《南方丝绸之路文化带与中国文明对外传播与交往》，电子科技大学出版社，2017年版。

69. 盖山林：《丝绸之路草原民族文化》，新疆人民出版社，1996年版。

70. 徐兆寿、刘强祖：《丝绸之路上的移民》，上海人民出版社，2018

年版。

71. 王永平：《从"天下"到"世界"：汉唐时期的中国与世界》，中国社会科学出版社，2015 年版。

72. 徐兆寿等：《丝绸之路上的使者》，清华大学出版社，2016 年版。

73. 葛承雍：《胡汉中国与外来文明》，三联书店，2020 年版。

74. 石云涛：《三至六世纪丝绸之路的变迁》，文化艺术出版社，2007 年版。

75. 罗三洋：《古代丝绸之路的绝唱：广东十三行》，台海出版社，2018 年版。

76. 余太山：《早期丝绸之路文献研究》，商务印书馆，2013 年版。

77. 许序雅：《唐代丝绸之路与中亚历史地理研究》，西北大学出版社，2000 年版。

78. 张忠山：《中国丝绸之路货币》，兰州大学出版社，1999 年版。

79. 林梅村：《丝绸之路考古十五讲》，北京大学出版社，2006 年版。

80. 何志国：《西南丝绸之路早期佛像研究》，华东师范大学出版社，2020 年版。

81. 郑显文：《丝绸之路沿线新发现的汉唐时期法律文书研究》，中国法制出版社，2020 年版。

82. 许序雅：《唐代丝绸之路与中亚史地丛考：以唐代文献为研究中心》，商务印书馆，2015 年版。

83. 李叶宏：《唐朝丝绸之路贸易管理法律制度研究》，中国社会科学出版社，2014 年版。

84. 景峰：《丝绸之路文化线路系列跨境申遗研究》，科学出版社，2016 年版。

85 荣新江、朱玉麒：《丝绸之路新探索：考古、文献与学术史》，凤凰出版社，2019 年版。

86. 侯灿：《西域历史与考古研究》，中西书局，2019 年版。

87. 齐东方、葛嶷：《异宝西来：考古发现的丝绸之路舶来品研究》，上海古籍出版社，2018 年版。

88. 黄文弼：《西域史地考古论集》，商务印书馆，2015 年版。

89. 夏鼐等：《丝绸之路考古学研究》，浙江大学出版社，2019 年版。

90. 董志翘译注：《大唐西域记》，中华书局，2012年版。

91. 段晴：《丝绸之路经济史研究》（上下册），兰州大学出版社，2012年版。

## 二、国外主要著作（汉译）

1. ［美］芮乐伟·韩森：《丝绸之路新史》，北京联合出版公司，2015年版。

2. ［美］亨廷顿：《亚洲的脉搏》，新疆人民出版社，2011年版。

3. ［美］欧文·拉铁摩尔、埃莉诺·拉铁摩尔著，方笑天/袁剑译：《丝绸、香料与帝国：亚洲的"发现"》，上海人民出版社，2021年版。

4. ［美］米华健著，马睿译：《牛津通识读本：丝绸之路》，译林出版社，2017年版。

5. ［美］黑尔佳·拉鲁什、威廉·琼斯著：《从丝绸之路到世界大陆桥》，江苏人民出版社，2015年版。

6. ［美］白桂思：《丝绸之路上的帝国：青铜时代至今的中央欧亚史》，中信出版社，2020年版。

7. ［美］比尔·波特：《丝绸之路》，四川文艺出版社，2013年版。

8. ［美］薛爱华：《撒马尔罕的金桃：唐代舶来品研究》，社会科学文献出版社，2016年版。

9. ［美］乐仲迪：《从波斯波利斯到长安西市》，漓江出版社，2017年版。

10. ［英］彼得·弗兰科潘著，邵旭东、孙芳译，徐文堪校：《丝绸之路：一部全新的世界史》，浙江大学出版社，2016年版。

11. ［英］斯坦因：《西域探险记》，广西师范大学出版社，2021年版。

12. ［英］加文·孟席斯著，师研群译：《1421——中国发现世界》，京华出版社，2005年版。

13 ［英］彼得·诺兰著，温威译：《从丝绸之路到共产党宣言》，中信出版社，2017年版。

14. ［英］埃德蒙·德瓦尔著，梁卿译：《白瓷之路：穿越东西方的朝圣之旅》，广西师范大学出版社，2017年版。

15. ［英］拉乌尔·麦克劳克林著，周云兰译：《罗马帝国与丝绸之路》，广东人民出版社，2019年版。

16. ［英］魏泓：《丝绸之路：十二种唐朝人生》，四川人民出版社，2020年版。

17. ［法］伯希和：《马可·波罗注》，中西书局，2017年版。

18. ［法］伯希和等著，耿昇译：《伯希和敦煌石窟笔记》，甘肃人民出版社，2007年版。

19. ［法］伯希和等著，耿昇译：《伯希和西域探险记》，人民出版社，2011年版。

20. ［法］伯希和：《郑和下西洋考交广印度两道考》，上海古籍出版社，2014年版。

21. ［法］罗伯特著，马军、宋敏生译：《从罗马到中国：恺撒大帝时代的丝绸之路》，广西师范大学出版社，2005年版。

22. ［法］鲁保罗著，耿昇译：《西域的历史与文明》，新疆人民出版社，2006年版。

23. ［法］阿里·玛扎海里著，耿昇译：《丝绸之路：中国—波斯文化交流史》，新疆人民出版社，2006年版。

24. ［法］F·-B·于格著，耿昇译：《海市蜃楼中的帝国：丝绸之路上的人，神与神话》，中国藏学出版社，2013年版。

25. ［法］布尔努娃：《丝绸之路——神祇、军士与商贾》，云南人民出版社，2015年版。

26. ［法］布尔努瓦著，耿昇译：《丝绸之路》，中国藏学出版社，2016年版。

27. ［法］让·保罗·拉尔松：《"一带一路"：当中国和欧洲邂逅在波罗的海》，清华大学出版社，2017年版。

28. ［法］勒内·格鲁塞著，常任侠、袁音译：《东方的文明》，商务印书馆，2017年版。

29. ［德］克林凯特：《丝绸古道上的文化》，新疆美术摄影出版社，1994年版。

30. ［德］费迪南德·冯·李希霍芬著，李岩、王彦会译：《李希霍芬中国旅行日记》，商务印书馆，2018年版。

31. ［德］海尔曼－约瑟夫·弗里施著，许文敏译，《丝绸之路的世界》，国际文化出版公司，2019年版。

32. ［德］罗德里希·普塔克著，史敏岳译：《海上丝绸之路》，中国友谊出版公司，2019年版。

33. ［德］戴安娜·林德纳著，王博译：《丝绸之路：两千年的历史与文化》，人民日报出版社，2019年版。

34. ［日］三山次男著，李锡经/高喜美译，蔡伯英校：《陶瓷之路》，文物出版社，1984年版。

35. ［日］长泽和俊著，钟美珠译：《丝绸之路史研究》，天津古籍出版社，1990年版。

36. ［日］羽田亨等：《西域文明史概论等五种》，新疆人民出版社2015年版。

37. ［日］羽田亨著，耿世民译：《西域文化史》，新疆人民出版社，2017年版。

38. ［日］松田寿男著，金晓宇译：《丝绸之路纪行》，河南大学出版社，2018年版。

39. ［日］森安孝夫著，石晓军译：《丝绸之路与唐帝国》，北京日报出版社，2019年版。

40. ［日］羽田正：《东印度公司与亚洲之海》，北京日报出版社，2020年版。

41. ［瑞典］斯文·赫定著，李述礼译：《亚洲腹地旅行记》，上海书店，1984年版。

42. ［瑞典］斯文·赫定著，江红、李佩娟译：《丝绸之路》，新疆人民出版社，2010年版。

43. ［瑞典］斯文·赫定：《罗布泊探秘》，新疆人民出版社，2013年版。

44. ［俄］叶莲娜·伊菲莫夫纳·库兹米娜著，李春长译：《丝绸之路史前史》，科学出版社，2015年版。

45. ［俄］尤里·塔夫罗夫斯基著，尹永波译：《大国之翼："一带一路"西行漫记》，中共中央党校出版社，2017年版。

46. ［阿拉伯］伊本·胡尔达兹比赫著，宋岘译注：《道里邦国志》，中华书局，1991年版。

47. ［阿拉伯］马苏第著，耿昇译：《黄金草原》，人民出版社，2013年版。

48. ［古阿拉伯］苏莱曼著，刘半农、刘小蕙译：《苏莱曼东游记》，华文出版社，2016年版。

49. ［古阿拉伯］穆根来著，汶江、黄倬汉译：《中国印度见闻录》，中华书局，1983年版。

50. ［古阿拉伯］马苏第：《黄金草原》，青海人民出版社1999年版。

51. ［意］冯承钧译：《马可波罗行纪》，上海书店出版社，1999年版。

52. ［荷］L. 包乐史著，庄国土等译，《巴达维亚华人与中荷贸易》，南宁：广西人民出版社，1997年版。

53. ［荷］威·伊·邦特库著，姚楠译：《东印度航海记》，中华书局，1982年版。

54. ［澳］贝哲民：《新丝绸之路：阿拉伯世界如何重新发现中国》，东方出版社，2011年版。

55. ［新加坡］柯木林：《从龙牙门到新加坡：东西海洋文化交汇点》（海上丝绸之路与中国海洋强国战略丛书），社会科学文献出版社，2016年版。

56. ［西班牙］罗·哥泽来滋·克拉维约：《克拉维约东使记》，商务印书馆，1957年版。

57. ［巴基斯坦］肖卡特·阿齐兹：《建设新丝绸之路：解析"一带一路"倡议对现代世界的影响》，石油工业出版社，2019年版。

58. ［摩洛哥］伊本·白图泰著，马金鹏译：《伊本·白图泰游记》，宁夏人民出版社，1985年版。

59. ［苏丹］加法尔·卡拉尔·艾哈迈德：《跨越二千年的苏丹中国关系探源求实》，时事出版社，2014年版。

## 三、国外主要著作（待译）

1. ［美］Rudolph P. Matthee. *The Politics of Trade in Safavid Iran：Silk for Silver*, 1600 - 1730, Cambridge University Press, 2006.

2. ［加］Richard Foltz. *Religions of the Silk Road*. Palgrave Macmillan, 2010.

3. ［美］Peter B. Golden. *Central Asia in World History*, Oxford University Press, 2011.

4. ［英］John Lawton. *Silk，Scents and Spice*, UNESCO, 2005.

5. Dr. Shebl Obaid. *Diwan of Arabic calligraphy in Samarkand*, Bibliotheca Alexandrina, 2012.

6. Scott C. Levi. *The Indian Diaspora in Central Asia and its Trade*, 1550 - 1900, Brill, 2002. ISBN number.

7 ［新］Wang Gungwu (1958), *The Nanhai Trade：A Study of the Early History of Chinese Trade in the South China Sea*, Eastern Universities Press, 2003.

8 ［新］Dr. John N. Miksic, *Singapore and the Silk Road of the Sea（1300 - 1800）*, NUS Press, 2013.

9 ［美］Tansen Sen, *Maritime Southeast Asia between South Asia and China to the Sixteenth Century*, Cambridge University Press, 2014.

10. ［美］Peter Frankopan, *The New Silk Roads：The Present and Future of the World*, Blooms Bury, 2018.

11 Deepak, B. R. . *China's global rebalancing and the new silk road*. Singapore：Springer. 2018.

12. Thanh, P. S. *A strategic OBOR one belt one road of China and policy implications for Vietnam*. Hanoi：World Publisher, 2017.

13. Cuong, H. A. , Tran Khang, Bui Xuan Tuan, *Chinese Great Strategies*. Hanoi：Publishing House of News Agency, 2003.

14. Md. Nazrul Islam, *Silk Road to Belt Road：Reinventing the Past and Shaping the Future*, Springer, 2019.

15. Harald Pechlaner. Greta Erschbamer. Hannes Thees. Mirjam Gru-

ber. *China and the New Silk Road: Challenges and Impacts on the Regional and Local Level*, Springer, 2020.

16. ［美］Harry G. Broadman, ed. *Africa's Silk Road: China and India's New Economic Frontier*, Washington, D. C.：World Bank, 2007.

17. ［法］Cecile Beurdeley, *Connoisseur's Guide to Chinese Ceramics*, Book Sales, 1985.

18. ［印度］Nasir Raza Khan, *India and the Silk Road: Exploring Current Oppertunities*, Primus Books, 2019.

19. Tim Winter, *Geocultural Power: China's Quest to Revive the Silk Roads for the Twenty First Century*, University of Chicago Press, 2019.

20. ［美］Jeffrey D. Lerner、Yaohua Shi, *The Silk Road: From local reality to global narrative*, Oxbow Books, 2020.

21. Satish Chandra & Himanshu Prabha Ray, *The Sea, Identity and History: From the Bay of Bengal to the South China Sea*, Manohar Publishers, 2013.

22. ［印度］Lipi Ghosh, *The Southern Silk Route: Historical Links and Contemporary Convergences*, Taylor & Francis Ltd, 2019.

23. ［印度］Lipi Ghosh, *Eastern Indian Ocean: Historical Links to Contemporary Convergences*, Cambridge Scholars Publishing, 2011.

24. ［俄］Martha Avery, *The Tea Road: China And Russia Meet Across The Steppe*, China Intercontinental Press, 2014.

25. ［意］Harald Pechlaner, *China and the New Silk Road: Challenges and Impacts on the Regional and Local Level*, Springer, 2020.

26. ［法］Michel Jacq-Hergoualc'h, *The Malay Peninsula: Crossroads of the Maritime Silk-Road (100 Bc-1300 Ad)*, Brill, 2001.

27. ［新］Derek Heng, *Sino-Malay Trade and Diplomacy from the Tenth through the Fourteenth Century*, Ohio University Press, 2009.

28. ［美］Johan Elverskog, *Buddhism and Islam on the Silk Road*, University of Pennsylvania Press, 2010.

29. ［印度］Jagjeet S. Lally, *India And The Silk Roads: The History of a Trading World*, HarperCollins India, 2021.

30. ［日］三杉隆敏、『海のシルクロードを求めて』，創元社，1968

丝路学研究：形成、发展及其转型

31. ［日］長澤和俊、『海のシルクロード史 四千年の東西交易』，中公新書，1989。

32. ［日］も含めほか多数、『シルクロードを知る事典』，東京堂出版，2002。

33. ［日］三杉隆敏、『中国磁器の旅 海のシルク・ロードを行く』，学芸書林，19773

34. ［日］三杉隆敏、『海のシルク・ロード 大航海時代のセラミック・アドベンチャー ぎょうせい』，1989

35. ［日］三杉隆敏、榊原昭二共編著、『海のシルク・ロード事典』，1988.4（新潮選書）

36. ［日］三杉隆敏、『海のシルクロードを調べる事典』，芙蓉書房出版，2006.8

37. ［日］三杉隆敏、『マイセンへの道 東西陶磁交流史』，東京書籍，1992

38. ［日］三杉隆敏、『海のシルクロード 中国磁器の海上運輸と染付編年の研究』，恒文社，1976

39 جلال السعيد الحفناوي، طريق الحرير القديم: النشأة والتطور، مركز الدراسات الآسيوية، جامعة القاهرة، 2000.

40 سيد سليمان الندوي، الملاحة عند العرب، المترجم جلال السعيد الحفناوي، المركز القومي للترجمة، القاهرة، عام ٢٠١٦

41 طارق أحمد شمس، الشرق على طريق الحرير - دراسة تاريخية - جغرافية - اقتصادية 3000 ق م - 2017م، دار الفارابي، بيروت، عام ٢٠١٧.

42 ساطع محلي، على طريق الحرير، الأهالي للطباعة والنشر والتوزيع، دمشق، عام ١٩٩٤.

43 عطية القوصي، تجارة مصر في البحر الأحمر منذ فجر الإسلام حتى سقوط الخلافة العباسية، دار النهضة العربية

44 أسامة محمد فهمي صديق، العلاقات التجارية والثقافية بين مدن الصينية ومدن آسيا الوسطى الواقعة على طريق الحرير في 94الأسرتين اليونانية والتيمورية المغوليتين: 1260-1505م، مجلة العلمية لكلية الآداب، العدد ٤٠، جامعة أسيوط- كلية الآداب، عام ٢٠١١، صص ٢٠٩-٣٦٥.

45 ممدوح الخرابشة، سلامة النعيمات، طرق التجارة في بلاد الشام في العصر البيزنطي من القرن الأول إلى القرن السابع الميلادي، المجلة الأردنية للتاريخ والآثار، العدد ٢، ٢٠١١م

46 د. نيفين حسين، طريق الحرير الجديد وأثره على دولة الإمارات العربية المتحدة، الإمارات العربية: وزارة الاقتصاد، ٢٠١٦.

47 جلة سماعين، من طريق الحرير الجديد إلى الجسر البري العالمي، ترجمة حسين العسكري.

48 محمد حمشي، العالم العربي ومشروع الحزام والطريق الصيني، مجلة دراسات شرق أوسطية، العدد ٨٠، عام ٢٠١٧.

49 زرقين أحمد، مبادرة الحزام والطريق الصينية:قراءة استراتيجية، مجلة قضايا آسيوية، العدد ٣، عام ٢٠٢٠، المركز الديمقراطي العربي

50. Владимир Петровский, Новый шелковый путь и его значение, Москва, ДеЛи Плюс, 2016.

51. Андрющенко, Евгений Григорьевич, Россия и Великий шелковый путь, Москва, Изд-во Современного гуманитарного университета, 2015.

52. Докашева Екатерина Станиславовна: Великий Шелковый путь. Полная история, Издательская группа 《АСТ》, 2020.

53. Тавровский Юрий Вадимович: Новый шелковый путь, Эксмо, 2017.

54. Лубо-Лесниченко Евгений Иосифович: Китай на шелковом пути. Шелк и внешние связи древнего и раннесредневекового Китая, Восточная литература, 1994.

55. Давыдов З. Вл. Экономическая политика Китая в Центрально-Азиатском регионе и её последствия для России, Известия Восточного Института 2015/2 (26).

56. РИСИ: 《Политика Китая в Азии и интересы России》, *Проблемы национальной стратегии*, №5 (44) 2017.

57. Лузянин С. Г.: Большая Восточная Азия: мировая политика и региональные трансформации: научно-образовательный комплекс — М.: МГИМО (Университет), 2010.

58. Николай Михайлович Пржевальский: Путешествие в Уссурийском крае. 1867-1869 гг, Географгиз, 1947.

59. Иакинф ( Бичурин ): Китай. Его жители, нравы, обычаи, просвещение. Книга в коллекционном кожаном переплете ручной работы с золоченым обрезом и с портретом автора, Эксмо, 2017.

60. [韩]정수일, 『문명의 루트 실크로드』, 효형출판, 2002.

61. [韩]정수일, 『실크로드 문명기행』, 한겨레출판사, 2006.

62. [韩]정수일, 『초원 실크로드를 가다』, 창비사, 2010.

63. [韩]정수일, 『실크로드 도록 : 해로편』, 창비사, 2014.

64. [韩]정수일, 『해상 실크로드 사전』, 창비사, 2014.

65. [韩]정수일, 『실크로드 도록 : 초원로편』, 창비사, 2019.

66. [韩]정수일, 『우리 안의 실크로드』, 창비사, 2020.

67. [韩]권오영, 『해상 실크로드와 동아시아 고대국가』, 세창출판사, 2019.

68. [韩]박천수, 『실크로드문명교류사 서설 1 초원로』, 진인진, 2021.

69. [韩]박천수, 『실크로드문명교류사 서설 2 사막로』, 진인진, 2021.

70. [韩]유홍준, 『나의 문화유산답사기 중국 실크로드편』, 창비사, 2020.

71. [韩]이재성, 김장구, 서인범, 김승일, 『한국과 동부 유라시아 교류사』, 학연문화사, 2015.

72. Jean–Pierre Drège, *Marco Polo et la Route de la Soie*, Éditions Gallimard, 1989.

73. Albert Herrmann, *Die alten Seidenstrassen zwischen China und Syrien*, 2014.

74. Elisa Giunipero, *Uomini e religioni sulla Via della seta*, goWare e Edizioni Angelo Guerini e Associati, 2018.

75. Antonio Selvatici, *La Cina e la Nuova Via della Seta: Progetto per un´invasione globale*, Rubbettino, 2018.

76. Matteo Bressan, Domitilla Savignoni, *Le nuove Vie della Seta e il ruolo dell'Italia*, Pacini Editore, 2019.

77. [越]Nguyễn Huy Minh, *Tìm lại con đường tơ lụa trên biển Đông*, NXB Hội nhà văn, 2015.

78. [越]Hoàng Anh Tuấn, *Thương mại thế giới và hội nhập của Việt Nam thế kỷ XVI-XVIII*, Nhà xuất bản Đại học quốc gia Hà Nội, 2016.

79. [越]Nguyễn Chí Linh, *Trên Con Đường Tơ Lụa Nam Á*, Phương Nam Book, 2018.

80. [越]Nguyễn Vũ Tùng. *Con Đường Tơ Lụa Trên Biển Cho Thế Kỷ XXI Của Trung Quốc Và Đối Sách Của Việt Nam*, Nhà xuất bản chính trị quốc gia sự thật, 2019.

## 附录2："上外丝路学"学科建设影响力反馈信息辑要（2016年—）

**1. 2014年出版专著《丝路学研究：基于中国人文外交的阐释框架》**

这是中国倡建"一带一路"后学界首部将"一带一路"纳入丝路学国际学术视野予以研究的专著，在此基础上刊发了一系列论文，系统探讨"一带一路"学术跟进中的"中国路径"问题而引发关注，国关国政外交学人在年终盘点中连续三年予以肯定，表明马丽蓉从中外共研丝绸之路史实中探讨中外共研"一带一路"可能性的创新之一。

**2. 2020年12月网络首发"基于丝路学视角的'一带一路'学术话语研究"**

从丝路学视角研究"一带一路"学术话语，力求在百年显学的对话平台上形成中外学者平等对话、催生共研与共建"一带一路"的联动态势，以及助力丝路学向全球性的学科蜕变，使丝路学切实助力"一带一路"行稳致远，进而提升"一带一路"首倡国学术话语权。本文确系学界首次从丰富元概念、重释核心议题、修正三大理论来系统阐释习近平总书记对全球丝路学转型所做的重大学术贡献，对增强中国"一带一路"学术话语供给力、增强中国破解丝路学霸权话语体系的修正力，以及增强"一带一路"学术号召力等产生了多重影响，彰显了"学术中国"的力量，表明马丽蓉从丝路学视角系统建构"一带一路"学术话语的创新之二。

**3. 关于《丝路学研究：基于中国人文外交的阐释框架》的书评**

吴思科的《丝路思想沉淀超拔 丝路战略定性塑形：评〈丝路学研究：基于中国人文外交的阐释框架〉》（《公共外交季刊》2015）；高祖贵的《"一带一路"战略研究的一个视角：读〈丝路学研究〉》（《中国纪检监察报》2015-01-30）；舒梦的"New Silk Road Highlights Potential of Beijing's Humanistic Diplomacy"，Global Times；闵捷的《中国大战略视野下的丝绸之路研究》（大同思想网：http：//www.datongsixiang.com/article.php？id

=4546）；《读懂"一带一路"，读懂中国乃至世界的未来》，（《亚太日报》，2015年8月21日，https：//cn. apdnews. com/msr/wenhua/230826. html）以及王南的《马丽蓉教授著作〈丝路学研究〉广受各方好评》一文认为，该书"面世以来引起了有关各方的关注与好评。中国中东问题前特使吴思科、中共中央党校国际战略研究所副所长高祖贵等资深国际问题专家为该书撰写了书评。新华社、《环球时报》等国内主流媒体曾在第一时间对该书及相关成果进行中英文介绍。此外，察哈尔学会的《公共外交季刊》连续两期刊登相关文章，并在2014年冬季刊封三刊登《丝路学研究》封面，对该书予以重点推介。"《丝路学研究》一书的核心观点即认为'一带一路'战略绝不是对古代陆上、海上丝绸之路的简单重复，而是以中国为中心、呈辐射状覆盖至全球的合作之路，是全新时代背景下的一条只有起点、没有终点的共赢之路。有关各方普遍认为，《丝路学研究》一书具有前瞻性和创新性，这也是该书自出版发行至今持续受到有关各方好评、学术影响不断扩大的原因所在。"（2015年04月03日，人民网，《〈丝路学研究〉一书广受各方好评》。http：//world. people. com. cn/n/2015/0403/c359707 - 26797344. html）

**4. 主编《丝路学研究：国别和区域丛书（10卷本）》获好评**

《"丝路学研究丛书"首发暨"一带一路"与中国丝路学研讨会召开》，2016年5月16日，搜狐网，https：//www. sohu. com/a/75601890_116897.

《"丝路学研究丛书"首发暨"一带一路"与中国丝路学研究研讨会召开》，2016年5月16日，中国网，http：//www. china. com. cn/news/txt/2016/05/16/content_38461712. htm? f = pad&a = true.

《"丝路学研究丛书"首发 巩固"一带一路"民间基础》，2016年5月16日，一带一路网，http：//1d1l. tvsky. tv/Content/2016/05 - 17/1528374283. html。

《"丝路学研究丛书"首部著作问世 权威嘉宾展开高端对话》，2016年5月17日，人民日报海外网，http：//m. haiwainet. cn/middle/3541640/2016/0517/content_29931113_1. html。

《"丝路学研究丛书"首部著作问世 权威嘉宾展开高端对话》2016年5月17日，中国青年网，http：//news. youth. cn/gj/201605/t20160517_

8007070. htm。

《"丝路学研究丛书"首发》，2016年5月17日，中国社会科学网，http：//whis. cssn. cn/zgs/zgs_ss/201605/t20160523_3020105. shtml。

《社科文献社携手上海外大 联袂打造"丝路学研究丛书"》，2016年5月17日，中国出版传媒网，http：//www. cbbr. com. cn/article/103997. html。

《上外丝路战略研究所推进学科研究与智库建设初见成效》，2017年5月17日，新华丝路，https：//www. imsilkroad. com/news/p/33146. html。

《"丝路学研究丛书"首部专著问世》，2016年5月18日，中国新闻出版广电网，http：//data. chinaxwcb. com/epaper2016/epaper/d6265/d1b/201605/67685. html。

《"丝路学研究丛书"首发》，2016年5月21日，《光明日报》，https：//epaper. gmw. cn/gmrb/html/2016 - 05/21/nw. D11000gmrb_ 20160521_ 404. htm。

《"丝路学研究丛书"首发》，2016年5月21日，环球网，https：//china. huanqiu. com/article/9CaKrnJVAyA。

《"丝路学研究丛书"首发》，2016年5月21日，新华网，http：//www. xinhuanet. com/politics/2016 - 05/21/c_129002509. htm。

《"'一带一路'与丝路学研究"国际学术研讨会 在上海外国语大学召开》，2017年4月8日，环球网，https：//china. huanqiu. com/article/9CaKrnK1OUu。

丛书获《出版广角》推介（北大核心），2016年第10期。

《"丝路学研究丛书"首部专著问世》，搜狐网，https：//www. sohu. com/a/75933720_364064。

《丝路学研究丛书首发式暨丝路学研讨会在京举行》，《上海外国语大学报》，http：//xiaobao. shisu. edu. cn/show_more. php？doc_id＝281。

《丛书首发式获社会科学报推介》，http：//www. shekebao. com. cn/shekebao/n440/n448/u1ai11046. html。

5. 主编《中国西部周边地区"丝路天然伙伴关系"研究报告》获好评

《中国西部周边地区"丝路天然伙伴关系"研究报告的结论》，2020

年 8 月，CRGG 国别区域与全球治理数据平台，https：//www.crggcn.com/articleDetail？id＝73587597&parentName＝undefined。

《丝路研究丨马丽蓉：中国西部周边地区"丝路天然伙伴关系"研究报告导论》，2020 年 8 月 24 日，上海全球治理与区域国别研究院，https：//mp.weixin.qq.com/s/rwltmpsxuK6jVYeeq6N5Ng。

《探索丝路外交的历史演进》，2020 年 9 月 21 日，中国社会科学网，http：//news.cssn.cn/zx/bwyc/202009/t20200921_5184806.shtml。

《中国西部周边地区"丝路天然伙伴关系"研究报告》，列国志数据库，https：//www.lieguozhi.com/skwx_lgz/book/initChapterList？siteId＝45&bookid＝7359751。

### 6. 创办《新丝路学刊》获得赞誉

《〈新丝路学刊〉在沪创刊：丝路学是全球治理的"中医学"》，2017 年 4 月 7 日，澎湃新闻，https：//www.thepaper.cn/newsDetail_forward_1657187。

《〈新丝路学刊〉在沪创刊：丝路学是全球治理的"中医学"》，2017 年 4 月 7 日，新华网，http：//m.xinhuanet.com/2017-04/07/c_136190936.htm。

《〈新丝路学刊〉在沪创刊：丝路学是全球治理的"中医学"》，2017 年 4 月 7 日，东方网，http：//sh.eastday.com/m/20170407/u1ai10490016.html。

《"'一带一路'与丝路学研究"国际学术研讨会在上海外国语大学召开》，2017 年 4 月 8 日，环球网，https：//china.huanqiu.com/article/9CaKrnK1OUu。

《"一带一路"与丝路学研讨会召开》，2017 年 4 月 8 日，《青年报》，http：//app.why.com.cn/epaper/webpc/qnb/html/2017-04/08/content_23255.html。

《丝路学研究为"一带一路"集智献策》，2017 年 4 月 8 日，中国金融信息网，http：//news.xinhua08.com/a/20170408/1698231.shtml。

《迎"一带一路"国际合作高峰论坛 智库举措多》，2017 年 4 月 20 日，欧亚丝绸之路网，http：//www.oysczl.com/2017/04/20/1780.html。

《上外丝路战略研究所推进学科研究与智库建设初见成效》，2017 年 5

月17日，新华丝路，https：//www.imsilkroad.com/news/p/33146.html。

《〈新丝路学刊〉创刊号出版发行 聚焦"一带一路"重大理论和现实问题》，2017年9月29日，上外新闻网，http：//news.shisu.edu.cn/research-/170929-023119。

《上外丝路战略研究所成立2年：彰显中国丝路学界使命担当》，2017年10月13日，澎湃新闻，https：//news.sina.cn/2017-10-13/detail-ifymuukv1937691.d.html？from=wap。

《〈新丝路学刊〉在沪创刊：丝路学是全球治理的"中医学"》，2017年10月13日，澎湃新闻网，https：//www.thepaper.cn/newsDetail_forward_1823895。

《〈新丝路学刊〉跻身2020~2021年度CNI名录集刊，第九届人文社会科学集刊年会于无锡召开》，2020年12月1日，澎湃新闻，https：//www.thepaper.cn/newsDetail_forward_10205358。

《加强丝路学研究为"一带一路"建设集智献策》，新华社，http：//xinhua-rss.zhongguowangshi.com/13701/6759373504258922644/1730711.html。

《"一带一路"与丝路学研究学术研讨会在上外举行》，《社会科学报》，http：//www.shekebao.com.cn/shekebao/n440/n448/u1ai12094.html。

**7. "上外丝路学"学科建设引发广泛关注**

自2017—2019年国关国政外交学人在"年终盘点"中持续关注："以上外马丽蓉教授提出的'丝路学'概念为例，长波潜藏的显学发掘可以为'一带一路'沿线的国家关系提供更为有力的正向促进作用，从立论、献策、构建'学术共同体'等方面入手，立足微观层面，呼唤宏观凤愿，实现有效的学术串联。同时，在战略项目推进的过程中，世界面临着'逆全球化'的政治生态困扰，与'一带一路'同时推进的全球治理的中国方案也成为当下研究的热点议题，从事实上讲，世界格局的碎片化促使了学界研究的碎片化，如何做到化整为零后的收放自如，做到'一带一路'与全球治理的一体两面，成为了学界下一阶段研究的重点工作之一。"（"【年终盘点】2017年中国国际关系学界学术大事记"，http：//www.sohu.com/a/213826637_618422，2017-12-31）；"2018年11月30日至12月1日，上外丝路战略研究所举办第三届'丝路学·青年论坛'"的学术动态（"【重磅盘点】2018年中国国际关系学界学术大事记"，https：//m. sohu.com/a/285767382_618422，2018-12-31）；"长期以来，政治学学科下的国际关系研究或国际问题研究往往呈现出一种离散分布、断绪思考的特点，其学科名称的规范化和显学化问题常常受到其学科特性的影响和困扰，在这种情况下，加强其所属类别学科与领域的显学化成为了学界现在和今后得以努力的重要方向。今年以来，如比较政治学、外交学、国际组织学、丝路学等措辞的提出和深入成为了一种趋势（其中以北京大学、上海外国语大学等高校为实践表率，前者恰逢政治学学科诞生120周年纪念）"。（"【重磅】2019年中国国际关系学界学术大事记"，https：//m. sohu.com/a/285767382_618422，2019-12-31）

此外，也赢得国内主要智库领袖的好评：南京大学中国智库研究与评价中心主任李刚评价："马丽蓉教授的团队实力强大，在强手如林的丝路学研究中异军突起！"（"上外丝路战略研究所调研南京大学中国智库研究与评价中心"，CTTI，2019-6-25）；中联部当代世界研究中心战略研究处处长李鼎鑫评价："上外的带路研究依托新时期丝路学构建，从文化宗教到贸易联通，从全球谋篇到区域布局，筚路蓝缕，厚积薄发，既有历史纵深，也有理论创新，据我所知，与上外丝路战略研究所深耕中亚、西亚和北非，长期田野调查于新疆分不开。"（"上外丝路"微信公众号转引，2020-8-25）；西北大学丝绸之路研究院院长卢山冰评价："上外丝路所一直走在中国高校'一带一路'前列！"（"上外丝路"微信公众号转引，2020-9-4）等。"上海外国语大学成立了丝路战略研究所，聚焦中东、东南亚、中亚、美欧（含拉美）四大板块的内容，关于中亚地区的研究成果陆续发布。"（孙壮志等：《21世纪以来中国的中亚研究：进展与不足》，《国际政治研究》，2019年第2期，第153页）；"学术界早已公认了'丝绸之路学'这样的概念，以此来概括研究丝绸之路所形成的一门学问，这在逻辑上没有问题。在称谓上采取简称'丝路学'也非常自然和简洁，应该是学术史上正规的一个命名。""在全国成立了不少新的研究机构，创办了新的刊物及网站"，包括"上海外国语大学丝路战略研究所与《新丝路学刊》（上海）"，"尤其是马丽蓉，还出版了专著《丝路学研究：基于中国人文外交的阐释框架》（时事出版社2014年版）"。（李继凯：《丝路学建构与丝路文学研究》,《大西北文学与文化》2020年第一辑）等。

**8. 赴京发布"上外丝路学团队"三大标志性成果受关注**

经过五年的砥砺奋进,本团队先后打造了"丝路学三部曲""丝路学研究丛书""丝路学智库报告"《新丝路学刊》"丝路要报""丝路学动态""丝路学国际论坛""丝路学青年论坛""丝路茶坊""全球丝路学研究数据库""上外丝路所网站""上外丝路微信公众号""丝路学课程体系供给平台""丝路课堂""丝路学系列教材"及"丝路学社"等20个丝路学品牌项目,于2020年底赴京发布了"上外丝路学团队"三大标志性成果,引发学界持续关注：

《"丝路学研究丛书"首发式暨"一带一路"与中国丝路学研究研讨会举行》,2016年5月16日,人民网,http：//world.people.com.cn/GB/n1/2016/0516/c1029 - 28354873.html。

《提升中国丝路学话语权》,2016年5月17,《解放日报》,http：//epaper.gmw.cn/gmrb/html/2016 - 05/17/nw.D110000gmrb_20160517_5 - 12.htm。

《"丝路学研究丛书"首发式暨"一带一路"与中国丝路学研究研讨会举行》,2016年5月17日,中国网,http：//news.china.com.cn/txt/2016 - 05/16/content_38461712.htm。

《"丝路学研究丛书"首发式暨"一带一路"与中国丝路学研究研讨会举行》,2016年05月17日,光明网,http：//epaper.gmw.cn/zhdsb/html/2016 - 05/18/nw.D110000zhdsb_20160518_1 - 02.htm？div = - 1。

《"丝路学研究丛书"首发 巩固"一带一路"民间基础》,2016年5月17日,中国青年网,http：//news.youth.cn/gn/201605/t20160517_8008900.htm。

《"丝路学研究丛书"首发式暨"一带一路"与中国丝路学研究研讨会举行》,2016年5月17日,中国社会科学网,http：//mc.cssn.cn/zgs/zgs_ss/201605/t20160523_3020105.shtml。

《丝路茶坊聚焦多学科视角下的"一带一路"研究》,2016年12月1日,人民网,http：//world.people.com.cn/n1/2016/1201/c1029 - 28917680.html。

《加强丝路学研究为"一带一路"建设集智献策》,2017年4月8日,新华社，http：//xinhua - rss. zhongguowangshi. com/13701/6759373504258922644/1730711. html#。

《"'一带一路'与丝路学研究"国际学术研讨会在上海外国语大学召开》，2017年4月8日，环球网，https：//china. huanqiu. com/article/9CaKrnK1OUu。

中国社会科学网：http：//orig. cssn. cn/zx/bwyc/201804/t20180414_4136091. shtml。

解放日报：http：//www. shanghai. gov. cn/nw2/nw2314/nw2315/nw4411/u21aw1302886. html。

人民日报：http：//ydyl. people. com. cn/n1/2018/0417/c411837 - 29930865. html。

财新网：http：//nei. caixin. com/2018 - 04 - 16/101240236. html。

《第二届"丝路学·国际论坛"于上海隆重召开》，财新网，http：//index. caixin. com/2018 - 04 - 16/101234857. html。

《第二届"丝路学·国际论坛"于上海隆重召开》，中国网，http：//m. china. com. cn/appshare/doc_1_643088_733675. html。

《第二届"丝路学·青年论坛"在上海外国语大学成功举行》，2017年12月9日，环球网，https：//m. huanqiu. com/r/MV8wXzExNDM2NTAzXzEyNjRfMTUxMjgyNzk0MA = = 。

《凝聚青年学者智慧 共话丝路命运共同体：第二届"丝路学·青年论坛"在上海外国语大学举行》，2017年12月10日，《文汇报》，http：//wenhui. news365. com. cn/html/2017 - 12/10/content _ 619199. html？from = singlemessage。

《凝聚青年学者智慧 共话丝路命运共同体：第二届"丝路学·青年论坛"在上海外国语大学举行》，2017年12月11日，上外新闻网，http：//news. shisu. edu. cn/research - /171211 - 103416。

《"丝路学·青年论坛"在上海举行》，2017年12月11日，《青年报》，http：//app. why. com. cn/epaper/webphone/qnb/html/2017 - 12/11/content_46425. html。

《第二届"丝路学·青年论坛"在上海外国语大学成功举行》，2017年12月13日，中国新闻网，http：//www. cssn. cn/sklt/201712/t20171213_

3778736. shtml。

《凝聚青年学者智慧 共话丝路命运共同体：第二届"丝路学·青年论坛"在上海外国语大学举行》，《社会科学报》，http：//www.shekebao.com.cn/shekebao/n440/n448/u1ai12757.html。

《凝聚青年学者智慧 共话丝路命运共同体：第二届"丝路学·青年论坛"在上海外国语大学举行》，中国社会科学网，http：//www.cssn.cn/sklt/201712/t20171213_3778736.shtml。

《第三届"丝路学·青年论坛"在上外举行》，2018 年 12 月 3 日，《青年报》，http：//www.why.com.cn/epaper/webpc/qnb/html/2018 - 12/03/content_76237.html。

《第三届"丝路学·青年论坛"在上外举行》，2018 年 12 月 3 日，中国社会科学网，http：//his.cssn.cn/lsx/tpxw/201812/t20181205_4788709_4.shtml。

《第三届"丝路学·青年论坛"在上外举行》，2018 年 12 月 3 日，东方网，http：//city.eastday.com/gk/20181203/u1a14426182.html。

《第四届"丝路学·青年论坛"在上海外国语大学召开》，2019 年 12 月 16 日，《文汇报》，https：//www.sohu.com/a/360596951120244154?scm = 1002.44003c.fe0183.PC_ARTICLE_REC。

《第四届"丝路学·青年论坛"在上海外国语大学召开》，2019 年 12 月 16 日，中国社会科学网，http：//cssn.cn/gd/gd_rwhd/xslt/201912/t20191216_5059785.shtml。

《丝路学者荟萃上海校园协力合作贡献青春力量》，2019 年 12 月 17 日，《青年报》，http：//www.why.com.cn/epaper/webpc/qnb/html/2019 - 12/17/content_98652.html。

《第四届"丝路学·青年论坛"在上外举行，全国多院校学者共建"丝路学术共同体"》，2019 年 12 月 16 日，文汇网，https：//wenhui.whb.cn/third/zaker/201912/16/308796.html。

《第四届"丝路学·青年论坛"在上外举行》，2019 年 12 月 16 日，智库界，https：//www.chinazhikujie.com/2019/12/16/723.html。

《聚青年之智 谋丝路愿景 上外举办第四届"丝路学·青年论坛"》，2019 年 12 月 16 日，中国高新科技网，http：//www.zggxkjw.com/content -

12-4079-1. html。

《第四届"丝路学·青年论坛"在上外举行,全国多院校学者共建"丝路学术共同体"》,2019年12月16日,新浪网,https：//k. sina. cn/article_1914880192_7222c0c002000qdg9. html。

《第五届"丝绸之路的两端：中国与摩洛哥"国际研讨会暨第三届"丝路学·国际论坛"在哈桑二世大学举行》,2019年11月26日,华人头条,https：//www. 52hrtt. com/hsd/n/w/info/D1573555207956。

《中国驻摩洛哥大使馆文化处：第三届"丝路学·国际论坛"举行》,2019年11月27日,中国文化,http：//cn. cccweb. org/portal/pubinfo/2020/04/28/200001003002001/acae3d5496b0402b85f93a2c7b848521. html。

《第八届"丝路学论坛"在京举行》,2020年10月31日,环球网,https：//china. huanqiu. com/article/40Vmbmtak2A。

《第八届"丝路学论坛"在京开幕》,2020年10月31日,中央电视台阿拉伯语频道,https：//arabic. cgtn. com/n/BfJAA-CIA-HcA/EadfEA/index. html。

《第八届丝路学论坛举行 为"一带一路"高质量发展集智献策》,2020年11月1日,新华社,https：//xhpfmapi. zhongguowangshi. com/vh512/share/9507199? channel=weixin。

《上外丝路所赴京举办第八届"丝路学论坛",发布三大标志性成果》,2020年11月3日,学习强国,https：//article. xuexi. cn/articles/index. html? art_id=15506397566309119074&t=1604472488153&showmenu=false&study_style_id=feeds_default&source=share&share_to=copylink&item_id=15506397566309119074&ref_read_id=32660169-3d29-4d95-871a-43590bf233fc_1620606155308。

《第八届"丝路学论坛"在京举行》,2020年11月1日,人民网,http：//world. people. com. cn/n1/2020/1101/c1002-31914198. html。

《第八届"丝路学论坛"举行 为"一带一路"高质量发展集智献策》,2020年11月1日,新华社,https：//xhpfmapi. zhongguowangshi. com/vh512/share/9507199? channel=weixin。

《第八届"丝路学论坛"在京开幕》,2020年11月1日,中央电视台阿拉伯语频道官微,https：//mp. weixin. qq. com/s/PPSXOdRKA77cowpajD3 - g。

, (وسائط متعددة) سعيا لبحث سبل دفع التنمية عالية الجودة لـ "الحزام والطريق" ... عقد منتدى علم طريق الحرير الثامن في بكين)
2020年11月1日，新华网，http：//arabic. news. cn/2020 - 11/01/c_139482828. htm。

《第八届"丝路学论坛"在京举行》，2020年11月2日，人民网阿语频道，http：//arabic. people. com. cn/n3/2020/1102/c31660 - 9775463. html。

《第八届"丝路学论坛"在京举行》，2020年11月2日，《今日中国》阿文版，http：//www. chinatoday. com. cn/ctarabic/2018/xw/202011/t20201102_800225468. html。

《第八届"丝路学论坛"在京举行》，2020年11月2日，《中国日报》，http：//www. chinadaily. com. cn/edu/2020 - 11/02/content_37540733. htm。

《丝路茶坊：聚焦多学科视角下的"一带一路"研究》，2016年12月1日，人民网，http：//world. people. com. cn/n1/2016/1201/c1029 - 28917680. html。

《王义桅受聘上外丝路战略研究所特聘教授并作客第十五期丝路茶坊》，2017年8月27日，上外新闻，http：//news. shisu. edu. cn/research -/170827 - 112739。

《丝路茶坊·文博讲堂/文物中的丝绸之路》，2021年3月19日，澎湃新闻网，https：//m. thepaper. cn/baijiahao_11798651。

《上海外国语大学丝路战略研究所举办"丝路茶坊"暨"丝绸之路沿线世界文化遗产保护的国际合作"学术对话》，2021年4月12日，中国社会科学网，http：//www. cssn. cn/zx/zx_gx/news/202104/t20210412_5325888. shtml。

《第九届丝路学论坛暨"丝路连通的中国与世界"学术研讨会在沪召开》，2021年9月18日，环球网，https：//baijiahao. baidu. com/s？id = 1711249962456028812&wfr = spider&for = pc。

《第九届丝路学论坛暨"丝路连通的中国与世界"学术研讨会举行》，2021年9月22日，人民网，http：//world. people. com. cn/n1/2021/0922/c1002 - 32233233. html。

《第九届丝路学论坛"丝路连通的中国与世界"学术研讨会在上海外国语大学召开》，中国社会科学网，http：//ex. cssn. cn/zx/zx_gjzh/zhnew/

202110/t20211008_5364943. shtml。

《专家齐聚申城 探讨"丝绸之路"文化内涵》，2021 年 9 月 22 日，新华网，http：//sh. xinhuanet. com/2021 - 09/22/c_1310202738. htm。

《如何重释"中国与世界的古今丝路关系"？这不仅是一个学术问题》，2021 年 9 月 22 日，上观新闻，https：//web. shobserver. com/staticsg/res/html/web/newsDetail. html？id = 407783。

《"丝路连通的中国与世界"学术研讨会顺利召开》，2021 年 9 月 23 日，中国航海博物馆，https：//mp. weixin. qq. com/s/krABqKXrOGW1 RCr-SeEeH4A。

### 9. "上外丝路学"学科建设成效初显

自 2016 年至今，西北大学中国高校"一带一路"智库研究项目组共发布五次《中国高校"一带一路"智库影响力报告》，上外丝路所稳居全国前茅：2016 年，综合影响力全国第九、媒体影响力全国第三；2018 年，综合影响力全国第四、媒体影响力全国第三、决策影响力居全国第五、学术影响力全国第四；2019 年，综合影响力全国第四、媒体影响力全国第五、决策影响力居全国第四、学术影响力全国第三；2020 年，综合影响力全国第四、媒体影响力全国第四、决策影响力居全国第五、学术影响力全国第三、国际影响力全国第 6；2021 年，综合影响力全国第三、媒体影响力全国第五、决策影响力居全国第四、学术影响力全国第三、人才培养影响力第二。可见，上外丝路所综合影响力依次为 9 - 4 - 4 - 4 - 3，稳居全国第四位；媒体影响力依次为 3 - 3 - 5 - 4 - 4，稳居全国前五；决策影响力依次为 5 - 4 - 4 - 5 - 4，稳居全国前五；学术影响力依次为 4 - 3 - 3 - 3，稳居全国前三；国际影响力为六，人才培养影响力为第二，两项新设立指标均表现不俗：

《"一带一路"建设 5 周年成果发布会》，2018 年 9 月 6 日，西北大学丝绸之路研究院，https：//isrs. nwu. edu. cn/info/1015/1853. htm。

《"一带一路"建设 6 周年成果发布会》，2019 年 9 月 5 日，西北大学丝绸之路研究院，https：//isrs. nwu. edu. cn/info/1015/1303. htm。

《上外丝路所连续三年位列全国高校"一带一路"智库影响力榜单前茅》，2019 年 9 月 9 日，上海外国语大学文明创建网，http：//wmcj. shisu.

edu. cn/dd/71/c990a122225/page. htm。

《上外丝路所连续四次居中国高校"一带一路"影响力评估全国前茅》，2020年9月7日，上外新闻，http：//news. shisu. edu. cn/research-/200907-024528。

《西北大学智库研究机构发布"一带一路"8周年高校智库研究成果》，2021年9月8日，丝路动态，https：//mp. weixin. qq. com/s/fNoB3QwWbj6iCgLyDEPIeQ。

2015年9月，成立了上外丝路战略研究所，系教学、科研、智库三位一体的二级实体处级单位；2017年8月获批教育部国别区域研究备案中心——伊斯兰合作组织研究中心；2018年7月跻身上海高校智库内涵建设单位；2018年11月被遴选新增为CTTI来源智库；2019年12月当选"一带一路"智库合作联盟理事单位等，引发赞誉。

"上外丝路战略研究所自筹建伊始，便将振兴中国丝路学作为学术使命，积极推动丝路学科体系、学术体系和话语体系建设，实现中国丝路学与全球丝路学的'学术对接'。""上外丝路战略研究所成立两年以来，围绕丝路学学科建设，立足教学、科研和智库建设等各领域，充分彰显中国丝路学的战略地位与中国丝路学界的学术担当，为宣介'一带一路'的建设成果、加强'一带一路'的'软力量'建设积极提供智力支持。"主流媒体连续报道丝路所主办的"丝路学论坛"（《上外丝路战略研究所成立2年：彰显中国丝路学界使命担当》，2017年10月13日，澎湃新闻网，https：//www. thepaper. cn/newsDetail_forward_1823895）。

已组建了一支跨校际、跨院系、跨专业、多语种的"上外丝路学团队"，注重培养本团队成员的研究能力、调研能力、学术共同体建构能力，以及振兴中国丝路学使命担当与家国情怀，并通过研究丝路、行走丝路及参与"上外丝路学"学科建设等，旨在打造一支服务"一带一路"的"多语种+"的特需强战略型人才队伍，也引发广泛关注。

《"上外扎实推进丝路学研究 为'一带一路'建设提供智力支持"》，2017年5月13日，环球网，http：//world. huanqiu. com/article/2017-05/10663996. html。

《上外师生赴太仓苏州开展大调研》，2018年4月13日，《青年报》（A05），http：//www. why. com. cn/epaper/webpc/qnb/html/2018-04/13/

content_56589.html。

《上外师生赴太仓苏州开展大调研》，2018 年 4 月 17 日，《上海外国语大学报》，http：//xiaobao.shisu.edu.cn/show_more.php? doc_id = 6002。

《当年郑和下西洋有什么收获？船队为何要从太仓起锚？上外师生赴太仓苏州开展大调研》，2018 年 4 月 17 日，上外新闻网，http：//news.shisu.edu.cn/research - /180417 - 123105。

《当年郑和下西洋有什么收获？船队为何要从太仓起锚：上外师生赴太仓苏州开展大调研》，2018 年 4 月 17 日，搜狐网，https：//www.sohu.com/a/228580606_407297。

《深化丝路学研究：北大阿语系师生访问上外丝路所并签署共建协议》，2019 年 5 月 22 日，上外新闻网，http：//news.shisu.edu.cn/research - /190522 - 111427。

《上外丝路战略研究所师生访问苏丹研究中心》，2019 年 6 月 24 日，扬州大学苏丹研究中心，http：/sdyjzx.yzu.edu.cn/art/2019/6/24/art_48461_730097.html。

《上外丝路战略研究所师生访问苏丹研究中心》，2019 年 6 月 24 日，网易新闻，https：//dy.163.com/article/EIFM5R05053461TM.html。

《青年报：北大上外师生共议"一带一路"》，2021 年 7 年 3 日，上海外国语大学丝路战略研究所，http：//www.isrss.shisu.edu.cn/#/common/news/details/B/00/1012。

《上外丝路所"一带一路"课程体系助力国别区域研究人才培养》，2020 年 7 月 10 日，环球网，https：//china.huanqiu.com/article/3z00Z82wQU4? from = singlemessage。

《上海外国语大学丝路战略研究所"一带一路"课程体系助力国别区域研究人才培养》，2020 年 07 月 12 日，中国社会科学网，http：//ex.cssn.cn/zx/zx_gx/news/202007/t20200712_5154102.shtml? COLLCC = 4213360660&from = timeline。

《国别区域研究人才培养："一带一路"课程体系研讨会》，2020 年 07 月 13 日，《光明日报》，https：//wap.gmdaily.cn/article/520a0ee65baf4cdf824fcc0c79d12785? from = singlemessage。

《上海外国语大学丝路战略研究所来中国非洲研究院调研》，2020 年

10月31日,《西亚非洲》,https://www.sohu.com/a/428537234_617730。

《"上外丝路学团队"持续做好全球治理人才培养》,2021年3月2日,中国社会科学网,http://wmcj.shisu.edu.cn/1f/1b/c990a139035/page.htm。

《北大—上外丝路学青年论坛举行,太仓为海上丝路做贡献》,2021年5月24日,《太仓日报》,https://www.taicangdaily.com/tcrbszb/html/2021-05/24/content_2742_13418963.htm。

《北大—上外师生共议"一带一路"》,2021年6月17日,《青年报》,http://www.why.com.cn/wx/article/2021/06/17/16239183751018608620.html。

《上外丝路所"一带一路"课程体系助力国别区域研究人才培养》,2020年7月15日,上海新闻网,http://shanghai.baogaosu.com/xinwen/%E4%B8%9D%E8%B7%AF%E6%89%80%E4%B8%80%E5%B8%A6%E4%B8%80%E8%B7%AF%E8%AF%BE%E7%A8%8B%E4%BD%93%E7%B3%BB%E5%8A%A9%E5%8A%9B%E5%9B%BD%E5%88%AB/85623187/。

《教育部伊斯兰合作组织研究中心网站正式上线》,2020年7月12日,上海外国语大学丝路战略研究所,http://www.isrss.shisu.edu.cn/#/common/news/details/B/00/1023。

《促进交流合作 加强实地考察——北大—上外丝路学青年论坛顺利举行》,2021年5月25日,北京大学中东研究中心新闻网,https://www.arabic.pku.edu.cn/rdxw/1342976.htm。

《促进交流合作 加强实地考察——北大-上外丝路学青年论坛顺利举行》,2021年5月25日,北京大学外国语学院新闻网,https://sfl.pku.edu.cn/xyxw/128486.htm。

《丝路所师生赴浙外举办交流座谈会》,2021年6月29日,上海外国语大学丝路战略研究所,http://www.isrss.shisu.edu.cn/#/common/news/details/B/00/1006。

《资讯上海外国语大学丝路战略研究所来国丝交流》,2021年07月3日,上海外国语大学丝路战略研究所,http://www.isrss.shisu.edu.cn/#/common/news/details/B/00/1011。

《上外丝路所与新疆师范大学相关机构共建"丝路学协同创新研究中

心"》,2021年7月3日,上海外国语大学丝路战略研究所,http://www.isrss.shisu.edu.cn/#/common/news/details/B/00/1013。

《丝路所马丽蓉教授应邀为新师大作学术报告》,2021年7月13日,上海外国语大学丝路战略研究所,http://www.isrss.shisu.edu.cn/#/common/news/details/B/00/1025。

《"边疆时空"转载〈百年来国际丝路学研究的脉络及中国丝路学振兴〉》,2021年8月4日,上海外国语大学丝路战略研究所,http://www.isrss.shisu.edu.cn/#/common/news/details/B/00/1036。

《新丝路学刊》公众号正式上线,2021年8月15日,上海外国语大学丝路战略研究所,http://www.isrss.shisu.edu.cn/#/common/news/details/B/00/1043。

《马丽蓉当选中国社科评价院宗教学刊专委会委员》,2021年8月21日,上海外国语大学丝路战略研究所,http://www.isrss.shisu.edu.cn/#/common/news/details/B/00/1040。

《"建党百年·丝路新篇"上外丝路所党小组在一大会址举行成立仪式》,2021年12月31日,《青年报》,http://www.why.com.cn/wx/article/2021/12/31//16409594481197011099.html。

《"建党百年·丝路新篇"上外丝路所党小组在一大会址举行成立仪式》,2022年1月9日,上海外国语大学丝路战略研究所,http://www.isrss.shisu.edu.cn/#/common/carryout/gndy/details/9/91/1199。

# 后　记

"上外丝路学团队"在近10年内相继完成了《丝路学研究：基于中国人文外交的阐释框架》《丝路学研究：基于全球"一带一路"学术动态的分析》及《丝路学研究：形成、发展及其转型》三部著作。其中，2014年9月与时事出版社合作出版的《丝路学研究：基于中国人文外交的阐释框架》一书，为2015年9月本人受命创建上外丝路战略研究所这一实体机构注入了学术信心。将要出版的《丝路学研究：形成、发展及其转型》一书，是我们团队与时事出版社的再度合作，杜冰、苏绣芳等相关出版人的倾情投入与精诚合作，最终玉成两部丝路学著作的顺利问世，在此衷心感谢这些可敬的出版人，正是由于你们的敬业，带给我们探索新知的勇气！

"上外丝路学团队"的主要成员，既具有英语、阿语、俄语、波斯语、希伯来语、越南语、韩语、斯瓦希里语、西班牙语、马来语等多语种优势，也拥有政治、外国语言文学、历史、国际传播、区域国别等跨学科的专业背景，还因先后主编了3份中外学术期刊而塑就了老、中、青三代学术骨干，包括钱学文、杨阳、闵捷、王畅等人。因此，本书"附件"由"全球丝路学主要经典著作多语种文献目录辑成（1877—）"与"'上外丝路学'学科建设影响力反馈信息辑要（2016—）"两部分组成，旨在从多语种文献积累与跨学科项目建设的双重维度，勾勒出中外丝路学研究的"基础"与助力中国丝路学振兴的"成效"，折射了上外丝路战略研究所连续6年位列中国高校"一带一路"智库影响力榜单前茅的佳绩，以此感念这些可亲的同道者，正是由于你们的坚守，带给我们砥砺奋进的底气！

本书得以付梓出版，离不开上海外国语大学各级领导的大力支持、上外相关职能部门的协同合作，以及校内外各类在研课题基金的有力支持，借此深表感激并将继续努力，不负众望！

当然，新作即将问世，我对父母、爱人和女儿依然满怀感恩。因为，

## 后　记

你们给予我的这份家人之爱，始终温暖着我的学术之旅，更使我的丝路学研究充满了盎然智趣且前路可期！

马丽蓉

2022 年 9 月 26 日

上外丝路战略研究所